ちくま学芸文庫

物語としての歴史

歴史の分析哲学

アーサー・C・ダント

河本英夫 訳

JN165954

筑摩書房

目次

凡例

一、本書は、Arthur C. Danto, *Analytical Philosophy of History*, The Cambridge U. P., 1965. および "The Problem of Other Periods," *The Journal of Philosophy*, Vol. LXIII, 1966. の邦訳である。

二、本文中の（　）は原著による。〔　〕は訳者による補足である。

三、原注は（1）（2）（3）…とし、巻末に掲載した。

四、原著においてイタリック体、大文字などで強調されている箇所は、訳文に傍点を付した。

五、人名・地名等の表記は原則として国文社版のままとし、明らかな誤字・脱字は修正した。

六、訳者あとがきにおけるダントの主要著作について、邦訳を含む書誌情報を補足した。

知恵の木の実を食べることを禁じる戒律は、ことに歴史的出来事に当てはまる。無意識的行動だけが実を結ぶのであり、歴史的出来事のさなかで役割を演ずるものは、その出来事の意味を知ることはできない。その意味を理解しようとすれば、すべての努力はみのりないものとなる。

トルストイ『戦争と平和』

最も平凡な出来事が、ひとつの冒険となるには、それを物語りはじめることが必要であり、それだけで十分である。これは人が騙されている事実である。人間は常に物語の語り手であり、自分の作った物語と他人の作った物語とに取り囲まれて生活している。彼は日常のすべての経験を、これらの物語を通してみる。そして自分の生活を、他人に語るかのように、生活しようと努めるのだ。……私は私の生活の各瞬間が、人が追憶するときの生活の瞬間のように経過し、統一されるのを望んだのだ。それは時間を尻尾からとらえようと試みることと、同じことであったらしい。

サルトル『嘔吐』

物語としての歴史——歴史の分析哲学

序文

哲学の営みは世界について考え、語ることではなく、世界がいかに考えられ語られているかを分析することであるとしばしば言われる。しかし私たち自身が世界をどう考えどう語るかを措いて、世界に接近する方途はないのであるから、たとえ思考し語るということだけに限定しても、世界についてなにほどか語らないでいることはできない。世界について私たちがとっている考えや語り方の分析は、結局、私たちがかくのごとく考え語るものとすれば、そのように受けとめざるをえない世界についての一般的記述となる。すなわち分析は、それが体系的になされるならば、記述的形而上学を作り上げる。

私たちが通常世界を思考する方法がいかに歴史的であるかは計り知れない。それはなによりも、私たちの言語の莫大な数のことばが、たとえ現在の対象に対してでも、正しく用いられる場合には歴史的な思考様式を前提にしていることから明らかである。もしも純粋に非歴史的に思考する民族がいたとするなら、彼らとの対話がほとんど成り立たず、私たちの言語の大部分は彼らの言語に翻訳できないことからそれとわかるのである。そして私たち自身が非歴史的に思考しようとすれば、言語上の制約が少なくとも必要であろう。というのも断片的な語彙と文法だけでやっていかねばならないからである。事実私たちは、経験論者の有意味性の規準にかなない、検閲をへた述語だけに記述を限定せねばならない。経験論者はこの限られた語彙のみが有意味だとみなしているために、歴史については難問にぶつかるのであるが、こうした規準を課す以上それはあまりにも当然である。禁欲は経験論の栄光なのであり、この問題に対処し解決することによってはじめて、歴史的思考の輪郭と歴史そのものの構造をおぼろげながら認識しはじめるのである。本書は、歴史的な思考と言語の分析である。それは体系的に織りなされた論証と解明として差し出されており、その帰結を通じて、歴史的存在の記述的形而上学が構築されることになる。

序文でこれ以上のことを述べるのはふさわしくないであろうし、私は本書の標題とそれが書かれた精神について少し説明しておくため、これだけのことを述べたにすぎない。最後に特異な私見を申し述べれば、哲学はその本質において自ら語るべき事柄をもち、「分析」は——私はそのことばを折衷的（ボローニャ派の画家が用いた意味で）に使っているのだが——それを語る方法である。ケンブリッジとサン・ジェルマン・デ・プレの距離は、みかけほど遠くはないのである。

本書の大半は一九六一年から六二年にかけて、コロンビア大学の研究休暇中にアメリカ研究振興会の援助を受けて書かれた。改めて感謝したい。初期の研究はコロンビア大学の夏期助成金によってなされたものである。本書の二つの章——八章と十三章——は、「ヒストリー・アンド・セオリー」および「フィロソフィア」(トリノ、第四分冊、一九六二年十一月)にそれぞれ論文として書かれた。これらの再録を認めていただいた編者に感謝する。

学恩を受けている三人の方々に謝辞を申し上げたい。第一にはウイリアム・ボーセンブルック博士であり、ウエイン大学の博士の歴史講座は、私を含めてすべての学生たちに学問の世界へと目を開かせてくれた。博士の講義はいままで聴いたなかで最も鮮烈であり、それが特別だということを知らなければ、私は歴史研究に専心していたことだろう。第二はエルンスト・ネーゲル博士である。博士の科学哲学研究、なかんずく還元の主題の研究は、すぐれた哲学の成果の規範となっている。この先例と博士の励ましに大きな恩恵を受けている。三人目は私の親友であり同僚であるシドニー・モーガンベサー博士である。彼は暖かい人柄と理解力、そしてずばぬけた哲学的鋭敏さを備えている。彼が哲学の完成度について最高の基準を奉じていることは、彼を知るすべての人々にひとつの良心として受けとめられている。この本はこれら三人の人々の影響をとどめている。

他の多くの人々も、しばしばその人たちも知らぬうちに、私の思想に刺激を与えてくれた。そのような人々がこの本を読めば、彼らのことばや思想が会話からとり出され、コラージュの断片のようにちりばめられているのに気付かれるだろう。私はそれらを借り受けたというより、こっそり取って私のものにしたのである。さらにジャスタス・バックラー、ロバート・カミング、ジェイムズ・ガトマン、ジュディス・ジャーヴィス・トムソン、ジョン・ハーマン・ランドルの各氏に感謝したい。娘のエリザベスとジェーンは、歴史説明に関する例を次々に挙げてくれた。そのいくつかはこの苦難を強いられた仕事のなかで使われている。

本文がいささかなりとも明晰で文学的な面をもっているとすれば、それは、妻シャーリー・ダントのおかげである。彼女のあやまたぬ鑑賞眼と正確さはいつも私を助けてくれた。文章がわかりにくいところは、彼女に聞き損ねるか、注意を求めなかったためである。しかしながら彼女に負っているものは、もとより計り知れない。

一九六四年　ニューヨークにて　A・C・D

第一章　実在論的歴史哲学と分析的歴史哲学

「歴史哲学」と言われるものには、二つの相異なった探求が含まれる。それらを指して私は、実在論的歴史哲学と分析的歴史哲学（*substantive* and *analytical* philosophy）と呼ぼうと思う。実在論的歴史哲学は通常の歴史研究と関係が深く、いわば歴史家と同様、過去の出来事に説明を与えることに携わっている。もっともたんに同じだけでなく、それ以上のことを目指してはいるのだが。一方分析的歴史哲学は、たんに哲学にのみ関係をもつものではない。それは哲学にほかならないが、実在論的歴史哲学のみならず歴史の実践からも生ずる概念的諸問題を主題とする哲学なのである。歴史自体が哲学とは無関係なように、実在論的歴史哲学は実は哲学とは無縁である。本書が課題としているのは分析的歴史哲学である。

まず分析しておかねばならないのは、実在論的歴史哲学が過去の説明以上になにを目指しているかということである。大ざっぱに言えば実在論的歴史哲学は、すぐれて野心的な通常の歴史著作と比べた場合でも、常に歴史全体に説明を与えようとしているのだと言える。だがこうした特徴づけには、当初よりすでにいくつかの問題点が含まれている。通常の歴史叙述を残らず集め、空隙があればさらに埋めて、ついにはいままでに起こったあらゆることの完全無欠な記述を作り上げたとしよう。そうすれば歴史全体の説明がなされたことになり、したがって歴史哲学も出来上がったことになる。ところが実際はそうではないのである。私たちはせいぜい過去全体の説明をなし終えたにすぎない。したがって私たちは歴史全体と過去全体とを区別しなければならない。その方法のひとつとして、次のようなことが挙げられる。

　普通私たちは、歴史家は過去の特定の出来事についてきわめて詳細に研究し、考証することに関心を抱いていると考えている。私は「出来事」という語をここでいくぶん曖昧に用いているが、フランス革命は明らかに、歴史家たちが好んで研究し説明するようなたぐいの出来事の一例であろう。ところで私たちが証拠をほとんどもち合わせていないような出来事は無数にあり、またたしかに起こったと信じられてはいても、それが起こったにちがいないということ以外はほとんどわからないような出来事も数知れずある。一言で言えば、私たちの過去についての説明には多くの空隙があるのである。だがここでこれらの空隙がすべて埋め尽くされ、その結果あらゆる過去の出来事について、フランス革命について知っているのと同じくらいに知りえたと仮定してみよう。実際、これまでに起こったすべての事柄を熟知していると考えてみるのである。そうすると、私たちは過去全体のある理想的な編年史（Ideal Chronicle）を手にしていることになる。これはいまだ、私が述べたところの実在論的歴史哲学者がかかわる歴史全体ではなかろう。そのような理想的で完璧な過去全体についての説明は、せいぜい実在論的歴史哲学に歴史全体についての資料を提供するにすぎない。資料の概念は理論の概念にかかわる。したがってここで簡単に示せば、実在論的歴史哲学とは歴史全体の概念、この概念は以後追って明らかにするが、この概念に関する一種の理論を発見しようとする試みなのである。これを受けて私は理論の二つの種類、つまり記述理論と説明理論とを明らかにしたいと思う。

ここに言う記述理論とは、過去全体を構成する出来事のなかにパターンを見いだし、このパターンを未来にも投影して、未来の出来事も過去の出来事に示されたパターンを繰り返すか、あるいは補完すると主張しようとするものである。そして説明理論とは、このパターンを因果関係を用いて説明する試みである。私が強調しておきたいのは、説明理論はそれがただ記述理論と相関するかぎりにおいて、歴史哲学の名に値するということである。歴史事象をきわめて一般的なことば――民族、気候、経済といった説明的要因――を用いて説明しようとする因果理論は枚挙にいとまがない。だがそうした理論はせいぜい社会科学の一助となるだけで、それ自体歴史哲学とは言えない。マルクス主義は歴史哲学であり、事実この両方、記述および説明理論をともに具現している。記述理論の観点に立つとそのパターンは階級闘争であり、いかなる所与の階級もそれ自身の存在の条件から自らの敵対者を生み出し、それによって打倒される。「すべての歴史は階級闘争の歴史である」。そして歴史の形態は弁証法的である。このパターンは所定の因果力が作用するかぎり存続し、これらの因果力をさまざまな経済的要因を用いて特定しようとする試みが、マルクス主義の説明理論を構成するのである。このパターンは、その存続を支える因果要素が将来無効になるため、いつの日か終焉するとマルクスは予言した。その後なにが起こるかについては、いくつか遠回しにユートピアの暗示をほのめかすほかは、彼は語るのをためらった。[1]しかしそのとき「歴史」ということばはもはや用いられないだろうというのがマルクスの感ずるところであった。社会に階級がなくなれば階級闘争も終わるのだから、階級闘争が終わったとき、彼の言う歴史も終わるのである。[2]さらにマルクスはたんに歴史の理論を提出しただけであった。[3]いずれにせよ、「歴史全体」という表現が「過去全体」以上のものを包摂することは明らかである。同様にそれは未来全体、あるいはこうした限定を設けることが重要ならば、歴史的未来全体を含んでいるのである。この問題については少しあとに再び触れたいと思う。

もし先に示したようなかたちで歴史と歴史哲学との関係をとらえるならば、両者の関係を観測天文学と理論天文学との関係に類比させて考えればちょうど良いと思われるかもしれない。チコ・ブラーエは、それまでに知られていた惑星の位置について、長期にわたって無類の正確さで一連の天体観測を行い、高い評価を受けている。しかし彼自身は、これらのさまざまな位置関係を予測するパターンを見つけ出すことはできなかった。それに成功したのはケプラーであり、彼は苦労を重ねて、惑星の位置は太陽を焦点とする楕円上にあることを発見した。これは私のいわゆる記述理論に当たるだろう。なぜこの特定のパターンをとるのかという説明、すなわち説明理論の提出にはニュートンをまたねばならなかった。歴史哲学者は時として、自らの仕事をこうした類比に当てはめてみることがある。一例を挙げればカントは以下のように述べている。

> 意志の自由の概念について、形而上学的な意図からたとえなにが考えられようと、意志の発現である人間の行為は、他の自然事象と同様、普遍的な自然法則によって規定されている。……歴史において、人間の意志の自由な働きをより広範囲にとらえるなら、そこには規則的な動向が発見されると期待してよい。このようにして個々人にあっては混乱し無秩序に見えるものが、人類全体においては本来備わった傾向が、徐々にではあるが着実に発展していくものと認識される……私たちは、こうした普遍史への手がかりをうまく見いだしうるかどうか考えてみるつもりである。そしてやがてそれを見いだしうる人間が現れるよう、自然に委ねたいと思う。自然はケプラーを生み、予想外の仕方で惑星の離心円的な軌道を明確な法則に帰着することになったし、さらにニュートンを生み、これらの法則を普遍的な自然原因によって説明することにな

った。(4)

このいくぶん都合のよい比喩をひろげれば、実在論的歴史哲学と通常の歴史研究との関係は、理論科学と科学観察の関係と同じ立場に立つことになろう。これまで、いや現在でも、たんに観察を繰り返したり標本を集めたりの域を出ていない科学分野がある。通常の歴史とはまさにそのような科学分野である。実在論的歴史哲学はここで、歴史に次のような二つの科学理解の段階（ケプラー、およびニュートンの段階）をもたらすための基礎を築こうとする。実際には「歴史哲学」とは歴史科学なのであり、それが「哲学」と呼び慣わされているのは、物理学がかつて「自然哲学」と言われていたのと同じく、古い用語の奇異な名残にすぎない。ケプラーの法則はチコ・ブラーエの集めた記録にもとづいてはいたものの、それを凌駕して、チコ・ブラーエが観測したあらゆる惑星の位置を整合的なパターンに組み込んだのである。のみならず、それらの今後の位置や、ケプラーの頃にはいまだ発見されていなかった惑星の予測までが、天文学者にとって可能となったのである。そしてニュートンの法則は、チコ・ブラーエやケプラーの知りえた事実のみならず、彼らが知らなかった数多くの事柄にも説明を与えた。同様に真にすぐれた歴史理論は、歴史学によって収集された資料を越えてそれらをひとつのパターンに還元するだけでなく、未来の歴史におけるあらゆる出来事を予言し説明することができるのだと言ってもよかろう。そしてこうした意味合いで、実在論的歴史哲学は歴史全体――過去全体と未来全体、すなわち時間全体――にかかわっているのだと言えよう。歴史家はこれと対照的に、過去にのみ関心をもち、未来にはそれが過去になってはじめて関心を向けるのである。なぜなら現在私たちの手許にある資料は、すべて過去と現在のものであり、いまはまだ未来の資料を集めることはできないからである。というのも歴史学とはまさしく資料収集の企てにすぎないからである。

こうした説明は、実在論的歴史哲学に対してはすこぶる寛大であるが、歴史自体に対して奇妙に狭量である。ところがかりに諸歴史哲学が科学理論に似通ったものを目指していたとしても、実際にそれらをひもといてみればいずれもきわめて粗雑である。ケプラーの法則のようなごく単純な記述理論と比較してさえ、今日の歴史哲学はお話にならないくらい馬鹿馬鹿しく、先を予見する力はほとんどないと結論せざるをえない。説明的歴史哲学は、それがどんなに影響を与えてきたものであろうと、いまだ定式化されずましてや検証されてもいない理論の青写真にすぎない。一方通常の歴史考証はと言えば、それらは固有のジャンルで高度に展開された例証（かりに最高水準のものでなくとも）だと考えられる。それらは各々の固有のジャンルに適合する規準を満たし、さらには諸歴史哲学が哀れにも科学理論の規準に達しえていないことをも浮彫りにするのである。

その上歴史考証が規準に達しているようなジャンルでは、一見したところ、惑星の位置を毎夜書きしるした長年の記録に相当するようなものはなにもない。たとえばギボンの『ローマ帝国衰亡史』といった著作を、チコ・ブラーエの観測ノートとみなすか、科学観察の報告として分類するかは難しいところである。いやむしろ歴史自体のうちに、私たちが考えている歴史全体になぞらえられるような、ある種の活動といったものが存在する。私がここで想起しているのは、歴史家が古文書や古美術品を鑑定したり、出来事の年代を定めたり、あるいはサー・ウォルター・ローリーが本当に無神論者だったかどうかを決定したり、またある人物を特定したりするさいに特殊な技術を駆使するとして、そこで起こっている事それ自体を指しているのである。このような活動は、「サー・ウォルター・ローリーは無神論者ではない」といった、たぶんに正しい結論を下すのであるから、実際のところ観察に近いとみなすのが有効であろう。しかしながら、歴史的活動とは決してそれのみで成り立っているのではない。歴史自体のうちに、既知の諸事実を整合的なパターンに組織しようとする指向があり、この事実の組織化は、ある意味で歴史哲学の提起する科学理論と非常に共通したところがある。むろんそれは、歴史哲学とまったく同一の方法で未来を照射しようとするのではない。にもかかわらず、そこにはなんらかの予知力があるのである。すなわち、証拠にもとづいて過去の出来事にある説明が与えられると、それに関連して、これまでまったく知られていなかったさらに詳しい事実を予測することが可能となる。そしてひとつひとつの研究がその予測を裏付けてゆくだろう。この場合、過去にこういうことが起こっただろうと推測されていたことが実際に発見されたときには、それは予測の範囲に入っていたということを見落としてはならない。つまり、歴史家の研究が進むにつれて発見されると予測されていたのだと言ってもよい。これは所定の観測を行うことによって天体の動きが予測できるのときわめてよく似ている。このようにして、もしユーゴスラビアで三つの精巧なローマ式墓地が別々の場所で発見されたとして、かりに死者を道の端に埋葬するというローマの風習を知っていれば、これらの墓はいずれも本街道にあったという推測がなされよう。そして引き続き調査すれば、この予測が確証されるだろう。したがって歴史においても、観察と理論に当たるものがある。歴史考証と科学理論との間にはたしかに膨大な差があるが、それとて歴史哲学と科学理論ほどには隔ってはいないと思われる。

さらに、歴史著作は未来の歴史哲学のための単なる資料をなしているにすぎないという考え方は、不正確かつ歪曲されたものである（チコ・ブラーエは自分の観測に適合する記述理論を発見しようとしたが、そのことがすなわち、歴史家が自身の「観察」に対して同様の見方をとることに結びつくと考えるのは明らかに誤りである）。歴史家の仕事をそういうものとみなすことはできないという意味ではなく、彼ら自身がそう考えないというだけのことである。それはちょうど、芸術家がたとえ実際にその仕事が美術史家の研究資料となろうとも、自分たちは美術史家に資料を提供するのだとは考えもしないのと同じである。歴史研究をここでいかに異なった角度から特徴づけようとも、こうした説明によって、それを現在活動している歴史家の到達目標や規準と合致するよう描き出すことはできない。もしこうした説明が受け容れられれば、学としての歴史の概念に革命を誘発するようなものである。かりに私が三十年戦争に関する記述を目にして、それに刺激されて歴史の説明とはなにかと考え始めたとすれば、その歴史家は哲学的省察を喚起したと言える。だがそのような感想をもたらすことが、彼がそれを書いた目的ではない。私たちが置かれているのは、当然こういった情況なのである。個々の歴史家は、言うなればある過去の事柄を立証するために多大な労力を費やしている。そしてまた別の歴史家は、その事実を使って過去のある一部に説明を与える。それは同学の人々から見て、満足のゆく説明である場合もあればそうでないこともあろう。もしそれが不十分であれば新たな説明がなされる。新たな説明は、不適切であるがゆえに入れ替えられた前の説明と種類はまったく同じであるが、他方が不適切だとされたちょうどその規準を満たしているのである。歴史考証が満たすべき規準についてはのちに述べるが、この種の説明は、それがどんなに進歩しても歴史内部の生産物にとどまるという意味で自己充足的である。言い換えれば、それらはある別種の活動への端緒を開くのではなく、同一規準に規定された同種の説明をさらに深化させてゆくにすぎないように思われる。

したがって歴史と歴史哲学との差異は、後者が前者とはちがって詳細な事実発見にもとづいた上で、さらに説明を与えるという点にあるのではない。なぜならこうした説明は、歴史も歴史哲学も等しく行うからである。それゆえに歴史哲学者のつくり出す説明が、歴史の領域を越えて歴史自身が果たす機能以上のことを成し遂げようとすれば、それはまったく別種の説明とならざるをえない。そしてもしかりにその説明が科学理論と少しでも似通っていれば、それはまったく別種の説明なのだと考えても当然だろう。なぜなら科学理論は表面的には他のジャンルに属し、通常の一般的な歴史考証の規準とは別の規準をもっているように見えるからである。しかしながら、歴史哲学が一般的な科学理論とはほとんど似ても似つかないというところに難点が生ずる。歴史哲学がもしなにかに似ているとすれば、それが歴史説明では通常行われないこと、つまり未来にある種の要請をするという点を除いて、むしろ典型的な歴史説明に類似しているのである。

このような類似が生ずるのは、たんに歴史哲学が歴史説明と同じくしばしば物語構造(narrative structure)をとるという理由だけに拠るのではない。歴史哲学が一連の出来事に解釈を与えるという点にも典型的に現れているのである。それは歴史においてはきわめて頻繁に見られるが、科学では普通ほとんど行われない。歴史哲学は科学にはおよそ適さない、解釈という概念を用いる。つまり「意味」の概念とも言うべきものを用いるのである。すなわち歴史哲学は、その呼び名の特殊かつ歴史的に固有な意味において、ある出来事がどんな「意味」をもつのかを見いだすことをその本務とする。レーヴィット博士は実在論的歴史哲学の普遍的特質を以下のように述べている。彼によればそれは「歴史的事象やその進みゆきを統合してひとつの究極的意味へと向かわせる原則にのっとった、世界史の体系的解釈」(5)なのである。

普通、たとえば、ことば、文章、表現などの意味という場合とはまったく異なった、この特殊な「意味」の用法を私たちはどのように理解すればよいのだろうか。私は大ざっぱに次のように考える。出来事が、それら自身を構成要素とするより大きな時間的構造に関連づけられるとき、それは「意味」をもつと言えよう。だがこれは、そのことばの使い方としては見慣れぬものではない。たとえば小説や戯曲のなかのあるエピソードについて、それが意味がないとか意義を欠くとか言って批判を向ける場合を考えてみればよい。私たちが言わんとしているのは、そのエピソードが話の進行に役に立たなかったり、余計なので美的にふさわしくないということである。だが当然のことながら、特定のエピソードについてこうした判断を下すことができるのは、私たちの目の前に一巻の小説なり完結した戯曲をもつかぎりにおいてのことである。中途ではそれがプロットの進行になにか役割を果たすのだと思っていても、どういう意味をもつのかはわからないとしか言えない。あとになって、私たちはそのエピソードがこれこれの意味だったと言いうるのである(たとえばそこからなにも出てこなかったとすれば、劇は上出来でもそれが瑕になる)(6)。作品全体を念頭に置き、それをふり返ってはじめて、エピソードに特定の意味があると言えるだけの資格が備わるということを私は強調しておきたい。だが作品全体についての知識とは、それを最初に読んでいるときにはまさに欠けているものである。だから意味がないと閃いたら、本当にそうなのか先を待って確かめなくてはならない。またあるものが意味をもつように見えるならば、それが正しいかどうかあとで確かめる必要がある。その次になにが起こるかによって、エピソードの意味に対する見方をしばしば訂正せざるをえないのである。こうした含意での意味は、歴史においても当てはまる。フランス革命が過去のものとなったとき、私たちはテニスコートの誓いの意義を語ることができる。その当事者たちでさえ、狂乱のさなかで取り違えていたかもしれぬものをである。こうした理解に立てば、歴史哲学者は出来事を、歴史全体のコンテキストのなかで意味をもつようにとらえようとしているのだと考えることができよう。ここでの歴史全体は芸術全体に似ているが、この場合問われている全体とは、過去、現在、未来を射程に入れているのである。私たちは作品全体を前に置き、なにがしかの根拠によってある出来事の意義がなんであるか語ることができる。だがそれに対して、歴史哲学者は歴史全体を前にしているのではない。せいぜい断片——過去全体を手にするだけである。だが歴史哲学者は歴史全体を念頭において、その全体構造がいかなるものであるかを見きわめようとし、すでにある断片にのみもとづきながらも、それと同時に自らが描いた全体構造に照らして個々の断片がどんな意味をもつのかを語ろうとする。

歴史全体に対するこのような見解は本質的に神学的であるとするレーヴィット博士の意見に、私はまったく賛成である。[7]つまりそこには、神の意図を確証しようとする歴史の神学的解釈と共通するような構造的構図があるということである。マルクス、エンゲルスは唯物論者であり隠れもない無神論者であったが、にもかかわらず彼らがまるで神の意志を感知しつつもそれを知ろしめす神の存在には感得しえぬまま、歴史を本質的に神学的な観点に立って通観しようとしたと認めることは、非常に示唆的だと思われる。いずれにせよ、私が正しく位置づけたかぎりにおいて、実在論的歴史哲学者は私が予言と名付けるところのものにかかわっている。[8]予言とはたんに未来について語ることではない。なぜなら未来についての言及には予測もあるからである。予言とは一種特定の未来についての語り方であり、のちに詳しく分析するが、言うなれば未来を歴史的に語ることである。予言者とは、未来を過去にのみふさわしい方法で語り、既成事実としての未来に照らして現在を語ろうとする者である。現在の出来事が過去となり、現在の意味するところも見定めている未来の歴史学者のみが取りうるような視点から、予言者は現在を取り扱うのである。[9]

まさにここにおいて、実在論的歴史哲学は歴史と結びついているという私のかつての主張を再び取り上げたい。歴史哲学がある点でいかに通常の歴史説明と類似しているかは、いまや明らかである。そして歴史哲学が誤ったジャンルにさえ入れられ、多くの歴史叙述のなかの特に大がかりな例にすぎないとみなされるようなことが、なぜしばしば生ずるのかも理解されるだろう。「マルクス、シュペングラー、トインビーの壮大な構図の難点は……それらが歴史というよりむしろ大言壮語だということだ」[10]。歴史哲学が、通常の歴史研究では正しく用いられている「意味」の概念を誤って用いていることに、両者の類似は帰せられる。私は追ってこの意味の概念にまつわる諸問題を論じようと思うが、さしあたり歴史を論ずる場合に、どのようにして意味が出来事に帰属されるかを指摘しておけば十分であろう。たとえばBという個人が成し遂げた仕事は、相当部分がAの著作の影響によるものだとわかっているとする。Aの著作の意義を問う場合、こういった答え――Aの意義はBの著作に影響を与えたことである――が予想される。明らかに、ここでの「意義」の意味内容は、その語がもつ含意全体を表出しているのではない。詩の全篇は、それが本来的にすぐれた詩であるからこそ意義があると言えるのだ。そしてもし「意義」という語を他の非歴史的な意味で用いなかったならば、それを歴史的な意味で用いることはなかっただろうという議論が成り立つ。したがってBの著作が本来的に意義があり、偉大な業績だと考えるのは正しいと言えよう。まただからこそ、BがAの著作に邂逅するという伝記上のエピソードが、意義に溢れたまさに運命的なものだとみなされるのである。だがその時点では、この出来事の意義に気付くものはなかった。なぜならBの卓越した著作はまだ完結していなかったからである。当時の人々は私たちがもっている知識、つまりこの出会いのあとに起こったことを知らないのである。後世において、伝記作者がこのエピソードをBの生涯で最も意義あるものとして選び出すのである。当時の人々は到底こうした見方はとりえなかった。実際それを取るに足りぬものとみなしたであろう。Aの著作は、のちになって、Bの作品に影響を与えたという点に唯一の意義をもつことになる。

このことに関連して、後悔や自責の念といった、私たち自身の行動や不注意の記憶とその価値判断に関係するきわめて身近な感情の例を考えてみよう。後悔を表現するときの典型的な決まり文句は、「……だと知ってさえいれば」である。知らなかったと嘆いているのは、往々にして未来について知らなかったということである。それは時がたてば解消され、私たちの行動や失敗がどんな結果を生んだのかは、そのときには知りもしなければ知るすべもなかったけれども、いまとなればわかっている。それをそのとき知っていればあんな事はしなかったのにというのが、普通言わんとしている内容である。こうした言い方にはもとより混乱が含まれている。たとえばかりにEが起こることを知っていれば、それは「Eが起こる」のは真であるということになり、したがってEは必ず起こらなければならない。もしEが起こらねばならないのなら、なにをもってしてもそれを食い止めたり、「Eが起こる」ことを偽とすることはできない。ゆえに後悔は無用である。また逆に私がEになにか先手を打てるとすれば、Eが起こらねばならないというのでは事実に反する。そして実際に私がEの機先を制すれば、「Eが起こる」は偽となり、したがってEが起こるのを知っているとは言えないのである。もし私が未来を動かせれば、未来を知ることは不可能だ。そしてもし未来を知ることができるとすれば、私たちは未来に対してどうすることもできない。これはアリストテレスが立てた古い問題であり、追って解決してゆかねばならない。だがここでは、「もし知ってさえいれば」は字義通り厳密にとることはできないことを示しておこう。つまりもし知っていたら、私はなにもなしえなかったのである。ところが後悔とは、私たちが行動している最中にはその行動が意義をもつとは考えていないということを前提にしているのであり、その意義は付随的に未来に起こる出来事に照らして、のちになって付与されるのである。そしてこのような洞察こそ、一般に出来事を歴史的に組織化するさいに用いるものなのである。出来事は常に語り直され、以後得られる知識によりその意義は評価し直される。そしてこうした知識を備えているがゆえに、歴史家は当時の人々や証言者が正しく語りえなかった事柄を語りうるのである。

ある出来事の意義をその語の歴史的な意味で問うことは、物語のコンテキストのなかでしか答えることのできない問いをたてることにほかならない。同じひとつの出来事も、それがどんな物語のなかに位置づけられているかに応じて、あるいはのちのどのような一連の出来事に組み入れられるかによって、異なった意味をもつであろう。物語は自然なコンテキストを構成し、そのなかで出来事は歴史的な意義を獲得する。さらにここではまだ触れることはできないが、物語の規準、すなわち物語Sに関して事象EはSの一部を成し、事象E′はそうではないと判断する規準について多くの問題がある。だが明らかに、物語を語るとは、いくつかの出来事を除外することである――除外の規準を暗黙裡に仰ぐことなのである。そして同じく明らかに、もしEがそののちに起きたどのような出来事に関連をもつのかを知っていれば、私たちはそこにおいてEが整合するような物語しか語ることはできない。したがって私たちはある意味で過去について本当の物語しか語らないと言ってもよい。歴史哲学者が侵犯するのはちょうどそこである。彼らは歴史家と同じように、出来事が物語に繰り込まれるという前提に立って意義という語を用いながら、出来事が意義を獲得するのに必要なそののちの出来事の出現を待たずに、その出来事の意義を探ろうとするのである。歴史哲学者が未来に投影するパターンは物語構造をとる。そして端的に言えば、彼らは物語が正しく語られる以前にそれを語ってしまおうとしているのである。さらに当然ながら、彼らが関心を抱いている物語とは物語全体、歴史の物語全体である。なるほどそれは、あらゆる出来事がその物語の一部となるということではない（物語が物語であるためには、省略がなされねばならないからである）。歴史哲学者はなによりも意義のある出来事、物語全体に属するような出来事を捜そうとするという意味なのである。したがってその組織化の様式はたしかに歴史的なものである。だがその差異は、のちに見るように、歴史哲学には誇大さがあることにのみ存するのではない。それが未来に対して一種の要請を行う点にも重要なちがいがあるのである。

これからなにが起こるかを明らかにする手立てはいくつかあり、今後生ずることを歴史的に記述する方法さえある。ひとつの確実な方法は、なにが起こるのかそのときまで待って、それから歴史にすることである。ところが歴史哲学者は短気で、通常の歴史学者が当然あとになればできることを、いますぐ行おうとする。彼は現在と過去とを、未来（究極の未来像、なぜならどんな物語にも結末があるからである）から見た視点で語ろうとする。そして出来事そのものが実際起こるときには普通はとりえないような方法で、それらを描出したいと望んでいる。本書でものちに詳しく触れるが、歴史書のなかで歴史特有の表現様式を用いた記述に出会うことがある。それは理解もでき正しいとも思われるが、然るべき時間を逆戻りさせそこに書かれている事柄が実際に起こったときにそれらが述べられたとすれば、まず理解できずほとんど信じ難いような記述である。歴史家は、「『ラモーの甥』の著者は一七一五年に生まれた」と書くだろう。だが誰かがその一七一五年に、「『ラモーの甥』の著者が生まれたところである」と言ったとすれば、どんなに奇妙に聞こえるか考えてみればよい。同じことを誰かが未来形で、たとえば一七〇〇年に言ったとすればますますわけがわからない。そのようなことばが一七一五年の人々に、ましてや一七〇〇年にどんな意味があるのか実に疑わしい。むろんたとえばディドロ家の男子は代々文学者だったというような根拠があれば、ディドロ夫人が作家を、あるいは百科全書家を生むと予見するのはできないことではない（あなたがたのために百科全書家が誕生した）。しかし未来の作家のまだ書かれていない著作の題名を名指すことは予見の域を越えてしまう。そのような語り方は予言者の色合いを帯びる。つまりいまだ起こっていないことによって現在を語ることである（あなたがたのために救い主がお生まれになった）。だが実在論的歴史哲学者が敢行しているのはまさにこうした記述なのであり、以後の出来事──記述されるときにはまだ未来に属すること──に本質的に言及する記述なのである。その結果彼らはあることが起こる前にその歴史を書き、未来の説明にもとづいて過去を説明しようとしているのである。

実在論的歴史哲学が哲学的関心をひくと同時に、哲学的に奇異だと思われるのはまさにこの点である。歴史の意味と歴史における意味とを峻別した上で(11)、歴史哲学の企図全体の正当性に疑問を投げかけるような批判がしばしばなされる。ある出来事の意味を解明しようとすれば、まずその出来事が意義をもつとされているコンテキストをとり出す必要がある。これが「歴史における意味」であり、こうした意味の探求は正当だと言える。一般にある出来事が意義をもつようなコンテキストは、限られたある一連の出来事から成っており、それらが集まって、当の出来事がその一部分となるような全体を構成する。すなわち、ペトラルカがヴェントー山に登ったことは、一連の出来事のなかにおいて意義をもつのであり、それらの出来事が集まってルネッサンスが形成される（そしておそらくこのコンテキストでの意義が唯一のものではない）。だが次にルネッサンス自体の意義が問われよう。すると今度はより広いコンテキストの定位が必要となる……。コンテキストは広くも狭くもとれようが、明らかに可能なかぎり最大のコンテキストは歴史全体である。そして歴史全体の意味を問うても、こうした問いかけを有効にするコンテキストの枠組はすでに失われているのである。なぜなら歴史全体を位置づけるものとして、歴史全体のコンテキストより広いものはないからである。これは重要な批判的論点であるが、しかし私はそれにより実在論的歴史哲学が根本的に倒壊するとは思わない。歴史哲学者はおそらくそこで、歴史全体はなにかまったく別の、非歴史的なコンテキストによって意味をもちうるのだと反論し、その例としてたとえば神の意志を挙げて、神は歴史に外在し時間を超越すると言うであろう。次に彼は、すでに私が述べたように、歴史的意義付与はある他の非歴史的な意義にもとづいてなされるのだと指摘するはずである。たとえばAは、Bに影響を与えたという歴史的意義をもつとする。だがそれは私たちがBの業績をまったく別の意味で（おそらく）すぐれて意義があるとみなしているからだ。歴史哲学者はさらに続けて、歴史全体の歴史的意義を語ることは不可能だが、歴史的意義だけが意義ではないと言うだろう。最後に彼は、「歴史全体」と言っても必ずしもいままで起こったすべての出来事、およびこれから起こるすべての出来事の総体を意味しているのではないことを強調する。たぶんあらゆる出来事全部が歴史全体のなかに含まれるわけではなく、また歴史全体が可能なかぎり最大のコンテキストではないのである。物語は、先に述べたようにものごとを取捨せねばならないからである。たとえばヘーゲルにおいては、シベリアでの出来事はなにひとつ歴史の一部として考慮されていない。(12) ヘーゲルはシベリアでの出来事を否定したのではなく、それらが事象の壮大な歩みのなかで、つまり自らが語ろうとした物語のなかでいささかの意味をももちえないとみなしたのである。歴史総体の意味を論じて、ヘーゲルはそれを絶対的なものの自己認識へ至る過程であると考えた。歴史上のあらゆる事柄は、この物語に査照して意義をもったり、あるいはもたなかったりする。だがこの絶対的なるものの究極的な自己認識がはたしていかなる意義をもつのかは、ヘーゲルは問おうとしなかった。いやかりに問うたとしても、明らかに通常の歴史事象に付される「意義」の内実とははるかに異なったところへと移行したであろう。歴史哲学者がいかなる過ちを犯しているとしても、私はそれがたんに意味の内包する二つの含意（歴史の意味と歴史における意味）を混合したことだとは考えない。通常の歴史学者でさえも、私が述べてきたように、必ずしも「意義がある」という表現をひと通りにだけ用いているのではない。もし非歴史的なものはないとすれば、あるもの（たとえば十八世紀のナポリ絵画）がたんに歴史的な興味をひくにすぎないといった言い方は意味をなさないだろう。

にもかかわらず実在論的歴史哲学は誤謬にもとづいた行為であり、根本的な誤解に依って立っていると思われる。以後論じてゆくが、出来事自体が起こらないうちにその歴史を書くことができると考えるのは誤りである。その誤りとはすなわち、歴史哲学者は出来事に関して時間的に不適切な叙述を行おうとし、その時点では叙述しえないような方法でそれらを叙述するのである。出来事が起こったのちにはじめてその歴史を記すのだという周知の事実に、私は注意を促しておきたいのだ。だがむろんそうした主張がここでの議論を構成しているのではない。哲学的に問われて然るべきことは、かりに実際それが正しいとすればなぜ正しいのかという理由である。科学者の未来に対する申し立ては、私たちが日常行っている申し立てと同様に申し分のないものである。しかし歴史哲学者が行う、あるいはその企図から必然的に導き出される未来への申し立てに関しては、私は疑念を呈する。彼らの過去と現在に対する要請は、論理的に未来への要請に連結するが、その結果もし後者が不当であれば前者も無力である。歴史家はある過去の出来事を、そこから見るならば未来に属するが、自分にとっては過去となる他の出来事と関連させて描き出す。これに対して歴史哲学者は、その出来事にとっても自らにとっても未来に属する事象に照らし合わせて、ある出来事を記述するのである。そして私はこうした活動を可能にする認識の観点はとりえないことを主張しておきたい。出来事の組織化という歴史の本質にかかわる様式は、追って論ずるが、未来を立案することを容認しない。そしてこの意味において、それらの組織化のしたがう諸構造は科学理論とは異なる。それはひとつには歴史的意義が非歴史的意義と重ね合わされているためであり、しかも後者は、人々の関心の変化に応じて変容してゆくからである。歴史家の語る物語は、自身が置かれている時間的位置のみならず、彼が人間として抱いている非歴史的関心にもかかわっていなければならない。したがってもし私が正しければ、歴史叙述には規約的な要素と恣意的な要素が拭いがたくまとわりついており、その結果実在論的歴史哲学が目指している歴史全体の物語、あるいは一連の出来事の物語さえも、それを語ることは不可能とは言わぬまでもきわめて困難である。実在論的歴史哲学とは、ヤーコプ・ブルクハルトがかつて「ケンタウルス」と名付けたような知性の怪物なのであり[13]、歴史の似姿をとりながら科学にのみ果たしうる要求を自らに課す、つまるところ歴史でもなければ科学でもないものなのである。

歴史は並列関係で構成され、哲学は従属関係で構成されているから、「歴史哲学」という表現は語義矛盾であるとブルクハルトは述べる[14]。一般的に見てこれは正しい。だがそう言っただけでは、歴史を科学とは異なったものに見せる——私たちは直観的に両者が異なっていると感ずる——並列関係の歴史構成はほとんど解明されない。ここに至って、この並列関係の構成様式の解明を主眼とする分析的歴史哲学が登場する。この場合銘記しておかねばならないのは、並列関係にある出来事はそれぞれ時間的に隔っていること、そして歴史家にとってはいずれもが過去でありながら、その内部ではたがいに一方が他方の過去となり未来となるということである。なぜそれらの出来事がいずれも歴史家にとっては過去のものでなくてはならないのか、そして本当にそうあるべきなのかという点が、本書では主たる問題として取り扱われる。したがって過去についての知識について論じようとすれば、かりにも知識という以上、未来についての知識をも論じないわけにはゆかない。それゆえ歴史自体に対するのと少なくとも同程度の関心を、私はある意味で実在論的歴史哲学に寄せることと思う。過去についての知識は、いつにかかって未来についての知識の欠如によって限定を受けると私は主張しておきたい。そして一般に限界の特定が哲学の本分であり、なかんずく先に述べた限定を特定することこそ、私が理解するところの分析的歴史哲学の責務なのである。

第二章　歴史の最小特性

前章で私が立てたテーゼは、実在論的歴史哲学と歴史は異なったジャンルに属すること、そしてそれは、歴史家が過去の出来事を組織化するのと同じ構造で未来を見通すという、不当とみなされるべき構成をとるということである。これらふたつの活動が範囲を異にするだけで総体に等質だと言えるのは、歴史哲学もふつうの歴史説明も同じような構造をもつこと、さらにいずれも歴史的な意味という同じ概念が、それらにふさわしい叙述形態、つまり物語叙述を規定しているからである。通常の歴史叙述は、歴史哲学が射程に収めようとする歴史全体のごく一部をおおっているにすぎない。そして当然歴史の範囲のとり方自体にもちがいがある。一七九三年の恐怖政治の歴史はフランス革命の歴史に比べれば範囲は狭く、また革命もフランス史のなかの限定された一範囲である。さらにそれもヨーロッパ史よりは範囲が狭いといった具合いである。とりうるかぎり最大の範囲の叙述は、すでに述べたように過去全体の歴史叙述であり、これは歴史哲学の場合の歴史全体の叙述とは区別されねばならない。歴史全体を叙述するのはたとえ論理的に不可能だとしても、過去全体を叙述することは事実的に不可能なだけだと言ってみたい気にさせられる。だが実はそうではない。そしてその理由を見いだすことがとりもなおさず、実在論的歴史哲学がいかなる究極的な意味で歴史と「かかわっている」かをはっきりさせることなのである。このあとの章で、どのような過去の説明も本質的に不完全であることを論証していきたいと思う。完全であるためには到底満たすことが不可能な条件を満たすことが必要だとすれば、それは本質的に不完全であるほかはない。そして完全なる過去の叙述は完全なる未来の叙述を前提し、その結果歴史哲学がなされねば完全な歴史叙述を遂行することはできないというのが私のテーゼである。したがって正当な歴史哲学がないとすれば、正当で完全な歴史叙述もありえない。論理学の有名なことばを借りれば、無矛盾かつ完全な歴史叙述はありえないということである。私たちの過去についての知識は、言うなれば未来についての知識（無知）により制限を受ける。そしてこれがまさに、実在論的歴史哲学と歴史一般のより深い関係なのである。それゆえ歴史の概念、たとえそれが一般の歴史家が行っている歴史であろうとも、その概念に分析的な関心を寄せるならば、実在論的歴史哲学を回避して進むことはできないのである。

以下、私の言わんとするところを簡単に例証してみよう。ある出来事の完全な叙述にはその事に関するすべての正しい歴史記述が含まれていなければならない。一七一五年のディドロの誕生の場合を考えてみよう。一七一五年のその日『ラモーの甥』の作者が生まれた、というのはその出来事についてのひとつの正しい歴史記述である。だがそのさい未来に対してある種の要請をしなければ、つまり予言の様式で語らないかぎりは、『ラモーの甥』が書かれる以前に、『ラモーの甥』の作者が生まれたと述べることはできない。こうした歴史記述は、必要とされる期間、歴史哲学に帰属する文を論理上前提としている。だがこの記述がなければ、一七一五年の出来事を完全に記述したことにはならない。それゆえ歴史哲学の成果を前提としなければ、完全な歴史記述は得られないのである。この事態はあまねく一般化される。いまだ起こっていない出来事に依らねばならない一七一五年の記述に類するものは常にあるであろう。それらの事柄が実際に起きてはじめて記述が可能となり、またその記述がなければ完全な叙述とは言えないのである。だが必要な出来事が起こる前にそれらを記述してしまうのは歴史哲学である。したがってもし歴史哲学が不可能ならば、完全なる歴史叙述も不可能であるほかはなく、こうして歴史叙述は本質的に不完全なものとなる。

もし歴史哲学が正しいとすれば、歴史哲学は歴史家になしえないような、過去についてのある種の言明を認め、また実際にそれを含意することに注意してほしい。歴史哲学者は未来についての言明を行うだけでなく、過去についても言明を行う。ゆえに「過去について言明する」ということが、歴史家と歴史哲学者を分かつのに有効なのではない。むしろこのことが、歴史と歴史哲学との最終的な共有点であり、のちに私はそれについて言及しようと思う。両者の差異は、それぞれの過去についての言明がなにを前提にしているかにあるのであり、歴史哲学者を特徴づけるのは、過去についての言明が、未来についてのある言明を前提にしているということである。「未来」とはもちろん「歴史哲学者にとっての未来」という意味である。歴史および歴史哲学を特徴づける場合、そこには必然的に歴史家と歴史哲学者の時間的位置づけに関する言及が含まれる。

さしあたり、通常の歴史だけを問題にしてみよう。歴史家は歴史家として、自らの未来に属する出来事にはかかわらない。少なくとも、過去の出来事、場合によっては現在自らが体験しつつある出来事を扱うような仕方でかかわることはしない。自分が体験している出来事にかかわるとは、たとえば次のような意味においてである。いつかそれらの出来事が過去になったとき、その歴史を書き残したいという意図の下に、それらの出来事を観察する場合がそれである。これはちょうどトゥキュディデスの場合に当たる。そして彼の著作はこうした意味で特に教訓的なのである。彼はその有名な著作を、以下の文章で書き起こしている。「アテナイ人トゥキュディデスは、ペロポネソス人とアテナイ人がたがいに争った戦いの様相をつづった。筆者は開戦劈頭いらい、この戦乱が史上特筆に値する大事件に展開することを予測して、ただちに記述をはじめた」[1]。彼は自分が経験しつつある一連の出来事が「意義」をもつと考え、それが語るに値する重要な物語であり、のちにそれらを物語ることができるように、ものごとを起こるがままに観察したことは明らかである。

トゥキュディデスは、本当に起こったことを知るにさいし能うかぎり正確であろうとした。そしてその正確さのため、莫大な労力を費やしたと述べている。(2)というのも彼個人としては、物語のなかのごく一部の証人でしかなく、その他の場合には、必然的に他の人々の記録に頼らざるをえないからである。これらの記録は常に整合するわけではないので、どちらかが正しいとすればいずれの国の説明が正しいのかを決するために「能うかぎり厳正で精密な検証」を行わなければならなかった。こうした配慮によってトゥキュディデスは歴史科学の父たる栄誉を勝ちえたのである。しかし正確な説明を与えることは、彼のさらなる目的にとって不可欠の条件ではあったものの、トゥキュディデスはたんに正確を期するためだけに多大な労苦を払ったのではない。彼は自分の著作が有益であることを願い、(3)またそれが真実を描いているのでなければ有益たりえないと考えていたのである。だからこそどんなに労力を払っても正確であらねばならなかったのだ。今日でもおそらくあらゆる歴史家が自分の著作が有益であることを望むだろう。だがしばしば歴史家の著作の有用性は、たんにより多くの歴史を描くということでしかない。つまり彼らの著作は、対象とされている時期や出来事に関心をもっている歴史家や、あるいは歴史家でなくてもなにが起こったのかを知りたいと思っている人にとって役に立つのである。有用性の規準はこのときあくまで歴史の領野内部にある。これに対し、トゥキュディデスがかかわっているのは非歴史的な意味での有用性である。こう言ってよければ彼は明らかに歴史的な意図のみならず、非歴史的な意図をもって歴史を叙述したのであった。それがどのような有用性なのかを手短に論じておこうと思う。

トゥキュディデスの著作は、彼の言葉を借りれば「未来について理解する手助けとして、過去についての正確な知識を得たいと望む」人々に向けて書かれた。というのも「未来は過去のごとき、それと相似た過程をたどるであろうから」[4]である。したがって彼の著作は「世々の遺産たるべくつづられた」。これら二、三の引用からみても、トゥキュディデスが私の考えるところの歴史哲学者たるべき人々に向かって書いているのは明らかであろう。彼は過去について叙述しているが、それはたんに、あるいは主として「過去のごとき、それと相似た」未来の出来事への手引きを作るためなのである。だが未来についての彼の言及は、歴史哲学に特有な未来の言及とは異なっているように思われる。そして未来が「過去のごとき、それと相似た」ものだという主張は、実は私たちが帰納原理として認めていることを粗雑に定式化したにすぎないのである。トゥキュディデスの考えを再構成してみると以下のようになる。かくかくしかじかの状況下で戦争が起こった。もしそれとよく似た状況が過去で生じたのと同じ形で未来にも生じたとすれば、やはり同じく過去で起こったような戦争が未来でも起こるだろう。したがってこれらの状況がいかなるものであったのかを現在明確にできさえすれば、未来において同様の状況が認められた場合に、同じような事柄が起こると想定することができる。それゆえペロポネソス戦争によく似た未来の

出来事に対して、ここで手引きを提供したことになるのである。(5)

この主張は、より詳細に細かく解釈することができる。もしかりにペロポネソス戦争の正確な記述があったとすれば、どんな戦争にも、ペロポネソス戦争によく似ていると言えるほどの一連の出来事を言い当てることが当然できるだろう。xを理解している人は誰でも、xの模倣をそれがうまく模倣されていれば、理解するからである。真に問われねばならないのは、そのようなことが可能な、ペロポネソス戦争に十分よく似た戦争が本当にあるのかどうか、また未来の出来事は過去の出来事と実際類似した「過去のごとき」ものなのかという点である。そしてどうもそうではないらしいと言える。私たちは、たとえばトゥキュディデスにとっては未来になるが私たちには過去になる数多くの戦争について知っており、それらの戦争とペロポネソス戦争の間には、類似点と少なくとも同じほどの相異点があるのである。たしかにトゥキュディデスは、未来に起こる戦争については知りえなかった。しかし文字通りにとれば、彼は比較しうるような知識をもっていたにちがいない。なぜなら結局、トゥキュディデスが華麗に描き出した戦いは、トゥキュディデスにとって過去にあたるいくたの戦いより時間的に未来となるのであり、おそらくそのうちのいくつかの戦いについては彼自身で知っていたからである。もし彼の描いた戦い、つまりペロポネソス戦争がそれらとまったく類似していたとすれば、彼の説明の多くを私たちは切り捨てねばならなくなる。一例を挙げると、トゥキュディデスはその戦争が「大規模」なものであると主張する。彼はまた「およぶかぎりの古きにさかのぼって筆者がなしたもろもろの考証から信ずるにいたった推論の帰結を述べるなら、戦争をはじめとする往時の諸事績で、これほど大規模なものがあったとはいいがたい」[6]と述べている。事実かりに戦いは「史上特筆に値する」というトゥキュディデスのことばが正しいとすれば、その戦争にはなにかまったく独自なものがあったと考えねばならない。そしてもし未来は過去に似るべきものならば、過去も未来と相似るべきであり（「似る」というのは相互対称的な関係である）したがってトゥキュディデスは彼の言うようにはその戦争が未曾有のものであることを強調できないし、またあらゆる未来の戦争もその戦いに似るとは言えないことも自明である。たしかに、戦争と呼ばれるからには、すべての戦争はおたがいにどこかしら似ていよう。そこからさきは、辞書を引き文法的な用法を調べて、ある出来事が正しく戦争と呼ばれるには、どんな共通の特徴が備わっているかを決めればよいにすぎない。歴史にかかわる必要はないのである。しかしながら認知的な意味で重要なのは、過去の戦争は彼のペロポネソス戦争とは似ていないのに、逆にトゥキュディデスがいかなる権利をもって、未来の戦争がそれと似ると考えたのかという点である。彼が例証をもって述べたのではないことはたしかである。なぜなら彼のもっていた唯一の証拠は、未来の戦争が過去のものに似るに足るというトゥキュディデスの主張に強固な反論を加えるものだからである。そうすると、この戦争が過去のどんな戦争にも似ていないのと同じく、未来の戦争もそれと似るものではないという以外に、どんな考え方が彼にできただろう。ところがもしこれがトゥキュディデスに与えられる唯一の結論だとすれば、さきに挙げた例証があるからには「有用な」歴史を書き残すという当初の目的は、最初から崩壊することになる。あるいはその有用性は彼が考えていたのとはまったく逆の、つまり過去は未来にとってなんの手引きにもならず、もし未来に対して真剣に対処しようとするならば歴史などに時間を浪費すべきではないという教訓をひきだすにとどまるであろう。だがもし過去が未来の先達にならないとすれば、それはいったいなんなのだろうか。確実に言えるのは、ある意味で、つまり帰納的手続きに込められた意味において、過去とは手引きである。問題とすべきは、はたしてトゥキュディデスにここで帰納法の名が与えられるかどうかということである。

この種の論理学的な強制をトゥキュディデスのことばに加えるのは、いささか技巧的にすぎよう。(7) だが有用な書物を書きたいと願った彼の意図は明白であり、また同様に彼の考える有用性がどこに存するかも明らかである。トゥキュディデスの方法論をより適切に再構成すると、以下のようになろう。プラトンが『国家』の有名な個所で行っているように、トゥキュディデスは、別のものが「明らかにわかる」ようにあるものを使うという戦略を用いたと言ってよい。かりにAはBを拡大して投影したものだとすると、AとBに共通の構造上の特徴はBよりもAにおいて、より速やかに考察されよう。もとよりAとBが同じ構造をもつことが前提とされているのであるが、そのような前提は、私たちが顕微鏡による検索を無条件に認めていることにもひそんでいる――たとえ「裸眼」ではxそのものとxの拡大像とを比較できなかったとしてもそうなのである。それゆえトゥキュディデスは、勃発した戦争が非常に大規模であったために、それがあらゆる種類の戦争の拡大図とみなせると考えたであろうし、したがってそれを調べることで、容易には解き明かせない縮小図の構造特徴を識別しうると考えたのであろう。トゥキュディデスはつまるところ、その戦争が他のどれよりも「語るに足る」のは、その大きさゆえだと言いもし、重ねて強調している。なにかある明確な例を選び、それがとり出された母集団の他の要素がそれ以上には明晰に全体の特徴を表わしえない場合、その選択は正当であり、そのような意味でトゥキュディデスの選択は正当性をもつのである。繰り返し起こると考えられる典型的な状況に対して、人間の反応一般はどのような特徴をもつかを明らかにするために彼の叙述はなされたのである。そしてそのような点からトゥキュディデスの著作は以来評価されてきたのだし、また彼が望んだ通り「歴史の遺産」として、単なる遠い昔アテネとスパルタの間に起こった出来事の説明にはとどまらぬものとして考えられてきたのである。

　だとすれば、未来は過去に相似るべきであり、壮大な戦争の例を鮮やかに叙述することによって未来の戦争への手引きを作りたいという彼の主張は、必ずしも時間的な要請には縛られない。トゥキュディデスは未来というときに、はっきりと時間的に語っているのではない。同じだけの正当性をもって、あらゆる過去の戦争に対してそれにふさわしい意味合いで手引きを提供しているとも言えたはずである。だがそう言ったとしてもさほどの貢献にはならないと、おそらく彼自身考えたのだろう。実務的な人として、トゥキュディデスは過去に対して有用なことをなしうるとは考えなかったにちがいない（リチャード・テイラーが言うように、私たちはみな過去に対して運命論的である[8]）。なにかをなしうるのは未来についてだけであり、未来を勘案したときはじめて彼の著作は当初の有用さをもつように見える[9]。だがこれは実のところ、私たちが彼の議論の論理の解釈にかかわるかぎりは、さして重要なことではない。なぜならトゥキュディデスが実際行おうとしたのは、ひとつの例（それが「良い」例であろうとも）から集合全体を論ずること、現行の戦争からすべての戦争――過去も未来も含めて――を論ずることであった。しかし「過去と未来」と言っても、「すべての戦争」という表現にはなんら益するところがない。トゥキュディデスはそこで、誰でも標準的な帰納手続きを踏むさいに行うような主張を未来に対してなしたのである。ところがそれは、それが未来についての主張だと言いながらまるで過去についての主張だと言い換えてもよいほど誤ったものである。それというのも、その主張は集合全体にかかわっているのであり、集合の構成要素が相互に、または帰納を行う者に対してどういう時間的位置関係にあるのかという事実には無関係だからである。なるほど私たちはしばしば、「未来は過去のようになるだろうか」という問いを発して、帰納への哲学的な疑念を表明する。だが実は帰納には時間的な方向性はないのであり、時間については相互対称的なのである。さらにこの問いを次のように言い直すのもたやすい――「過去は過去のようであっただろうか」。私たちが範例として取り上げた時期より以前の過去は、それ以後の過去と「似ている」だろうか。私が範例をとり出した集合のなかの未来の例に関しても、その集合の過去の例によってひきおこされるのと同じ問題が生じてくる。たとえばそれより時間的に早い例がこれまでにあったと考える根拠がないのと同様に、時間的にあとの例があるだろうと考える根拠はない。しかも私たちがもっている範例が最後のものである可能性があるのとちょうど同じく、それが最初のものである可能性がある。ヒュームはかつて、全世界の様相がいつの日か一変し、その後は私たちのいまある一般法則がひとつとして通用しなくなるという論理的可能性について考察した(10)。それに対してそれはもう起こってしまったのだ、そのような変化はすでにあったのだ、という裏腹の可能性をも考えることができる。ヒュームのように将来そうなると考えるのではなく、むしろ世界はかつて現在の姿とは似ても似つかぬものであったというようにである。明らかにいずれかの可能性を除外するような帰納的根拠は、私にはない。なぜならヒュームの言う可能性が照らし出そうとしたのは、ほかならぬそうした根拠の限界設定だからである。あるいはむしろ、どちらかの可能性を除外するには帰納的根拠しかないと言ってもよい。というのもそれぞれがそれ自体では論理的に整合しているからである。しかも帰納的根拠はここでは不適当である。それを適当だと考えるのは論点をすり替えることになる。

この時間的相互対称性の見取り図をこれ以上延長しなくても、帰納的手続きは、まだ検証されていない事例について推論するのだから、その方向性に関しては過去であれ未来であれどの方向をとっても一定不変であると結論できよう。したがってトゥキュディデスの著作に秘められた主張とは、人間の動機はいずこでも常に同じで、所定の決まった状況に対する人間の反応の仕方は、時間の流れに独立しているということである。それゆえ人間は現在や過去について行うのといささかも異なることのない主張を未来についてもしているのである。断わるまでもなく、私はトゥキュディデス固有の結論の是非を問おうとしているのではなく、それが時間的に独立している点を強調しているのである。これまで私が示したように、トゥキュディデスは歴史哲学に携わっているのではない。そうではなく彼は、暗にではあるが社会科学を扱っていたのであり、私たちが彼の著作から、政治的な状況のもとで個々人や集団がいかに振舞うかという一般的な事柄や、戦史に語られている出来事のなかでも特にみごとに描かれている事柄を読みとることを望んでいたのである。かりにそれらが普遍的な事柄でなくても、あるいはギリシャ人やスパルタ人がそれ以前や以後の民族と著しく異なっていたとしても、彼の著作が貴重であることは言うまでもない。私たちは自らの姿がそこに映し出されているのを見るのである。

トゥキュディデスの戦史が成功したのは、表面的には（少なくとも彼自身の見方によれば）、実際に起こったことを能うかぎり正確に説明したからであった。だからトゥキュディデスについて少なくとも言えるのは、彼が自分自身の目で見たり、そうでない場合は同時代の人々が目撃した過去の出来事について、証言を厳密に検証した上で正しく叙述することに心血を注いだという点である。たとえ私がさきに論じたような意図がそこに隠されていなかったとしても、この評価は当てはまるであろう。この隠された意図が、戦いのどのような特徴を語るべきかという選択に強く働いたとしても、作品に内在するふたつの活動はたがいに独立していると考えられ、「歴史書」と「社会科学の一部」という相補的な記述を満たす特質を、ひとつの作品のなかに弁別することができよう。

　全体のなかからひとつの好例を掲げ、そこからその種全体の一般論を導き出すというトゥキュディデスの方法を私も援用して、彼をある種の歴史家を代表する好例に数えたいと思う。歴史家がなす最小限度の事柄とは、自分にとって過去となる出来事について真実を述べ正しい叙述をなそうと努めるということである。これをもって史的活動の最小特性とし、個々人に「歴史家である」という属性を付与するさいの必要条件としよう。だがこれは十分条件ではない。というのは、すでに見たようにこれは個人に「歴史哲学者である」という属性を与えるさいの規準の一部でもあるからである。おそらくこの規準を十全にするためには、少なくとも歴史家と歴史哲学者の間に以下のような区別がなされる。すなわち歴史家は過去の出来事について正しく語り真正な叙述を行おうとするが、歴史哲学者の場合とは対照的に、それらの出来事は、歴史家にとって未来にあたる出来事についての真正かつ時間を超えた言明や叙述を、論理的に前提としているのではないということである。私はこれが歴史家の営みのすべてだと言っているのではない。そうではなくて、歴史家が他にどんなことをしていると考えようとも、正しく語るということがその他の活動に不可欠な必要条件だと強調しているのである。だからこそ歴史家は過去の出来事に説明を加えようとしているのだと言われるのであろう。私はこの点に異議をさしはさむことはできない。私はただ、説明されるべき出来事を正しく記述することがなによりもまず必要だと述べているのである。だがもしすでに歴史家Aが、Bという人が説明したいと考えていた出来事を正しく記述してしまっていたらどうなるであろうか。そのときBを歴史家と呼べるであろうか、答えは、ある出来事についてどんな説明をする場合でも他の出来事に言及する必要があり、もし引き合いに出された事柄についての正しい記述がなければ、当初の出来事について説明を完遂することはできなかっただろうということだ。さらには、「E_1が起こったためにE_2が生じた」――これをE_2の説明として考えた場合――は、少なくともある歴史家の過去の出来事についての正しい言明であることを見落としてはならない。同様にある過去の出来事を説明するためには、歴史家は特殊な感情移入を行ってその出来事にかかわる当事者に同化せねばならないとすればどうであろうか。歴史家にそのような行為ができるのは疑いがない。しかしこの能力を徒労に終わらせないためには、まずそのような出来事があり、感情移入による同化が可能な人物が存在したことを立証することが必要である。そしてそのこと自体は、感情移入によっては立証できないのである。ここで私の特徴づけに切れ目が生じる。つまり人物は出来事とは別であり、私の特徴づけは歴史家の過去の「出来事」にのみ関係しているからである。したがって私は、出来事、人物、その他種類を問わず過去についての正しい言明を包摂するように、私の特徴づけを修正しておきたいと思う。

さしあたって歴史家について述べておきたいことはこれですべてである。歴史家が自らの目指すところに到達できたと、私は言いたいのではなく、ただ彼らはそれを目指すのだという点を強調しているのである。おそらくこう言ったところでさほど目覚ましい主張ではなく、少なくとも歴史家がどのような言明を試みるか、その細部をさらに明らかにする必要がある（正しい言明は、この意味ではひとつに限られる）。また同様に、実在論的歴史哲学者も未来についてある種の言明を試みていると言えよう。ただはっきりさせておきたいのは、実在論的歴史哲学者は歴史家が過去について行っているのと同種の言明を行っているということである。したがって歴史家をよりよく描出することで、歴史哲学者の像が結ばれるであろう。そして最終的に、過去については合法則的な言明が、なぜ未来については不当なのかということがわかると思う。

それと同時に、歴史家の意図を私がなぜあのように概括し一般化したのかということにはある理由がある。それはこうである。一般に私たちは過去についての正しい言明を行うことはできないという議論がしばしばなされている。だがもし一般に歴史家の意図が達成されないならば、その意図についてさらに詳述してもほとんど得るところはない。もし一角獣が存在しなければ、それが獰猛かおとなしいかなどとせんさくしても無意味なのと同じである。そこで私は、過去について正しい言明をなしうるという主張に対するもろもろの反論を検討しようと思う。

第三章　歴史的知識の可能性に対する三つの反論

歴史家が、自らに与えられた最小限度の目的、すなわち自らの過去にあたる出来事について正しい言明を行うという目的を、実際しばしば典型的な形で果たしているという点に関して、深刻な疑いをさしはさむ人はまずいないと思う。問題となるのは、はたしてこう考えることが正当か否かということである。もとよりこのような問いかけをしても、歴史家の能力や力量に不信を投げかけているのではない。当然無能さや虚言を見分ける方法があり、また歴史記述の技倆が濫用されたり誤用されていないかどうかを見きわめるだけの力を、普通私たちはもち合わせている。問題はむしろ、ただそのために手間ひまをかけて修得した技術によって、当の最小限の目的を達成できるかどうか、また過去の事柄について正しい言明を行い、あるいは正しいと称される言明がなされたさいに、真か偽かを決定することができるかどうかということである。さらに問題はより一般的に立てられる。かりにそれを修得し忠実に活用すれば、現在の規定で歴史家たる資格が与えられるような技法があったとして、それらが私たちの立てた最小限の目的を果たすのにまったく不十分なことが示されたと仮定しよう。このようなことが起こるとはほとんど考えられないが、かりにそうだったとすると、私たちは目的を達成するのに現在のものよりさらにふさわしい新たな技法を見つけねばならないだろう。たしかに思想史においては、所定の目的の達成のために、たとえばある種の問題を解くのに十分だと考えられていた一連の技法が実は不十分なことが明らかになり、その結果新しいより強力な技法が見いだされるという事態が見られる。だが私はここで、現在歴史記述の技法として受け容れられているものに対してなされる個々の反論を扱おうというのではない。そうではなくて、私たちはどの技法によっても過去についての正しい言明を行うことができないという反論に対峙しているのであり、つまりは既存の技法をいかに改良してみたところでそれは無意味であり、ちょうどいったん定規とコンパスだけでは角の三等分ができないと証明された以上、コンパスにどんなに改良を加えても無駄なのと同じような反論に対峙しているのである。問いをこのような形で一般化することは、歴史的知識の根底に攻撃をしかけることであり、こうした攻撃こそ私がかかわっている問題なのである。

　過去についてなされたと一応見受けられる言明に関して、ことごとく懐疑主義的な立場をとるということは通常起こりにくい。個々の言明を疑うことはあるが、それは普通なにかもっともな理由があるからである。たとえばそれを記した人物を信用しないとか、それを支える証拠に欠陥があることがわかったとか、信用のおけそうな他の言明と矛盾をきたすため受け容れられないというようにである。事実しばしばもう一方の言明自体、過去についての言明である。つまりサー・ウォルター・ローリーは無神論者であったという言明を私たちが否認するのは、彼が無神論者だということとは両立しない言動に関する言明のほうを正しいと認めるからである。そのような場合、私たちは常に少なくとも否認された言明と自然に矛盾する言明、すなわちウォルター・ローリーは無神論者ではなかった——これ自体過去についての言明である——という言明を容認しているのである。ここで無際限な懐疑主義がとれるとすれば、過去についてなされたと称される言明を認めることが、私たちが正しいとするある別の言明と矛盾し、さらにこの言明が過去についてのいかなる言明をも否定すると仮定した場合のみである。つまり「サー・ウォルター・ローリーは無神論者であった」と、それにおのずと矛盾する言明の両方を否定するわけである。だがこのような命題を完全に一般化するには、無際限な懐疑主義が正当化されること、すなわちPが一応過去についての言明だとした場合に、Pと非Pのいずれもが否認されることが必要である。私がここでおのずと矛盾する言明（自然矛盾）と述べているのは、否定された命題と同一の主語、述語、時制をもつ矛盾する命題を意味しているのである。

ここで、過去について正しい言明を行うことの不可能性を必然化し、過去時制で語られPおよび非Pの一切を懐疑することを正当化する三つの際立った議論について、簡明に述べておこうと思う。これらの三つの議論は、過去に関するとみなされる言明を三つの点で論駁する。すなわち意味、指示、真理値の三点である。実際のところ私はこれらの議論はどれも絶対的なものだとは思わない。それぞれについて一般的にどこが間違っているのかは容易にわかる。ここでそれぞれについて細かく検討することは哲学的に有意義なだけではない。たしかにこれらの議論自体は哲学的興味をそそる。だがさらにここから歴史の概念についての異なった視点が導き出され、その過程で、私が以降の章で提出するこれらの議論に対するより幅広い取り扱い方が、おそらく正当化されると思うからである。さしあたり各々の議論について述べ、簡潔に説明を加えるにとどめよう。

(1) 過去について述べたと称する言明はすべて、厳密に言えば無意味である。ところが無意味な言明に対しては、それらが真か偽かという問いは原則として成立しない。したがって過去について有意味な言明が行えないとすれば、すべからく過去についての正しい言明を行うことはできない。

この議論は、ある意味理論を前提している。俊敏な読者は、ここで前提とされているのはかの有名な意味の検証規準であり、そこでなされた多くの定式化のひとつにもとづいて言うなら、非分析的な命題は経験によって検証されうる場合にのみ意味があるという主張を思い起こすであろう。しばしばこの主張は、命題が述べている事柄を私たちは経験できなければならないという意味に受けとられている。ところが現時点では、過去についての言明が述べていると思われる事柄を経験することはできないし、それらを検証することは不可能であって、その結果規準を適用すればそれらは無意味となる。もっともこの極端な観点を堅持し続けるほど厳格かつ果敢な人は珍しく、なかでも経験科学の根絶ではなくその解明を目指した当の検証規準の創始者たちは、まずそのようなことはしない。ところがより中庸を得た表現に変えて、その検証の様相にこそ経験文の意味があると主張すると、ほとんど逆説的な結果が生ずる。歴史についての言明の検証の様相のひとつとして、それらの言明の対象を経験することを数え入れることは不可能であり、実際まずできないことである。そこでそれに代えてそれらの言明の傍証を捜すのである。つまり歴史についての言明の意味は歴史的証拠を見いだす過程にあること、それゆえ歴史の言明は歴史の史料編纂の手続きに関する予言として解釈できることが示されるのである。ところがこのような手続きの一切は、それらが意味をもたらす所定の歴史的言明を明示したのちでなければ、すなわち未来においてでなければできない。命題の意味とは命題の対象であるかぎり、歴史の言明は未来についてなされたとき有意味となるのである。それゆえ過去について有意味な言明を行うことは、依然として不可能なままである。しかも私たちは相変わらず勇敢な立場に身を置いているのである。たとえば意味についてより啓《ひら》かれた観点をとって、文の意味はその有用性にあるとしても、たいがいは同じ結果に陥ってしまうということを思い起こしてみるとよい。その理由は、未来について言明を行う点に予言の有用性があるからであり、歴史的な言明を用いて過去について言明を行うことは、再度失敗に帰するのである。歴史的言明はひそかなる予言であるというテーゼは、パース、デューイ、ルイスのようなプラグマティストや、とりわけA・J・エイヤー(1)のような実証主義者によってさまざまな形で賛同を得てきた。

おそらく(1)の議論は、意味と指示の混同という、さほど珍しくない哲学的誤謬を犯している。だがここで新たな困難が生じてくる。つまり過去についてなされたと称される言明がなにについて語っているかというその対象物が、おそらくない、あるいはむしろなかったということである。私たちや私たちの記憶もそっくりそのまま、いま現にある世界以前の世界を証拠だてるありとあらゆる物事を備えた状態で、世界が五分前に創造されたと言っても、少なくとも論理的にはなんら不都合はない。現在の世界の全容は、いつ世界がつくられたかにはかかわらずちょうどこのままであろうし、私たちがいま見知っているこの世界は、そのとんでもなく短い歴史とも矛盾しないのである。しかし世界が五分前につくられたと仮定すると、過去についてなされたと称する言明が指示している対象がなにもなくなってしまうことになる。したがっていわゆる「指示表現」に対して目下のところ好んで用いられる分析のいずれにもとづいても、そのような言明はすべて偽であるとするか(ラッセル)、あるいは真偽の問題は生じえない(ストローソン)(2)ということになる。だがそうなるとこれらの分析のいずれによっても、過去について正しい言明を行うという歴史の最小限の目的を果たすことはできない。歴史上の不一致の大半は、つくりものにすぎ

(2)

ないことになる。というのも厳密に言えば、論争している歴史家の双方とも偽の命題を主張しているか、または真偽の問題が生じえない命題で争っているかのどちらかだからである。これはPが過去についての言明であるとした場合に、Pおよびその自然矛盾を懐疑することとまったく同一である(3)。

この議論は厳密に一般化されるものではないので、(1)に比べて私の歴史の特徴づけに対する全面的な反論にはなりにくい。なぜならば、たとえ世界がこのままの状態で五分前に出現したと認めたとしても、やはり過去についてある正しい言明を行うことは可能だからである。世界は五分前に出現したこと、およびたしかにわずか五分間の過去ではあるが、その間の出来事についてさらなる言明ができるからである。この議論は、定式化されるさいに世界が五分前に出現したという過去についての少なくともひとつの言明を前提としているので、当然のことながら過去についての言明のすべてを排除することはできない。とは言いながら、過去についてごくわずかな真正の言明が許容され、その結果その議論の完全な一般化が阻まれたとしても、歴史学の隆盛にとってはなんの足しにもならない慰めしか与えてくれない。このたった五分間に起きた出来事に、つまるところ幾人の歴史家がたずさわれるというのだろうか。

もとよりこの議論においては、世界が事実五分前に始まったということではなくて、「たぶん」始まったかもしれないという点が肝要なのである。実際そうだったかもしれないし、あるいはそうでなかったかもしれない。したがって私たちは過去について正しい言明を行うことができるとも言えるし、またできないとも言えよう。もし行うことができるとしても、私たちは自分がそうしたということを知ることができない。というのも、あらゆる証拠が世界は五分前に生じたということと矛盾を来さないので、私たちが正しい言明をなしえたかどうかを、証拠にもとづいて知るすべがないからである。そうなると私たちは歴史的な論争が真正かどうかを知りうる立場にはないのである。ところがこれは、Pが過去についての言明だと称される場合に、Pおよび非Pを懐疑するのとやはりまったく同じなのである。というのも、所与の命題が真か偽か（あるいはいずれでもないか）を述べる立場にないとき、しかも原則的にそういう立場をとりえないとき、所与の命題に関して懐疑的だと言わずしてなんと言おうか。

(1)の議論に比較すると、こちらの議論を真剣に論ずる人はほとんどない。ひとり、これを定式化したバートランド・ラッセルは例外であるが、彼とてもこの議論を真剣に支持することは誰にもできないと述べている。にもかかわらずこの議論は時間、指示、知識に関するさまざまな問いを劇的とも言えるかたちで提起しており、同時に詳細な検討に十分値するものである。

(3) 歴史的言明は歴史家によってなされ、また歴史家が別の事柄でなくあるひとつの過去の事柄を取り上げて言明を行うには、相応の選択の動機がある。それだけではなく、歴史家は自分が叙述しようとする過去の事柄に対してある感情を抱いている。それは個人的な感情であるかもしれないし、歴史家が帰属するさまざまな集団の成員に共通の感情であることもあろう。こうした感じ方は歴史家にある部分を強調させたり、ある部分を見落とさせたり、あるいは実際に歪曲させたりする。それをもっているおかげで、自分自身の犯した歪曲をいつも見抜けるとはかぎらない。だが自分でそれらの歪曲を見抜けると思い込んでいる人もやはり特定の感じ方をもっているのであり、そこから特有の強調、看過、歪曲が生ずる。固有の感じ方がないということは人間ではないと言うに等しく、歴史家も人間である以上、過去について完全に客観的な言明を行うことは不可能である。あらゆる歴史的言明は、個人的な因子をぬぐい去ることができないがためにひとつの歪曲であり、したがって真実そのものではない。それゆえ私たちは、過去について本当に正しい言明を行うことはできないのである。

この議論は一見して無意味だという非難を受け易いようにみえる。たとえば世界中のすべてのものが歪んでいるというのはどういう意味なのか。真直ぐなものがなにもないとすれば、「曲がっている」という表現を有意味に用いることはできない。それは論理的対極を必要とすることばなのである。歪曲にも同じことが当てはまる。過去についての歪曲されていない言明とはどのようなものかがわからなければ「歪曲された言明」という表現にどんな意味が付せられようか。さらにもし歪曲されていない言明とはいかなるものかがわかったとすれば、原理上その実例を挙げることができるわけで、そうなると歴史的言明は必ずしも歪曲されてはおらず、議論そのものが間違っていることになる。その結果、この議論は無意味であるか間違っているかのどちらかだという結論に達する。

しかしながらこの反駁はさほど強制力をもたない。そして(3)の議論の提唱者たちは、通例簡単にそれを回避するし、またそうできる。というのも彼らは実際に「すべてのものが曲がっている」というようなことを述べているのではなく、ただたんにある種の物事がねじ曲げられていると言っているのである。だとすればこの言明を理解しうるものにしているある種の真直ぐなものがあることになろう。したがって彼らはあらゆる言明が歪曲であると言っているのではなく、ただ歴史的言明が歪曲だと述べているのである。それゆえ歴史的言明全体は、おそらく歪曲されていない別種の言明、つまり科学的言明の体系と対比されることになる。マーガレット・マクドナルドが以下の引用で批評について述べている事柄は、そのまま歴史にも援用することができる。

作品についての批評は、ある人物によって特定の時に、ある社会的なコンテキストのもとで作られたものである。その結果批評は、時間や場所に無関係な、科学や数学に特有の厳密な法則のもつ無人称性をもたず、またもつことはできない。(4)

ここからどのような説明が「客観的」とされるかを一応うかがい知ることができる。すなわち、時間、場所、および説明を与えた人の個人的な感じ方から独立していることである。ところが、どのようなときに説明が客観的であるかを知る正確な規準は、同様にどのようなとき説明が客観的でないかを教えてくれる。私たちが客観的ではないと主張し、にもかかわらずそれ自体では客観的である説明の種類を示すことはできない。なぜならばそのような説明はどれも、時間、場所、そして個人的な感じ方と関連し、いずれをとっても客観的たりえないことがわかっているからである。そして歴史的説明はすべてそのような種類のものなのである。

(3)の議論は、思想的には相異なる数多くの思想家たちによって、さまざまなかたちで擁護されている。たとえばニーチェは珠玉のアフォリズムのなかでこの議論を用い、のちにフロイトがそれを引用し賛成している。「「それは私がしたことだ」と私の記憶は言う。「それを私がしたはずがない」――と私の矜持は言い、しかも頑として譲らない。結局、記憶が譲歩する」。[5] ここでは自尊心が記憶を歪曲し、過去についてこうありたいと願うことが真実を歪めるのである。個々の記憶が自尊心、あるいは感じ方や願望、感情によって歪められるということは、論理的にはむろん可能である。したがってひとつひとつの記憶は「おそらく」歪曲だと言えるかもしれない。私は自分の記憶が正しいか否かを知るすべがない。それゆえ、もしそれが正しいとしても、正しいと言える方法がないのである。そのような方法がたしかにあると言えば、反対を招くことになるだろう。個々の独立した例証を挙げることはできる。だがもしこの例証も他人の記憶に頼るものであれば、彼らの記憶が私のもののように歪曲されていないと考えるだけのどんな根拠があろうか。たしかに日記の記載や新聞の切り抜きというような別の証拠もある。しかしここでもまた一般的な相対主義の議論（上述(3)）が生じ、私の証拠に対する評価も、個人的な要素などによって再び影響を受けるであろう。ニーチェの議論は結局のところ記憶にだけ限定されるのではない。記憶は私がかくかくのことをしたと日記のなかで述べる。私は自分がそんなことをしたことを肯んじない。その結果私の日記への信用は崩壊する。私は誰か別の人がそれを書いたのだとか、自分の小賢しさを見せるためにそうしただけだと言うのである。

ベアード、ベッカー、クローチェといったこの議論の主な支持者の主張が、彼ら特有の感じ方や偏見、感情によって歪曲されているにもかかわらず、この議論は三つのうちで最も注目すべきものだと思われる。論理的に整備し練磨すべき点は多々あるが、最終的にこの議論には正しく重要なものが含まれており、このことに関連させて引き続き私の歴史の最小特性化に修正を加えていきたい。実際私はすでに、この議論に近いと思われる見解を表明している。というのは私が述べたように、歴史的意味は非歴史的意味に依拠するのであり、後者は歴史家が身を置いている立場や関心に深くかかわっているからである。したがって過去を組織化する全体様式は、それがなんであれ私たち自身の関心に因果的に結びつくのである。ここまでとりあえず述べたところで、これらの三つの議論を、一章ずつさいて順を追って論じようと思う。

第四章　検証と時制

　ではまず(1)の議論から考察しよう。この議論にある程度の哲学的根拠を与え、またこの議論自体を導き出すふたつの異なった理論に着目することから話を進めたいと思う。そのふたつとは第一に知識理論、第二に意味理論である。もとよりこのふたつの理論は相互に重要な関連をもち、知識理論を支持する人々はいずれもなんらかの形で意味理論を受け容れ、またその逆も生ずる。しかしながらこれらの理論を別々に論ずるのは、十分な理由がある。なぜならこのふたつはそれぞれ歴史の概念について、やや異なった観点を鮮明にしてくれるからである。また私が関心をもっている論点を完全に一般化して論ずることもできるが、むしろここではこれらの理論を擁護するにしばしばふさわしいと思われる個々の哲学者の著作に言及して、それらの理論を解明しようと思う。知識理論に関してはC・I・ルイス、意味理論についてはA・J・エイヤーを援用する。ただしエイヤーについては、同じ問題にかかわっているが、彼の根本的な哲学のプログラムの変化を反映するいくつかの理論を吟味しようと思う。

ルイスが一九二九年に『精神と世界秩序』を書き、後期の主要著作『知識と評価の分析』を書いて以来、経験的知識の分析について幾多の入念で重要な哲学的考察がなされてきた。今日では非常に厳しい限定を加えないかぎりは、これらの著作で展開された経験論の形態に賛意を表する人は誰もいないと思う。ここで私はルイスが『精神と世界秩序』で述べていることに限って注目したい。というのは、それ以後に仕上げられた議論は、私がかかわっている問題とは必ずしも重要な関連をもっておらず、一方この著作でルイスは、ここで問われている過去についての知識に関して、多くの興味深い発言をしているからである。(1)

まず最初に、ルイスが提出した知識の一般理論について概要を述べ、それから特に過去についての知識への応用に進むことにする。ルイスが主として論じているのは、あるxがFという性質をもつことを知る、という点にかかわっており、彼は、xはFであると主張する場合には、その意味はなんらかの行為や経験についてのものだと理解しなければならないと述べている。行為や経験に関連させてはじめて、「xはFである」という型の文の分析を行いうるとするのである。彼は以下のように述べている。

客観的性質をものに帰属させることは、もし自分がある振舞いをすると、特定の経験がその結果生ずると予言することを、暗に意味している。たとえばもし私がこれをかじれば、甘い味がするだろう。もしそれをはさめば、やや柔らかいだろう。もしそれを食べれば、それは消化され毒にはならないだろう。もしこれをひっくり返せば、これとよく似たまるい表面が見えるだろう。……これらおよび他の何百もの仮言命題が、私が手にもっているりんごについての私の知識を作り上げているのである。(2)

一般的に言えば次のようになる。

私たちの現実についての知識の内容総体は、このような「もし〜すれば、〜になる」という命題の真理である。そこでは、仮定とは、私たちの行動の様式によって正しいことが明らかにされるようなもののことであり、帰結は、いまは現実ではなくおそらくすべて現実になることはないけれども、現在に関連した可能な経験を表わしている。(3)

したがって非常に大ざっぱに言えば、時制や通常の用法や文法的な形態にかかわらず、「xはFである」という文は、予言もしくは、Aが行為でEが経験を示す「AならばEである」という型の一組の予言なのである。そしてもとの文はこれらの条件文へと分析され、それらの文の連言が、もとの文が主張することについての私たちの知識を表わしている。(4)

これらの条件文のひとつひとつが、別個の検証の過程を表わし、これら分析された条件文のすべてが、特定の行為を行って特定の結果を得ることを通じて正しいと検証されたときに、もとの文は十全に検証されるのである。経験的知識の概念についてのこうした分析は決して珍しいものではなく、それに関連していくたの問題が生じてはいる。だがとりあえず私はそれらをひとまず無視して、ルイスの分析のうちで、あることを知っているとは、なにかを行ったならば経験することを暗に予言しているのだという点、そして行為とその経験的な結果にかかわる予言は、すべからく「私たちの現実についての知識の内容総体」を表わすという点に限って論を進めたい。

いまかりにある特定の対象aについて、aはFであると私が言い、その「aはFである」という文が、t_1時に発せられたとする。aがt_1時に存在すれば、私はひき続きaに対して働きかけ、その行為の結果得られた経験にもとづいて、当初の文を場合によっては部分的であることもあるが、いずれにしろ検証する。次に私がその文を未来時制で語り、aはt_1時よりのちに存在すると仮定しよう。その場合も同じく、私は行為を行い経験を得ることができ、やはり当初の文を検証したり、あるいは反証することもできる。それはいずれの場合においても、当初の文は私がこれから行い経験することの予言だからである。ではaが当初の文が発せられる以前に存在したもので、いまではもはや存在せず、文が過去時制になる場合を考えてみよう。そうなると私はt_1時にaに働きかけることができず、まや未来のものに私はいかなるときにも働きかけることはできない――事物は在ることをやめてもはや存在せず、赤から青になってまた赤になるようには立ち戻ってこないからである。その結果aが占めていた時間を未来において占めることは期待できない。それゆえ私は文を検証する方法をもたないのである。たしかに私はすでにaに働きかけてそのような経験を得、もしaがまだ存在していたとすれば、ひとつひとつ行って経験できたのだと言えるかもしれない。だがそうだとすると私はt_1時に過去時制で述べた文をすでに検証してしまっているのであり、検証がその文に先んじているのである。ところが私がある行為を行ったとか、経験を得たという主張は、それ自身過去時制でなされており、再びまったく同じ問題が生じてくる。したがって過去についてなされたと称する言明に関しては、さきの予備的な考察によると検証は不可能であり、それゆえ現実についての知識には入らない。誰でもこの議論を通してルイスの方法を知ることができる。しかもこの議論には明らかに不自然さがあることは否めない。そこでルイスはそれをつじつまの合わない帰結をもつ反論とみなしてそれに答えるべきだとしたのである。

知識はここでは検証と同一化され、検証は現在から未来へと進みゆくことによってもたらされると言われている。だとすれば過去はそれが知られうるかぎりにおいて、現在や未来のものへと変形され、そして私たちはいずれも等しく不可能なふたつの選択、

すなわち過去は知りえないか、または過去はそもそも過去ではないという二者択一に立たされているのである。(5)

ではルイス自身がこの反論にいかに対処したかを見てみよう。ルイスはまずこの反論の適用を否定し、過去についての文は検証可能で、つまるところ私たちは過去について知ることができるのだと主張する。だが彼はこの主張を擁護するために、対象についての新たな概念を導入し、彼自身による知識の説明では到底正当化し難い種々の形而上学的な前提を許容することになった。まず彼はこう述べている。

過去が検証できると仮定することはどういう意味かというと、ある出来事が生じたのちいつでも、少なくとも経験可能だと考えられるようなものが常にあり、そのことによって過去を知ることができるということである。

たしかにこう言っても別段困るわけではない。私たちの過去についての知識は現在の証拠、つまり私たちが実際に経験できる事柄にもとづいているのだとルイスは述べているのである。そして彼はこれらの事柄を、私たちが知りうると主張している出来事の「結果」と名付ける。現存する結果がまったくないような出来事がかりにあるとすれば、当然ながらそれが起こったことを知るすべはない。そこで私たちの過去についての知識には永遠の欠落があることになる。これはデューイが提出した問題の解決とほぼ同じである。

（歴史的知識の）対象は、現在や未来の結果や帰結に結びつきをもつ過去の出来事である。(6)

またさらに、

もしかりに過去の出来事になんら発見できるような帰結がなければ、あるいは過去の出来事について考えても、どこにもそれに相当するような差が生じなければ、正しい判断の可能性はまったくない。(7)

誰がこれに反駁できようか。この主張はつまるところ、証拠にもとづいてのみ知りうることは、もし必要な証拠がなければ知りえないということに集約される。しかもこのことは、まったく議論の余地のないことではあるが、私たちは証拠にもとづいてのみ過去の出来事を知りうることを前提としている。だがこのしごく穏当なあたりまえのことが、ルイスの分析が残した危うさなのではない。というのは彼の主張とは、過去について語る場合、私はたんにある行為をなせばどのような経験を得るかを予言しているにすぎず、私の知識全体はこうした条件命題で構成されているというものだったからである。そうなると、もしたとえば「ヘイスティングスの戦い」によって私たちの未来の一連の行為や経験を意味するのではなく、またそのような意味をもたせることが不合理だとすれば、私たちの知識総体が未来の行為や経験にかかわる条件文で構成されている場合に、「ヘイスティングスの戦いは一〇六六年に起こったことを知る」という表現にいかなる意味を与えればよいのだろうか。このような分析によって、過去を、あるいはこれらの条件文以外のことを私はどうして知りえようか。さらには、もし私に過去の出来事を語るすべがないとすれば、そして過去のことを語ろうとするたびに、代わりに私は自分の将来の経験を予言しているのだとすれば、どうしてこれらの経験が、過去の出来事と証拠を踏まえた関係をもつなどと言えようか。というのも、私が過去の出来事に言及しようとするたびに、私は未来の経験の予言をせねばならないからである。Pが一見過去の出来事について言及しているようであり、かつPそのものは未来の経験の予言であるとき、これらの経験がPの証拠であるとどうして言えようか。

ルイスもこれらの問題にはおぼろげながら悩まされたにちがいない。というのは私がさきに言及した対象についての新たな概念をルイスが導入したのは、ちょうどここにおいてだからである。まずEを出来事とし、{e}をt時におけるその出来事の結果とする。そのときEを{e}と一緒にして、これをEの起こったt_1時から、t時までの時間の拡がりをもった単一の対象だとみなすようルイスは提案する。おそらくこの対象は、以後Oと呼ぶが、時間の流れに沿って拡大し、新たな結果を自身のうちに取り込むことによって肥大していくだろう。かくしてヘイスティングスの戦い、ベイヨーのタペストリー、その他もろもろのヘイスティングスの戦いの結果が加算されて、単一の時間の拡がりをもった対象が形成されていく。しかもルイスが指摘したように、「出来事が起こったのちいつでも、経験可能なものが常にある」のだから、いまこの時点においてさえ、ヘイスティングスの戦いの結果であるなにか一時的に私にも経験可能なものがあるのである。こうして私はOを経験することができる。なるほどOを「ヘイスティングスの戦い」と名付けて、だから私はヘイスティングスの戦いを経験できると言えないことはない。だがイギリス史を学んでいる学生に、ヘイスティングスの戦いはまだ続いていると言えばあきれられるだけだ。さらにさきの主張を擁護するために「ヘイスティングスの戦い」の意味（指示対象）を変えることで、彼らがことさら得心するとも思えない。ゲティスバーグ演説の草稿を見たというだけの意味で、私は今朝エイブラハム・リンカーンに会ったと言うのは馬鹿げている。したがって厳密に言えば、Oの導入は役に立たない。私がOを経験しうるというのは、私がヘイスティングスの戦いを経験しうるという意味ではない。それはただ、ヘイスティングスの戦いが時間的に初期になるような、時間の拡がりをもった同一の対象の一部を経験しうるというにすぎない。そして私はいま、時間的拡がりをもつ対象の、時間的に初期の部分を経験できないのであるから、事態は前と変わらない。そのような対象の現在と未来の部分しか経験しえないときには、過去の出来事についての知識の問題を、時間的に拡大された対象の初期の部分についての知識の問題に移行させて、問題を書き変えたにすぎないことになる。ルイスは、「明らかにこのような結果の全体性が、すべての知りうる対象を構成する」と述べている(8)。だがこれは正確に言えば、ヘイスティングスの戦いそれ自体は、結果のひとつではないのだから知りえないということである。それだけではない。もし起点となる出来事を知ることができないとすれば、Oのなかの時間的に初期の部分はすべて知りえないことになる。あるいは逆にもしそれらを知る方法があるとすれば、それらの諸結果を生み出す起点となる出来事を知る方法がなぜないのだろうか。現在と未来の結果について知ることができるだけで、過去をいかに知りうるかという問題については、私たちは相変わらず不明のままである。いやむしろ答えは明白になったと言えるかもしれない。つまり過去を知ることは不可能だ、ということがである。そしてそのようなことはまったく意味をなさない。

ではさらにことばを継いでみよう。私たちは{e}を経験し、{e}は実際Oの一部だと仮定する。Oのなかには知ることができない時間的に初期の部分が含まれているとすれば、その場合{e}がOの一部であることがわかると主張しうるのは、どのような正当な根拠をもってであるのか。そして私たちが時間的に初期の部分について語ろうとするたびに、私たちの語ることは時間的にあとの部分についての予言になってしまうことになるにもかかわらず、ルイスは実のところ彼自身の知識理論のなかで、時間的に拡大された対象への指示に必要とされるような知識を容れる余地はまったく残していないのである。このような知識の説明においては、そうした指示は事実上不可能である。とはいえルイスがこれらの難点をどのような努力を払って切り抜けようとしたかを見ることは意義がある。たとえばルイスは「過去のしるし」ということを述べた。これはたぶんに現在の対象が帯びているもので、それにもとづいて私たちは時間的に拡大された対象の一部である、時間的に初期の部分へと遡行することができるのである。

過去は、過去のしるしとなるようなある特徴をもつものを正確に解釈することによって、知ることができる。(9)

「過去のしるし」とはどのように理解すればよいのだろうか。かすった痕跡とかひっかきキず、擦り跡やいわゆる摩耗や裂け目の跡のことなのか。それとも日付のことだろうか。いやただ、現在のしるしをもつ対象とのちがいにすぎないのだろうか。だとすればそのちがいとはなにか。ルイスはこうした問いを明らかに避けている。

さしあたりの目的のためには、次のように述べておけば十分だろう。すなわち明らかにある種のそれとわかるしるしが、現在の事物の過去性を意味せねばならない。さもなくば過去を現在と分かつことはできない[10]。

だが問題は、ルイスの理論によってそれが可能かどうかという点にある。ここで思い出されるのは経験論者の記憶理論での同様の問題である。記憶があるということはイメージをもつことだと考えたときに、現在のいかなる規準によって、[11]記憶とイメージとを区別できるだろうか。ヒュームは活性の差によって区別すると述べたが[12]、記憶そのものをさまざまな活性の度合いによって区分するという指摘もなされており、ぼんやりしたイメージをはっきりした記憶と区別するという問題は依然として残っている。ラッセルはそれらのちがいを明確にする「過去感情」が存在すると述べているが[13]、これはルイスの言う「過去のしるし」に非常によく似ている。私はここで経験論者の記憶理論に立ち入るつもりはないが、少なくともそこでの困難の一部は明らかに、記憶の本質はイメージをもつことにあるという前提にある。それはちょうどルイスの場合に、知識は現在の経験ややがて現在のものとなる経験に同一化されるのと同じである。かくして私たちの過去についての知識を説明する唯一の方法は、現在における過去のしるしを捜すということになる。

私には過去のしるしとはどういうものなのかさっぱりわからないが、もし私がエトルリアの工芸品の贋作者だったとしたら、人の好い美術館長が、「過去のしるし」によって本物と見分けることができないように、法の目をくぐった偽物が十分本物らしく見えるよう心を砕かねばならないだろう。率直に言って、私たちは本物と偽物を見分けるのに、本物は、ある人のことばを借りれば「いにしえが刻まれている」[14]からそれとわかるのではない。そうではなく私たちはマンガンや瀝青の含有量の差、ひびの有無、熱を加えたときのテラコッタの様態に関する知識の手を借りるのである。[15]だがこの点は現在の議論にはあまり関係がない。関係がある問題とは、現在経験されるものごとを、ある過去の事柄の証拠とみなすというところに求められねばならない。「〜の証拠である」は、ふたつの名辞に関係する述語であり、ここでは一方の名辞が問題になってくる。というのは、あるものがなんの証拠かということ自体についていかに語りうるかを知るのは困難だからである。そしてルイスは現在と未来の経験の指示対象のなかに包括されない過去の指示対象を、別個に認めることが不可能だったのだから、あるものをなにかの証拠として記述する方途は、私たちには残されていない。なんの証拠なのか。それを語ることができないのである。

過去を知ることはできないというルイスの知識理論に必然的に伴う批判は、ルイスが語るように「もし一般にそう言い張る人々が、現にもう消え失せてしまった過去をどのようにして知りうるかを進んで教えてくれるなら、もっと重要性を」[16]もったであろう。こうした挑戦を企てるにはおそらくまだ時期尚早ではあるが、二、三の予備的考察をここで加えておこう。

ではかりにEがt_1時に起こるとすれば、それ以降は誰ひとりとしてEを経験することはできないと仮定しよう。ルイスの議論においては明らかにこの点が前提されており、あらゆる難点はここに発しているのだが、時間的に拡大された対象とか「過去のしるし」というような特殊な解決法が導入されたにもかかわらず、すでに見てきたように益もなく解決には至らなかったのである。さてここで、天文学者は実際に見ている時点よりもはるか以前に起こった出来事を目にしているのだという身近な反論を思い浮かべる人もあろう。たとえば私たちがいまこの目で見る星の爆発は、実際に起きたときから光が私たちの目に届くまでの時間を経ているのであり、その間の時間の経過を計算することもできる。さらに地球上での爆発を目撃する場合のことを考えてもおかしくはない。爆発が起こってから私たちがそれを見るまで、星の場合と同じくらいとは言わぬまでもいくらかの時間がかかるとわかっていたとしても、やはり地球上での爆発の目撃ということについて語ってもおかしくはないのである。だが議論はまださきに進めることができる。経験論者たちは物理的な理由によって、知覚はなんであれ知覚された出来事が起こってからごくわずかにせよある時間を経たあとに生ずると、倦むことなく指摘し続けている。それはインパルスがどの中枢であれ知覚の中枢に到達するまでに、ある時間がかかるからである。[17] ところがこれらのことが正しいとすれば、星の爆発の例はいくぶんなりとも効力を失ってしまう。なぜならその差はたんに程度の問題であって、星の爆発は通常の地球上の爆発を知覚する場合よりも一層時間的なへだたりが大きく、「より過去」であるだけであって、その地球上の爆発すらも、手にもったマッチの焔が燃えあがるのに比べれば、やはり「より過去」であるにすぎないからである。そうなると問題はもはや過去の出来事を知覚できるか否かということではなく、過去の出来事以外のことを知覚できるか否かということになる。

ではこれらの事実をできるかぎり整合させてみよう。私はここで求められる自然な意味で、何年も前に起こった星の爆発を今日見ることができると仮定しよう。私がそれを目撃するのと同一の空間的位置（たとえば地球上に固定された天文台）において、この同じ出来事を明日見ることはできない。もしそれを今日見なかったなら、同じ空間的位置でそれを二度と目にすることはできないだろう。たぶん別の空間的位置に立てば、それを明日見ることもできようし、同じように別の位置では昨日見ることができたかもしれない。だが現に私はここに居て、昨日見たり明日見たりするのに必要な空間的位置を占めていたり、あるいはこれから占めようとするのではないのである。したがってこのことが意味するところは、出来事が知覚されるには時間—空間の範囲が存在するということである。Eはその範囲内のさまざまな時刻や位置において知覚されるのであり、Eを知覚するとは正しい時に正しい位置を占めているということにかかわっている。私はEをさまざまな時間に知覚することができるが、それはただ異なった位置においてのみ可能なのである。Eは過去であるから私たちがEを見ることができないと言うことは、(a)Eが起こった、(b)私たちが占める空間的位置においてEを目撃できる時間は、現時点より以前である、ということである。さらに私たちはEを二度と見ることはできないと言うことは、(a)、(b)、および、(c)私たちは未来のどんな時点においても、Eを見るのに間に合うような別の空間的位置に到達することはできない――ことばを変えれば、私たちがいま占めているのとは別の空間的位置に到達するまでに、その位置でEを見られる時間が、私たちがそこに位置を占める時間よりも以前になっている、と言うことである。時間的な範囲内にいても、出来事を目撃するのに必要な空間的範囲の外にいることもあれば、空間的範囲の圏内にいても時間的範囲を超えていることもある。一〇六六年にストラスブールにいるのは前者の例だし、一九六三年にヘイスティングスにいるのは後者の例である。そしてここで当てはまるのは後者の例である。ヘイスティングスの戦いが見られるような空間の範囲にいま移動しても意味がないのであって、それは私たちが必要な経験をするための時間的範囲のうしろに永久にとり残されているからである。

　このような手直しによって、私たちは過去の出来事のみを見るという事実を整合化させることができると思う。別々の時に起こった出来事を同時に見ることもある――天文学者が空中で炸裂する爆弾と星の爆発とを同時に目撃する——という事実をも整合化することができる。むろんこのふたつを「過去のしるし」によって識別するわけにはいかない。なぜなら私たちが見るあらゆるものが過去の出来事だとすれば、すべてが過去のしるしを帯びていなければならないからである。そして私たちはルイスの提言にのっとって、あるものは別のものよりそのしるしを余計に帯びていると言わねばならないが、このように言い抜けてもほとんど得るところはない。というのも私たちが目撃するあらゆることは過去の出来事であるという事実からは——かりにこれを事実だとして——私たちが、すべての過去の出来事を見ることができるということは導き出されないからである。ある過去の出来事については、それを見るのに必要な範囲から私たちは永久にはじき出されていて、ヘイスティングスの戦いがこの場合にあたる。だとすれば問題は、私はいかにして経験不可能な過去の出来事、まさに「死んだ」出来事を知りうるかということになる。明らかにそれは私たちがそれらの出来事が起こったという証拠をもっているからである。そして現在経験できることにもとづいてこそ、以前起こったがいまは経験できないことについて知りうるのだという点では、私たちは意見の一致をみるであろう。ところがこれはまさしくルイスの命題そのもののようである。私はここまで、ルイスが彼の批判者たちに要求した、彼とは別の説明を述べてきたのだろうか。答えはそうではないのである。ルイスの分析から生じた困難は、見ることができない過去を証拠にもとづいて知るにすぎないというありふれた主張から生じてはいないということはたしかである。むしろ困難は、私が過去について語る場合、未来においてある行為をすればそのとき得られるであろう経験を暗に予言しているのだという主張から生じているのである。実際私はそのような予言を暗に行っているのかもしれない。けれどもそれが、私が過去について語るときに行うことのすべてではないことは明らかである。そしてルイスの誤りとは、これがすべてであると、つまり認知的主張全体が私たちが見てきたような条件文で表わされると想定したことなのである。

「ヘイスティングスの戦いは一〇六六年に起こった」という文がどんなに簡単に理解されるか、また私たちの多くがどんなに鮮やかにこの戦いの映像を思い描くかを少し考えてみよう。だがその文を述べたとき、私たちの未来の行為や経験についていったいどんな予言が可能か考えてみるとよい。この文が真であるための現在手に入れることができる証拠については私はほとんど知らないし、イギリス史の専門家がそのためにどんな事柄を示すのかまったくわからない。ただ言えるとすれば、もし私がイギリス史家にヘイスティングスの戦いの証拠を求めたならば、彼はいくつか示してくれるだろうということだ。ただしなにを示すかはわからない。かりに私がその文を述べたときに行っていたのが、このような質問の結果を予言することに尽きるとすれば、私は自分の言ったことに実に漠然とした考えしかもっていなかったことになる。そして「ワーテルローの戦いは一八一五年に起きた」と言った場合もこれと大差ないだろう。どちらの場合においても私はこれといった証拠が見つけられようとは思わないので、私にとってはこれらの文の区別がほとんどできないのである。したがってそのような過去の出来事が起きたことを知っていると言うために、私がある種の証拠を示せるということが必要だとしても、実のところ私がそうした出来事が起こったと言うときには、証拠を捜した結果私の経験がどうなるかを予言しているのではまったくない。そうではなくむしろ、私はかくかくの出来事が起こったと語っているのである。これらはまったく別のことである。私のことばはヘイスティングスの戦いについて語っているのであって、王立資料館で見つかりそうなものについて言っているのではない。そこでなにが見つかるのか寡聞にして知らないが、私が言っておきたいのは、そこで見つかるものはおそらくヘイスティングスの戦いについての言明の証拠になるだろう、楽観的に言えばそれを検証するだろうということだ。だが過去の出来事についてそれを独立させて別個に語りえないとすれば、そのような検証の経験は、いったいなにを検証したことになるのか。たぶんそれらは、私たちがヘイスティングスの戦いについて知ることを可能にする。しかしヘイスティングスの戦いについて知ることと、その証拠について知ることとは、まったく別の事柄なのである。証拠について知るとは、たとえて言えばある何枚かの羊皮紙についての経験であるかもしれない。けれども私がヘイスティングスの戦いと言うときには、もとより羊皮紙のことを指しているのではない。そうではなく私は人間が戦う場面を指しているのだ。だがもし私がそれを語るときたんに予言を行っているにすぎないとしたら、私は兵士や王や武将たちのことではなく、羊皮紙の切れ端やすりきれたタペストリーについて語っていることになろう。これは途方もなく信憑性を欠く見方である。ヘイスティングスの戦いについての文をひとつ語るたびに、それが羊皮紙やタペストリーについての私の経験の予言にすぎないことがわかれば、これらのものをヘイスティングスの戦いの証拠だとみなすというようなことがどうしてできようか。

さらにたとえヘイスティングスの戦いについての私たちの知識全部が、ある意味でそのような条件文にもとづいているとしても、その知識全体はそうした言明のみで成り立っているのではない。私たちは証拠をもっているから過去について知るのであり、それ以外の方法では知りようがないとルイスが述べたとき、彼は大筋では正しい。しかし彼が私たちにもたらしたものは、過去について語る方法ではなくただその知識がもとづいているものを語る方法にすぎなかったのである。そして現在や未来について語ることへとただちに移行しないような過去についての語り方を許容しなかった。この理由はルイスが、知りうることはすべて経験しうることである（ゆえに過去を知ることはできない）というドグマにとらわれていたためばかりではない。このドグマによって、彼はほとんど信用しがたいあらゆる実体だのしるしだのをもち込まねばならなかった。だが、さらに重要な理由は、非分析的な文の意味がその文を検証する一連の経験であるとみなされるような、ある意味理論に彼が拘泥していたからなのである。

エイヤーは検証主義の全盛期にこう述べている。「過去についての命題は通常それを検証すると言われる、「歴史的」な経験を予言する規則であるという見解には、なんら特に逆説的なものは見いだされない。そしてこれ以外に、私たちの「過去についての知識」をいかに分析すべきかわからない[18]」。エイヤーはつけ加えて、このような分析に不満を感じる人々は、過去は「なんらかの意味で「客観的」にそこにある」――すなわち「その語の形而上学的な意味で「実在的」である」という形而上学的な見解に毒されているのではないかと疑っている[19]。もっとも、ルイスを苦しめていたように見えるのは、まさしく次のような形而上学的な仮説だと指摘しておくだけの価値はある。つまり過去は「客観的にそこに」ないのであるから、それを経験することはできないし、それゆえ知ることもできない。いずれにせよ私たちは「客観的にそこに」あるものしか知ることができないのだから、私たちが過去について知っているなら、それは「客観的にそこに」あるものについての知識でなくてはならず、したがってそれは過去ではないという仮説である。エイヤー自身もまた、以下のような見解を固守するところから、さして遠いところにいるのではない。その見解とは、もし私たちが言明を知ることができるならば、言明がそれについて語っていて、それを私たちが経験できるようななにかがなくてはならない。したがって過去についての文を知ることができるとすれば、その文は本当は過去についてではなく、私たちが経験できるものについての文であるということである。彼自身の果敢な発言にもかかわらず、エイヤーは過去についての言明は過去についての言明なのではなく、むしろ未来についての言明を行うための規則である、という立場から後退している。

道理をわきまえた人が、パラドックスへの嗜好をもちながらもなぜこの立場から後退しようとするのかということの理由のひとつは、「ヘイスティングスの戦いは西暦一〇六六年に起こった」というような文がなにを意味するか、それが検証されるたびに修正することが必然的に求められるからである。[20] これを敷衍すれば次のような事態が生じる。「ヘイスティングスの戦いは一〇六六年に起こるだろう」と「ヘイスティングスの戦いは一〇六六年に起こった」とはある意味で異なった意味をもつことはほとんどの人が認めるであろう。おそらくここで検証主義者がそう考える理由は、後者は不可能であるが前者はヘイスティングスの戦いを経験することによって検証されうるからである（もっとも意味の相違の理由に一般にこれを挙げる人はほとんどいないであろう）。しかし「ヘイスティングスの戦いは一〇六六年に起こった」と「ヘイスティングスの戦いは一〇六六年に起こった」とは、字面は同じでも意味が異なると言うような人がいるだろうか。だがこれが検証主義者独自の分析について言っておかねばならない点である。すなわち文は、それが検証されるたびにその意味を変えるのである。ある所定の経験をするだろうということが、ある時点において予言として考えられ、そしてその経験がなされたと仮定する。するとそれはもはやさきに述べた経験を予言することはできず、別の経験を予言するのであり、したがってその意味は変化する。私たちが、それが常に同じ意味をもつという予断を受け容れられるのは、その文が最終的に発話されたのちに生じる経験を予言するために、その文を技巧的に用いることによってのみである。しかし多くの場合そうするには遅すぎる。こうして「シーザーは死んだ」は、マーク・アントニーの余計な審問の結果、もはやそれがかつて意味していたことを意味しない。したがってこの理論からは、過去についてのほとんどの文の、あるいは少なくとも検証されたすべての文の意味の根本的な不確定性が誘発される。事実ヘラクレイトス流に言えば、私たちは同じ文を二度検証することはできない。意味のちがいが文のちがいを意味する場合、私たちは異なった文を検証しているのでなければならない。そうすると、「シーザーは死んだ」と「シーザーは死んだ」とは、一方が検証されてしまうと、同じ文ではないのである。それでも私たちは、これらはいずれも同じ文の言明であり、この同じ文は常に同じ意味をもつと言いたいのはたしかである。またこれらは異なった言明をつくり出すための、同じ文の異なった用法だと言ったところで、さして助けにはならない。なぜならそれらの異なった言明は、もし一方が実際に検証されたり、両者が異なった経験によって検証されたりすれば、決して同じことを意味しないからである。

エイヤーは、過去についての言明は「現在や未来の命題に翻訳されうる」[21]とすることは誤っていると認めるに至った。エイヤーは「それはたしかに不正確である」と述べ、自分はもう「現在や未来についてのいかなる観察言明の正当性も、過去についての言明の正しさの必要条件になるとは思わない」とつけ加えた。だが問題は正当性にではなく意味にかかわっているのであり、その点で依然としてエイヤーがかかわっているのは、もし私たちがそうした言明を、それらが述べていることを経験することによって直接検証できないならば、それらがいかにして有意味であるとみなされるかということである。彼は「原理上検証可能」という概念を導入することによってこれに答えた。このことはプログラムの変更を意味している。つまり過去についての文は現在や未来についての文に翻訳されないが、直接法から仮定法へと翻訳されうるということである。そこで私はこの概念を検討したいと思う。

私は一九二四年以降、私の存在が中断されることなくそこを起点とする時間の広がりを占め続けているが、私は一九二四年以前に起こった出来事を観察することはできない、もしくは、それより以前の日々は私の空間的―時間的範囲を逸脱するというのは、なるほど正しい。だがこの時間のなかで私はさまざまの異なった空間的位置を占めてきている。その時々の空間的位置においても、もし私がそのとき出来事の空間的範囲の外にいたならば、私が位置を占めているのと同時の出来事も観察することはできなかったであろう。一九六二年ローマにおいて、私はニューヨークで起こっている事柄を目撃することはできなかった。しかし私はローマではなくニューヨークに居ることもできたはずである。こう考えても、論理的には不合理ではない。そしてかりに私がニューヨークに居たとしたら、そこで起こっていることを目撃したであろう。私がある場所にいて別の場所にいないというのは、完全に偶然的事実である。だがこれは時間についてもまったく同じである。完全な偶然的事実として、私が占めているのとは別の時間を生きたということもありうる。だから一九六二年にローマに居る代わりにニューヨークに居たと想定しても不合理ではないように、一九六二年にローマに居る代わりに紀元前四四年にそこに居たと想定しても不合理ではないのである。一九六二年のニューヨークの出来事ではなくローマの出来事を目撃したことが偶然的事実であるのとちょうど同じように、紀元前四四年のローマの出来事ではなく一九六二年のローマの出来事を目撃したことも偶然的事実なのである。私は紀元前四四年の出来事を見てはいないが、かりに見たと想定しても、論理的にはなんら不合理ではない。その結果、私はシーザーの死を、それを目撃することによって検証することはできないが、もし私がそのときそこに居れば、それを検証することができたであろう。したがって「シーザーは死んだ」という文は、原理上検証可能なのである。以上がここでのエイヤーの分析の概略である。[22]

私が西暦一九六二年ではなく紀元前四四年にいたとして、それが現にいるこの私と同一人物であったかどうかという問題はさて置くとして、この新たな説明が、先行者たちが落ち込んだ眩惑的な意味変化をうまく回避しうるか否かという点だけを問うことにしよう。ある意味でこれはたしかにうまく回避している。「シーザーは死んだ」ということのあらゆる文例が、同一の可能な諸経験、すなわちもし紀元前四四年にローマに居れば得たであろうような経験を指示するとみなすことにする。さらにここには翻訳のテーゼがあるのであるが、条件文の連言に翻訳する代わりに、

(1)　シーザーはローマで紀元前四四年に死んだ。

という文は次のような文に翻訳することができる。

(2)　もし私が紀元前四四年にローマにいたならば、私はシーザーが死ぬ経験を得たであろう。

さて(2)の文は、以後見ていくように(1)の文の十分で完全な翻訳ではないが、当面の目的には十分である。私が過去を指示したいとき、もはや現在や未来の経験を指示していないことに注目してほしい。たしかに私は、以後実際的な事実として得られるようないかなる経験をも、もはや指示する必要はない。一方私はまだシーザーの死を完全に指示しえたのではない。その代わり私は、ある時ある場所にいたならば得たであろうような経験を指示せねばならない。私たちは当然のことながら、次のような反論の可能性、つまり(1)はどの場

合においても話者固有の主観的経験を語るために用いられるのであるから、異なる話者二人が(1)を語って同じことを意味することはできないという反論にはばまれてはならない。この反論はごく簡単に切り抜けることができると私は思う。すなわち問題となっている経験は誰によってでも得られたのであるから、つまり私の代わりにあなたがそこにいても、あなたがそれらの経験を得たのであるから、その結果これらの経験は、(1)の使用者に無関係に指示されるのである。ではここで、次の文を(1)のよりよい翻訳と考えよう。

(3) もし誰かが適切な場所（その他）にいたならば、その者はシーザーが死ぬ経験を得たであろう。

「シーザーが死ぬ経験」というのは、おそらくややその場しのぎの感がある。これは「シーザーはいま死につつある」という文を直接検証するような経験を大まかに表わしている。ついでに言っておくと、(3)は厳密に言えば正しくない。なぜならそれはシーザーその人にとっては当てはまらないからである。ウィトゲンシュタインも述べているように、「死は生の出来事ではない。人は死を体験することはできない[23]」。だが私はこの点を推し進めていくつもりはない。というのは私たちはいまだシーザーの死について語ることはできず、シーザーが死ぬ経験についてしか語れないということに焦点をおいているからである。

「シーザーが死ぬ経験」が間に合わせのことばである理由は、ここで考えられている分析に必要とされる、正確な役割を果たしうるようなことばが、私たちの言語にはないからである。それはむしろ、私たちが話しているのとはまったく異なった言語、普通は物理的な出来事や対象を指示するあらゆることばが、経験を指示する別のことばに変えられるような言語なのである。このことはなぜ(2)と(3)が部分的な翻訳にすぎないのかを説明してくれる。「ローマ」は特定の物理的な都市を指し、完全な翻訳では「ローマ」はなんであれこの新しい言語からとり出される経験的な同義語に置きかえられるであろう。言い換えれば私たちは現象主義のプログラムを扱っているのだ。そしてこのような理由から、シーザーの死——物理的な出来事——を指示するのが難しいことがわかるのである。エイヤーは次のように述べている。当初の形式の検証主義の公然たる崩壊は、

> 過去に関する命題は現象的な術語に分析することはできないという意味ではない。なぜならそれらは、もしある条件が満たされたならば、ある観察が行われたであろうと指示しているように見えるからである。だが問題は、これらの条件が決して満たされないということである。なぜならばこれらの条件は、仮説によれば占めていない時間的位置を、観察者が占めることを必要とするからである。[24]

だがさきに見たように、後半に述べられている困難は解決しがたいものではない。とはいえ、ここで提起された翻訳に実はなにが含まれているのかを少し眺めておいたほうがよい。

現象主義というのは、物理的な対象および出来事についてなされたと称されるすべての言明は、もしそれが有意味であろうとするなら、現実的で可能な経験についての言明に翻訳可能でなければならないという主張である。その理由は、名辞が指示するものを私がまのあたりにしたとき、どんな経験が得られるかを知っているときにのみ、私はその名辞を理解できるからである。だがこの場合、その名辞は、まさにそれらの経験を指示する他の名辞によって把握しうるようにされねばならず、そのようにすることができない指示物については、なにひとつ有意味なことは言えないのである。その理由となるのは、ある名辞が指し示すものに直接接するときにどのような経験が得られるかを私が知っている場合にのみ、その名辞を理解することができるということである。このプログラムについての議論を全面的に展開することはここではふさわしくないが、こうした概略だけでも、なぜ私たちが過去の出来事、シーザーの死を指示することができないかがわかるであろう。これは現象主義者によれば、もし出来事ということで物理的な出来事を意味するとしたら、私たちは出来事をたんに指示することはできないという事実の結果なのである。というのも、ある出来事を指示する試みはいかなるものでも、ただちに私たちを現実的で可能な経験への指示へと巻き込むからである。したがって過去の出来事の指示をさまたげているのは、過去に関するなにか特殊な事実なのではない。それはむしろ、私たちは物理的な出来事として出来事を指示することができないし、その自明の結果として過去の出来事を指示することができないという一般的事実なのである。ブルータスでさえもシーザーの死を指示できず、「シーザーが死ぬ経験」を指示したにすぎなかったであろう。ゆえにこれは過去についてなされたと称される言明に生ずる特殊な問題ではないのである。

現象主義的な翻訳、すなわち感覚所与とセンシビリア——現実的で可能な体験——のみを指示する名辞への翻訳の問題、またはシーザーの暗殺と死を直接提示し指示する言明が、実際あるいは原理的につくり出せるか否かという問題については、あまり手間どらないことにしたい。それが可能かどうか私にはわからないが、それが可能だとしてそれに成功したと仮定しよう。だがそのとき現象主義は過ぎ去ったことを、どのような現象主義の術語に翻訳するのか私に理解できるか心もとない。エイヤーは、「シーザーの死」という表現を現象主義的に翻訳したとき、そこで指示される経験を私たちが得ただろうということで、過ぎ去ったことを可能な、というように言いうる方法を呈示した。私たちが紀元前四四年にローマにいたとすることが、論理的には不可能でないという意味で、その方法をとることはできる。ところがエイヤーは、私たちは実際必要とされる時間―空間の位置を占められないという理由で、それらの経験を得るための条件は事実上満たされないと述べた。「そのためには、仮説によれば占めていない時間的位置を、観察者が占めることが必要だからである」。だがそれでも、たしかに時間的位置の指示が物理的位置の指示であることを指摘しておかないわけにはいかない。そして時間的、空間的位置の概念がいかに現象主義の術語に移しかえられるかが明らかにされるまでは、少なくともいくつかの有意味な物理的概念は経験的同意語をもたないわけで、いくつかの事柄が都合のよいイディオムに訳されない以上、現象主義者の使う厄介な語法を受け容れる理由はさらにないのである。部分的な現象主義は哲学的にはなんの意味もない。なぜなら話されるなかで有意味なことはなんであれ、現実的で可能な経験に結びついて意味をもつというのがその主張だからである。同様のことだが、定規とコンパスで三等分できる角はいくつかある。だがこのことは一般論を立証するものではない。このような三等分が不可能な角があるという証明が、一般論をさまたげるからである。そしてもし現象主義者の述語によって時間的位置をとらえることができないとすれば、それは現象主義の完全な崩壊を意味するのである。

だがシーザーの死が翻訳されたと仮定して話を続けることにしよう。さらに時間と空間の指示を現象主義の言語に翻訳する問題が片付いたというところまで仮定しよう。このとき、

(4) シーザーはローマで紀元前四四年に死ぬ。

は次のようにうまく翻訳される。

(5) もし、紀元前四四年ローマ、という経験を人がもつとすれば、その人はシーザーが死ぬ経験を得るであろう。

(5)は十分な翻訳に比べれば素描に近いということはさして重要ではない。十分な翻訳がいかに長く複雑になろうとも、それと対比してこの翻訳がその場所を明示し形式を定めているという点を示すだけにしておこう。というのも、私たちがかかわっている論点は、実は別のところにあるからである。つまり(4)の文はいつ発せられたのか、それはなにか過去、現在、あるいは未来のことについて述べているのか(ローマ人は「紀元前」という表現を用いなかっただろうということはさておき)がわからないということである。これは(5)の文からもわからない。その理由は、(4)は(5)が示しているように時制をもたないことばに書き変えられるからである。私が興味があるのは、ある所定の出来事が過去であるという事実をいかにして経験的な術語に翻訳するかということである。そして以後見ていくように、時間—空間の位置の指示と、どのようにしてそうした術語に翻訳できるかを問うこととは、まったく別の問題なのである。というのも、このように翻訳された時間—空間の位置が過去、現在、または未来のいずれであるかがわからなくても、のちに述べたほうの作業は遂行できただろうからである。

現象主義に対しては、たとえ(5)のような文が真だとしても、(4)のような文は偽となるという反論がしばしばなされている。つまり私は剣の経験をもっていても、私の目の前には剣はないということである。(5)は(4)が述べていないことについてはなにも語っておらず、(5)は、(4)で意味をもつことを翻訳したものにすぎないという現象主義者の主張が正しいとすれば、この反論はほとんど効力がない。にもかかわらず、私たちはここでこれに並ぶ、いやさらに有効だと思われる批判を向ける資格がある。(4)には時制がないが、(1)はそうではないことに注目してほしい。(5)は(1)と(4)の両方を無関係に翻訳したものだとみなすのは間違っている。なぜなら(1)は(4)が含んでいない情報を含んでいるのだから、(5)はもしそれが(4)の十分な翻訳だとすれば、(1)の翻訳としては不十分であるか、それとも(1)の十分な翻訳だとすると(4)の翻訳の域を超え出てしまうかのいずれかになるからである。(1)は、(1)と(4)で指示された出来事が過去に起こったという(4)では知りえない情報を与えてくれる。(4)では、その出来事が起こったのか、起こりつつあるのか、それともこれから起こるのかがわからない。ゆえに(4)が真のとき、(1)は偽でありうる。もしその出来事が過去に起こったのではなかったとすれば、(1)は偽となるのである。したがって(5)が(4)の正確な翻訳だと考えると、(5)が真のとき(1)は偽となりうる。というのは(5)は(4)と同様、(1)に含まれているすべてのことを含んでいるわけではないからである。より一般的に言えば、もし時制を現象主義に則して翻訳できなければ、たとえ現象主義者の翻訳が真であっても、時制をもつ文はなんであれ偽である可能性があるのである。

時制をどのようにして経験的な術語に翻訳するかということは、容易にはわからない。当然次のような方策を提起することもできよう[25]。つまり一連の出来事の段階を踏みいくことによって紀元前四四年に至り、その出来事の段階のひとつひとつが現象主義に翻訳されるというようにである。これらの立場を私たちがとりえないことはたしかだが、さきに考察したような理由で、可能とすることはできる。しかしながら難点は、いまから紀元前四四年に至るその第一歩を踏み出すというところにある。というのはもし私たちの旅立ちの方向が正しければ、第一歩は間違いなく過去の出来事のほうを向いているのであるが、問題はその第一歩が過去の方向を指していることをいかに示すか、それが未来へ向かう時間旅行の第一歩とどう異なっているのかということである。紀元前四四年の方向に向かう第一歩、というような言い方も可能だろう。だがその場合私たちは、紀元前四四年が過去であることをなんらかの方法ですでに示していなければならないのであって、この場合は、証明されるべきことを前提していることになる。紀元前四四年はいまから二〇〇七年前だと言ってみたとしよう。だが「いま」というのは現在時制の使用を示唆し、西暦一九六三年という日付に置きかえられねばならないだろう。その場合、紀元前四四年は西暦一九六三年より二〇〇七年前であるという言明は正しく、分析的に真であると言えよう。しかしこのことによって紀元前四四年が過去であることがわかるのではない。なぜならこの自明の事柄は、指示された年が紀元前四三年をも含めてその未来にあたるいかなる時にでも発することができたからである。私たちはこの文がいつ発せられたのか、そしてその時点は私たちが問う時点より前なのか、後なのか、それとも同時なのかを知る必要がある。それゆえ時制がもたらしてくれる情報を、私たちは簡単に消去してしまうことはできない。だがこの情報を現象主義の翻訳に組み込めなければ、現象主義は、通常の言語で意味をもつあらゆることを表現するプログラムとしては、崩壊をきたすのである。たしかに時制が与える情報は無意味であると、大胆に言い切ってしまうこともできよう。だがそれは不合理なのであって、あることが過去であるというときになにが意味されているのか、私たちは確実に理解しているのである。ここにおいて現象主義者は、前の議論で認識論者が私たちに挑んだように、もし経験的な術語でないとすればどうやってこの情報を理解するのかと挑戦してくるだろう。だがいまのところそれを語るのはさし控えよう。以後の議論において私はこの問題に立ち返り、「いまのところ」や「以後」という表現が、それがどのように分析されようとも理解されるものと信じることにしよう。

現象主義は検証主義と同じく、歴史の最小目的の達成に対する攻撃をそのうちに含んでいる。それはつまり、もし現象主義が正しいとすれば、ただちに現実的で可能な経験についての言明にならないような過去についての有意味な言明は、行うことはできないからである。だがまさにこの点を用いて、私は現象主義自体に対する攻撃を始めたのであった。時制をもつ文から得られるような情報を、現象主義特有の術語にはめ込むことができないとすれば、これは現象主義の敗北となろう。時制の正確な位置づけはなお解明されねばならないのであり、この議論全体に決着をつけるようなさらに新たな論争にとり組むことによって、この方向へと踏み出したいと思う。エイヤーは過去についての言明の分析にたゆまず努めてきたが、最近になって彼自身のことばを借りれば「いかなる言明もそれ自体としては過去についてではない」という主張を正当化する――その主張が正しいとすればだが――際立った分析を生み出した(26)。この主張は当然のことながら再び歴史の最小目的の失墜を意味し、現象主義を私たちが陥れた苦境から救い出そうとするものである。つまりどんな言明もそれ自体として過去についての言明ではないとすると、過去についての言明を現象主義の術語に翻訳できずとも、それは現象主義の欠陥とは言い難いからである。誰も、存在しない文を翻訳するわけにはいかない。だがそうなると、歴史家が語りおおせねばならないような文がないのであるから、私たちのたてた歴史の最小目的も完遂されないことになる。それでも、「シーザーは死んだ」というような文が、もし過去でないとすればいったいなんについて語っているのか知りたく思う。エイヤーの新たな分析が答えようとしているのはまさにこの点である。

まずエイヤーは、私たちがこの文を用いるとき、ある出来事を、この場合シーザーの死を指示しているということを認める。だが私たちは過去の出来事を指示しているのではない。なぜなら出来事はそれ自体、過去でも現在でも未来でもないからである。したがって「言明の事実的内容のみを考えれば⑵⑺」、シーザーの死を指示するとき、私たちは出来事を指示しているが過去の出来事を指示しているのではない。なぜならば「過去の出来事」という表現は、明らかにある意味でカテゴリー・ミステイクを含んでいるからである。これはたぶん必要以上に不可解に聞こえる。もしこれが不可解に響くとすれば、それは次のような主張、つまりいかなる言明もそれ自体としては、あるものの隣りに存在するものについてのものではない、という主張が不可解に聞こえるのとまったく同じである。びんが箱の隣りにあることが正しいとすれば、それを断定する言明は真であろう。ところがびんはみどりであると言うのが正しいという意味においては、同じ述語でもびんは隣りであると言うのは意味をなさない。びんはなにかの隣りであることはあっても、それ自体が隣りであったりあいだであったりうしろだったりするものではない。したがって、びんは箱の隣りにあるという趣旨での言明はびんについての言明であるが、隣りになにもない「隣りの」びんについての言明ではない。なぜならそのようなものはそもそもないからである。したがって同様に、時制をもつ言明は出来事についての言明であるが、過去の出来事についての言明ではない。なぜなら過去であることは出来事の固有性ではなく、出来事がひとつの術語として定位するときの関係だからである。こうした文の事実的内容は出来事を、つまり出来事の絶対的な固有性を指示する。かりに時制をもつ文からこの事実的内容を差し引けば、厳密に言って、文が指示する出来事に相対してその文を発する人の時間的位置を示すようなものが私たちの手許に残される。私たちが指示する出来事と私たちが位置する時間的関係を、時制が（この分析において）示すのと同じかたちで、私たちが指示するものと私たちが位置する空間的関係を自動的に示してくれるような装置は、私たちの言語の文法的特性としては備わっていない[28]。だが私が、ドアは私の左にあるというとき「左に」というのは私が指示するドアの固有性ではなく、ドアと私の関係なのである。同じドアについて、自分の右にあるという人もいるだろう。だが「ドアは私の左にある」と「ドアは私の右にある」とは、同じドアについて同じときに語られたとしても、ドアに対して異なった空間的位置に立つ別々の人間によって断定されるなら、論理的矛盾ではない。しかし別々の人間でも、それぞれがかりに「ドアは木製である」と「ドアは金属製である」とを、同一のドアについて同時に言ったとすれば、彼らは論理的に矛盾する言明を述べていることになる。だが同様にして、「シーザーは紀元前四四年に死んだ」と「シーザーは紀元前四四年を通じて生きていた」のふたつが、別々の人間によってどんな時にせよ断定されたとすれば、この両者の間には論理的矛盾があるであろう。しかしながら「シーザーは紀元前四四年に死ぬだろう」と「シーザーは紀元前四四年に死んだ」は、別々のときに、同一のあるいは異なった人間が発したとすれば、なんら論理的矛盾はない。たしかにもしふたつのうちのいずれかが真であれば他方も必ず真であり、また一方が偽であれば他方も偽なのだから、それらは論理的矛盾であるどころか、当然実質的に等値であると、一見してわかる。

以上のことから、時制をもつ文はふたつの別個の要素に分析され、各々の要素が異なった情報を与えることになる。すなわち一方は出来事に関係し、他方は出来事と文が発せられた時間の関係にかかわる。そこで次の三つの文はそれぞれカルプルニア、ブルータス、マーク・アントニーによって同じ出来事について無関係に発せられたとする。(a)シーザーは死ぬだろう。(b)シーザーはいま死につつある。(c)シーザーは死んだ。これら三つの文のいい事実的内容に関しては、それらがいつ発せられるかは問題にならない。というのは、時制は文の事実部分にはなんの関係もないからである。時制をもつひとつの言明のなかに合成されているふたつの情報は、「論理的に別個」であり、三つの言明は等値である。すなわちひとつが真であればすべて真であり、ひとつが偽ならばすべて偽である。

私の理解が正しければ、これがエイヤーの分析である。その精妙さにもかかわらず、この分析は完全には正しくないということを論じていきたいと思う。これら三つの文は等値ではなく、また時制をもつ文のなかに結合された情報の要素は、論理的に別個——それが「論理的に独立している」という意味だとすれば——ではないのである。私の議論によれば、それが正しいとして、時制をもつ文に含まれた時制の情報を、「事実的な」情報から、そう手際よく分離することはできない。

これまで述べてきたエイヤーの議論を簡潔に表わしている、以下の主張を考察することから始めよう。

所定の日の天候情況の記述を意図する言明の真や偽は、それが語られる時間とまったく独立している。問題となっている出来事の記述と、話者の時間的位置の指示を結びつけることによって、時制の使用は論理的に別個のふたつの情報を結合する。これはたしかに無駄のないやり方で行われるが、時制の使用は不可欠のものではない。どちらの情報も、時制をまったく含まない言語において完全に与えられるであろう。話者の時間的位置は記述される出来事に応じて、現在、過去、あるいは未来時制によって示されるが、その位置は日付を明示的にふりあてることによって特徴づけることができよう。(29)

こうした主張は、時制をもつ直説法の文が、論理的に別個の命題からなる真理関数の連言として分析可能であり、そのさい結合そのものは文法的な偶然性によって曖昧にされているという見解を認めているように思われる。連言肢(A)は出来事Eについて述べ、もうひとつの連言肢(B)はEに関する話者の時間的位置について述べる。どちらの情報も別々に与えることができ、この二つの連言肢は論理的に独立だと考えるから、いずれか一方の真あるいは偽は、他方の真理値にはかかわらない。当然ながら連言肢の真偽は連言全体の真偽になんらかのかかわりをもつ。時制をもつ直説法の文は、形を変えた真理関数の連言だという私たちの仮定から、そうなるのである。特に、連言は連言肢の一方あるいは両方が偽であれば偽となろう。この場合、時制をもつ直説法の文の真理値は、それが発せられた時間に大きく依存している。というのもこれはその真理条件のひとつとなるからである。たとえばすでにシーザーが息をひきとってしまっていたり、あるいはまだ死んではいないときに、ブルータスが(b)を語るとすれば、彼の言明は偽となろう。ここで私たちはブルータスの言明は現在時制だっただろうと仮定している。だがその場合、連言肢のひとつが偽であるからブルータスの言明は偽となる。この例の連言肢は、彼の記述する出来事に相関する、発話のときのブルータスの時間的位置を指示している。ブルータスは時間関係を言い間違えてしまっていることになろう。つまり実際には発話は出来事の以前か以後であるのに、発話を出来事と同時にしているのである。この観点に立てば、三つの文が等値ではないことは明らかである。(a)が真、または(c)が真であるにもかかわらず、(b)は偽となりうるのである。こうして発話された時点を考慮すると、次のふたつの文は相互に矛盾する。(I)「シーザーは死ぬだろう」、(II)「いや、彼はもう死んだ」。(a)、(b)、(c)が同時に発せられたとすれば、そのうちのひとつが真ならば他のふたつは偽となろう。

ここで考察された場合においては、連言肢(B)は偽であり、それにより連言全体も同じく偽である。だがむろん、シーザーの死について時制なしに理解される、もうひとつの連言肢(A)の真理値は未決定のままだといえる。そうすると(A)がもし真だとすれば、それが発せられた時間に独立に真なのであり、したがって(A)は連言肢(B)と独立していると言えよう。これこそ明らかにエイヤーが考えていたことである。時制をもたない言明の真理は、それが発せられる時間に依存しないのである。そしてエイヤーが、いかなる言明もそれ自体過去についてではないと語ったとき、彼は明らかに時制をもたない文のことを念頭においていたのであった。しかし時制をもつ文は、その真理値に関してはそれが発せられる時間に大きく依存する。それゆえ時制をもつ文の、時制をもたない翻訳を作ることができないか、いくつかの時制のない文は、真理値についてはそれが発せられる時間に大きく依存するかのどちらかになる。それゆえエイヤーの分析のどちらか片方は廃棄されねばならない。さらにその文が発せられた時間についての文が、その発話の時間に依存しないと想定するのは非常に困難である。「この文は t_1時に発せられる」という文が、その文が述べられる時間によってその真理値を決定しないと考えるのは、ひどく厄介なことである。そしてたとえ「明白な日時」をその文そのもののなかに導入しても、その文を時間をもたないように翻訳したり、かつその発話の時間に独立であるようにすることはできない。

さらに、「……は……に独立である」というのは対称的関係ではない。もしかりに連言肢(A)が連言肢(B)に独立だとしても、その逆は真ではない。それは独立であるかもしれないし、ないかもしれないが、実際には独立でないことが証明される。そしてもしそうだとすれば、真理関数の解釈からわかるように、一方の情報とは独立に、他方の情報を与えることはありえない。なぜならばかりにAが偽だと仮定しよう。「シーザーはローマで紀元前四四年に死ぬ」は、いろいろな仕方で偽でありうる。たとえばシーザーという人物がいなかったり、シーザーが不死であったり、シーザーはいつか別の時に別の場所で死ぬというような場合である。いずれの場合においても、この文を偽とするのは、その言明が記述しようと意図するような事柄が、(時間を問わず)ないのだと考えることである。さてもし(A)が偽ならば、連言は当然偽である。だが問題は、他方の連言肢(B)が、(A)が偽のときに、どのようにして真でありうるかという点にある。いかにして私は、存在しない出来事に対してなんらかの時間的関係に立てるのであろうか。連言の一項がないために関係は崩壊してしまう。シーザーが紀元前四四年に死なないのは事実であると言う人も当然あるだろう。だが「事実自体は日時がない」のであり、私はある言明が、特定の日時がはっきりとふり当てられないようなことの前、後、あるいはそれと同時に発せられるとみなすことはできない。かくして(A)の真は、(B)の真の必要条件であり、また逆の分析においては、真あるいは偽の必要条件である。時制をもつ文の真は、その文の時制をもたないように述べられた部分の真を前提とすると言えよう。にもかかわらず時制をもたない要素が真のとき、時制をもつ文は偽となりうる。そしてこのことは、それらが等値でないことを示すのである。だがさらにここには、私たちが現象主義に関して見いだしたのとちょうど同種の状況がみられるのである。時制がないように翻訳しうる部分を現象主義者が翻訳するさいに、それに対応する時制をもつ文が偽であっても、この翻訳は真であるかもしれない。そして時制をもつ文が私たちに与える情報は、現象主義的には翻訳できないのである。この情報が時制をもたないように述べられる方法で時制を消去できないかぎり、いかなる言明もそれ自体として過去についてのものではない、という見解をもつだけの資格はほとんどないのである。

最後に時制をもつ文において意味されるふたつの情報を、なにか別の方法で翻訳しようとすれば、この同じ状況が生じることに注意してほしい。この真理関数の連言に唯一自然に取ってかわれると思うのは、次のようなものである。私たちは時制を演算子、特に言明から言明をつくり出す言明形成の演算子とみなすことができる。演算子として、それは当然ながらそれ自身の真理値をもっていない。たとえば量化記号(𝑥)がそれ自体真でも偽でもないようにである。ここでpを時制をもたない文とし、pを過去時制に翻訳する力をもつ時制演算子をPとしよう。つまりP(p)は、「pという場合があった」ということである。pが真であり、かつP(p)が真である場合、またはpが偽でありP(p)が偽である場合があるとする。

pが偽、かつP(p)が真というのはありえない。[30]より一般的に言えば、Tを各時制を値とする演算子変項だとしたとき、pが偽でP(p)がTのどの値についても真であることはありえない。

私がここまでかかわってきた数多くの問題は、当然のことながら実は真という概念から生じている。「シーザーは紀元前四四年に死ぬ」が時制がないというより、むしろ「シーザーは紀元前四四年に死んだということは真である」が時制がないとみなされる——なぜならば文に関して真は非時間的な要素とみなされるからである。ゆえにもし「シーザーは紀元前四四年に死んだ」が真ならば、それは時間を問わず真でなくてはならないのである。このように考えれば、それが発せられる時間は本当は関係がないように思われる。時間を問わず真であるなら、それが紀元前四四年より前に、あるいはその年に、またはその後に発せられようとそれは真であろう。そうなると時制はなくてもよいということになる。しかし真理は時間に無関係だというのは、非常に有害な考えであって、私はのちの章でこれを排する根拠をあげたいと思う。だがさしあたりは、[31] これまで私が検討してきた分析について二、三述べておくにとどめたい。

エイヤーはなぜ、いかなる言明もそれ自体過去についてのものではない（つまり現在や未来についてである）と言おうとしたのだろうか。エイヤーが時制を重要視することを拒んだのは、過去に関する文の検証可能性にまつわる、古くからの問題にいまだとりつかれていたためではないかと思う。彼の戦略は、いかなる文も過去についてではないとするかぎり、この古くからの問題は生ずる余地がないと示そうとするところにある。それゆえ歴史的な文の検証可能性に関する問題は、実はないことになる。歴史的な文は、エイヤーの分析によれば過去についてのものではないのだから、それらが過去についての文であるがゆえに検証不可能だという反論を受ける恐れはない。それらは出来事についての文であるが過去の出来事についてではないというのが、エイヤーの主張なのである。そのような言明の真偽は、（時間に関係なく）それが述べる出来事に全面的に依存するのであって、言明が発せられる時間に依存するのではない。「指示する出来事が現在のときに検証可能な文は、それが指示する出来事が過去、あるいは未来の場合も、同様に検証可能である」[32]とエイヤーは言う。だが彼が言おうとしているのは、文がかりにも検証可能であるならば常に検証可能であり、その検証可能性はそれが発せられる時間の関数ではないということである。たしかに文が時間に関係なく検証可能だということは、それがいつかあるとき検証可能であることに依っており、したがって現在時制の文がいつか、すなわち指示された出来事が生じるときに検証可能でなければ、それは決して検証可能ではないことを、この定式化は示している。だが私が強調したいのはこの点ではない。私が強調したいのは、時制のない文ではその通りであるが、時制のある文が検証可能であることは、それでは立証されないということである。時制をもたない文の真は、時制をもつその文のすべての翻訳の真を保証するわけではない。そして時制のない文の検証可能性は、あらゆる時制をもつその文の翻訳の検証可能性を保証するのではないことも十分ありうる。結局エイヤーの分析によれば、これらの文の検証可能と申し立てられた内容は、文全体の一部にすぎないのである。そして一部分の検証可能性は全体の検証可能性を含意するのではない。「草はみどり」の検証可能性は、「草はみどり、道《タオ》はむらさき」の検証可能性を含意しない。過去についてはまだ懐疑論の入り込む余地があるのである。

だが実のところそうした懐疑論は、エイヤーがそれを打ち砕こうとかくも多大な時間と労力と才知を注いだ問題全体とはまったく別個に存するのである。エイヤーは間違った戦場に軍隊を配備したようなものであった。時制のない文の検証可能性は、その文が発せられる時間となんのかかわりももたないというのは、かりに検証可能性が有意味性の問題だとすれば、まさに私たちが予想するところである。私たちは文が検証されるのに必要な種類の経験に関連させて、その文を理解しようとする。だが文が有意味か否かは、それが発せられる時間に依存するのではないことは同意されよう。たとえある文が指示する出来事や個物が、実際は時間の流れのなかのどこにもないとしても、文は有意味であろう。もし現代の哲学者のほとんどが納得している点がひとつあるとすれば、それは意味と、名辞の指示対象とは異なるということである。シーザーというような人物はいなかったことが正しいと証明されても、シーザーについて述べられた文章が瓦解して無意味になるのではなかろう。偽の文章も無意味ではないし、虚構の文章も無意味ではない。私たちは『ハムレット』も『ジュリアス・シーザー』と同じようによく理解するのである。「シーザーの九十七歳の妻から生まれた十七歳の娘の誕生が、レバノンのひづめをもった醸造業者によって、その百五十年祭が祝われる」という文は、これでも文だとすればであるが、偽である。そしてこの文は、かりにも文と言えるならばそれは偽なのであるが、それにもかかわらず有意味なのであり、そのことに関しては検証可能なのである。もとより「検証可能である」という述語は、真である文にだけ許されているのではない。真であることが有意味であることの必要条件だとすれば、それはなかんずく自分で自分の首を締めるようなものである。なぜならその場合その文が真であると最初に確定しなければ、ある文が有意味か否かをどうして知りえよう。だがそうなると、文がどういう意味かを知らずに、どうやってその文が真だと確定するのだろう。過去時制の文については、まずそれらが言及していることが実際に起こったと知っていれば、それらは有意味か検証可能だと言いうるのである。それらの文に意味を付与することは、したがって過去の知識を前提とするのである。

検証可能性として理解される有意味性は、真理値や指示関係、文が発せられる時間とは独立している。だが有意味ということによって検証可能性を意味するならば、時制をもつ文の意味をどのように理解すべきかという問いは依然として残る。私たちが話しているのが過去についてだと、いったいどのような経験が、それを検証するのか。これがルイス、一般のプラグマティスト、および現象主義にみられる問題である。すなわちまず「事実内容」を取り除いたあとで、文の時制をもつ部分によってのみもたらされる情報を、経験的な名辞で確定するという問題である。そしてここに至り、時間は経験の所与ではなく経験の形式であり経験の前提条件であるというカントの措定に引きよせられないわけにはいかない。そして私たちが不断に抱き続けてきた不満は、ウィトゲンシュタインが『論理哲学論考』で顕揚したかの有名な難問を思い起こさせるのである。言語とそれが述べるものとの関係をいかに言語に翻訳するか、という問いがそれである。すなわち「〜について」ということがひとつの関係だとすれば、それを言語に翻訳しうるのは、その関係の要素を言語に翻訳することによってのみであり、しかもそれは言語と世界との関連を破壊する。指示は言語の一部ではないけれども、言語の一部が指示関係の項のひとつを構成するのである。同様に文を主張することは、主張された文の一部ではない。プラグマティズムも現象主義も、現実全体をまるごと経験や言語に取り込もうとする試みである。私たちが常に不満を感じてきたのは、実はそのようなプログラムの限界に対してなのである。こうした観点に立つと、非常に奇妙なことではあるが、時制は私たちが主張する文の一部ではないとまで言えよう。時制は、ある文が真である、真であった、あるいは真になるだろうということを主張する方途とみなすことができよう。そしてさらに文が真であることは文の一部ではないということにほぼ等しい。だがここで問題となるのは、「真である」、「真であった」、「真になるだろう」という表現に、時制が再び姿を見せていることである。それゆえ時制の分析はさらになされねばならない。実存主義者ならば、時制は私たちがどのようなかたちで時間の世界に存在するかを記述しているのだと言うであろう。

さらにもうひとつ問題がある。この議論で私は有意味性と検証可能性とを同一視し、文の理解はその文をどのような経験が検証するかを知ることと部分的に関係があると指摘した。エイヤーは、出来事についての文がその出来事が起こったときに原則的に検証できれば、それは永久に検証可能だと述べている。しかしこのことは、過去についての文は、問題となっている出来事の証人によって検証されるような種類のものでなくてはならないことを示している。これは譲歩しすぎではないかと私は思う。なぜなら歴史の文献に見られる最も重要だと考えられるような文の多くは、出来事が証人をもちえぬようなかたちで出来事を記述するからである。ペトラルカの友人はペトラルカがヴェントー山に登ったのを見る。かたや歴史家はペトラルカがヴェントー山に登ったとき、ルネッサンスの幕が切って落とされたと言うであろう。だがペトラルカの友人は、ペトラルカがルネッサンスの幕を開けるのを見たとは考えられない。それは彼の感覚に支障があったからではなく、その時点で彼がその記述がどういう意味かを理解しえなかったからである。というのもペトラルカの友人は未来に起こることを知らず、後世の歴史家が彼の見たことをどのように意味づけるのかを知りようがないからである。ペトラルカの友人にとって、いったいどのような経験がその時点で「ペトラルカはルネッサンスの幕を開けつつある」という文を検証するのであろうか。私にはほとんど言うべきことばがない。このような文がしかるべき時制をとって現在いかに有意味であろうとも、それによって指示されている出来事が起こりつつあったそのときには、無意味の瀬戸際だっただろうと言いたいのである。なぜなら厳密に言えば、検証ということで意味しているのは、記述された形で文が指しているものを経験することであり、その文を検証する経験は一切ないからである。したがってこれら歴史的な文に関するかぎり、検証可能性というのは適切な規準ではない。

そこでこれらの文の哲学的重要性は次のようになる。もし証人をもたないような出来事の正しい記述があるとすれば、私たちが出来事を目撃できないということは、こうした種類の記述については、なんの関係もない。なぜならかりにそれらを目撃できたとしても、これらの記述においてはそれを検証できないからである。過去についての文の一般的な分析はまだほとんど着手されていないのである。

第五章　時間的懐疑主義

かりにひとが、過去について述べられたとされる文に対して懐疑的になることを選んだとすれば、こうした文が有意味であるとか原理的に検証可能であるという考察によって意気沮喪させられることはまずないであろう。有意味性については、それが彼自身の立場を理解させる条件になるかぎり、即座に認めることと思う。小説的な文は、つまるところそれが嘘であっても意味をもつのであり、歴史小説を形作る文は本来の歴史研究を形作る文と等質である。懐疑論者がかかわっているのは、これら二種類の文を区別することによって私たちに挑戦することである。かりに誰かが、歴史書と歴史小説――またはその種の小説ならなんでもよい――とを混ぜ合わせて、それらの本そのものや本を形作る文に内的な規準とでもいうべきものによって、本を選り分けるように命じたと考えてみよう。「歴史書」という単なる分類表では役に立たないし、題名に「歴史」ということばが見えていても無駄である。小説家は「モデル小説」のなかで、登場人物はすべて架空で、状況設定と実在の人物との類似はまったくの偶然の一致であるという、よくある但し書きをつけておくことがある。あるいは彼は、「私が言おうとしていることは、天地神明に誓って全部真実である」と書くかもしれない。そして初めの本が真実で、後者が完全なファンタジーだということもありうる。またときには、奔放な想像力から作り上げたものが、のちになって恐ろしいことにそっくり真実だとわかるということもある。私たちは、物事が本当に起こるという言い方をする。だが、出来事を記述した陳述がなされる前に、当の出来事が起こっていて、そのとき陳述を行った人は、自分が真実を語っているとは夢にも思っていなかったという場合、物事が本当に起こっていたという言い方も同様にたやすくできる。しかしながら懐疑論者が問題としているのは、架空の作品の真実性ということではなく、むしろ歴史や、歴史として通用しているものの虚偽という点である。彼らは、それらが本当にその通りかどうかわからないと言おうとしているのである。ヒュームが記憶と想像を分けようとしたときに仰いだのと同じ規準を用いて、混ぜこぜになった本を選り分けることはまずできない。というのは、小説は概して、歴史研究よりもはるかに躍動的だからである。同時に、相対的な不活性さという美学じみた規準も、物語《ストーリー》の真実性を保証するにはなにかしら不十分のように見えるのである。

実際当然のことながら、特殊な例は別として（そしてこの特例が、論理学者の主たる関心事なのであるが）、いわば文の表層を精査しても、真の文と偽の文を区別することはできない。なぜならば、真とは、文となんであれそれが指していることとの関係にかかわるものだからである。懐疑論者は、文が指示することへと独立に接近し、その上で文が真であるかどうか精査によって調べるという考え方をとるが、彼らは次のように論ずる。すなわち、私たちは歴史的な文が正しいか否かを決定するのに必要な、それらの文の指示対象に接近する方途をもたないということである。だから、私たちにはなにもわからないのである。なるほど私たちは証拠をもち、証拠にもとづいて過去について推論する。だが再度精査という点に結びつけて考えると、懐疑論者は、推論が事実に結びついているかどうかを最終的にはっきりさせる方法はないと強弁する。それゆえに、重ねて私たちはなにも知りえないのである。これらの問題に関しては、有意味性の問題はほとんど入り込まない。もっともプラグマティズムや現象主義は、ある意味でこの（そして他の）種の懐疑論を回避しようとする試みとして読むことができるのであるが。そこでもしそれらを拒否するのなら、私たちは懐疑論者と真っ向から立ち向かわねばならないのである。

たしかに、懐疑論者が私たちに非難を向けるとき、私たちが出来事からある時間的な距離を隔てたところに位置するという事実に依拠することはほとんど不可能である。たとえば、Eが過去だから、Eが起こったことを知ることができないという言い方はできない。なぜならば、一見疑わしいとされている当の事柄を前提とせずに、Eが過去であると断定することはできないからである。いままで述べてきた議論のなかでひとつの結論があるとすれば、時制をもつ文は、それに対応する時制をもたぬ真の文を前提とするということであった。Eが過去であるということはすなわち、出来事Eはt時に（時制をもたず）生起し、かつt時は現在よりも前であるというような真の文を、すでに前提としているのである。だがもし私たちがEの生起を容認するなら、懐疑論者が望めることはこれ以上なにがあろうか。Eは過去であり、かつEについてなにも知らないと同時に述べることはできない。なぜなら、Eが過去であることは知っているからだ。こう言ってしまうと、懐疑論は、自らに認めるべきところを逸脱してしまうことになる。Eは調べられない（過去だから）理由を示すことは、とりも直さず、過去についての少なくともひとつの真の文、つまり、Eはすでに生起し目撃することはできないということを、無条件に認めることである。だがもし私たちが、自らにそれだけの自由を許容するならば、たとえ過去についての文の指示対象を見ることができなくても、そうした文がいくつか作れるのは自明である。そうなると、ここで強調されるのはどんなことか。このような考察が示唆するのは、過去についての懐疑論が、自ら証明不能だと述べているその当の事柄を前提としており、結局、哲学的にはさしたる興味もひかない懐疑論だということである。このことは、前章の終節で述べられている考察に照らすと特にはっきりしている。すなわち、私たちが過去の出来事について行う重要な記述のいくつかは、いずれにせよ、それらが指示する出来事を精査できないような記述だということである。

懐疑論は、言語の意味規則には手をつけないで、代わりに指示規則を攻撃する。懐疑論は、私たちがなにも知らないようなことがある、と主張するのではなく、そもそも私たちが語ることの指示対象があるのか、それがあると、どうやったらわかるのかと問うのである。懐疑論はまた、経験をそれが見いだされるままの状態にしておき、なにも変えず、ただ経験自体がなにかに関係をもつかどうかを問うことによってのみ、議論の効力を獲得する。そして経験（あるいは言語）が関係する指示対象は、それ自体が経験（あるいは言語）の一部ではないから、経験（あるいは言語）は手つかずのまま残されている。過去についての懐疑論は、全部をそのままにしておき、歴史的な言明を証明するためのあらゆる技法をそのままにしておきながら、なおかつそうした技法を値切るような問いを立てる。これらの問いを解明しようとするかぎり、それらの技法ではまったく役に立たない。さらに、この技法によってはじめて過去に関する問題が答えられるのだから、このような過去を懐疑する問いには答えようがない。これは、懐疑論には反駁の余地がないという意味ではなく、歴史に関する懐疑論は、歴史自体によっては解決しえないという意味である。けれども懐疑論は、歴史についてなにかを、ただ限界だけでも露出させるのであり、限界にかかわる哲学がそれを検討するのは正当なことなのである。

　この世界はたぶん、ちょうど五分前に無から創造されたのだとする議論は、まず第一に次のような問題を私たちに提起する。すなわち、それ以前に実際なにかがあったとしたら、それはどのような差異をもたらしうるかという問題である。というのもこの議論は、行為が行われているこの世界そのものは五分しかたっていないのに、物事は現在ある通りで、私たちもいまと同じ行動をとると仮定しているからである。たとえば、五分以上前に起こった出来事についての記憶と称されるものは、全部偽であるにもかかわらず、私たちは現にもっている記憶をすべて備えていなければならない(1)。私たちが覚えているように見える出来事は、まったく起こらなかった。だがそれらは記憶なのであり、またそういうものとして理解されているのだから、全部虚偽だったとしてもどんなちがいがあろうか。また、少数の新生児を除いて、世界中の人々が厳密には同い年であるにもかかわらず、いま親だと考えている人をやはり親だと思うだろう。カルカッソンヌやデルフォイも、古さの点ではレヴィットタウンとちがわないし、メロードの祭壇画は『アヴィニョンの女たち』より少しも古くないにもかかわらず、私たちの回りの人工物には、やはり様式の差があるのである。岩石には化石が含まれており、青銅は太古の緑青を帯びている。すり切れた靴や壊れたポットもあろう。「過去のしるし」はどこにでもある。謝恩パーティーでは長々しいスピーチの真っ最中で、聞き手は長時間も聞かされ続けたかのようにぐったりしている。そしてとりわけ、歴史家も仕事中なのである。五分前にできた公文書保管所で、五分前に出現した歴史家は、五分しか経っていない文書をあれこれして、一度も起こらなかった出来事についての推論を下している。推論の指示対象はない、というよりなかったのだが、彼らの行動はそのことでなんら影響を受けない。なぜならば、歴史家は過去が存在したと考えているからである。しかし、彼らがそう考えることが誤っていて、なおかつ彼らの行為が一切影響を受けないとすれば、現実の過去という概念を求める必要がどこにあろうか。過去があろうとなかろうと、どんなちがいが生ずるというのか。状況をそのように記述すると、ちがいはなにもない。

たとえば、何年も前から知っている気がするが、実際には一度も会ったことのない人と交際するかぎりにおいては、ちがいは生じない。男は会社から、「今朝」出かけてきた自宅に帰宅する。夫人はなんの支障もなく彼を認める。H・H・プライスは次のように述べている。

> 重要なことは……なにが実際私の過去だったかとか、私にはそもそも過去があったのかということではない。記憶が正しかろうと間違っていようと、私がいまここに記憶をもっているということだけが問題なのだ。いまここで私は、あるものが赤だと認める。現実に私は、いままで一度も赤いものを見たことがないと考えてみる。だがそれがどうしたというのだ。誤っているが、私にはやはりすべての記憶がある。なかんずく、赤いものについての記憶ももっており、目の前にあるものを認識するためにはそれで十分なのである。(2)

このような文脈において、思考機械《シンキング・マシン》を想定してみよう。この機械には「記憶」が貯えられていて、それにもとづいて、機械はある仕事を果たすことができるものとする。仕事が終わると機械の入力装置が消去され、新たな記憶が入力される。機械は、それがなんの記憶なのかまったく経験してはいないが、実用面ではなんら差はない。記憶が正しくても間違っていても、機械はまったく同じようにそれらを使用する。当面の議論において私たちは、五分前に作られたばかりの世界、そしていわば記憶、というか記憶とよく似た機能を果たすものがストックされているような世界を考えてみることができよう。この世界には、たとえば図書館もある。図書館には、他の本も参照した脚注付きのギボンの本がある。それで私たちは、ギボンを細かく調べて矛盾点を取り除き、ギボンでは引用されていない他の資料にもとづいて、別の再構成を行うことなどができるのである。これらの手続きはすべて、ローマ帝国が実際に存在し、衰退してついにリエンツィの時代に滅亡したと仮定した場合とまったく同じように進められる。ところがそのような帝国は存在しなかったのである。にもかかわらず、作業は続けられるのである。

記憶と想像の相違は、歴史と小説の相違に類似している。だがここまで論じてきたような世界では(それはごく容易に私たちの世界となりうるが)、この区別は概して根拠がない。歴史家は自分ではそれと知らずに、苦労して虚構を書いているのである。にもかかわらず私たちは、事実そうしているように、記憶と想像を分けるのと同じ調子で歴史と小説を区別するだろう。子供が昨日熊を見たのを覚えていると言い張れば、母親は、熊を見たと想像しているだけだと教えてやる。たぶん母親は子供を納得させる。しかし、もし世界が生まれて五分しかたってないとすると、母親の記憶も子供より遠くさかのぼるわけではない。母親は記憶しているが子供は想像しているだけだと私たちに言わせるのは、おそらく、母親の主張は子供とちがって、入手可能な「証拠」に適合しているからなのである。母親の説明ではものごとが適合しているが、子供の説明ではそうではない。そこでこの適合性こそが、真であることの規準をもたらしてくれるのだと言うこともできよう。私たちが受け容れている事柄に適合しないものがあれば、それらを偽とみなすのである。だが今度はこのように言う人があるかもしれない。これはたんに、操作の仕方であると。事柄を適合させ、前もって受け容れられている事柄に整合する命題を許容し、整合しないものは排除することによる操作である。もしこれを認めれば、以下のように述べることは、いまやいかに自然であるか注目してほしい。つまり、過去に関すると称される言明は、その認知的意味に関するかぎり、まさに歴史研究の成果を予言するための規則なのである。歴史的な文がさらなる証拠の発見をもたらしてくれるか否かに応じて、私たちはそれらの文を容認したり否定したりする。歴史的な文は、私たちが現在の世界で見いだすことを組織化することを可能にする。文書が私たちを、私たちがいま経験することができるコロッセウムから、やはりいま経験可能なファルネーゼ宮へといざなう。そしてここで、コロッセウムから失われた石を見いだすのである。「ファルネーゼ家は、邸宅を建造するのにコロッセウムの石を用いた」という言明は、二つの石の山を組織化するのに役立つ。たしかに、この言明と、この言明が直示的になにについてのものか、その当のものと比較することは問題外である。その言明の指示するものがあってもなくても、まったく差はない。いずれの可能性も歴史研究という行為には両立するのである。私たちは失われた石を発見する。だが、コロッセウムに開いている穴にぴったり合うような石がファルネーゼ宮にあるという状態で、世界はひょっとしたら五分前に生じたのである。

世界が、私たちが信じているように古い場合となにもかもがまったく同じ状態で、そっくりそのまま五分前に作られたという奇妙な議論のなかで、私が非常に厄介だと思うのはまさにこの点である。それはたんに、この議論が虚偽であることを証明する方法がなければ、私が不安だからということではない。むしろ、それが誤っていてもいなくても、生じる差異はごくわずかのように見えるということなのである。だがそうなると、この議論が挑戦している概念は、これまで当然そうだと思われていたよりはるかに重要でないように思える。もしこの概念全体が放棄されても、なにもかも前と同じで、その結果この概念は、一般的な認識の図式において有意義な役割を果たすものにはほとんど見えない。そして懐疑論がここでもたらした結果は、ただ、さきの事柄を示しただけであっても、十分多くのことを示したことになる。なぜなら、いままでなんらかの重要性をもつと考えられてきた概念が、実は非常に重要性に乏しいことが示されたというのは、相当の成果だからである。私はむろん、心理的な差異が全然ないと言っているのではない。過去がないという仮定を人々が本気でとると、なにかがこの世から失せてしまうと感じられよう。歴史家が到達した言明の指示対象が一切ないのだとすれば、証拠の考証などという歴史家が現在行っている作業は、ほとんど無為に等しいだろう。同様に、行われようのなかった犯罪で告訴されている被告に対して事件を立証してもあまり意味がない。たとえすべてのことが「つじつまが合い」、その結果過去があったなら、有罪だと言おうとも、被告は有罪にはなりえないのである。おそらく心理的には多大な差があろう。だがここに、「たぶん」虚構にすぎないことが証明されるのに、人間がかくも多大な重要性をおいている例がもうひとつあると、懐疑論者は主張することだろう。たとえば、神に対する信仰のように。

以上の議論を立てても、私たちの生活にはなんら差異は生じない。だがそこにはある奇妙な点があるのであり、それがどのように奇妙かを同定できれば、なにか間違っているとすればそれがどこなのかわかるだろう。この方向で論じ始めるにあたってのひとつの方法は、さきの議論と対照させるため、五分後に世界が全滅するという、対称的な仮定を立てることである。まず最初に気付くのは、この仮定がとりたてて懐疑的とは見えないことである。未来がなくなるというのは、過去がなかったとか外的世界がないとか、ことによると他者の心はないというような命題と同じ響きはもたない。世界の突然発生はありそうもないのに、突然消滅はなぜ可能に見えるのかという理由は、そう簡単に答えられないが、この仮定は、悲観的に考えればありうるようには思えるし、私たちがごく最近になって、実はそれと隣り合わせにいると知ったものである。さらに、それが哲学上の困惑を招かないように見えるもうひとつの理由は、この仮定が、逆の対称点の場合とはちがって、指示対象の概念に抵触しない――未来に「ついて」の言明は、過去や現在についての言明が指示するのとまったく同一の方法で指示するのではなかろう――からであり、また同様に日常的な時間用語の普通の用法にも抵触しないからである。たとえば、少数の新生児を除いた世界中の誰もが、生まれて五分というまったくの同い年だったり、回りのほとんどのものがそれだけの短い時間しか経ていないと想定するのは奇妙なことである。ところが、老いも若きも皆、きっかり五分しか余命がない（もっと早く亡くなる少数の人は除いて）と考えても、前者に相当する奇妙さはない。ポンペイを襲った熱い溶岩は、老若を問わず人々を呑み込んだのであった。さらには、レヴィットタウンとカルカッソンヌが五分後にともに滅び、いずれも同じだけの時間しか存続しないと考えるほうが、ふたつの町がちょうど五分という同じ時間だけ存続したと仮定するより、奇妙さは少ないのである。また、数分以内に子供が生まれるごくわずかの幸運な人は別として、今後はもう誰も子孫をもたないと考えるのはたやすいが、この数分に生まれたのでなければ、誰も祖先というものがないと仮定するのは困難である。記憶が過去の出来事に対してもつのと同種の関係を、未来の出来事に対してもつもの、たとえば予知のようなものは、少なくとも普通は起こらない。だが同時に、五分後に起こると予言されたことが実際には起こらないと考えても、別に奇妙ではない（そもそも予知自体おかしなものだからである）――五分以上前に起こったと記憶している出来事が、なにひとつ実際には起こらなかったと考えるのは非常に奇妙だけれども、今後二百年の歴史を描くというふれこみの本が、全部虚偽だと考えてもなんら奇妙ではない。なぜなら第一、そのような本はほとんどないし、事の本性上それらは誤りだと思うからである。しかし、過去百年の歴史を叙述したと称する本が全部虚偽だという想定は奇妙である。というのも、その種の本は数多くあり、私たちは当然それらを真実だと思うからである。

このような非対称性や食い違いはいくつでも列挙できるが、未来がないという可能性は、過去が存在しなかったという可能性によって強要される概念上の修正を、一切含んでいないように見える。私は、前者を本気で受けとっても、なんの影響も被らないという意味で言っているのではない。楽しい希望、計画、野心や企図にとって、それは残酷な打撃となるだろう。また突然の死の予感のように、私たちを脅かすだろう。しかし、私たちが存在しなくなるときが来るという事実より、私たちが存在しなかったという事実を案ずることのほうがはるかに稀であると私は思う。誰かが私に、あと五分しか生きられないと言ったなら、私は恐怖するだろうが、五分しか生きていなかったのだと言われても、ただ困惑するだけである。私は知的な意味では不快になるが、現実には不快ではない。実際、私はこう言うであろう――それで結局どんなちがいがあるのか、と。一方、対応する未来についての仮定は、私を実際に混乱させるが、知的に混乱させはしない。私は、このように言うには極力冷静でなくてはならない――結局それでどうちがうのか。未来についての仮定は、容認するのは困難だが、信じるのはたやすい。逆に、過去についての仮定は、容認は簡単だが、どういう理由でかはまだはっきりしないけれども、信じるのは難しい。

さて、ある仮定に対して時間軸に対称となる仮定が、概念的緊張をもたらさないことを挙げることによって、当初の仮定が奇妙で、これまでに明らかにされたような緊張状態をもたらすと決めてしまうだけでは十分ではない。その説明というものが望まれるのであり、私見によれば、未来がないという仮定に対して、日常的な思考方法や話法を私たちが適応させられる理由を説明するのは、いや少なくとも素描ならばごく容易だと思われる。そして、ちょうど五分後には全世界が存在しなくなるというのに、私たちの世界や世界観がまったく同じだという観念を、なぜかくも冷静に思考し認められるのかという理由も、簡単に説明がつくと思う。まずその理由のひとつとして挙げられるのは、未来は現在に対してなんの影響もおよぼさないと考えられているからであり、次にまた、結果が原因に先立たないかぎり、現在は未来に因果的に依存するのではないからである。さてこれらの事実は、かりにそれが事実であるとすればだが、最低限正しいものとして一般に信じられており、そして当然それらのことは、世界を記述するさいに用いられる言語のなかに反映されている。現在の対象に一定の名辞や表現を適用することは、その名辞なり表現なりが当てられている対象と因果的に関係する一定の過去の対象や出来事を指示することを、論理的に包含している。では、言語における名辞や表現を三種類に分けてみよう。どれも現在の対象や出来事に適用されるものとする。それらは(a)過去指示の名辞、(b)時間的中性の名辞、(c)未来指示の名辞、の三つに分けられる。さしあたり私は、議論を(a)と(b)だけに限定することにする。

　過去指示の名辞とは、それらを現在の対象や出来事に正しく適用することが、名辞の指示対象に因果的に関係したりしなかったりするそれ以前の対象および出来事を論理的に包含するような名辞、という意味である。そこで私は、過去指示の名辞によって指示される、因果的に関係する対象や出来事だけに限定して議論を進めたいと思う。ここで時間的に中性な名辞は、現在の対象に用いられた場合、その時点より前や後の対象や出来事を指示することはない。さて三つの異なった対象O_1、O_2、O_3を、時間的に中性な三つの叙述、「男である」、「白っぽく光る印である」、「円筒形の金属物体である」によってそれぞれ考察してみよう。これらの名辞が当の対象に本当に当てはまっているか否かは、簡単な検査でわかるという意味において、これらの名辞の適用規準は、三つの対象の際立った特性によって明示される。そこで今度は、同じ三つの対象を、同じ順序で、「父である」、「傷跡である」、「一五四四年のセリソールの戦いののち、フランソワ一世によってここに据えられた大砲である」という記述から考察してみよう。

(1)「父」という名辞は、その用法のひとつが時間的に中性であるから、時間的には曖昧である。この名辞を男性に用いる場合、私たちは本質的に社会学的な規準を仰ぐからである。だがこれは、その語の第一義的な用法ではない。ある人が、時間的に中性な意味において父であり、なおかつ彼が社会的に相応の父親らしい態度をとっている当の相手の、本当の父親かどうか知りたいかもしれない。周知のように、一人の人間が、社会学的な意味においては父でないが、にもかかわらず、第一義的な意味において父であることも考えられる。タレーランはドラクロアに対して、父親らしい役割を果たさなかったが、タレーランはドラクロアの父であるというようにである。第一義的な意味で父であるためには、人が誕生する約九カ月前に、その母を誰かが妊娠させたということが必要である。もとよりここで「母」という語は、時間的に中性な「〜にとって母なる」という意味で使われているのではなく、実際にその人を生んだ女性という、「〜の母親」の意味で、過去指示の用法で用いられている。すなわち、イオカステはオイディプスの母親だったが、決して、あるいは必ずしもオイディプスにとって母なるものではなかった、というようにである。

ある人物を第一義的な意味で正しく父親と呼ぶことは、周知の原則により現在に因果的に関連するそれ以前の出来事を指示することを、論理的に包含する。O_1が第一義的な意味で父であるかどうかは、簡単な検査だけではわからない。むろん、O_1が備えていることが見てとれる他の特性を根拠に、簡単な検査でO_1が父であることを推論することはできる。

(2)「傷跡である」という述語は、時間的には曖昧でない。もしO_2が傷によってできたのでなければ、O_2は決して傷跡ではない。それはただ、傷跡に似ているだけだ。ゆえに、あるものを正しく傷跡と記述することは、そのように記述された対象と明白な因果関係をもつ、ある以前の出来事への指示を論理的に包含している。もし白っぽく光る印が身体に、たとえば聖痕のように自然に現れたとしたら、傷跡のようなものだとそれを記述しても、傷跡とは記述しないだろう。「傷跡のような」は、それが過去を否定的に指示すると理解するのでなければ、つまりそれは傷によって出来たのではないと考えるのでなければ、時間的に中性である。この意味で、「傷跡のような」は「〜にとって父なる」と異なっている。それは後者が、肯定的にしろ否定的にしろ過去を指示しないからであり、xにとって父なる父が、xの父親であることもあればないこともあるのである。

(3) 第三の記述は、過去の出来事を明白に指示し、もしそのような出来事がなかったら、記述そのものが偽となるか、もしくは「タイタンがウラノスとの戦いに勝って、ここに置いた岩」のように、伝説的なものとなる。この記述と他のふたつの記述との、唯一興味ある差異は、ヴァンスのサン・ポールの大砲と十六世紀のフランス君主の行為とを結びつける明白な因果関係がなにもないという点である。なるほどその大砲は、誰かの手でここに置かれたと言うこともできよう。だが、その大砲がここに置かれたということすら、実は明らかではないのである。それはただ、ここに置き忘れられたのかもしれない。そしてもとよりこのことが、それが勝利の記念物と呼ばれるべきか、それとも単なる勝利の名残なのかを決定するのである。

　時間的に中性な述語は、過去を指示する述語と論理的に独立しているように私には思えるし、また実際、それらをそういうものとして定義しようとしてきた。あるものが、男だが父ではないとか、白っぽい光る印だが傷跡ではないとか、円筒形の物体が大砲ではなく、ましてそれを用いたフランソワ一世が置いた大砲ではないということがありうるのは、自明のように見える。対照的に、過去を指示する述語は、時間的に中性な述語と独立しない。男でない父はありえない、というようにである。二種類の述語の構成関係は複雑であり、この哲学的問題は、別々のクラスの名辞の関係に伴って生ずる問題になぞらえることができる。「腕の動きである」と「別れの身振りである」の対比や、「美しい」と「赤い」の対比がその例である。ここで私が強調したいのは、一方では時間的に中性な名辞と過去を指示する名辞との間に興味深い類比が見られ、他方、時制をもつ文ともたない文の間にも類比が見られるということである。というのは、時制をもつ文が真であるためには、時制のない真の文を前提としているようにみえるからである。そして同様に、過去指示の述語が現在の対象について真であるためには、関連する時間的に中性な名辞が、まずその対象について真でなくてはならない。「男である」が適用できないことを証明することによって、「父である」を反証することはできる。だがたんに「男である」が適用できるからといって、「父である」が適用できるかどうかはわからないのである。

私たちの言語には、過去指示の述語が満ちあふれており、ひとによっては、以下のようなまことしやかな仮定をたてる人もいるだろう。すなわち過去のしるしというルイスの概念は、言語の構造特徴と世界の構造特徴を取り違えるという、珍しくない哲学的傾向にもとづいていたのであり、ことにルイスの場合は、この種の述語を使用するさいに私たちが指示せねばならぬものとして、ものごとが帯びるある摩訶不思議なありもしない特性に依拠したのである。だが過去を指示する名辞を現在の対象に当てはめることは、少し調べてみればわかるような特性を対象がもっているということに、ある意味で依存しているにもかかわらず、私たちは過去を指示する述語を用いるとき、ものごとの現在の特性を指示しているのではない。むしろ私たちは、ある過去の対象や出来事の特性を指示しているのである。ジョージ・ワシントンが泊まった家はごく普通の家のように見え、そこに初代大統領が泊まったことを決定づけるための特別な特性はどこにも見つからない。そこには、もしそう言いたければ、そのような特性はないのであり、あるいは少なくとも調べて気が付くようなものはなにもないのである。それらの述語を用いるための規準はかなり複雑であり、また用いられている対象について真であるか否かの決定はさらに複雑である。事態がどのようであれ、過去を指示する述語はそれが現在の対象について真である場合、現在のものではない出来事や対象についての情報を与えてくれるのだから、こうした名辞を用いた文は、時間的に中性な語法に完全には翻訳されえない。なぜなら文Sから文Tへの完全な翻訳は、Sの真理値を保つことに加えて、Sが含んでいるのと同じ情報を伝えなければならないからである。もし一組の名辞から別の名辞への翻訳不可能性が言語のレベルによるものであるなら、ここで扱った二種の名辞は、同じ事柄、すなわちO_1、O_2、O_3に用いられているにもかかわらず異なったレベルに属しているのである。

さて私たちが問題としてきた過去がないという可能性は、時間的に中性な表現のみを用いる言語のレベルには影響を与えないままであると言うことができよう。これらの述語はすべて、過去があろうとなかろうと対象について真である。だがこのことは、他のレベルに立つ述語についてはほとんど当てはまらない。過去がないという可能性によって、過去についてなされたと称される言明はすべて偽であるということにはならない。現在についての言明、すなわち少し調べただけでそれと識別できる特性を備えた現在の対象に、過去を指示する述語をあてた文の多くが偽であることも同様に考えられる。一組の名辞のそれぞれが、他方が指しているのとまったく同じ対象を指しているのだから、ふたつの概念集合は、外延の等しい組み合わせからつくられている。しかし一対の名辞の片方は、それが用いられるさいにある過去についての事実を前提としている。したがってちょうど次のようなことになる。父や、傷跡や、フランソワ一世によって置かれた、あるいは置き忘れられた大砲などというものはない。けれどもそれだからといって、なにも消滅したりはしない。というのは、いまそれらの名辞によって示されている対象、つまり男や、白っぽい光る印や、円筒形の金属の物体は依然としてあるのである。そして文の述語が対象に対して偽であるがゆえに、それらの文が全部偽であるのみならず、過去を指示する述語のほとんどの使用や適用にさいして前提とされている因果律は、すべて偽であるか、偽でないとしても空疎なのである。

さて未来を指示する述語に目を転じてみよう。まず強く感じるのは、それらの述語をある現在の対象や出来事に当てはめるとき、それらがある未来の出来事や対象を指示すると考えた場合に、その適切な例を挙げるのがいかに難しいかということである。「未来の父である」という述語が、いま妊娠中の女性の配偶者に用いられたとしよう。たしかに「すべてうまくゆけば」、子供が生まれてその人は父になるだろうと私たちは習慣的に考える。だが実は、指された個人に対して真であるような時間的に中性、あるいは過去を指示する述語にもとづいて、私たちは「未来の父」という述語を用いているのである。つまりxがyを妊娠させ、yがまだ子供を生んでいないときに、xは未来の父である。そして必要なのはそれだけである。もしxが子供の生まれる前に死んだり、もしくはyが死んだり、それとも流産しても、xはやはり未来の父である。彼がのちに父となるということは必要ない。未来の父という彼の称号は、未来に起こることに論理的に依存しない。さらにxが実際に未来の父であれば彼は父になるだろうという私たちの期待は、これまで成り立ってきた因果律にもとづいており、私たちが通常用いる未来を指示する述語は、こうして過去を指示する述語に寄りかかっている。というのも未来は、因果律に照らして、過去の「ごとく、それと相似た」ものでなくてはならないからである。しかしながら重要な点は、一見未来を指示する述語のようにみえるものは、そのほとんどが過去を指示したり時間的に中性な言語にすぐに翻訳できるということ、およびそれらの述語の現在の個体に対する適用は、のちに起こることを必要としないということである。したがってもし五分後に世界が終わるとしても、そのような述語を用いて現在の対象を記述する文は、どれひとつとして偽にはならない。もし事態がそうであれば、現在についての文で真であるもののうち、未来についての真の文を前提とするものはひとつもない。そしてまたこのことから、もうすぐ未来が一切なくなってしまうかもしれないという考えを概念図式に組み込むのに、なんの困難もないことの理由が説明できるだろう。

もとより過去についての記述のなかには、もしそれが出来事が起こった時点やそれ以前に発せられていたならば、未来を指示する述語を使わなければならなかったであろうようなものがある。たとえばピエロ・ダ・ヴィンチを、『モナリザ』を描いた人の父として指示することにしよう。彼がレオナルドの未来の父であったときに彼をそのように呼んでしまうことは、彼の息子が『モナリザ』を描くということを論理的に必要とする。そこでこの記述は、その真が未来に起こることに依存し、さらには過去を指示する表現にも時間的に中性な表現にも明確に翻訳できないような現在の対象についての記述となろう。なぜなら必要な絵はまだ描かれておらず、その記述はもし正しいなら、未来についての真正な情報をもたらしてくれるのであり、それゆえその情報を与えないような表現にそれを翻訳することは不可能だったからである。ところが未来が存在しない可能性がなんら奇妙でないのに比べて、こうした言明を用いることが実に奇妙に聞こえることを考えると、次のようなことが思い出される。つまり実在論的歴史哲学者は、通常過去を語る場合にのみふさわしいやり方で未来について語ると述べたときに、私が言わんとしたことを思い出していただきたいのである。だがこの奇妙さについての説明はのちの議論に譲らねばならない。

むろんこうした考察は、世界が知りうるもののすべてにわたって五分前に生じ、そう主張しても少なくとも論理的には可能だという懐疑的議論になんの影響も与えるものではない。なぜ影響がないかと言えば、過去を指示する名辞は因果性に関するあるテーゼを前提としているからであり、懐疑論は正確には、因果性についてのある概念への攻撃だからである。この攻撃は少なくともヒュームまでさかのぼることができる。彼の主張とは、原因は論理的にはその結果を含意しないということであり、あるものについての明白な固有性の記述から、ひとはそれがどのような結果をもつか論理的に演繹できないし、また他のものの十全な記述からその原因がなんであったかを演繹することはできないということである。私たちの因果概念は、実際に起こったことに関連するある連想から成り立っているのであるが、こうした連想には少なくとも論理的にはなんら強制力はない。あるものが現存するのは、その実際の原因とは異なった原因によるのだとしても論理的には成立するし、あるいはいっそのこと、原因はまったくないと言ってもよい。ヒュームはこの点を以下のように述べている。

私たちがあらゆる原因を排除するとき、私たちは実際にそれらを排除するのであって、何物をも、そして対象そのものをもその存在の原因として仮定しない。その結果これらの仮定が不合理であることからは、その排除が不合理であるというような証明は一切ひきだされないのである。もしすべてのものが原因をもたねばならないとすれば、他の原因を排除することによって私たちは対象そのものを原因として受け容れねばならないか、あるいはなにも原因として受け容れないということになる。ところが問題の要点はまさに、すべてのものが原因をもたねばならないのか否かという点にある。そしてそれゆえに、正しい推論によるかぎり、この点は決してあらかじめ認められて

はならない。(3)

ある意味で私の議論は、ものごとの明白な固有性を十全に記述することからはその原因を演繹することはできないという、ヒュームの考えを拡大したものにすぎない。私の拡大解釈とは、過去を指示する述語を時間的に中性な述語に変形することの不可能性を示すことにある。私がいままで示そうとしてきたのは、未来を指示するように見える自然な述語はすべて、時間的に中性な名辞や過去を指示する名辞に代えることで消去できるという事実と考え合わせて、さきに述べた変形不可能性が、未来がないという仮定をたやすく受け容れさせると同時に、過去がないという仮定が受け容れにくい理由を説明するということである。だがこのことは、過去がないという仮定をそのまま受けとった場合、そこになにかまだ間違った点があるという証明なのではない。なぜなら過去を指示する述語の使用は、現在のものごとには過去にその原因があったということを前提とし、まさにこの点が問題になっているからである。ある議論が攻撃している当の事柄を前提として、その議論を打破することはまずできない。そしてこの議論が基本的に攻撃しているのは、出来事やものごとの間にある論理的な関係があるという考えなのであり、まさにそのことによって議論が論理的に可能なものとなっているのである。

世界が五分前にそっくりそのときのままの形で、全住民もまったく非現実的な過去を「覚えていた」状態で突然出現したという仮説は、論理的にはなんら不可能ではない。別々の時間の出来事の間には、論理的に必然的な関係は一切ない。それゆえいま起こりつつあることや未来に起こることは、世界は五分前に生じたという仮説を反駁することはできない。したがって、過去についての知識と呼ばれている出来事は、過去とは論理的に独立である。それらは、もし過去が存在しなかったとしても理論的にはちょうど同じものであるような現在の内容へと、完全に翻訳することができるのである。[4]

「呼ばれている」の部分は次のように説明することができよう。のちにこの議論との関連で定式化されていることだが、「aを知る」――ここで「a」は、なんでもひとが選ぶものを指す――という文意は、aが存在することを含意する。[5] そのときもし誰かが過去を知っていると正しく言いうるならば、このことは過去の実在性を含意し、そしてそれは、ある人が過去を知っているという主張と、彼が知っていると述べていることは存在しなかったという主張のいずれとも矛盾しないであろう。同様のことが傷跡についても言える。ある人が傷跡をつけているということは、彼がかつてけがをしたことを含意する。同じく知識の場合には、私たちは知識と呼ばれている(が実はそうではない。または少なくともそうではないと思われる)ものについてむしろ語らねばならない。それはちょうど傷跡の場合に、傷跡と呼ばれているが実はそうではない（かもしれぬ）ものについて語るのと同じである。「傷跡である」を時間的に中性な言語に、ラッセルの言う「自然な内容」に分析できないことについては私は十分に主張したと思うので、むしろ言っておくべきことは、もしラッセルが提出した仮説が正しいとすれば、白っぽい光る印を傷跡と記述するのはすべて偽となるということである。(6) だが同じように、過去についての知識として認知を記述したものは、同様の理由からすべて偽となろう。世界は、一言で言えばあるがままである。しかしそれを記述するための私たちの言語は異なってくるだろう。

このように述べることによって、過去の概念が因果性の概念に結びついており、また因果性の概念は言語と結びついているという明確な結果が得られたと思う。少々心理学的な考察をしてみれば、子供たちはまず時間的に中性な言語を話すことから始めて、その後過去を指示する術語、因果性の概念、過去の概念という相互に依存する三つのものを、いわば同時に獲得する。だとすれば過去の概念に対する攻撃が因果性の概念および過去を指示する名辞に対する攻撃をその内に含むことは、当然と言うほかはなかろう。

「他の一切の懐疑的な仮説と同様に」とラッセルは書いた。「それは論理的には筋が通っているが、つまらない」(7)。だが私たちは逆に、それを非常におもしろいものだと考えてきた。(8) それが論理的に筋道立っているかどうかは、まだこれから確かめねばならない。過去は存在しないという仮説が一役かって際立たせた、過去についてなされたとされる文の果たす役割については、ある分析を行うことが可能なように思われる。その分析とは、大まかに言えば次のようなものである。過去の対象や出来事についてなされたとされる文は、以前の議論でみてきたように、その文の代理にもちだされた証拠について述べているものとして理解されるべきではないし、またそれらの文を一連の観察文へと十分に翻訳することもできない。事実いかなる一連の観察文の真も、過去についてなされたとされる文の真や偽の必要条件にさえなりえない。にもかかわらずそうした過去についての文は、自然科学の理論術語が用いられている文が果たすのと類比的な役割を帯びて、歴史研究において機能するのであり、また科学理論の文が観察文に対してもつのとちょうど同じ関係を、観察文に対してもつのである。そこで次のようなことが言えるだろう。過去についてなされたとされる文の主な役割は、現在の経験を組織化するのを助けることにある、と。もしこの分析が正しかったなら、それらの文は独立したなにものかについてのものであるか否かという問題は生じえないのであり、その場合過去がないという仮説は問題にならないし、それはただ、人の思考や認識の経済性という点で、これらの文が果たす機能に関していだかれている誤った理解に、注意を向けるよう促すだけであろう。「ジュリアス・シーザー」のような語は、「電子」や「エディプス・コンプレックス」がそれぞれ物理学や精神分析学の理論で果たすのと似たような役割を、歴史研究において果たしている。あとのふたつのような語を用いた文は、それらが実際の実在物を、かりにそれが観察できないものであれ、指しているか否かという問題を許容しないし、またその問題に当面することもない。というのも、それを問おうと問うまいと、それらの文は経験の組織化に際して、まったく同じ役割を果たすと思われるからである。周知のようにつまらないやり方で、つまり理論用語を排除し観察言語のみに置きかえるということで解決されてきた問題はある。(9)だが観察しえない実在物を表わす文を用いるとき、ここでは観察できない実在物を認めるかどうかが問題になっているのではない。そのような実在物はあるかもしれないしないかもしれないが、どちらにせよなんら差はない。その本質的な役割は、論理的外延の問題によっては影響を受けないのである。そのような文は、たとえば試験管のような科学面での器具が真理値を許容しないのと同じく、真理値を認める必要がない。そしてこれらの文は試験管と同様、存在論の問題で意見を異にするような科学者たちに無作為に用いられる——ここでの意見のちがいとは、もしこう言って良ければ知的な贅沢なのであって、それは経験を組織するさいの理論的語彙の使用とはなんの関係もないのである。

私はこうした分析を、過去についての文に関する道具主義的見解と呼ぼうと思う。(10)道具主義は、もとより理論的術語に関してとられるいくたの立場のひとつにすぎない。そこに含まれる問題について十分に議論を尽くすことは、この著作の範囲を越えてしまい、またそれは正しくは科学哲学に属することである。私の知るかぎりでは、得意の理論分析を歴史的な文にまで拡張した道具主義者はいない。だが懐疑的議論の効力を中和し、同時に理論科学と歴史との明らかな類似を指摘するためだけならば——歴史科学と理論科学とを対比するような議論では、この類似はしばしば無視されているのだ——さきに述べた拡張を行うことは、このようなコンテキストにおいては、自然な移り行きのように思われる。歴史と科学との類比は、私たちが歴史的な文の一般的分析として歴史的道具主義に対して究極的にいかなる主張をしようとも、のちに大いに役立つことと思う。

とは言うものの、歴史的な文の部分的、機能的分析としては、歴史的道具主義はほぼ確実に正しいと私は考える。歴史的な文は、現在を組織するという点に関しては、理論的な文に比肩すべき役割を、たしかに果たしているのだ。たとえば上演された二本の劇が、驚くほど似通ったスタイルを見せたと仮定してみよう。ふたつの劇にひとりの作者を想定することによって、私たちはそれらの作品を組織し一体化する。同様に全体で一部を成すと考えられてきたふたつの作品に、顕著な文体上の齟齬が認められると、私たちはそれらに別々の著者を当てて、現存の文学作品を組織し直す。そうして次に私たちは、こうして出来た以前とは異なる組織を補強するために、さらに多くの部分をこの世界から捜し出して、再びある部分を他の部分と結びつけるのである。これらを理論とみなすには、さしたる困難はないと思う。単著者理論と複著者理論とでも呼んで、こうした理論がとりわけ観察世界の組織化に役立つと認めてもよい。

しかしながらこの理論概念が、そのような理論が有効でありかつ正しくもあるという可能性を封ずるのではないという点に注意してほしい。運転のさいに私は、車がオーバーヒートしバッテリーがあがって、計器類が赤ランプを示しているのに気付いたとする。そこで私は、ファン・ベルトが切れているのだという理論を立てる。というのはバッテリーがあがり、車がオーバーヒートしているということが、それで説明がつくからである。この理論は明らかに、ダッシュボードの計器類の表示を組織化するのに役立つが、私がボンネットの下をのぞきこんで切れたファン・ベルトを見つけたときにひとつの事実へと収斂するのは、ほかならぬ理論そのものなのである。[11] 同じように歴史理論が事実へと収斂するのをさまたげているのは、ただ過去への接近が欠けているためではなかろうか。というのも歴史理論と、それに関連させて述べてきた科学理論との差は、以下のことにあるように思わざるをえないからである。つまり科学理論は、膨大な観察経験のなかで見いだされる実在物、かりにそれらが実在物だとすればの話だが、その実在物とはまったく異なったものを指示しているのに対して、歴史理論の想定する実在物は、まさに日常生活において見られるようなものなのである。ことばを変えれば、誰ひとりとして原子や電子、遺伝子、プシー関数、リビドー・エネルギーに変換された観念を実際に観察した人はいないが、日常世界には、作者と呼ばれるような人は常にいるものなのである。したがって歴史理論が用いていることばは、ただちに経験できるような事柄に簡単に当てはまる。だから日常みられる実在物との性質の差がちがいを生み出しているのではなく、ただたんに歴史的実在物に経験的に接近することができないということが、私たちを歴史的道具主義へと駆り立てているのである。

さてここで私が論点をすり変えてしまったのではないかという反論に答えておかなければなるまい。つまり本来的に因果性の概念にかかわる考察から、知識にかかわる考察へと私が立場を変えたのではないかという疑問である。だが過去がないという仮定がどこから効力を得てきているかといえば、私たちが経験的に過去に接近することはできないように思えるということ、そしてそれゆえ、過去を精査する独自の方法をもたないという事実によっているのである。もしそうした過去への接近が可能だったならば、私たちには理論を事実へと収斂させる手だてがあっただろうし、また同時に過去がないという仮定を経験的に論駁する方法もあっただろう。その場合これは経験的な仮定以外の何物でもなくなり、そして経験的な反証を受けることになるのである。それゆえ知識にかかわる考察が的はずれでないことは明らかである。だがいったんこうした考察を導入したからには、過去がないという仮定に対処しきるだけの戦略を、精密に描いておかねばならない。

まず私たちは、指示の問題を無効に帰す方法として、道具主義の地点まで後退した。[12] この指示の問題とは、一連の言明、この場合過去についての言明であるが、それらに関連して生ずるものであり、これらの言明の指示対象は、たとえかつて存在したとしても、もはや接近不可能だと考えられていた。道具主義は、言明が指示しようとしまいと大差ないことを示すことによって、指示に関するすべての問題を回避しようとする。なにもかもそのままで、ただある文を、事実を言明するものから組織化の道具へと変えてしまったのであり、その場合、真偽を問うことは論理的に不適となる。デューイが述べたように、ただ「より良いかより悪い」道具があるだけであって、真理値は複数の文の相対的な組織化の能力の関数であることになる。だがひとつひとつについてのその都度の懐疑主義というのは、無際限につくり出すことができるのであり、そのそれぞれは、同じような道具主義に徹退することによって回避される。たとえば誰かが、世界は手を伸ばして届くところからちょうど五フィートの場所で終わっているという仮定を立てたとしよう[13]。つまりどこであれ立っている所から五フィート先にはなにもないのである。そうなるとセントラルパークに立って、エンパイアステートビルについてなされたとされる言明は、指示された対象がないために偽となるであろう。私たちは、ここから三十マイル離れたところにあるものについて語るが、それらに近づくわけにはゆかない。そこで空間的な道具主義を採り入れようという主張がなされる。「エンパイアステートビル」を理論的な術語の位置におとしめることによって、指示の問題を回避し、その結果その術語を含む文は、空間的に接近可能な（観察可能な）現象を組織化するのに役立つのである。

このような懐疑主義の致命的な難点は、それらがまったく恣意的だということである。

なぜ境界線をその場所に引いて、別のところに引かないのだろうか。[14] なぜ五フィートで区切って六フィートや四フィートではないのか。七フィートや三フィートでも良いではないか。なぜ五分前であって、四でも三でも六でも十でもないのだろうか。あるいはまた、手を伸ばして届くところから五フィート先の物は接近不可能だと言いたいのなら、というのも私たちはそれらに触れられないし、また知るかぎりではそこにないからなのであるが、そうなるとなぜ、いま私たちが触れているもの以外にそもそもなにかがあるのかは、現在のところ知るすべがないと言わないのだろうか。あるいは私たちがいま見ているもののほかに、なにがあるのかと言い換えてもよい。そうすると私たちはそれに触れてはいないけれども、触れることができるのであり、またそれがそこにあることを知っているのだ、という主張がなされることも考えられる。だがそのとき、なぜ私たちは身体を動かして、いま五フィート先にあるものに触れることができないのだろう。それはそこにはないのだ、五フィート先にはなにもないのだと言うことはできない。それでは論点をはぐらかしたことになる。そこになにかあるのかないのか、どうして知りえようか。重要なことは、私たちはここに居て、五フィート先に居るのではないということである。だがまた、私たちは実際に触れているものに触れているのであって、別のものにさわっているのではない。したがってさわるものと、ものとの間に、接触可能な実在物が切れ目なしにあると考えることは、もしそう言いたければ、経験を組織化するために理論的な実在物を導入したことになるのであり、連続的な物理的対象というのは、ここでもまた私たちが新たな道具主義に後退したことを示してくれる。だとすればこれらの細分化された懐疑主義は、たちまちに本来的な懐疑主義へと収斂するのであり、対象一般について語ることは、道具主義的な様相を帯びるのである。(15)

さきに私が、過去はないという議論について述べたことのなかで、私はその議論が完全に一般化されるものではないことを指摘した。この議論によって、過去についてのあらゆる言明が排除されるのではなく、五分以上前に起こったり存在したりした物についてなされたと称される言明のみが排除されるのである。だが私は、五分という特定がいかに恣意的であるかを強調したところである。境界線を引くことができた点は、数限りなくあるのであり、もしかりにあらゆる証拠が、世界は五分前にできたということと矛盾をきたさないとするなら、それが六分であろうと七分であろうと、あるいは何分も前にどんなに遠くとっても同様に矛盾はないことになる。あらゆる証拠は、もしこう言いたければ無限個の仮定と両立し、同時に個々の仮定はたがいに矛盾する。だが他の場所にではなく、あるひとつの場所に境界線を引くことを正しいと認めるためには、ある証拠を仰いでそうする以外にはない。そしてもし証拠をもちだすことが排除されているとすれば、ある仮定、たとえば世界は五分前、あるいは五年前、五百年前に出現したという仮定のどれかを、他の仮定より優先することを正当化しうるような可能性は、まったくない。さまざまに異なるどんな証拠も、立てようとする境界線より短い期間で線を引くことで無効にされてしまうのである。

さてここで、世界は五分前に出現したという仮定を選ぶことにしよう。その結果、過去についての言明の間に仕切りができることに注意してほしい。かりに世界が五分前に始まったとすると、ある過去についての言明、すなわち過去(たった)五分間に生じたことについての言明は、真あるいは偽のどちらかである。[16] その他残りの言明は、指示対象を欠いているので、偽であるかまたは真偽の問題は生じない。あるいは真偽を問題とすることは、これらの言明が理論的な文と同等な位置を占めているがゆえに、不適切となる。歴史的道具主義を推し進めて、ある言明は道具主義的に分析され、またあるものはそうではないと言うことにしよう。このとき後者は、ごく近い時間内に起こったことについての言明である。ここでまた、過去を指示する述語が、同様に区分けされることにも注意してほしい。現在存在する対象に結びついた過去の出来事や対象、もとよりそれらがこの五分間に起こったり存在したりしたというかぎりにおいてではあるが、それらの出来事や対象を指示する過去指示の述語というものを、私たちは認めることができる。つまりただたんに生まれて三分の卵と呼ばれる卵があるだけでなく、純粋に生まれて三分の卵があることになる。また真正の父親や、真正の記憶といったものもあることになろう。だがいまや時間の起点は、恣意的に前後に動かせるのであるから、これらさまざまなクラスの構成要素の全体数は変わってくるのである。もしかりにその起点をできるかぎり遠くにとれば、通常父親と呼ばれている人は、すべて父親であり、また真正な記憶や真正な傷跡や、フランソワ一世によって据えられた真正な大砲といったものも、実際あることになる。そしてさらに多くの言明が、現在を組織化するのに有効な道具であるだけでなく、本当に過去についてのものとなるであろう。ところが逆に起点をどんどん現時点に近づけてゆくと、真に過去を指示する述語は、ますます少なくなり、また真に過去についての言明の数も減ってゆく。そして私たちは唯一真正に用いられる述語が、時間的には中性なものとなり、また過去についてなされたと称される言明に残された唯一果たすべき役割が、現在のデータを組織化することだけだという地点にまで至る。ここでは歴史的道具主義をとる以外に選択の余地はない。だがこの地点まで至り、世界の起源を五分前といわず、ついには過去が一切なくなるところにまで近づけてはいけないというだけの、十分な理由があるであろうか。私がこれまで述べてきたような無数にある時間的な懐疑論が、瞬間的な懐疑論にすべり込まないようにしても証拠上の軋轢は一切ないであろうか。軋轢はないというのが答えである。というのもいずれの懐疑論も、さきに私が述べたように過去についてのいくつかの真正な言明を許容するとしても、どちらかにより有利な証拠が働くということはないからである。しかしこれらの懐疑論は、自らの言明は許容を正当化できないのだから、許容自体がほとんど問題にならない。

この瞬間をも疑う懐疑論が、完全に筋道立ったものであるとは、私には思えない。現在のみが存在すると言うことは、ある意味で明白で分析的にも正しいことである。このことから、過去は存在しないという主張が出てくるが、こう言ったところでせいぜい過去は現在ではないという、瑣末な事柄に終わるにすぎないのであり、過去は存在しなかったということには、なりえないのである。さらには、私たちが現在という場合に、瞬間について話しているかどうかははっきりしていない。私たちがなにかを指して、それがいま存在すると言うときに、私たちはいわば、その存在が現在の瞬間の内に閉じ込められているのだと言っているのではない。というのも、瞬間はその内側になにかが存在するような境目をもってはいないからである。瞬間が持続を構成する一単位でないのは、点が延長の一単位でないのと同じである。瞬間の懐疑論の空間的な相似物を考えると、点の形態をとる懐疑論といえるだろう。だがものが空間的な意味において点の形態で存在すると言うことは、まず無理である。それは中心と円周とが一致した円を想定するようなもので、そのようなものはもはや円であることの要件を欠いているのである。したがって点の形態をとる懐疑論からは、いかなるものも存在しないということが、必然的に導き出される。そしてこれが純粋な懐疑論なのである。だがそれゆえ、瞬間の懐疑論はまったき懐疑論となる。ものであるということは広がりと持続とをもつことであり、そのいずれかを否定するとは、ものの存在を否定することなのである。

ライル博士は、「勝つ」のような達成を示す動詞と、「走る」のようなそれ以外の動詞を区別することの重要性を指摘したが、この区別にしたがうかぎりにおいて、私たちは、こうした達成が日々生起していることを当然ながら認識している。[17] この場合、競走することには時間を要するが、勝つことには時間を要しない。つまりあるときに一気に勝ってしまうのであって、ある間隔を通じて勝つのではない。だがもしすべての動詞が達成の動詞だとすれば、区別を立てるべき点は失われてしまうのであり、また人は、レースに勝ったと言われんがために競走するにちがいないというのも、たしかなことである。さらにはレースに勝つのはほかならぬ走者であり、その走者は実在物であるから、そこには持続がある。瞬間的な勝者というものはあるが(すべての勝者はそうである)、瞬間的な走者はいない。瞬間は時間的な位置をしるしづけ、また時間を目盛る装置でもあるが、それは時間の一部ではないし、またその一部が時間であるとも思えない。瞬間が、「年、月、週、日、時、分、秒」という一覧に含まれないのは、点が「マイル、ロッド、フィート、インチ」のなかには含まれないのと同じである。このことは、あることが二時間、二分間、二秒間続いても、いかなるものも二瞬間の間続くことはできないということからわかるであろう。またいかなるものも、二点にわたって伸び広がることはないのである。もし長さがなければ点はなく、持続がなければ瞬間はない。したがってある意味で、瞬間を語ることは持続を前提にしている。それゆえ、瞬間の懐疑論を採ることは不可能だし、またそうすることによって、持続に疑念を呈することもできないのである。

このような考察からは、もしそれが正しいとすればだが、瞬間の懐疑論を整合的に堅持しえないという帰結が導かれる。私の議論は、私の見るかぎりにおいて、因果性にかかわる事柄は前提としていない。もしそうしたいという人がいても、世界がもっていると言われる正確な持続について論争することはできるが、世界が持続するか否かという問題については、論争することはできない。かりにも世界があるということは、それがいくらかの持続をもっているということであり、唯一残された問題は、その持続がいかほどのものかということだけである。世界が持続したのはたった五分だと主張しようとする人は、さきに見てきたように、過去についてのある言明は正しい、つまり、彼が設定した時間制限のなかに、その指示対象が取り込まれているような言明は正しい、と述べるように要請されている。だが今度は、彼はどのようにして知ることができるのか、という点を問いただしてみよう。これはもはや、彼が回避しうる問題ではない。というのも、もし彼が、自分の選んだ持続期間は恣意的なものだとだけ言うならば、私たちは瞬間性という点を突いて、彼を追い込むことができる。問題は、彼が自らの選択を行うさいに、あるものを証拠として数え上げることを認めざるをえないという点であり、もしなにかを証拠として認めるなら、なぜすべてを認めてはいけないのだろうか。世界の持続の問題とは、経験的な問題で、原理的に決定可能である。そしてもしそうでないとすれば、それは瞬間の懐疑論へと至り、この瞬間の懐疑論は効力をもちえない、と私は主張しているのである。これを堅持しようとすれば、自己矛盾をきたすから、それは効力をもつことができない。そのように述べることは、過去はあったが、私たちはそれがあったことを知りえないと主張するのに匹敵する。唯一残された見解は、まったき懐疑論であるが、それを論ずるのは私たちの任ではない。なぜならば、まったき懐疑論は、歴史哲学に対してなんら特別な問題を提起しないからである。

これが、私の最大限行けるところだと思う。さて、世界に与えられるべき正確な持続の量について仮定を立てるということは、この仮定を支え、他の対抗する仮定を論駁するようなあるものを、証拠として認めようとすることである。だが、このあるものを、過去についての命題の証拠として認めねばならないということは、過去について正しい言明を行えるという可能性を反駁するような、第三の議論の糸口を私たちに与える。というのは、まさにここにおいて、相対主義的な要素が併発するからである。すなわち、過去についての言明は、証拠総体と関連せねばならない。しかし、この糸口をたぐる前に、現在の議論について、私はもう一点述べておきたいと思う。

世界に割り当てるべき正確な持続の量の見積りをやり直すにつれて、より多くの時間的な語彙が取り戻され、また、因果律として認められるものの数も増えてゆく。ものごとがこのような状態であるのは五分間のみという世界は、真正な傷跡が存在するためには短すぎる。普通、傷が傷跡になるまで一カ月要すると考えてみよう。その場合、世界が生じて一カ月だとすると、いくつかの真正な傷跡というものはあるが、真正な化石というものはない。世界が生じて百万年だと言えば、「化石である」という、過去を指示する述語の真正な使用が取り戻されるのである。こうして、遠くにさかのぼればさかのぼるほど、因果的図式、あるいは時間的な語彙にかかるひずみは少なくなり、もし誰かが、「世界は一億年前に出現したと仮定しよう」と言ったとしても、はたしてそれが非常に懐疑的であるとか、哲学的に興味深いと考えるのは、はなはだ困難である。そこには、全歴史及び有史以前の多くの部分が含まれており、かりにその人が、「全部がそのままの状態で」とつけ加えたとしても、私たちが、そのとき世界がどんなであったかを知らなければ、またそのような知識が、周知の因果律や時間的な語彙の用法と抵触しないかぎり、混乱はまず起こらないだろう。そのままの状態の世界に、たとえば胎内に子をもつ恐竜がいたとすれば、一億年という算定を認めるために、私たちはある因果概念の見直しをせねばならないだろう。だが、世界内が単純であればあるほど、それを叙述するのに必要な述語の数は少なくなり、「そのまま」という概念がひきおこす軋轢も小さくなるであろう。天地創造の物語でさえ、世界が突如出現したことが必要なのではなくて、たんに世界が創られ、それを満たすのに六日かかったということだけが必要なのである。世界が創られた、あるいはどれほどか太古に創造されたという考えには、論理的になんら不合理な点はない。私はただ、そのような仮定は、もし恣意的に立てるならば、たちまちにして不合理に逢着するということを示したかったのである。しかし、そうした仮定のすべてが恣意的であるのではないし、また、経験的な補足の可能性のみが、その論理的な崩壊を阻止する。このことを踏まえて、私たちは、証拠を認めるということが明らかに私たちに課す、新たな困難へと向かうことにしよう。

第六章　歴史的相対主義

歴史的相対主義は、過去について正しい言明を行うという私たちの能力を疑う懐疑論の形態としては、これまで考察したふたつの懐疑論と著しい対照をなしている。まず第一に、それは、何人かの名高い人々を含む、今日の多くの歴史家によって、真剣に取り上げられまた活発に賛意が表されてきた。その立場を明確にするには、明らかに次の二点が必要である。すなわち、最初に論じた懐疑論とは反対に、ある言明は本当に過去についてのものであること、そして二番目の懐疑論とは逆に、それらの言明が述べている過去は本当にあるのだということのふたつである。過去は存在する、もしくは存在したという主張は、チャールズ・ベアードによってなされた。彼は、「過去の現実性としての歴史」ということを述べたが、これは「人類がその長い歩みを開始して以来、この惑星の人間が言い、感じ、考えてきたすべての事柄」という意味である。(1)もとより私たちは、現実性としての歴史に直接接近するのではなく、「記録としての歴史」を通じて間接的に接近するだけであり、この「記録としての歴史」とは、史料、史跡、象徴、記憶、あるいは、現実性としての歴史になんらかのかかわりをもつ現在の世界の断片のことである。ベアードは最後に、「思想としての歴史」ということを言う。これは、現実性としての歴史について語るものなのであるが、「記録としての歴史によって指示され、限界設定されている」(2)。ここまでの分析には通常と変わった点は特にない(3)。事実それは、歴史家の活動に対するごく一般的な見方である。ベアードが通常の説明と訣別するのは、以下のような主張によるのにほかならない。すなわちある因果的な要素が、現実性としての歴史について言明を行おうとする個人に作用し、彼らが正しく客観的な言明を行うのをさまたげるということである。だがまず私は、ベアードの議論における一般的な部分だけを論ずることから始め、次いで相対的な要素を扱い、これらの要素が、ベアードやその支持者、批判者がみなすに至ったほどには不当でないことを示そうと思う。

過去について言明を行うことは結局論理的に可能であり、過去を目指したはずの言明がなぜか常に標的からそれて代わりに現在や未来を射当てたりはしないという、私たちの通常の歴史概念に安らぎを与えるような見解を取り上げるのは爽快なものである。ベアードと同時期のプラグマティストは、現実性としての歴史についての言明は最終的に、記録としての歴史についての言明として分析できると主張した。そのさい史料や史跡は、私たちと、私たちには言いもおよばぬ過去とを隔てる、あたかも言明を一切浸透させないカーテンであるかのように考えられた。けれども、私たちと過去とを隔てるのは史料なのではなく、反対にそれらによって、過去を見いだすことが可能となるのであり、「批判を通じて確認され、科学的方法にもとづいて秩序立てられた知識や記録」(4)がなければ、私たちは過去の方位を見定めることもできないのである。これらが与えるのは手段であって、歴史研究の目的ではない。ロナルド・バトラーはこの点を簡潔にこう述べている。

> 私たちが自分は過去の出来事を知っていると主張するとき、私たちがしているのは、たんに証拠を評価することとは異なっている。このような場合、私たちは証拠が貫通不能のカーテンだと考えてはいない。私たちはその織物を通してかなたを見ようとしているのだ。……そしてさらに「織物を通してかなたを見る」とはどういうことなのかが分析されねばならない(5)。

これを分析するのはたしかに困難である。少なくともその理由のひとつは——言いたいことが完全には言い表わせないこの比喩を延長すると——私たちは「カーテンを通してかなたを見る」ことによってのみ、織物自体を見ることができるからである。比喩を介さないで言えば、あるものを証拠としてとらえるということは、たんにそれについて言明を行うという域にはとどまらない。あるものを証拠とみなすということは、すでになにか別のもの、つまりその証拠の対象について言明を行っているということである。そしてEをOの証拠だと考えることは、もしOについてなにも知らなかった場合とは異なった見方でEを見るということである。したがってなにかを証拠としてみるということは、すでに「織物を通してかなたを見ている」のにほかならない。

過去に関する言明について言えば、あるEをそうした言明の証拠とみなすことは、Eをある時間的なパースペクティヴのもとで見るということだ。そして実際、過去を指示することによってはじめて、私たちは自分が見るものについて与える記述を許容することができるのである。ヴェニスに行ってきた旅行者に、ミケランジェロの『ロンダニーニのピエタ』を見たかどうかたずねたとしよう。これは教訓的な例なのだが、というのもそう昔ならずとも、いまそう呼ばれているものと同じものを見た人は、『ロンダニーニのピエタ』を見たとは言わなかっただろうからである。ごく最近までこの作品は、ローマにあるパラッツォ・ロンダニーニの礎石の一部だと考えられており、それを見た人はそういうものとして見ていたのである。さて私たちの語彙を時間的に中性なものに限定してみると、この対象に関して真であり、かついずれの記述にも両立する述語がある。たとえばそれは大理石で、最長の軸は何センチ、重量何キロというようなことである。それを礎石だと名指すことは、すでにそれに時間の次元を与え、先行する石造建築という行為に関係づけることである。同様にそれを像と呼ぶことは、先行する彫塑という行為にそれを関係づけている。

それをミケランジェロの作品だとして、いやむしろ四大ピエタの最後の作品として記述することは、相当厳密な時間的述語を用いていることになる。なぜなら人々はそのピエタを、パラッツォの礎石として命を終えるという述語が当てはまるものとしては見ていなかったからである。しかし重要なことは、この対象をそのように名指すことは、とりもなおさずそれを過去と関係づけているということである。つまり、大理石の塊で最長軸が何センチというだけではなくそれ以上の何物かとして見ているのである。それをミケランジェロの作品として見るのが可能だということは、カーテンを通してその向こうを見ていたことにほかならない。あるいはこう言ってよければ、カーテンは過去を指示する言語と時間的に中性な言語との間に懸っている。しかし時間的に中立な言語によっては、私たちは歴史的証拠とみなしているものを口にすることすらできない。

より手近な比喩を求めれば、現在の世界の対象をことばになぞらえ、それらの歴史的な使用や理解を読む行為になぞらえればよいと思う。そこに何事かが記されていることばというものを、私たちと意味とを隔てるインクのカーテンだとは、普通誰も思わないだろう。つまり読書においては、もしそう言ってよければ、私たちはことばを通してその「向こう」を見るのであり、事実、ことばを物理的対象としての身分、つまり乾いたインクの丸や鉤形として知覚することはまずありえない。一面に書かれたことばを前にして、それがしるしにしかみえない人というのは、大別して三種類あるだろう。すなわち文字を知らない人、ある表記法は読めるが他の表記法は読めない人、脳になんらかの損傷がある人である。石の積み重ねを見てノルマンの建造物だとわからないシシリアの農夫は、歴史的な意味で文盲である。彼は石がなにを語っているか知らないからだ。エトルリアの碑文を考証している古典学者は、これらのしるしに意味があることをすでに知っているけれども、それがどういう意味であるかはわからない。彼はまだその読み方を習得していないのであり、それゆえしるしをしるしとして見るという、ある意味で異常なかかわり方をしているのである。脳に損傷がある場合に当てはまるような例をここで挙げるのは難しい。思いつくうちで最も近いのは、私たちが見るものはすべて現在のもので、過去を見ることはないと主張する哲学者であり、端的に言えば読むことがなにか理解不能の行為であるような人である。私たちはいま過去を見ているのではない。私たちは眼前にあるものを見ているだけだ。しかし読むとは解釈の行為なのであり、しるしをことばとみなすことは、すでにそれらを解釈を要請するものとみなしているということである。「文字」の概念を拡大して、それ自体のなかに翻訳過程で除去されようとしたまさにその概念をとり込むのでなければ、本の内容を、それが印刷されている文字についての言明に翻訳することはできない。時間的言語は時間的に中性な語彙に書き換えられないと私が主張するのは、まさにこの意味においてなのである。

さてベアードによる区別に立ち返ってみると、なにかが、「記録としての歴史」として設定されるのは、「現実性としての歴史」を指示することによってにほかならないと言えるだろう。それゆえにこれは、「記録としての歴史」から「現実性としての歴史」への移行がいかにして可能かを惑わせる、たちの悪いことばの綾だ。なぜなら、あるものを「記録としての歴史」とみなしているということは、すでにこの移行を終えてしまっているということだからである。そうでなければ、私たちはたんにものを見ているだけだということになろう。歴史の認識論的議論は、実にしばしば、私たちは皆、時間的な意味で文盲だとする誤った仮定から出発している。そこでは、私たちはどのように現在から過去に到達できるかが火急の問いとなり、現在から過去に至ることはできないというのが答えである。その理由は論理的に明白である。すなわち、現在のデータから過去の事実を導き出すいかなる推論においても、「EならばFである」（Eは現在のデータ、Fは過去の事実を指示する）という形式の推論の前提に、ある一般法則、原理、命題が必ず必要だからである。そしてもし私たちに現在しかなかったとすれば、こうした命題を説明しようとすることは困惑を招く問題となろう。その場合、そのような命題は理解しえないのである。ところが私たちはそれらをたやすく理解しているのであり、時間的に中性な言語以外に意味を与えない人は、この事実を説明できない。カント的に、時間の範疇的特性を主張する人もあろう。だがこれが正しいにせよ、正しくないにせよ、私たちが言語を獲得するのと同時に、そこには過去を指示する述語が溢れているのであるが、過去の概念をも自動的に獲得するのは事実だと私は思う。そうでなければ、歴史がどのように始まるのかすらわからない。言語の起源と歴史の起源を同一だとみなしたのは、ヴィーコの卓抜な洞察力であった。言語に精通している人間が、現在にのみ住まうことはありえない。かりにあるとしても、自らの意志をことさらに曲げてでなくてはできないし、またそのとき、彼はより多様な時間的存在であることを拒否せねばならないのだから、ただ派生的な意味で現在に生きているにすぎない。それはおよそマリー・アントアネットがヴェルサイユのプチ・トリアノン宮で似《え》非《せ》牧歌的生活を楽しんでいたようなもの——不実なこと——である。

こうした考察は、別の方法によってもなされよう。すでにはっきり示しておいたように、被定義項にすでに含まれている時間の概念を、定義項のなかに、少なくとも暗に指示しているのでなければ、いくつかの時間性の区分に定義を与えることはできない[6]。たとえば、ある人が過去を、想起することが論理的に可能なものとして定義したとする。だが定義のなかの、「想起する」という表現の使用そのものが、すでに過去の概念を暗に指示している。すなわち、想起されるものは過去であるということが、「想起する」の意味の一部である。「想起する」は、言うなれば過去を指示する名辞なのである。それゆえこのような定義は、循環の罠に陥っていると言えるだろう[7]。同様に現在を、人が現に経験しつつあることとして定義を企てることもできる。そこから当然、人は過去や未来を経験できないということになる。しかし「経験しつつある」ということは、個人と経験対象との関係、とりわけ個人と経験対象との出会いをそのうちに含んでいるのであり、その意味で人はただ、自らと同時的に存在するものとしか出会うことはできない。したがって現在性の概念は、再度定義の表現自体にすでに含まれているのである。もとより、過去と現在のいずれをも経験することは論理的に可能であるという主張がなされるかもしれないが、このことは、いったん分析されてしまえば、人はあるものをそれが現在であった時点で経験することができたし、未来の時点で経験できるという意味である。現在性の概念は経験の概念のなかに組み込まれており、その結果、人は現在のみを経験できるというのが分析的な必然である。この論理的事実と、知識と経験の同一性とを考慮すると、いかにして過去を知りうるかを解明するのは困難になる。それは、過去とは経験されつつあるものではないからである。しかし、私たちの経験するのはすべて現在であるとした上で、過去を知るのはいかにして可能かと問い続けた場合、私たちは時間的に中性な経験を仮定していることになる。しかもそれは、これまで論じてきたように、非現実的である。もし私たちが実際に世界を経験するその仕方を顧慮するならば、まさに問われるべき問題はこうであろう。すなわち、もし私たちが過去を知らないとすれば、私たちがかくのごとく現在の世界を経験することは可能であろうか。というのも事実、そしてまた私たちの言語が示しているように、私たちは常に、過去の出来事や対象に論理的、因果的に結びついたコンテキストを介在して、現在の世界を経験しているからである。つまり、現在を経験しつつある時点では経験しえないような対象、出来事を指示するコンテキストに立脚して現在の世界を経験しているのである。しかも、現在という概念を拡げて、こうしたものごとを現在に繰り込むような方法はない。プルーストがお茶に浸したマドレーヌを経験するとき、彼はレオニー叔母やコンブレーを経験しているだけではない。彼はたぐいまれな明晰さをもってそれらを記憶に蘇らせているのであり、そうした一切のことを描出する彼の文章の力は、ひとえにこれらのことは現在ではなく、また現在になりうべくもなく、取り返すすべもない過去であり、芸術によってしか回復しえないという認識に拠っているのである。しかし私たちは、自分の経験することを、それを経験しているときに回復するのではない。なぜなら「回復する」は、プルースト特有の意味で言えば、論理的に過去を指示する述語だからだ。プルーストのマドレーヌ体験は、過去を獲得した人々に通常一般的に起こることを劇的に示した例である。お茶とケーキを味わった直後、それらがなにを意味するのか思い惑う感覚は、むろん特有のものである。その困惑は、読み方を知っていながらあるものが一瞬読めないのに似ている。けれどもそれは、なんの意味なのか定かでないながらも、過去を意味するものとして現在を経験しているということなのである。事実プルーストは、確たる結びつきをえられぬまま、現在を過去の光のもとに経験したのだった。そしてついに、それがなんであったかはっきりする。「この味、それはコンブレーで毎日曜の朝、……私がレオニー叔母の部屋にお早うを言いに行くたびに、叔母がすすめてくれた、あのマドレーヌの小さなひとかけの味だったのだ……」。もとより、個人的な事柄からもう少し離れて、つまりこのように記憶を指示するというのでない場合、誰でもストーンヘンジの石板を見れば、同様の困惑を感じるだろう。そこでなされる経験とは、そこになにか解読されるべきメッセージがあることを知りながら、それを読むことができないという経験である。

分析的歴史哲学には、欠かすことのできないふたつの課題がある。ひとつは、過去について一切の知識をもたないで現在を経験するとどうなるかを考えてみることである。二番目は、もし未来をも知っていると仮定して現在を経験すると、それはいかなるものかを考えることである。後者については、以後さらに述べることにしよう。だが前者に関しては、少なくとも、私たちの現在の経験は、過去についての知識に大きく依存する事柄だということだけは言える。となれば必然的に、結びつけられる過去のちがいに応じて、現在の経験が異なってくることになろう。プルーストには、こういったことの示唆的な例が数多くある。一例を挙げると、たとえば、サズラ夫人はヴィルパリジ侯爵夫人を年老いた女として経験することができない。抗し難い魅力にあふれていた夫人、サズラ夫人の父をすっかり虜にした頃からの夫人の面影を思い浮かべるからである。一方マルセルは、そのような過去には無縁なので、彼女からは甘美な思いを少しもかきたてられず、ただの老いた女として経験する以外のことはできない。私はこの点を、再びベアードの議論に戻る前に強調しておきたい。現在の要件が過去についての言明を歪曲しようとするのでは決してない。

過去の要件が現在の経験を歪曲するのであって、したがって大まかに言えば、マルセルとサズラ夫人は、同一の人物を経験しているとはほとんど言い難いのである。のちに考察するように、現在から過去を抽出することは、現在に未来を重ね合わせるのと同様困難なことである。ロンダニーニのピエタは円柱に刻まれた。刻まれて変形する以前、その円柱を古代のものとして見ることは可能であった。だが誰が、たとえば十四世紀に、これがのちにミケランジェロがロンダニーニのピエタを刻むことになる円柱だと考えて見るであろうか。

ベアードや一般に歴史的相対主義者は、科学者には歴史家がもつことのできないような利点があると不満を表する。ベアードによれば、たとえば歴史家は科学者とちがって、その主題となる事柄を観察できない。「歴史家は、化学者が試験管や化合物を見るように、客観的にそれを見ることはできない」(8)。これはどこか奇妙な嘆きである。なるほど過去を観察することはできないが、それは歴史自体の欠陥ではなく、それを克服することがまさしく歴史の目的であるようなひとつの欠陥である。同様に人が病気になることが医学の欠陥なのではなく、むしろ病気の基体となる人間自体の欠陥のためにこそ、医学が存在するのである。私たちが常に健常であったなら、医学は必要なかろう。都市がある空間的な距離を置いて存在することは、輸送システムの欠点だとはみなされない。言うなればそれは、輸送システムがそれを克服すべく配備されるようなひとつの欠陥にほかならない。過去に直接触れることができないからこそ、そこに歴史が始まる。歴史は自らの存在をこの事実に負っているのである。それは歴史を不可能に、不要にならしめるというより、歴史を可能にする。

だが科学者が原則として、直接的な観察によってその主題に接するのでないことは、労をまたずして自明のことである。なぜなら科学者が通常取り扱うものは観察不可能で、その結果彼らは精密な理論や技術に依拠しているからであり、また科学者が直接観察できるものが主題とはなんら緊密な関係をもたないのは、歴史家の観察するもの――メダル、写本、陶片――がその主題と関係をもたないのと変わりがない。主題が観察できないのは別々の理由による。過去を観察できないのはおそらく論理的な真理であり、電子や遺伝子が観察できないのは偶然的事実にすぎない。だが一方では根拠が論理的で、他方は事実的であっても、現実の実践の場面ではなんらちがいをもたらさない。主題となる事柄が観察可能であるような科学分野もある。たとえば、化学、動物学、地質学等のある領域が思い浮かぶ。しかしこれらは原子物理学などと比べれば非常に基礎的な科学分野であり、最高度に発達した分野は明らかに観察不能なものにかかわっているという事実からすれば、主題となる事柄が観察できないことが科学上圧倒的に不利だったり、主題に接することができることが圧倒的に有利だったりするとは思われない。したがってベアードが「歴史家は、史料という媒体を通じて現実性としての歴史を「見」なければならない。歴史家にはそれしか拠り所がない」と不満を語るとき――私たちが同情する必要はさらにない。科学研究が歴史になにか特別な問題を提起するのは、そのあたりまえすぎるほどの特徴である。私はさきに、現実性としての歴史に照らさずしては、歴史家は史料を史料として見ることすらできないと述べた。同様に科学においても、観察不能の存在物についての概念に頼らなければ、科学者は感光板のしるし、霧箱やオシロスコープの飛跡を読みとることはできない。重ねて自明のことであるが、こうしたしるしを整合的な視点で読みとれるだけの立場に立つまでには、相当の理論研究の訓練を経なければならない。視力では私たちは科学者と同等だけれども、にもかかわらず、私たちは科学者が見るようにはものごとを見ない(9)。そして歴史資料の場合も事態は同じである。私たちがそれらの史料を読めないとすれば、私たちに必要なのは眼鏡ではなく歴史編纂の知識である。歴史と科学との間にははっきりと明白な差があるが、しかしその差はここにあるのではない。

ベアードはもうひとつ、歴史と科学の対照点を明らかにしているが、それは歴史的相対主義者の主張の核心を成すものである。これは「客観的」ということばのもうひとつの意味、すなわち「歪んだ」と対照させた場合の「客観的」にもとづいた差異である。科学者と歴史家とが各々扱う主題的な事柄にはある固有の性質があり、それが科学者の側には中立的な態度をとらせるのに対して、歴史家にはその態度を偏向させる。「歴史の出来事や人物は、本性上倫理的、審美的考察を伴う」が、一方対照的に、「化学や物理学の出来事は「観察者」の中立を〔もたらす〕」と、ベアードは述べる。[10] なるほど歴史家は人間を扱い、人間には態度がある。しかしそのことによって歴史的実践と科学的実践との間にある必然的差異が生ずるとするのは明らかに間違いであるし、差が生ずるかどうかという問題は別にしても、歴史家がこうした主張をすること自体驚くべきことである。科学史の知識がわずかでもあれば、ただちに反証されてしまう。たとえば十七世紀には、科学者は倫理的、審美的思考から圧倒的な影響を受けており、仕事が宗教や道徳の雰囲気のなかで行われている以上、そうでないほうが難しい。このような動機づけが、今日の科学には皆無だと言えるかどうかは怪しい。冷静で非情なほど客観的な科学者というイメージ自体、倫理的な理想像なのであり、たとえ多くの科学者がそれに当てはまるとしても、科学者が実際に私たちが望んでいるくらいに中立的だと考えるのは、単純さの極みを例証するようなものである。正しくありたいというまったき希求は別にして、科学の業績には多大な報酬が伴うので、科学者は中立を維持するため奮励努力する必要がないとは考えられない。クロード・ベルナールは次のように述べた。

自分の学説あるいは自分の構想のみを偏重する人は、ただたんに発見をするのに不適当であるのみでなく、また至って悪い観察をするのである。彼は必然的にある先入観念をもって観察する。また実験を組み立てたときにも、その結果のなかから自分の学説の確証だけを見ようとする。……同時にまた自分の学説をあまり信用する人は、必ず他人の学説を十分に信用しないということになる。……以上述べたことを全部総括して結論すると、実験の決定の前では、自分の意見も他人の意見と同様に抹殺しなければならないということになる。(11)

そしてピエール・デュエムは、これに対して次のような意見を述べている。

このような規則には、容易にはしたがえない。したがうためには、科学者が独自の思索を完全に捨て去り、また他人の意見に対するとき敵意を一切もたないことが必要である。虚栄も羨望も許されない。……精神の自由、それはクロード・ベルナールによれば実験方法の唯一の原理を構成しているが、それは理知的のみならず道徳的状態にも依存しており、その実践を一層稀な、価値あるものにしている。(12)

結果を故意に歪曲するということがここで問題になっているのではないことに注目してほしい。ベアードは、ベルナールやデュエムが科学者について言っているように、歴史家が偽造や瞞着を慎むのが困難だと述べているのではない。むしろ問われているのは、どんな理由で誘発されるにせよ、意図せざる歪曲である。しかしここにまた、客観性を維持するのは困難だというデュエムの考察がある。客観性を堅持することは実に賞讃に値し、それゆえ科学者は自動的にそうするのではないという彼の見解は、ベアードの立てた区別を抹消するのではないにしても、相当あやふやにする。偏向に陥ろうとする性質は、さまざまな学に共通するもののようである。

少なくともベアードの見解によれば、事実に対する公明さと精神の自由を維持しようとする歴史家の企図を、最終的に一切無効にしてしまうような要件があるという。「歴史家がどんな純化を行おうとも、彼はやはり人間であり、時、場所、環境、利害、文化にとりまかれた生きものである」[13]。ここに、科学者に対する暗黙の非難がこめられているのか、暗黙の賛辞が含まれているのかは定めがたい。だが科学者もまた人間であり、人間として利害や愛着をもっているという事実が、真実の発見と矛盾をきたさないなら、なぜ歴史家の場合はちがうのかという理由がわからない。歴史家は異なった背景をもっていて、当然別の事柄に関心を抱いているが、出自が異なるからといって歴史家は正しい言明を行わないということにはならないはずである。相対主義的見解に対する古典的な哲学的批判は、それが信念の原因と信念の根拠とを混同したままだという点にある。信念には原因が求められるという事実は、その信念が十分に基礎づけされているかどうかという問いと完全に独立しており、その問いは、信念をもっている人に作用したと思われる諸原因についてまったく無知であっても解決することができる。ある著者は、カトリックの素地をもっているため、ボルジア家の人々は身内に対して忠誠であり、だから彼らはひどく中傷されてきたという主張に与するかもしれない。けれどもそれを立証するのは彼にかかっており、私たちが彼に賛成するか反対するかは彼が挙げる証拠を基準とする。事実彼はそうした動機によって、それほど傾倒していない歴史家が見逃したかもしれない史料や解釈の可能性に鋭敏になるかもしれない。科学者は歴史家に劣らず原因に服属するものである。だが科学においても、歴史と同様個人的な好みで信念が受容されたり拒絶されたりするのではない。ある人がなぜその信念を抱くに至ったかを説明することによってその信念自体に大きな疑問を投げかけることほど、悪意に満ちた信念はない。たとえばベアードの信念を、彼は歴史家でそれゆえ人間の信念の原因に強い関心をもっているという事実を援用して説明することはできる。だがその事実を指摘しても、ベアードのテーゼを論破することにはならないし、ましてや彼は歴史家だから彼のテーゼは間違っているとは言えないのである。いかなるテーゼであれ事実に適合しないものは誤っているという意味において、それは誤っている。しかしだからといって、ベアードの議論が重要でないというのではない。私自身強調してきたように、歴史的な文の価値判断のさいには、その文が作られる時間が、考慮すべき要件のひとつとなる。そしてこれは、たとえば科学的な文に特に時間的な主張がない場合には、科学的な文には必ずしも当てはまらないというのは正しいと言ってよかろう。

とはいえむろん、ここでもいくつかの細かい限定が必要である。なぜなら、ある種の理論に日付をつけることがある意味で重要であることが、明白に立証されているからである。たとえばエルンスト・ネーゲルは、こうした限定がなければ、熱力学から力学への還元可能性を語ることはできないことを示した。(14) もし私たちがニュートンの時代の力学を想定しているなら、還元は成り立たないだろう。したがって私たちは、ある特定の時期に通用している力学理論について語っているのでなければならない。しかしながら、ある力学理論が十七世紀に効力をもち、別の理論が十九世紀に効力をもったことは偶然的事実である。還元の論理に関して言えば、本質的に時間的な指示はまったく必要とされない。しかもこのことは歴史には少しも当てはまらないのである。だがこの問題については、のちに取り上げることにしよう。ここでは、ベアードの分析で本質的に誤認だと思われる点を明らかにしておきたい。

歴史と科学には多くの決定的な差異があるが、ベアードと最初の論戦を交わしたところで、彼がそれらの差異を不思議なほどなにひとつ同定していないことがわかったと思う。ベアードがほとんど完全に科学を誤解していることを示すことにより、私はこの奇妙な迷妄ぶりの説明に努めたい。彼は、このように誤った科学像に依拠して、それを自ら卓抜な技倆で遂行した学、つまり歴史学と対照させた。自ら理解したところの歴史学と誤解したところの科学に齟齬があるのを認めて、彼は、歴史には内在的な欠陥があり、それに相当するものは諸科学にはないと結論づけた。実はこうした「欠陥」は、科学にも内在的な特徴なのであり、ひとたびこのことに気付けば、ベアードの誤謬の根本がすぐにわかると同時に、彼の歴史と科学との対比の枠組を破棄することができるだろう。しかもこのようないわゆる歴史の欠陥は、科学にも見いだされるものだというだけにはとどまらない。それらはむしろ、歴史を含む経験的探究には必然的なものなのである。

ベアードが歴史の不安定性とみなしたのは、歴史家の仮説が原因にもとづくということではなく、歴史家がいささかでも仮説に依拠せねばならないという点であった。それはまるで、仮説の使用が歴史探究におけるなにかやむをえざる汚点であり、私たちが関心をもって発見したい事柄を、私たちが見ることも観察することも不可能であるのを認めた結果そうなったかのようである。過去（現実性としての歴史）を、史料（記録としての歴史）という媒体を通じて「見る」というアナロジー、もしくはメタファーの誤りが判然とし始めるのは、まさにここにおいてである。私たちは見ることができるもの、見ることができるもののみを知るのであり、ゆえにもし過去を知りうるならば、それはどのようにであれ見ることができるはずだ、という先入見がここにはある——なぜならもしそうでなければ（これがルイスを悩ませた問題だが）、そもそもいかにして過去を知りえようか。観察が経験的知識にとって本質的な、事実不可欠な特質であることはほとんど疑いないが、決してそのすべてなのではない。しかしそれは、科学探究の顕著な特質にほかならないから、知識と経験とを同一視するというさきの先入見と考え合わせてみれば、科学の言語から観察の言語へ完全に翻訳し遂げたいという経験論の大いなる野望を、人はよく理解することができる。そしてここに、プラグマティズムや現象主義は根本的経験論の変形であるという主張が出てくるのであり、それはおぼろげながらベアードにもみられる。彼は、大前提が三段論法を損なうある決定的な汚点であり、いずれにせよ三段論法を用いることは、ある意味で歴史研究における致命的な汚点であると信じていた。ひとはただ推論によってのみ過去に近づくことができるのであり、こうした推論を行うためには、明示的であるにせよないにせよ、現在の証拠を過去に関係づけるような理論的な文が必要であり、あるいはそれを前提とする。ところが当初よりベアードがかかわっているのは、実はそのような文ではない。むしろ、その証拠が記録としての歴史に見いだされるような、そうした出来事を組織化するために、私たちはなんらかの方法で理論を用いているという事実が問題になっているのだと思われる。さらに、この意味での理論は科学には使用されず、科学において人はあるがままに物事を見るというのが、ベアードの奇妙な信念なのである。もし私たちが歴史家として、自分たちにかかわる出来事をありのままに見ることができるとすれば、それは理想的というべきだろう。だがそれは不可能である。そこで私たちは仮説に頼る。そしてこれは、なぜか悪しきことなのである。

ベアードは次のように述べる。

叙述された歴史のなかの出来事に、構造や整合性を与えようとして用いられるいかなる仮構的仮説も概念も、一種の解釈であり超越的なものである。(15)

さてこうした「仮構的仮説」を、歴史家はたしかに使用し、また叙述された歴史もそれを援用せねばならないということを、私は正しいと考えるし、この点についてはのちに詳述しよう。ここではふたつの問題点を挙げておきたい。第一は歴史に関するこの事実が、それ自体として、ベアードが望んだような歴史と科学との対比を確立しうるか否かという点である。そして第二点は、歴史の内部に対比を成立させられるか、つまりこうした仮構的仮説を使用して叙述された歴史と、使用せずに叙述された歴史とを対比できるかということである。換言すれば、かりにすべての叙述された歴史がどこを取ってもこれらの概念を用いたことが証明されようとも、それを用いずに叙述された歴史――これはとりもなおさず客観的歴史としてベアードを満足させるもので、これまでの歴史が惜しくも果たしえなかったものであるが――の断片なりとも、私たちは、少なくとも理念的に想像できるか、そしてこれはどのような叙述たりうるか、ということなのである。

まず手始めに、ここまでの議論で立論しうることを述べておこう。すなわち、(a)理論は、ある人がそれを奉ずるに至った理由とは独立に、正または誤である。(b)原則として私たちは、観察を行うことによって理論の正誤を決定する。(c)なにがしかの理論を離れては、何物も観察たりえない。ここで私たちは、史料というスクリーンを透視して過去の出来事の全景を見定めようとする歴史家のイメージを捨ててしまおう。それよりむしろ、「記録としての歴史」を凝視することによって過去の出来事についての記述を試し、確認し、検討しようとする歴史家像を描くことにしよう。これによって、現実性としての歴史を暗黙に指示するのでなければ、記録としての歴史とみなしているものを見ることはできないという前述の私の考察に、さらなる意味が加わると思う。ひとは、ある過去についての記述が正しいかどうか知ろうとする。そこで彼は、正しく言えば歴史的観察と呼ばれるべきものを行う。平たく言うと、記録を調べるのである。だがちなみに、「記録である」は関係を指示する述語であることに注意してほしい。私たちは、〜の記録としてのものごとについて語っているのである。したがって正しく記録され名指されるためには、それはすでになにか他のものとある関係を結んでいなければならない。ところで私の論点は、私たちは赤裸で記録保管所に入ってゆくのではないということであった。とは言え、実験室にも裸で入るのではないことも論じておくべきだろう。デュエムは、「実験室の戸の外に試したいと思っている理論を置き去りにするのは不可能だ。なぜなら理論がなければ、器具ひとつ調整することも、目盛りひとつ読みとって解釈することもできないからだ」と述べている。[16]理論がなければ、「読みとりには意味がないだろう」。私がデュエムの説明に全幅の共感を寄せているのは自明であるし、もしこれが科学哲学の探究ならば、この説明に莫大かつ細心の分析をほどこすことができよう。ただ私がこれを引用したのは、それがベアードの心酔していた彼の内なる科学像と著しい対照を成すからである。

ベアードは本質的には哲学のベーコン主義者であり、その考え方にはベーコン主義者特有の過誤があることを私は述べておきたい。ベーコンは、彼が「人間的精神のイドラ」と呼ぶところの種々の偏見の悪影響に人間は隷従しているという、正しくかつ重要な指摘を行った。もし知識の進歩を望むなら、私たちはこれらのイドラを取り除き、ありのまま予断をもたずに自然に接するべきだと彼は考えた。だがここでベーコンは、まるで言葉のあやに欺かれたかのように、さきの有益な忠告から、私たちは理論なしで自然と相対するべきだというまるで無益な訓戒へと進んでしまったのである。事実彼は、独自の方法である「真の帰納法」が、とらわれぬ精神をもつ人々に用いられるならば、複雑な手続きを経たうえで、ついには現象の「形相」に到達しうると考えた。今日私たちは、ベーコンの体系が本来的に不可能であることを知っている。[17] もし科学がベーコンの方法を傾聴していたなら、抜き差しならぬ暗礁に乗り上げてしまったことだろう。[18] それゆえベーコンは、自ら願っていたような科学革命の鼓吹者たりえなかったのだし、というのも、その科学革命は、ベーコンが忌避したであろうような仮説演繹法という方法にもとづいていたからである。科学は仮説なしに進歩しうる、いや現に仮説なしで進歩している——仮説は人間精神のイドラだ――と仮定したという意味において、ベアードはベーコン主義者であった。「物理学は客観的たりうるか」という問いは奇妙に響くだろうが、否と答えるその理由ほど奇妙には聞こえないだろう――すなわち、物理学は理論や仮説を用いるから、客観的でない。この答えの奇妙さは次のような点にある。つまり、一連の理論や仮説、およびその検証や評価を除けば、そもそも物理学ということで私たちはいったいなにを意味しうるのかほとんどわからないということである。だがさらに言えば、物理学者は程度の差はあれ客観的で、現象の測定結果を定めるのに、個人的な、あるいは哲学上の考察を許容する場合もあればしない場合もあるというのは事実であるのに、ただ理論を用いたというだけで、自動的に客観的たる資格を奪われるなら、この事実はほとんど重要性をもたなくなってしまう。客観性の要求と理論の使用は両立しないという考えを、もし物理学者が真剣に受け取るならば、他に職でも見つけないかぎり、彼が自らを客観的な人間だとみなし続けることは不可能である。けれども、歴史家という職業を求めるのは止めたほうがいい。もしベアードが正しいならば、それはよすべきである。そして私は、歴史についてはベアードは正しいというように論じてきた。彼はただ科学に関して間違っているだけであり、そのことのために、経験的知識の全体構造においても誤っているのである。というのも、歴史と科学とを不当に、そして必死に分かとうとして彼が捜し求めたまさにその規準こそ、両者が共有する重要な特性のひとつであることが明らかになったからである。しかし注目すべきは、彼は歴史に関しては正しかっただろうということである。なぜならば、歴史が概念や理論を使用すると述べることは一般的でないからだ。実際通常は、歴史と科学にはちょうど逆の対比が立てられるのであり、これらふたつは、大まかに、事実と理論が対立するのと同じように対立しているのである。

ここで私はW・H・ウォルシュ博士によって擁護された、ベアードの見解の一変型について考察してみたいと思う。この変型を検討することによって、相対主義者のとる位置の哲学的特性がよりよく明らかにされると思う。ウォルシュはたしかにベアードに対してきわめて批判的であるが、にもかかわらず、そこに最終的になにか賛意を表せられるものがあると考えている。ウォルシュの指摘によれば、歴史家はしばしばかなり特殊な理論的拘束を受けており、たとえばマルクス主義の歴史においては、他の場合に比べてより強烈にそれが現れているが、そうした拘束は、いくぶんなりともすべての歴史家にまとわりついていると言う。解釈の図式というものがあって、歴史家は、他の人々には圧倒的な反証に見えるものに直面してもその図式を押し通そうとする、とウォルシュは述べている。そして理論は、「それが単なる経験的仮説にすぎない場合と比べて……、より大きな信頼のもとに」主張される。[19] そのような理論があるとして、ではなにがそれらの理論が断定されることの正当性を裏付けるのだろうか。ウォルシュの見いだした答えとは、「さまざまな哲学的考察、……道徳的形而上的信念、……多くの領域で確証された哲学一般」である。[20] さらに歴史家は、「めいめい固有の哲学観念をもって歴史に接し、しかもこのことは、彼らが過去を解釈するさいに決定的な影響をおよぼす」。だがここで彼は、歴史家はそうでないとしたらどう振舞えるのかわからないと主張する。「もし私たちが人間の本性についてなんらかの命題を前提としなければ、そして人間の行為においてなにが合理的で規範的かということに関してある概念を援用しないとすれば、私たちは理解し始めることすらできない。[21]」もしそうだとすると、歴史家の行う過去の解釈は、自らのかかわる、人間の行為についての一連の命題に、ある程度依存することになる。そして歴史家は、さまざまな哲学的拘束を受けつつ、それらとは異なった解釈を生み出すのである。ウォルシュはさらに続けて、こうした推論の過程は、ヒュームがかの有名な奇蹟の否定を論じたさいに用いたものを、人間の行為に延長したものにすぎないとする。ヒュームによれば、「出来事が物質の法則を放棄してしまったような、そういう過去の出来事についての説明に信を置くことはできない[22]」。ヒュームが他の人々、たとえばより敬虔で信じやすい人々に比べて、はるかにかけ離れた解釈を聖書の出来事について行ったとすれば、それは彼が、自然においてなにが「規範的で合理的」であるかに関して、哲学的な意味で特定の諸前提に拘束されていたからであった。

さてここで、この明白な事実を否定する理由はない。歴史家はたしかに、それがどの程度明示的に現れているかの差はあれ、人間の行動様式にかかわるさまざまな前提にとり巻かれている。人間の行為を扱うとすれば、歴史家はこうしたいくつかの予断と不可分であるというところまで認めることにしよう。だが当面の問題は、それがただひとり歴史家にのみ当てはまるような事柄であるかどうかという点であり、私には、そうでないことは明らかなように思われる。どんな領域の研究においても、私たちは規範的な行為に関する規準をもっているのであり、これらの規準に違反するように見える説明に対しては、反感や疑念を抱きがちである。そして本当の反証があるとかろうじて認めるまでは、相当長い間この規準に固執する傾向がある。だが歴史に劣らず科学においても、やはりそうなのである。ヒュームの議論を考えてみると、奇蹟だと申し立てられた出来事は、人間の行為についての規準に相容れないのと少なくとも同じくらい、既存の物理的行為に関する規準とも相容れない。そして事実、奇蹟の主張と物理理論との明白な葛藤の結果、ヒュームは合理的判断から前者を拒否せねばならないと感じたのであった。

しかしながら問題はここで終わってしまうのではなく、ベアードとウォルシュがともに主張していることは、歴史についてのさらなる事実をもたらすことになる。しかじかの歴史家が生粋のマルクス主義者であったりフロイト派であったりする場合、それはすぐわかることだと言えよう。このような場合、私たちはその理論的前提をただちに同定することができる。だがウォルシュが強調しようとしているのは、たんにこれらの歴史家のみが、特異的に一連の予断をもっているのではないということである。私たち自身も予断をもたないのではなく、おそらくその予断が異なっているだけなのだ。そしてもし私たちが彼らの予断を絶つならば、それはただ私たちも自らの予断に拘束されているからであり、その予断はおそらく私たちの概念図式一般に非常に深く埋め込まれているため、私たちは自身がそれをもっているということすらほとんど気付かないのである。事実、いわゆる「常識」として通用しているものは、まさにそうした予断かもしれない。これらの予断を十全に明らかに述べることは、おそらく容易ではなかろう。だがそれにもかかわらず、ある事柄が、私たちが規範的で合理的な行為だとみなしていることと合致しない場合、私たちはいついかなるときでも、だいたいそれとわかるのである。こうした行為をしばし耳にすると、私たちはある衝撃を感じたり、驚きの感情を露にしたりするが、この衝撃や驚きが、私たちの常識的見解が損なわれたことの印である。この衝撃があまりに大きければ、私たちはただ、その説明を到底信じ難いものとして拒絶しようとする。ウォルシュが以下のように述べたとき、このようなことがたしかに彼の心を占めていたにちがいない。

もし私が素材に少しでも意味づけをしようとすれば、人間性に関してある一般的な判断を下すことを免れえないし、こうした判断のうちに、気が付くと私自身の見解がいつも顔を覗かせている。無意識のうちにこの行為は合理的だがあれはその反対だとみ

なしており、そして意図せずしてある出来事から衝撃を受けたり、別の出来事を歓迎している。(23)

さてこのように述べられていることは、ヒュームの見解に比べれば、ずっと穏当な考えだと思われる。というのも、なにが実際に起こり、なにが起こったはずもないかを定める規準として、衝撃という感覚を用いようという提言はなされていないからである。奇妙な、概念的に衝撃を与える出来事が実際に生じるということは、常識にまったく相容れないというわけではないし、風変わりな、道義上顰蹙を買うような出来事においてはなおさらである。私はスエトニウスが書いた皇帝ネロを道徳的にみて衝撃的だと思うが、あなたはさほどとも思わない。私はネロの破滅を喜ぶけれども、あなたはそれを落ち着いて受けとめる。あなたには私の憤りも喝采も無縁である。だがこれは私たちの間の不一致であるにすぎない。実際、もし私たちが事実において一致をみていなければ、純粋に道徳的な差異が入り込む余地はなかろう。私たちが道徳的に意見を異にするということは、同じ記述を真あるいは偽とみなす私たち相互の能力と両立不能であるわけではない。したがってウォルシュがここで注意を喚起している要素は、私たちの出来事に対する道徳的態度には影響を与えるかもしれないが、歴史家としての能力には一切影響しない。もっとも、もしウォルシュが自分の見解をヒュームに結びつけようとしているなら、彼はきっとより際立ったことを言おうとしていたにちがいない。そこで私は、ウォルシュが言わんとしたことを次のように推定してみたい。すなわち、衝撃的な驚くべき出来事が起こったということが、かりに常識によって、所定の先入見に応じて認められるのだとするなら――そしてもし私たちが先入見をもっていなければ、衝撃や驚愕というようなものは一切ないとすれば――その「証拠」がどうであれ、決して真だとは認められないような記述があるということである。[24] たとえばもし誰かが、プラトンは生後三日にして『法律』を書いたと言ったとする。この場合、「生後三日」が字義通り用いられ、『法律』が通常そう呼び慣わされている著作を指しているとすれば、私たちは普通どんなに証拠をつきつけられても、この言明を信ずることは不可能だと考えられると思う。[25] したがって特定の先入見というものがあり、そのためそれに合致しない記述はどれも、歴史的に許容できないとして排除されると言ってよかろう。これは大なり小なり、ヒュームが奇蹟に対してとった立場であった。しかもそれは、ウォルシュ自身も示唆しているように、ブラッドリーが『批判的歴史学の諸前提』においてとった立場でもある。ブラッドリーはここで、私たちが信じうる（あるいは認める）とみなせるのは、現在の経験にアナロジーをもつ出来事の記述だけであると主張する。[26]

　歴史叙述を許容するということにかかわる規準は、もとより、歴史研究において微々たる伸展をもたらすにすぎない。それはせいぜいどの記述が信じられるものかを示してくれるだけだが、信じられる記述を信じねばならないという強制はまったくない。カントは愛人をクレタ島に伴ったという記述は信じうる。それは現在の経験にもアナロジーをもつ。自分の愛人をクレタ島に連れて行く人もあるからである。だがそれにもかかわらず、私たちはその言明を信ずる必要があるわけではなく、ただその言明が先入見によって排除されるのではないということを認めるにすぎない。ブラッドリーは、ある記述を不可能であるとして排除できるような規準が見つかるのではないかと考えた。事実、奇蹟に関する記述はいかなる論理的な規準にも違反しない。それらは一般に、論理的には可能なのである。だがブラッドリーの欲したのは経験的な不可能性という概念であり、経験的な可能性の規準として、現在の経験との調和ということを用いるように薦めたのであった。しかしあらゆる可能な記述がすべて真であるわけではないし、またこう言ってよければ、あらゆる可能な出来事が現実的であるのでもない。

とはいえ不可能な記述を定める規準に関して、歴史家相互の間に際立ったへだたりがあるとは予想しにくい。ここで私たちは、可能性の規準が私たちとはまったく異なる歴史家がいたかもしれないという可能性を排除することによって、ブラッドリーの規準そのものをほとんど援用しているようなものであろう。なぜならこうした人物のアナロジーを、現在の経験のなかに見いだせないからである。さらにこのような場合、私たちはヒュームの立てた真実性の規準にほぼよりかかっていて、こうした人物がフィクションを書いていた可能性は、彼の物語る出来事が実際に起こった可能性に比べて高くないかどうかが問われる。そうした人物が自分は歴史家だというどんな「証拠」をもちだそうとも、私たちの規準によるかぎり、彼を歴史家とは認めないというのが実情であろう。にもかかわらず、もしこれが議論の帰着するところだとすれば、その成果が大だとは言えない。歴史家は、許容可能性についての規準を分かち合いつつ、相互に矛盾する記述を行うのであり、また私たちもこうした規準を共有するという事実から導かれるのは、たんにいずれの記述も信憑可能であるということにすぎない。かりに一方の記述が可能だとしても、他方が不可能だということにはなりえないからである。相互に矛盾する記述のそれぞれが、現在の経験にあるアナロジーをもっていると言えるだろう。

だがいまや私たちは、こうした考察から示唆される、歴史的相対主義の形態を述べるべき位置に立っている。それはすなわち、所定の記述は、一連の先入見に関連づけられて可能だと解釈されるということ、そしてこれらの先入見と一致しない記述は、いかなるものであれその先入見をもつ歴史家によって許容されることはないということである。ところが、先入見はいろいろに異なっている。したがって記述Aは、ある先入見に照らせば可能だが、別の先入見に照らすと不可能だということがありうる。ついでながら注意してほしいのは、もしAが諸前提Pに照らして不可能ならば、ひとはPの反証、つまりAの傍証に対抗してPを、いわば主張し続けたりはしない。もしAがPに照らして不可能ならば、Pを信奉する人々に関するかぎり、ただAの証拠はないにすぎない。人は自らの先入見に照らして可能な記述の証拠のみを認めるのである。このことは、人々の先入見の変化を説明するときには、いささかの問題をひきおこすと思うが、先入見はその反証が挙げられた結果変化するのではないということは、十分もっともなことであろう。いずれにせよ私は、こうした型の相対主義、歴史と科学の区別にも不変だと思われるこのような相対主義について手短に検討したいと思う。

典型的な場合として、二人の歴史家がそれぞれ、S_1とS_2という相互に矛盾する歴史文を支持すると仮定しよう。さらに第一の歴史家はP_1という先入見をもっていて、それに照らすと、S_1は許容可能だがS_2はそうではないと考えよう。一方第二の歴史家は、S_2は許容可能だがS_1は許容できないP_2という先入見をもつとする。ここで、「許容可能」と「不可能」は、いわば文の単独の属性ではないと確認しておくことが大切である。言明が許容可能だったり不可能だったりするさいに関連づけられているのが、一連の先入見である場合、私たちはむしろ、「……に照らして許容できる」とか、「……に照らして不可能」と言ったほうがよい。だがまず、この相対化の帰結を明らかにしたい。

まず第一に、問題になっている文を相対化してみると、それらの結果の間には論理的対立は生じえない。たとえS_1とS_2が論理的に対立するとしても、「S_1はP_1に照らして許容可能である」と、「S_2はP_2に照らして許容可能である」は、論理的に対立しない。それのみならず、両者はいずれも真である。この結果は、あらゆる言明はその発話者から相対化されると主張する場合に起こることと同じである。この場合pとqのふたつの文は、もともと対立していても、いったん相対化されると完全に両立する。すなわち、「Aはpと述べる」と「Bはqと述べる」は、不両立でないのみならずいずれも真なのである。

だが第二に、歴史家相互に、歴史文の許容可能性や不可能性に関する真の不一致は起こらない。なぜならば、彼らが同一の先入見をもっていて、そのため不一致が生じないか、あるいは別々の先入見をもっていて真の不一致が起こりえないかの、いずれかだからである。またここで、問われている文は一方の先入見によれば許容可能で、他方の先入見によれば不可能であることを歴史家双方が認めていなければならないので、真の不一致はありえない。なるほどそれでも、それらの先入見の間に、ある真の矛盾がありうると言うこともできよう。あるいはこのことは、さらに進んだ相対化が起こらない場合にもいえる。たとえば歴史家が、先入見の許容可能性について異なった規準をもっているとき、先入見の許容可能性については真の不一致はないが、少なくとも規準の不一致はあるのである。ただ私の要点は、共通の基盤がありかつ論理的対立を構成しうる場合においてのみ、真の不一致がありうるということである。さもなければ、不一致は相対化によって分解し続けるのである。

このことを踏まえて、私たちは、歴史的相対主義を擁護するためにしばしばもちだされる議論を、最終的に価値判断することができる。ウォルシュは次のように述べる。「究極的な歴史的懐疑論にとって、一見して有利な事態がたしかにあり、このことは、歴史家たちの現実の意見の相違を眺めると一層強められる」(27)。しかし実際には、もしこうした歴史家相互の相違が真正のものであれば、そしてそれらが正しい種類の相違でありさえすれば、この事態は弱まる。というのは、私の考えでは、不一致には諸段階があるからだ。事柄を簡単にするために、不一致に三つのレベルがあると仮定しよう。すなわち、歴史文、先入見、先入見の規準の不一致である。さて歴史家の相違の大半は、第一段階、つまり同じように許容可能な言明に関して生じ、問題はただ、どれかが正しいとすればそれはどちらなのか、ということだけのように思われる。たとえば歴史家は、シーザーがブリテンにいたかどうかという問題で意見を異にする。彼らが異なるという事実は、歴史的懐疑論という事態をいささかも支えるのではない。なぜなら、当然ながら、シーザーがブリテンにいたという言明は、ほとんどの歴史家によって受け容れられていて、不可能だとするのはごくわずかだからである。だがそれが大多数によって受け容れられるということは、それを許容する歴史家がすべて同じ先入見を共有していることを含意する。そうでなければ、誰一人として真に相違するとはいえないだろう。こうして私たちは、自動的にひとつの類の相違全体を消去することになる。

しかしながら、先入見についての不一致というものがありうる。たとえばウォルシュによれば、規範的、合理的な人間の行為に関する先入見の不一致である。このような不一致はたしかに存在する。だが異なった先入見のそれぞれが、先入見の許容可能性の規準を同じくする歴史家たちにとっては、等しく許容可能である。このことは、人々が実際にある理論を受け容れているから理論が許容可能である、という事実によって導かれるのではない。というのも許容が可能だということは、その理論が正しいことを含意するのではなく、理論が理論たる規準を満たしていることを含意しているからである。一例を挙げると、フロギストン理論は科学的には許容可能であるが、もう誰もそれを信じる人はいない。事実それがもはや受け容れられないのは、科学的な許容可能性による結果である。だがもしそれが科学理論としての規準を満たしていなかったならば、それはまったく別の理由で拒絶されていただろう。そうした規準にはずれていたなら、理論とさえみなされなかったことだろう。それゆえ一般に、先入見の相違は、歴史的懐疑論の証左にはまったくならない。というのも、意見を異にする人々が先入見の許容可能性の規準を共有するかぎり、こうした相違は原則として除外できるからである。さらに、合理的な人間行為についての私たちの先入見自体しばしば変化することも、ほとんどはっきりしている。したがってここでもまた、ひとつの類の不一致全体を、歴史的懐疑論に不適切な、もしくは不利なものとして圏外におくことができる。

だが最後に、最も決定的な相違がある。理論、哲学理論一般をも含めて、それらを審判するさいに対照する規準そのものにおいて、人は相違することがある。いわゆる科学と宗教との相克は、この決定的な不一致の一例と言ってよかろう。この不一致は非常に根深いため、意見を異にする人々が共通の根拠として挙げるようなものはなにもない。そしてまさにここにおいて、私たちは、ウォルシュが示したかに見えた道徳的見解とかかわりをもつのだと思う。態度の相違に似た、信念の相違がおそらくあるのであり、それはきわめて根底的であるがゆえに、原理の不一致と名付けることができよう。ここでかろうじてなしうるのは、ある種の根本的な決定、より高次の段階でどんな決定をするのかを定めるような決定について言及するくらいである。そしてこのような相違は、いずれかの側の人間がもう一方に与し、自分の究極的な主張を変えないかぎり解消されないだろう。したがって一般に、私たちが最終的に信じている事柄は、なににせよこのような根本的決定に即しているのであり、しかも重要なのは、こうした決定は恣意的だということである。それらはいかなる規準に則してなされたのでもないという意味で恣意的なのであり、というのも、私たちがどんな規準を受け容れるかを定めるのは、結局そうした決定だからである。だがここまで認めれば、以下のように主張することで、議論全体を締めくくることができると思う。すなわち、もしこれらの事実を歴史の懐疑論の根拠だとみなすことにしても、そうするだけの十分な理由がない。というのは、歴史がこうした根本的決定に無関係だからではなく、あらゆる人間の認知行為にこの決定がかかわっているからである。歴史に懐疑的たらんとする人は、すべてのことについて懐疑的であらねばならず、それは結局、相対主義が歴史に対してもつと思われる特定の効力をみな無化する。まるである人が、フランス人はすべて死ぬものであるから、フランス人であるのは悲しいと嘆くのと同じである。フランス人のみが唯一死すべきものなのではないと指摘してしまえば、彼の憂鬱がたやすく解けるのは明らかだ。それでも彼が、そんなことはわかっているけれども、フランス人が死なねばならぬのはなんと残念なことかと言い募るなら、私たちは、特別な偏見がないかぎりフランス人だけが特権化される理由はないと指摘すればよい。そしてこれと同じことが、歴史にも当てはまる。歴史が相対主義的な要因に服属するのは、科学以上でも以下でもない。そして歴史のこうした事態を特別に遺憾だとするならば、それは偏見であると言うほかはなく、ここではいかなる例外を要求する妥当性もないと述べる以外にない。

　ウォルシュの議論は、広大になりすぎるため、逆にほとんど実を結ばない。もしかりに、正しい言明を行うことは不可能だと証明するなら、当然、過去について正しい言明を行うことはできないということになるだろう。だがそのとき、なぜこれを歴史的懐疑論と呼ぶのであろうか。これは懐疑論「一般」なのであり、私たちは、懐疑論「一般」を扱わねばならないというわけではないのである。

　しかしベアードには、私が論じておきたいと考えた二種の対比があった。第一は、歴史と科学の対比である。これは不合理であることが判明した。それは科学に対するまったくの誤解にもとづいており、その誤解とは、歴史は（その欠点として）、所与の事柄を越え出た仮設的な組織化の図式を用いているが、科学はそうではないと考える点にあった。私たちは、こうした組織化の図式の使用は経験的知識に通有の特性であることを指摘することによって、この対比を突き崩した。第二の対比は歴史内部におけるものであり、さきのような図式を使用した歴史と使用しない歴史との対比である。そして問題は、たとえ理念的にせよ、後者の歴史が存在するかどうかということである。私はいま、この対比も贋物であると論じてゆきたい。たしかにこれまでの結論から、そのことは導き出せると言ってもよいだろうから、これ以上の議論は無用かもしれない。にもかかわらず、この問題にはある特殊な分析が必要であり、その過程で、私はふたつの主張をしたいという関心をもっている。第一に、ベアードの表現に示される歴史活動のモデルには、理解できないわけではないが、本質的な誤りがあるということである。向こうに現実性としての歴史があり、ここに記録としての歴史がある、後者によって前者を、（思想としての歴史を通じて）再構築しようと目指すのが、成功はおぼつかなくとも歴史家の任務である、というのがベアードのことばの内容である。私は、それが成功しないのはたんに史料の不足のためというより、むしろ別の理由によることを示し、そして完全な記述とはどのようなものかを想像してみることによって、これを明らかにしてゆきたい。なぜ完全な記述がありえないかを考察したのち、その記述を達成するのが歴史の理想ですらない理由、および事の本性上、歴史家は過去の再構築ではなくある種の過去の組織化を行わざるをえないということを示すことにしたい。そしてこのことは結局、歴史家を動機づける局所的な関心に論理的に依存していることを明示するつもりである。それゆえもし私が正しければ、歴史的相対主義は最終的に擁護されることになる。それが、一般に正しいという意味において、また組織化の図式なくして歴史を認識することはできず、特殊な人間的関心を離れては、組織化の図式を認識することもできないという意味において、それは擁護されるのである。

第二点は次のようなことである。すなわち歴史と科学との相違は、所与の事柄を組織化する図式を歴史は用いるが、科学は用いないという点にあるのではない。いずれもが図式を用いる。相違は、それぞれが用いる組織化の図式の種類にかかわっているのである。歴史は物語を語るのだ。

第七章　歴史と時代編年史

歴史家は自らの過去について正しい言明を行おうとする、というところから私は論を起こした。そして私は、それに対立する哲学的議論に抗して、歴史家は原理的にそれを行うことが可能であると主張してきた。それゆえ問題は、もし私が正しいとすれば、歴史家にそれが可能であるかということではなく、はたして歴史家は、正しい言明を行うことを実際に遂行しうるか否かということである。歴史がたしかにそれを果たしうるという点には私はなんの疑念も抱かないが、歴史家がその遂行を目指している言明の種類に関して、なお一層の考察を深めたいと思う。私が思うに、しばしば歴史家の言明は、私が別のところで「歴史的問いかけ」と呼んだものに対する明示的な解答であるとみなされている。(1)その問いとは、「xにおいてなにが起こったか」という形式をとり、ここでxは、ある過去の一定期間における空間的場所を表わす。その解答は、同じ歴史的問いかけに答える場合でさえ、明示の度合いや詳しさの度合いが、さまざまに異なっている。たとえば、一八一五年にワーテルローでなにが起こったかとたずねられたら、私はたんに「ナポレオンが負けた」と答えてもよい。もしそれが質問者の知りたいことのすべてならば、その答えは完全に立派な解答となろう。というのも人々が歴史的問いかけを行うときの予備知識の量は、さまざまだからである。また実際、本一冊が「ナポレオンが負けた」という答えをひきだしたのと同じ質問への解答であることもあろう。そこで私たちは、ひとつの歴史的問いかけに対応し、詳細さの点で異なっているような言明の範囲を特定しうるのだと言うことにしよう。これらの言明は、たとえばワーテルローの戦いのような同一の出来事についてのものであるが、それについていくらでも多くの事柄を語りうる。この範囲のなかで、「ナポレオンは負けた」という簡単な言明の対極に立つものが、ワーテルローの戦いについての最大限詳細な説明と名付けられるようなものである。そしていま私の関心を占めているのは、まさに範囲内でのこの極なのである。

歴史家の目的は、たんに過去について正しい言明を行うだけではなく、理想的には過去についての最大限詳細な説明を与えることだという主張が、しばしば声高になされている。そして私自身がかかわらねばならぬ問題とは、もし歴史家は一方の極に立つ言明を行うことができるという私たちの結論が正しいとすれば、その範囲内で対極に立つ言明を少なくとも原理的に行いうるかどうかということなのである。

ベアードはこの点について、それは不可能だとして不満を表明している。もっともこれは、一般にそれについての記録としての歴史がなかったり、あるいは少なくとも私たちの知るかぎりではないような現実性としての歴史が、部分的に常に存在するということの結果として言われたことである。[2] そして記録としての歴史に空隙があれば、思想としての歴史にもそれに見合った空隙があり、いわば私たちの過去についての知識にも穴があく。したがって、事実私たちがもっているのは、現実性としての歴史についての完全な知識を比べた場合、常により少ないものなのであり、そしてしばしばベアードは、歴史的相対主義ということで、私たちの過去についての知識は、歴史家が現に保持している証拠の総体に相関するということを意味している。しかし私は、私たちがここで完全な知識以下のものしかもたぬということは、単なる事実問題なのかどうかを知りたく思う。そしてこのことは、完全な知識がなにによって成り立っているかについて、いまあると思われる以上に明晰な概念をもつまでは、まず答えられないであろう。だがこの問いは、過去の事柄、つまり過去であるがゆえに直接知ることができず、観察可能なことにもとづいて見いだされねばならない事柄についてのみ立てられる問いではない。私たちが実際に観察できる事柄についても、その問いは発せられよう。そのような事柄については、証拠の問題は生じないと思う。なぜなら私たちは、精査すべき事柄を手にしている。あるいは手にすることができるからである。もし困難があるとすれば、それはどこか別のところにあるのであり、なかんずく「xについての完全な知識」という表現に、ある意味を与えるというところに問題があると私は考える。たとえばエンパイアステートビルについての完全な知識とは、いかなるものなのであろうか。あるいはテーブルの上のリンゴとはなにか。さらにブリジット・バルドーについての完全な知識とはどんなものだろうか。もし現存する対象についての「完全な知識」ということで、なにを意味するのかわからないとすれば、過去についての完全な知識を私たちが欠いているからといって、嘆くにはあたらない。というのも問題は現在や過去とはなんのかかわりもなく、あることを完全に知るという、まさにその概念にかかわっているからである。

しかしながらその嘆きは、相対主義の症候の興味深い徴候である。というのはそれによって、なぜベアードがかくも強く自分の職業を非難したかがわかるのである。ベアードは歴史を、科学と比較して欠陥があるとみなしただけではない。それ自体せいぜい不完全でしかないような出来事について完全な説明を成し遂げるという、歴史のうちに隠された理想に照らしても、やはり歴史は欠陥をもつと彼は考えた。そしてその理想自体の正当性を問い直すかわりに、記録としての歴史に非難を向けたのである。ここで芸術の模倣理論を遵奉する芸術家を想像してみてほしい。彼は、現実を模倣することに執着するあまり、そしてそれは常に主題を再創出するには足りないため、ただそのもの自体だけが、その模倣たりうるという決意を固める。そこでこれを一貫してやりとげるために、本物の木、本物の水、本物の鳥を用いて風景を複製しようとする。完全な成功は当然まったくの失敗となろう。なぜなら彼は、自らの製作の結果、芸術作品を作ったのではなく、そのための主題を作ったからであり、絵を描くという仕事はいまだなされないままだからである。絵が絵の対象そのものでないということは、絵の欠陥ではなく、むしろあるものが絵であるための必要条件である。そして絵のなかにあるものが、なんであれ、主題のなかにある、あるいはそのなかのあるものと対応しているというだけで十分な場合、主題におけるすべての事柄が絵のなかに再現されねばならないと考えるのは誤りである。絵は、必然的にものごとを取り残す。そしてものごとの歴史についても、同様のことが言えるだろう。ベアードが理解しえなかったのは、かりに私たちが過去全体を目撃しえたとしても、私たちがそれについて与えるいかなる説明も、選択と強調と削除とを含み、関連性のためのある規準を前提としているということであり、またその結果私たちの説明は、もしそれが成功することによって失敗しようなどと望まぬかぎり、すべての事柄を包摂することは不可能だということなのである。記録には空隙があり、私たちが答えを欲しているが資料がないために答えられないような問いがある、ということはもとより正しい。だがこの議論の余地のない事実は、ベアードの本当の不備を隠蔽するだけである。ある人が切に絵を描きたいと願っているが、外が雨だとか、画材店が休みだとかという理由で、それが果たせないということもある。だがこうした事実を、絵画とは実際に画題を複製することだと考えている芸術家に結びつけて述べることは、ほとんど無意味である。複製できないのは、偶然ではなく論理的帰結である。というのは彼は芸術をなそうとしているのではなく、神になりたがっているからであり、絵を描くことは彼にとって不満足なやむをえざることだからである。これは古いプラトン的態度なのであり、寝台の絵がそれ自体実物の寝台ではないこと、ましてや「真の寝台」でないことを恥ずべきこととみなすのと同じである。ベアードのなかの科学に対するベーコン的態度は、彼が描いた不当なる対比の根底に存するものであるが、芸術や歴史に対するプラトン的態度によって錯綜の度が増し、またこのプラトン的態度は、もうひとつの不当な対比の核心を成してもいる。つまり思想としての歴史は現実性としての歴史の不完全な模倣であり、ここで不完全なという語は、いわば模造品同士を区別するためではなく、クラスとしての模造品を特徴づけるために用いられている。xの模倣は、xではない。なにかが欠けているのだ。それゆえxの説明はxそのものではなく、xについてなにか取りのけられている場合にのみ、それはxの説明たりうるという理由から、私たちは完全な説明というものをもたないのである。

だがこの完全な説明の概念については、のちに再び取り上げることにしよう。私はここで、歴史家の仕事についてもうひとつの異なった観点を紹介しようと思うからである。その観点はある意味で過去の模倣という理想を受け容れるが、たとえそれが過去や過去の一部についての完全な説明であっても、説明を与えること以上に歴史家が果たすべき目的があると主張しようとする。つまりかりに完全な説明をなし終えても、解釈という仕事がまだ残されている。たんに記述を行うという問題は、歴史研究の低次の水準に属す事柄であり、それは実際、年代記作者の仕事なのだと言うのである。これは私が受け容れることのできない区別である。なぜならば私は、歴史は等質であると言いたいからである。解釈と呼ばれるようなものと対照をなす、純粋な記述というものはどこにもないという意味において、それは等質なのだ。いやしくも歴史を行うということは、ある仮構的概念を用いるということであり、ベアードのことばをかりれば、与えられたものを越え出ていくことである[3]。そしてこのように理解することで、とりもなおさず過去の模倣や複製としての歴史は、不可能な理想となる。この論点が証明されたときに、私たちは完全な説明という概念に立ち戻り、その結果その概念のどこがおかしいのかがさらによく理解されると思う。そして過去の完全な説明ができない理由は、説明の概念とか、なんであれ過去の事実や記録としての歴史に空隙があることによるのではなく、むしろより重要なことであるが未来についてのある事実にかかわっているのである。完全な説明を実行不能にしているのは、まさしく歴史の思弁哲学を実行不能にしているものにほかならないことを、私は強調しておこう。それゆえ私は錯綜した議論に携わることになるが、まず歴史は等質であるという概念を守るところから始めたいと思う。このことについて、本章すべてを当てることになるが、それに関係する問題には、実に多くのことが含まれているからである。

歴史と時代編年史との区別、皮肉な言い方をすれば、単なる編年史と本来の歴史との区別は、歴史についての哲学的な文章によく見うけられ、またそれはさまざまな意図からなされている。たとえばクローチェは、著しく興味をかきたてる過去の一部についての説明と、一切そうした興味には無縁な説明とを対照させ、後者を時代編年史として区別した。[4]この場合時代編年史は学術的な歴史ということになるが、クローチェ自身は彼の論点を敷衍して、私たちはいずれにせよ自分の興味を惹かないようなことの歴史を書きはしないから、あらゆる歴史は、その有名なことばを借りれば、同時代史なのだと述べている。そうなると私たちは、かりに書きたいと思っても時代編年史を書けないことになる。クローチェの文章は、たしかに激越で首尾一貫しておらず、そのためこの有名なスローガンにほんのわずかな意味をもたせるのも難しい。しばしばクローチェの意味するところは、ひとつひとつの歴史が現在の関心に答えねばならぬというより、むしろ歴史は現在の経験に類比をもつもののみを記録すべきだということである。そしてもしそれがなんの類比ももたなければ、そのときそれは時代編年史であり、歴史ではない。結局彼は決してあらゆる時代編年史は、「現在の」時代編年史であると言ったわけではないのである。しかしなんらかの方法を用いて現在と関連づけるという点を除けば、クローチェにとっては、歴史と時代編年史とのより深い差異はないのであり、それゆえ当然形式的な差異もないのである。クローチェは時代編年史は「死せる歴史」であり、他方歴史は「生ける時代編年史」であるというような言い方をしているが、それは人間は生ける死体で、死体とは死んだ人間だと言うのと同じである。事情はどのようであれ私たちにとって重要なのは、この形式の区別ではない。

より適切な区別立てとは、次のようなものである。時代編年史は起こったことの単なる説明で、それ以上の何物でもない。その複雑さの度合いはどのようであれ、それは「完全な説明」がその一端となるような、ある範囲内の言明である。事実完全な説明は、もしそれを言明することが可能だとすれば、時代編年史にすぎないであろう。なぜならば完全な説明は、この範囲内の他の言明に比べてたんに量的に異なるにすぎず、より詳細であるだけだからである。実際それは、すべての細部を与える。それゆえ最高の時代編年史でさえ、いまだ本来の意味での歴史たりえず、たとえ完全な説明よりもはるかに少ない細部しか描かれていないものでも、本来の歴史となりうる。本来の歴史は時代編年史を準備運動とみなし、それ自身の責務は、時代編年史によって編まれ記録された事実にある意味を割り振ったり、またそこから意味を見分けたりすることにむしろ近い。このような見解は、ウォルシュ博士によって主張されており、彼は歴史にふたつの可能性を見いだしている。

ひとつは歴史家が過去の出来事をいうなればそのまま物語りながら、起こったことの正確な記述に自らを限定する（もしくは限定すべきである）ということである。もうひとつは、歴史家がこうしたありのままを物語ることを越えて、起こったことを述べるだけではなく、（ある意味で）それを説明することを目指すことである。この第二の場合に、歴史家が作り上げる物語は、「単純」（plain）というより、「有意味」（significant）といえるだろう。[5]

このとき時代編年史は、単純な物語となる。そして本来の歴史は、有意味な物語という表現ができよう。そしてこれがまさに私が検討しようとしている見解なのである。

まず最初に言っておきたいことは、時代編年史の一例、あるいは時代編年史にごく近似するものとして選び出された歴史著作は、いかなるものであれ歴史にとっての次のふたつの必要条件を満たす以上の事柄を果たさねばならないということである。いかなる歴史も、(a)現実に起こった出来事を記録せねばならない、(b)出来事をそれらが起こった順序に記録するか、もしくは出来事がどういう順序で起こったかがわかるように記録せねばならない。

これらの必要条件については、議論の余地がないと私は思う。これらのふたつを合わせれば、あるものに歴史たる資格を冠するための十分条件が構成されるというわけではないにしても、私たちが歴史について望む最小限のことがここには述べられている。十分条件でないことは、すぐに証明できる。(a)と(b)を満たすが、歴史的著作とは認められないようなものを、誰でもつくり出せるからである。たとえば、こういう例がある。

S　ナラムシンはシッパルに太陽の神殿を建てた。そしてフェリペ三世は、モリスコを追放した。
そしてアーサー・ダントは、一九六一年十月二十日、七時の鐘が鳴ると目を覚した。

Sは物語ではない。それだけではなく、有意味な物語は、たんに(a)と(b)、およびもうひとつの必要条件、(c)それはなにが起こったかを説明する、を満たすような言明ではないということは、すぐに証明できるだろう。

言明が、これら三つの必要条件を全部満たしていても、有意味な物語となるにはまだ不十分だということは、たやすく証明することができる。これらの必要条件を満たしながら、少しも物語ではない言明を、ただちにつくり出せるからである。たとえば、こういう例が挙げられる。

S′　ナラムシンは、神官階級からの圧力の結果、シッパルに太陽の神殿を建てた。そしてフェリペ三世は、宗教信仰上の理由から、モリスコを追放した。
そしてアーサー・ダントは、チェルベテリ発掘を早く始めるために、一九六一年十月二十日、七時の鐘が鳴ると目を覚した。

このことから、(a)、(b)、(c)が、有意味な物語のための十分条件を構成するとは言えないのである。

当初意図されていたのは、物語内部での区別を立てることであり、SもS′も物語のうちに入らないのだから、これらの例は不公平だという反論がなされるかもしれない。これは正当な批判である。だが私は、少なくとも「Nは物語である」は、「Nは(a)、(b)、(c)を満たす」に分析されえないし、ましてや「Nは(a)と(b)を満たす」に分析できないことを示しておいた。そしてさしあたっては、これで十分なのである。もし物語を書くことが歴史家の目的だと考えるなら、彼らは明らかに起こった物事を起こった順序に記述する以上のことを、せねばならない。たとえ記述する事柄がなぜ起こったかを説明しても、しかもS′ではうまく行っていないが、たとえそれらを正しく説明するとしても、なおそれ以上のことが必要である（S′が誤っているのは、説明がたまたま不正確だからなのではない）。それ以上のことというのがなんであれ、ともかくもっとなにかが必要だということは証明されたと思う。

さらに私は、以下のことも証明されたと仮定してよいと考える。つまりこの「なにかそれ以上のもの」がなんで成り立っていようと、それは単純な物語と有意味な物語との区別にかかわりなく不変であり、それゆえ両者を区別するために、それを用いることはできないということである。そこで問題は、このそれ以上のものがなにかを発見することであり、それが発見されたならば、物語をふたつの種類に分けるために、さらにどんなことが役立つかを見いだすことである。物語の種類をふたつに分けることに関しては、相違を求めてはならない二つの点を挙げておきたいと思う。もし単純な物語と有意味な物語の区別が、歴史内部での区別であろうとすれば、言い換えればある歴史家は単純な物語を書き、別の歴史家は有意味な物語を書く、あるいはある者は他に比べてより単純な（またはより有意味な）物語を書きながら、両者はいずれも歴史に従事しているとするならば、次の二点が相違の境界ではないのである。

まず第一に有意味な物語は、実体論的歴史哲学より狭小であらねばならない。なぜならば歴史と歴史哲学との間にも対比が存在し、もし意味のある物語が歴史哲学の一例だとすれば、当初の対比は、歴史の内部での対比にはならなくなるからである。かりにヘーゲルのような思弁的歴史哲学が、その一部に通常の歴史の物語を含んでいるとしても（実際ヘーゲルにおいてはそうなのだが）、このことは成り立つ。もろもろの歴史哲学は、過去を含む歴史全体にかかわっているのだから、歴史哲学において行われるいくつかの言明が、普通の歴史著作でも見られる（見られるはずだ）ということは、ほとんど疑いがない。歴史哲学は、それが記述するところの出来事に説明を与えようとし、またこれらの出来事にある意味を付与しようと真に努めていることに注意してほしい。それゆえおそらく（歴史の内部にとどまっている）真に有意味な物語にふさわしい種類の説明や意味は、歴史哲学のそれとは異なっているはずである。歴史家がちょっと別の帽子をかぶってみるように、思弁的歴史哲学にたずさわるのはよくないとついでに議論しようというのではない。私が言おうとしているのはただ、歴史家がそうするとき、彼らはなにか歴史外のことをしているのだということである。結局のところもし有意味な物語が、歴史全体についての思弁哲学的な物語と同じであるだけなら、単純な物語と有意味な物語との区別は、歴史となにかそれ以外のものとの区別となり、それは歴史内部での区別ではなくなるのである。

第二に純粋な歴史的物語をその一部に含むようないくつかの社会科学の理論的著作がある。景気循環についての本は、その途中で小休止してストーリーをはさむことがある。しかしながら有意味な物語は、本の残りの部分と一緒にされるような、この種のストーリーでは決してない。なぜなら全体としてみたその本は、かりに物語をたまたま部分的に含んでいるとしても、いかなる種類の物語でもない。もしこれらの本を意味のある物語と呼ぶなら、物語の概念を混乱させるだけにはとどまらないだろう。つまり単なる物語をまったく別のジャンルの作品と対比させることになるし、歴史を社会科学に対比することになる。そしてこれは歴史内部での区別ではないがために不適当なのである。

これらの制限を頭に入れた上で、いかなる規準によれば、歴史内で物語の種類が区別されるかを規定するという主要な問題に向かおう。たしかにウォルシュは、ある種の物語は説明し、もう一方の物語は記述するのみだと述べた。だが彼はそれ以上に実に多くのことを語ったのであり、また彼の議論はそれ自体非常におもしろい(6)。最終的にはウォルシュの区別を破棄することになるけれども、私は彼の見解を検討してみたい。そうすることで、歴史について相当のことが学べると思うからである。実際歴史と時代編年史の区別、もしくは単純な物語と有意味な物語との区別、そして同じことだが歴史的物語における説明と記述の区別を棄てるには、それで十分なのである。

ウォルシュは、単純な物語と有意味な物語の差は、次のふたつの事柄に対応ないし相当すると主張する。(1)相異なるふたつの理解水準、(2)相異なる二種類の知識。私はこれらを別々に論じることにしよう。

(1) ウォルシュは、時代編年史と歴史のそれぞれの例として、私たちが知りうる範囲の知識でなされるギリシャ絵画についての説明と、十九世紀の政治事件についての説明を挙げる。「この区別は、歴史的理解における真の相違に、ちょうど符合する(7)」。その相違は実際「非常に深遠なので、別々のジャンルが構成されると言ってよいほどである」。

十九世紀の政治史については、私たちがつくり出すことのできる物語は豊富で首尾一貫している。出来事の進展は、順序よくわかるように示すことができる。……しかしギリシャの絵画史、あるいはそう称されているものは、それに比べると情けないものである。ごくわずかの有名な作者の名前とおおよその年代以外はほとんどわからず、その作品の題が古代の著述家によって記録されているだけである。……まさしく不十分な時代編年史であり、歴史の形骸にすぎない[8]。

さて、もしこれが私たちのギリシャ絵画についての理解水準を正しく記述したものならば、これらの例証によってさきの区別が確認できないことは明らかだと思われる。というのはギリシャ絵画についての説明が、「脈絡のない出来事のそのままの羅列」にすぎないとすれば、私たちは明らかにギリシャ絵画についてなにひとつ物語的説明をもたぬことになる。一覧表は物語とはいえない。ニューヨーク市の電話帳は、誰かがニューヨークの歴史を書こうとするときその使い途があるとしても、歴史著作ではないのである。同じような例を考えてみよう。イタリア・ルネッサンス期における一流および二流の画家の一覧を、イタリア・ルネッサンス絵画の全歴史と対比してみる。そのとき私たちは、ふたつの物語ではなく、一覧表と物語とを対比していることになろう。それはちょうど歴代イギリス国王の一覧とイギリス王室史とを比べるのに似ている。だがここでイタリア・ルネッサンスについての知識によって私たちが得るものは、画家と絵画の名前と年代で全部だと仮定してみよう。これはギリシャ絵画について私たちがもっているとされる知識の量と対応するだろう。これが私たちの置かれている状況だとしても（ギリシャ絵画に関する私たちの状況でも、こういうことは起こらないが)、そのことで私たちが、イタリア・ルネッサンスの絵画について物語を書くことができないということにはまずならない。どんな物語が作られようと、それをどの点からも十分に裏付けられないというにすぎない。そしてウォルシュの分析で欠落しているのは、私が「歴史的想像力」と名付けるところの創造的行為なのである。

哲学的な議論において想像力をもちだすのは、もっともらしいが無内容に響くことは、ほぼ確実である。だが少なくともここにおいては、この言及には論理的な点があるのである。まず最初に言っておくべきことは、誰も十九世紀の物語的歴史を、新たに作る必要はないということである。その時代は、歴史的自己意識が浸透していた時代であった。人々は物語形式で自らの体験した出来事を記録した。幾人かの偉大な政治家は、同時にその時代の卓越した歴史家でもあった。私たちはそれを受け継いでおり、私たちの任務は受け継がれた叙述を、発展、変容させ、訂正、拡大することである。私たちがこの歴史叙述の総体に対してとる立場は、ニュートンに対するラグランジュの立場と似ている。まったく新たな理論を確立せねばならないというより、すでに理論として受け容れられているものを、整備し洗練すればよいのである。

ギリシャ絵画については(あるいはイタリア絵画の場合に想像した例では)、事情は異なる。芸術についてのわずかの断片的な知識が、彼らの書いた歴史やその他の著述に紛れ込んでいるもののギリシャ人は自分たちの絵画史を書こうとはしなかった(このことはそれ自体、ギリシャ絵画について何事かを語ってくれる)。したがって私たちは、すでにある理論をただ磨き上げるのではなく、この場合、いわば理論を新たに確立するためにちょっとした想像的再構成を行わねばならないのである。科学を学んだ哲学者は、あまりにもしばしば科学を完成された仕事、つまりすぐにも利用できて哲学的に好ましい言語に再構成され合理的に翻訳されうるような命題体系とみなすことが多いように思われる。そしてこのため、往々にしていわゆる科学的発見の論理が、哲学的に見過される傾向がある。だが似たようなことは、歴史についても言えるだろう。

理論と歴史的な物語とのこの類比――これは、ベアードについての議論ですでに考察したが――に、いましばらくかかわることにしよう。理論はそれを裏付ける証拠と論理的に別個であると考えるだけの資格が、私たちにはあると思う。だがまた、物語とそれを裏付ける証拠とは論理的に別個だと言えるであろう。脚注は物語の本来の部分ではなく、証拠とともにさまざまな点でむしろ物語を補強するのである。歴史家がどの点をとっても裏付けがきかぬような物語を刊行するのを、ためらうのは本当のことだ。あるところで推測の手を借りざるをえないと歴史家は言うであろうが、これは物語の破綻というよりは、脚注での破綻を意味しよう。いずれにせよ物語は、それ自体の学問研究の単なる概要なのではない。むしろそれは起こったことについて提案された説明として作用するのであり、このように仮説として作用する説明は、前には利用できなかったようなそれに都合の良い裏付けを示唆する方向へ進んでいく。過去についての言明は、歴史研究の成果への隠れた予言であるという、さきに考察された見解は、そこまでは正しい。だが物語とそれを最初から支える資料とは、パースの学徒になじみ深い意味で言うと、アブダクションの関係にある。(9)しかも重要なことであるが、「記録としての歴史」が証拠立てるべき当の物語が見つかるまでは、歴史的な意味での、いかなる断片的な「記録としての歴史」も作ることができない。事実それらが裏付ける物語を私たちが手に入れるまでは、それらを証拠と呼ぶのはいくぶん誤称なのである。

物語の裏付けをひきだし物語を示唆するような源泉は、数多くある。実際の記録や文書に加えて、私たちが言うなれば概念的証拠に頼っていることは、ほぼ確実である。たとえばある人を芸術家と特定するだけでも、すでにその個人をある概念のもとに置くのであり、そのことによっていくぶんかもっともらしく、さまざまな文、つまり前章で言った意味でその個人について受け容れられる、あるいは可能な文全体を適用できるようになる。私が示しておきたいのは、これらの概念がすでに叙述された物語のもっともらしさの規準として機能するだけではなく、同様に新たな物語を作るための基礎をも与えるということである。この特別な場合において、ある人の生涯についての物語は、ひとりの芸術家と同一化される。この物語がひとりの芸術家の生涯に一般的に起こることを私たちに教えてくれるというところまでは、もっともらしいのである。たとえば私たちにはこれだけの知識しかないと想像してみてほしい。画家レオナルド・ダ・ヴィンチは、ある時期フィレンツェに住み、ミラノでフレスコ画、『最後の晩餐』を描いた。画家の名前が、ともかくも記録されているということは、絵画に対するある態度を示している。靴直しや煙突掃除夫の一覧が、社会のなかで残されるということは、めったにないからである。ダ・ヴィンチがそのような一覧にのっていたということは、彼が言うに足る人物だったことを示している。というのもすべての画家が、そのような一覧にのるわけではないからだ。『最後の晩餐』が言及されているということは、それが特に重要だとみなされたことを示している。なぜならそれが、唯一言及されている彼の絵であり（彼が一作だけしか描かなかったとは考えにくい）、また彼がそれを描いた画家だと同定されているからである。たしかにたずねられた質問が、「レオナルドはなにを描いたか」なのか、「誰が『最後の晩餐』を描いたか」だったのかということに関しては問題がある。だがどのような場合であれ、それが彼の最も高く評価された作品であると考えてよいだろうし、またそれが彼の傑作だと仮定できる。このことからもしその絵の年代がわかれば、彼がいつ画家であり彼が偉大であったかどうかがわかる。マサッチョの生きた年代と、ブランカッチ礼拝堂のフレスコ画の年代とを知っていれば、彼が偉大だったことが示されるだろう、というようにである。絵の題を知ってそれを理解することにより、その絵のなかにどうしても含まれねばならなかった種類の事柄について、ある程度わかる。[10] 同様にもしある有名な画家が有名な絵を描き、絵に宗教的なモチーフが含まれていたら、絵画と宗教に親密な結びつきがあると想定することができる。こうしたつながりが確証されると、私たちはそれ以上のつながりやすでにあるつながりを裏付ける証拠を探し出していく。少しずつ少しずつレオナルドの生涯についてのもっともらしい物語を、私たちはまとめ上げていくだろう。たしかにそれは、非常に大まかで概括的な説明であり、レオナルドの特異な天才がいかなるものであったか、そこから推論することも想像することも決してできないであろう。私たちがレオナルドについて実際にもっている知識が、どんな画家かという概念に入り込んでいるため、もし私たちがもとづくべきものがレオナルドの場合、さきに述べたわずかの事柄しかないと仮定すると、私たちの概念がどういうものになるのか簡単には言い難いという点を見落としてはならない。しかし重要なのは、私たちはわずかの事柄をかなり長く引きのばすことができ、一般概念に想像的に依拠することによって、たちまちある種の物語が作られるということである。そして私たちは、より高度で独立した証拠が物語のために見つかるかどうかに目を配りながら、その物語をさらに進んだ研究の手引きとして用いることになろう。

このより進んだ独立した証拠がなければ（ここでは私たちは、記録としての歴史のなすがままになるほかない）、私たちの物語は空中楼閣になってしまう。つまりはフィクションになってしまうだろう。だがこのことから、物語とそれを裏付ける証拠との差異がなんであるかが、たしかに見えてくる（架空の物語とは、概念的証拠のみを必要とする物語のことだ）。

時代編年史と本来の歴史との差は、十分に裏付けのある物語と、裏付けの乏しい物語との差に等しいと言うひともあろう。そしてこのことは今度は、十分に確証された理論と確証の乏しい理論との比較を示唆しよう。しかしそれは理論のジャンルの差ということではないし、当面の問題で言えば物語のジャンルの差でもない。ひとえに確証の程度や裏付けの数の量的な差なのである。

あるところでウォルシュは、現在利用できるギリシャ絵画についての非常に限られた知識ということに加えて、次のように述べている。[11]

私たちは十九世紀のほうに近い位置にいるため、その時代の思想や感情に容易に入ることができ、またそれゆえ証拠をより効果的に使うことができるということも、事実である。[12]

私たちがもっている知識の量だけでなく、その知識を活用する方法も重要なのだということを認めているところまでは、おもしろい見解である。しかしこれらの言明には、あるきわめて議論の余地の多い概念が含まれている。第一に人間の行うことを理解可能なものとして表わすためには、人間の思想や感情が指示されねばならないということが暗に示されている。これは行動主義の否定である。第二に私たちはこのような指示を行うことができるし、また私たちと、対象とする個々人との時間的へだたりが増すのと反比例しながら、私たちは個々人の行動をより理解しうるということも含意されている。第一の点のほうは、私は論じないことにする。哲学的行動主義が議論を呼ぶのと同様の議論が、そこからひきおこされるのであり、さしあたり私は自分の立場を擁護しないで、ウォルシュに限定した場合の反行動主義的主張に賛意を表することにしよう。それを弁護しようとすると、過去を理解するのに含まれるよりももっと広範な問題に、私たちは巻き込まれる。問題は、行動の理解にかかわっているからである。もし哲学者が行動主義のテーゼとして、人間の行為を理解するためには、行為者の思想や感情を指示する必要はまったくないと言うならば、その見解から過去の行為や行為者に対してそうした指示を行う必要もないということが導かれよう。なぜならこの見解は、時間に無関係だからである。ウォルシュは一般的にみて、思想や感情への指示を行いうる能力や必要性について、もとよりいささかも懐疑的ではないが、明らかに過去の人々に対する限定された懐疑論に賛成しているのであり、どのくらい昔かという程度に応じてそうしているのである。それゆえ私は、その態度のみを本格的に取り上げることにする。

時間的へだたりが増すと、必然的に人間行為についての理解可能性が減少するというテーゼには、決定的な反論がある。そのテーゼによれば、私たちとギリシャ人との時間的へだたりは、紀元前三百年頃の政治的出来事や同時期の芸術活動についての説明を書いたり理解したりすることを、すべて不可能にする。ところがこれはまったく妥当でない。トゥキュディデスの史書は、よくわかる政治史の模範にきわめて近い。実際彼の説明は非常に正確なので、私たちはそれを現代にも応用できるし、もしそうしたければ人々はほとんど変わらないと論ずることもできる。したがってそこから帰結するのは、たとえば十九世紀フランスより、紀元前三世紀のギリシャのほうが私たちから時間的により遠い、ということではない。ただ芸術活動より政治のほうを、よりよく理解しているということである。これは、私が史料的証拠に対比して言うところの政治の解釈のための概念的証拠が、芸術の解釈の証拠に比べて、より広範で信憑性が高いという意味である。そしてさらに特定の史料的証拠とは独立に、概念的証拠によって物語を構成するとき、政治の場合は芸術活動でなされるよりももっと複雑な物語が構成されると考えてもよいだろう。もし誰か疑う人があれば、画家と作品の題名の一覧だけをもとに、十九世紀の絵画史を書くとしたらどうなるか想像してみてほしい。あえて言えば、相対的な時間の近さはほとんど役に立たない。十九世紀について、描かれた当のもの以外はすべて知っていても、印象派を想像することはほとんど不可能なのである。[13]

　概念的証拠の観点に関しては、述べておいたほうがよい少なくともふたつの困難がある。第一に概念的証拠は次のことを前提としている。すなわち概念的証拠を用いて行動を理解するさい、その行動自体は時代を越えて不変だということである。そしてこの前提が当てはまらないかぎり、概念的証拠の使用は効果を失う。それは時間の作用が働くからというよりむしろ、のちに起こる数多くのさまざまな変化の作用を受けるために、効果が減少するのである。[14] 科学理論の適用が、分離され固定されたシステムを前提としているように、概念的証拠にもとづいた物語の適用は、同じく制度と習慣の恒常性を前提とする。私たちはある社会の歴史を再構成するために、自在に概念的証拠を利用することができる。その社会がいかに長く続いていようとも、私たちの概念にとらえられた習慣に変化さえなければ、概念的証拠を利用できるのである。しかしそれが満たされないときには、歴史特有のある困難が生じる。イブン・ハルドゥーンは、それを余すところなく述べている。

支配権を獲得しようとする人々が現王朝を倒して権力を握ると、必ず前王朝の慣習にたよって、その大部分を採用するが、同時に彼らは自分の種族の慣習も無視しない。そこで新王朝の慣習ともとの人民の慣習に、若干の相違が生じる。次いで別の新たな王朝が、この王朝に代わって勃興し、これまでの王朝の慣習が新王朝の慣習とまじり合うと、慣習はさらにちがったものになり、新王朝の慣習と最初の王朝のそれとの相違はますます大きくなる。

このようにして、相違の程度が順次増加し続け、最後にはまったくちがった慣習となってしまう……

類推することと模倣することとは人間にとってはよく知られた本性であるが、誤りもまた人間には免れることのできない性質である。これらの性質は、忘れることや無視することも含めて、人間を自分の意図から迷わせ、その目的から逸らせる。過去の歴史をよく知っている人でも、しばしば状態の変化、変容に気付かないままでいる。一瞬のためらいもなくその人は自分の知識を歴史的情報に当てはめ、自分の目で見たもので歴史的情報を計る。当然この両者のちがいは大きく、その結果、彼は誤りの奈落に落ち込んでしまう[15]。

さて政治的行動は、芸術的行動に比べると、時代を通じてはるかに変わりにくく（この六年間のアメリカの政治史と絵画史では変わり方がどんなにちがうことか！）、このことは、ウォルシュが考えた証拠を用いる上で現れる相違を説明してくれると言えよう。しかしそれは概念的証拠から明らかに生じてくる特別な困難に比べれば、それほど興味を引く事柄ではない。その困難の例を挙げると、物語は概念的証拠を大量に援用し、相対的に史料的証拠はほとんど用いないため、必然的にそれが書かれたときに正しい、もしくは正しいと主張される観念一般に依存する。もし私たちにこの種の証拠しかないとすれば、実際あらゆる叙述された歴史は、「現在の歴史」になるだろう。この現象を指して、時間的局在性と呼ぼうと思う。たしかにこれは実になじみ深い現象である。キリストの生誕、受胎告知、キリストの復活がウンブリアふうの風景のなかに置かれて描かれた偉大な宗教画を思い起こしてみるだけでよい。概念的証拠に頼ることの多い物語は、同時代的な、あるいは時代を超越した響きをもつことが避け難く、その物語はまるで、過去ではなく現在、特定の時代ではなくいつのことでもよいかのように見えるのである。

私たちは皆、未来に関しては時間的局在性をもつと私は考える。その理由のひとつは、未来の出来事について私たちは概念的証拠しかもたず、史料的証拠が一切ないからである。このことはのちに、出来事が起こる前にその出来事の歴史を書けるかという問題を考察するさいに、重要なこととなる。もちろんその歴史を書くことはできる。だが史料的証拠によって過去についての物語を裏付けるのと同じようにして、その歴史を裏付けることは、ほとんど不可能だろう。そしてこの理由によって私たちの未来についての概念は、奇妙に未決定で奇妙に抽象的な性質を帯びるのである。イブン・ハルドゥーンが、過去についての言明に関して挙げたような誤りが起こることがありうるとすれば、未来について誤りを犯す可能性はより高い。というのもイブン・ハルドゥーンが迷わず指示した私たちがつくり出す物語への制御力、すなわち現在利用可能な史料的証拠がもちうる制御力を、私たちは欠いているからである。この制御力こそ、記録としての歴史がもつ究極の重要性だと思う。もしそれがなければ、私たちは完全に現在に住まうことになり、過去は異なっていただろうとか異なっていたかもしれないなどという考えは、一切もたないからである。しかしこのことはただちに、未来に関する私たちの時間的局在性にも結びついている。概念的証拠は、史料的証拠に照らして修正されねばならないし、史料的証拠が見つかったときには、それに合わせて修正せねばならない。ここから概念的証拠は私たちにさほどの成果をもたらさないだろうと言えるだけの帰納的根拠が生まれる。もし私たちが史料的証拠に当面して、概念的証拠を調整せねばならず、その結果概念そのものにいささかなりとも変化が生じたということになれば、同様のことが未来についても必ずあると考えられるのではないか。それゆえに私たちの概念は以前の概念と同じではないように、未来の概念とも同じではないということになる。私たちの概念的証拠によって導き出される未来像と、未来とは異なると予想することができる。それはちがうだろうと考えることができるのである。だがどんなふうにちがうかということまで言うのは難しい。史料的証拠がないだけでなく、私たちの概念的証拠自体が普遍的に適切であるわけではないからである。かりにそれが過去について適切でなければ、どうして未来に適切でありえようか。したがってこのことが、概念的証拠の限界なのであり、もし私たちが概念的証拠しかもたないとすれば、私たちの未来の概念は過去についての概念に似ているし、そのいずれもが私たちの現在の概念に似ていることになる。しかしこのことは、とりもなおさず私たちは歴史的な意味での過去や未来をもたぬということであり、時間を超越して考えているということである。こうなると概念的証拠のみにもとづいた物語こそが、十九世紀の政治上の出来事についての物語のような現に私たちがもっている物語と比べて、真に歴史的かつ図式的となる。そこで結局のところ、残っている証拠の切れ端と、どのようなものであれ私たちの概念的証拠とを足して補いをつけたギリシャ絵画史についての物語は、実に粗末な対比項にしかならないのである。

概念的証拠の第二の困難は、次のようなものである。画家たちとその年代と作品の題名がのった一覧を私たちはもっているが、作品全部に『最後の晩餐』という題が付いていると仮定してみよう。個々の画家の生涯について物語を構成するための基礎として概念的証拠のみを用いるとすると、それらの物語は概念的証拠で裏付けられているかぎり、驚くほどそっくりになる。ある物語には含まれているが、同じ正当性でもってもうひとつのものには含まれていないとか、他の残り全部の物語に含まれていないというような言明はひとつとしてない。物語はただ名前と日付がちがうだけである。当然このような事態を、私たちは予想するだろう。なぜなら私たちがどの個人についても正しく言いうることは、その人が同じ概念に当てはまる他のすべての人と共通にもっているものを指示するからである。それゆえより詳しい史料がなければ、もしくはそれが見つかるまでは、それらの単調な似通った物語を、正しく個別化する方法はない。なるほど手当たり次第にち<u>がい</u>を作ることはできようが、別のものではなくあるものに相違をつくり出したことを、正当化することはできないのである。同時に、概念的証拠にのみもとづいた物語は、前に述べたような特異な抽象的性質を備えている。「xが生まれ、その後xは死んだ」という文が、すでに亡くなったどの人にも当てはまるように、それらの物語は、どの画家（その時代のどの画家）にも当てはまるだろう。さて私が思うに、歴史家がこのような抽象的な物語に関心がないことは明らかである。むしろ彼らは個体化された物語、こう言ってよければせいぜい一個人に当てはまる物語を書くことに興味をもっている。私たちがたまたまつくり出す所定の物語（または記述）が、実際にひとりの個人に当てはまるといえるかどうかは、当然常に問題となる。[16]だがここでその問題にかかわる必要はない。私たちがかかわらねばならないのはむしろ「抽象的な」物語と個体化された物語との区別が、単純な物語と意味のある物語との相違を表わすのではないということである。あらゆる物語は、そしてどの歴史家が作った物語も、個体化された物語たろうと意図する。この意味において、有意味な物語は単純な物語に劣らず、ある時ある場所で本当に起こったことを語ることを目的としており、この論点は物語の種類についてさらにどのような区別が立てられても変わらないであろう。しかし注意してほしいのは、ギリシャ絵画についての物語は、主に概念的証拠に頼っていて個体化という点では失敗しているということだ。したがってもしこの種の物語が、時代編年史や単純な物語とみなされるのなら、時代編年史や単純な物語が、「起こったことの正確な記述」として特徴化されることはほとんど不可能であろう。

さて私たちはここで、ふたつの異なった理解のレベルがあると言うことができる。しかしふたつのレベルは、いわば本当に起こったことを述べることと、それ以上のことを行うことの差には、まったく対応しない。それはむしろ個体化の程度と対応するのであり、個体化の程度は物語に正しく付すことができる史料的証拠の量の相違の結果である。ギリシャ絵画史は、十九世紀の政治史に比べて明らかに個体化されていない。

(2) ウォルシュは、時代編年史の歴史に対する関係は、感覚知覚の科学に対する関係と同じだと示唆する。感覚知覚と科学の間には、もとより多くのさまざまな種類の関係があるが、ウォルシュの示唆の最も自然な解釈は、次のようなものだと私は考える。つまりこれこれの事例があると知覚することと、なぜそうなのかを説明することの相違に、時代編年史と歴史との相違はなぞらえられるということである。そうではなくこの相違を、常識対いわゆる世界の科学的記述という、よく言われる対比になぞらえようとする考え方は、明らかに受け容れ難い。これは歴史にはまったくふさわしくないし、ウォルシュ自身が挙げた例にも、明らかに適用できないからである。十九世紀の政治史は、通常の常識的な世界観の一例だろう。そこでは人々や行為が通常私たちが記述するような方法で記述されているし、またひとつにはこのような物語は、私たち皆が話す日常言語で常識的なものの見方を交えて書かれているからである。たとえなにか、たとえばギリシャ絵画史がやや多く常識的観点から離れているとしても、それは常識が（概念的証拠についての議論でもみたように）、芸術的行為より政治的行為のほうをより扱いやすいためである。それにもかかわらず差はほとんど出てこない。なぜなら歴史叙述の言語は、科学的な語彙のように専門用語を用いないし、文字を読める人なら大概、特殊な語彙や技術を習得しなくても、十九世紀の政治史についての物語をたどることができるからである。実際、ギリシャ絵画史を理解するほうが、はるかに特殊な言語を習得せねばならないように見える。それゆえウォルシュの示唆のごく自然な解釈のほうを取り上げて考察することにしよう。

xという事例を知覚することと、なぜそうなのかを説明することとの間に区別をたてられるのは、ほとんど疑いがないと思う。ここではたしかに入念な区別をすることが望まれる。ある人が真白な閃光を見たと言い、もうひとりの人が同じ現象を見てマグネシウムの発光を見たと言ったとすると、同じ現象でも後者の記述が見たものの説明に非常に近いのである。にもかかわらず記述の複雑さは別にして、ナポレオンはワーテルローで敗れたとだけ言うのと、なぜ敗れたのかを説明することの間に相違があることは、明らかに同意を得るだろう。ここでの唯一の難点は、私たちは二種類の物語の相違を見つけようとしているのに、「ナポレオンは敗れた」が物語ではないことである。だがそれでもたんに起こったことを記述した物語と、なぜそれが実際起こったのかを説明した物語のふたつがありうるという議論はできよう。しかし私は、説明に失敗した物語はすでに挙げた言明Sのようなものとなり、したがって本当は物語ではないと主張したいと思う。一方説明を行う物語は、まさしく次のようなものである。それは実際に起こったことを語り、ウォルシュの規準による単純な物語としての資格を有するのである。そこで私たちには、この単純な物語とは異なった、有意味な物語がなにを果たすかという問題が残されよう。そして私は、有意味な物語が歴史的な物語であり続けるかぎり、正確にはなにが起こったかを述べる以上にそれができることはなにもないのだと言っておこう。こうなるとこの区別は、歴史の内部では立てられなくなるのである。

単純な物語は、ウォルシュによれば、「ランケの有名なことばにあるように、「なにが起こったかをそのまま」、そしてそのことだけ」を述べることを目的とする。[17] なにが実際に起こったか（wie es eigentlich gewesen）[18]を、歴史において示すというランケの主張を解釈するとき、明らかにある困難が生じる。ランケはただ、ある対比を指摘しただけである。ランケは、彼が言うには過去を裁いたり、「未来の時代のために現在を教化」しようとは望まなかった。ランケは、実際になにが起こったかを述べることだけに関心があったのである。たとえそうであったとしても、もともとは控えめなこの断りが、とても尊大で遵守できそうもない主張だということがわかる、彼の主張は、自分自身の何物もその完全に客観的な歴史のなかに垣間見えてはならないとか、[19] 主題にまつわるすべてのことが、そのなかに書き込まれねばならない、[20]という意味に解されている。そしてこのいずれもが不可能であると論じられている。では後者の解釈について少し考察してみよう。ある出来事について説明せよという命令と、すべてのことを語れという命令を同時に果たすことはできないというのは、たぶん正しいだろう。すでに論じたように、説明は本来ものごとを取捨選択しなければならず、他の分野と同じように歴史においてもなにを除外すべきかを知り、あるものは他よりも重要だと断定できるということが、主題を組織化する能力の証なのである。法廷でなにが起こったか知ろうとする場合を想定してみよう。私は報告者に対して、なにひとつ残さずすべてのことを話してほしいと頼む。ところがもしその人が弁護士の陳述や原告や被告の感情の動き、裁判官の態度の他に、法廷に何匹蝿がいて、その正確な軌跡はしかじか、複雑な周転円はこうと記した込み入った図まで示したら、あるいは咳やくしゃみの数まですべて話すとしたら、私はすっかり滅入ってしまう。話はこれらの細部ですっかり埋もれてしまう。私は彼がこう話すのを想像することはできる。「ここで蝿が、証人席の手すりに止まった」。その場合私は、なにか奇妙な興味深い事柄があとに続くと予期するのである。たとえば証人は病的な恐怖をみせて、叫び声をあげた。あるいは有能な弁護士がその機を捕えて、すかさず巧妙な弁論を行った（皆さん、この蝿は……）。または蝿を払おうとして、重要証拠の上にインクがこぼれた。どのような場合であれ、その蝿は「どういうことなのか」と私は知りたがるだろう。ところが「どういうこと」でもなくて、それはただ「裁判の途中に起こったことの一部」にすぎないとしたら、それは裁判についての説明のなかにはまったく属さない。だとすれば私が「話を一部始終、なにひとつ残らず話してほしい」と言ったとき、私の言う意味は、「重要なことはなにひとつ残さないでほしい。話のなかにどういうことが含まれていようと、私が聞きたいのはそのことだ」と理解されねばならない（そしてそう理解されている）。そしてこれはたしかに、ランケが主として言わんとしたことにちがいない。

哲学の諸問題のなかで、関連性の問題ほど綿密な分析に値するものは少ない。しかしここでは、あることが所定の物語に属すか属さないかを認識する直観的観念に限って論ずることにしよう。これは私たちのみならず子供でさえ行えることである。もしなにが実際に起こったかを述べることが、ランケの批判者たちの考えているような意味だとすれば、ランケが理想的につくり出そうとしたものは単純な物語にさえならなかっただろう。なぜならそれは物語ですらないからである。そこで私は、物語とはある出来事を別のものと一緒にし、またある出来事を関連性に欠けるとして除外するような、出来事に負荷された構造であると言うことにしよう。それゆえこの構造は、どんな種類であれ与えられた物語を区別するしるしではありえない。もっと平凡に言えば、物語は意味のある出来事のみを叙述すると言うことができる。だがこの点については、すべての物語が出来事の意味を見いだすことにかかわっていると言えよう。物語は、理想的にはなにか他の出来事に関連した意味のある事柄のみを包含しようとする。そしてこの基準では、例外的に良い物語と悪い物語のふたつに分ける以外は、まず不可能であろう。もとより悪いものには無意味な細部がいくらか含まれているのである。

歴史家は、哲学的にみて物語を区別するような意味を出来事に与えるのだが、その意味とはいかなるものかを述べるのは容易ではない。たとえば他よりもより有意味だとみなされるような出来事や人物がある。ワーテルローの戦いは、ワグラムの戦いよりも意味があり、ナポレオンはブリュッヒャーよりも重要な人物であった。派生的な意味で言えばワーテルローとナポレオンについての物語は、ブリュッヒャーとワグラムについての物語よりも意味があるということになろう。しかしこの点は哲学的な重要性には乏しく、いずれにせよどちらの物語も起こったことを正確に語っていると考えてよいのである。哲学的に重要なのは、ある出来事や個人を有意味だと語るときのその意味内容を特定することであり、この点についてこれから論じよう。さらにそれによって歴史家が、起こったことを正確に語る以上のことに巻き込まれてゆくことを示したいと思う。

(1) プラグマティックな有意味性

歴史家がある特定の出来事や個人を選んで物語を書く場合、その主題が彼にとって道徳的な興味があるからそうするということがしばしばある。そのため彼は実際に起こったことの叙述に加えて、ある種の道徳的な主張を行おうとする。そして彼の物語は、本当に起こったことを語る以上のある目的を果たすのである。しばしば歴史家の語調が、どんな道徳的主張を行いたいのかを示してくれる。たとえばギボンは、ビザンチンの皇帝の行状を軽蔑的に描いている。それによって彼は、ギボンの時代のより啓蒙された君主との対比を際立たせようとしたのである。著作のなかのいくつかの事柄は、道徳的な目的ゆえに特にそこに入れられていることはほとんど疑いがない。ちょうど逆の点が、タキトゥスの『ゲルマニア』にみられる。ここでタキトゥスは、彼の国の人々の行動、ことに風俗の紊乱と対比するために特にゲルマニアを選んで叙述している。彼はこうして、ゲルマン人の徳の高さを強調するのである。このような例はいくらでも挙げることができるだろう。ローマ教皇伝、大企業経営者や古き日本の礼儀正しい女性についての物語は、しばしばこの意味での有意味性をもっており、道徳的目的を果たすように特に意図され、またしばしば明らかにそのように構成されている。したがってこのような物語は、単純というよりむしろ有意味であるとみなされると思う。当然ながら相対主義者は、すべての物語はこの意味で有意味だと言おうとする。なぜならすべての歴史家は、ある種の道徳的目的やプラグマティックな意図によって支配され影響力を受けており、このことがどのような種類の事柄を歴史家が叙述するかとか、それらを叙述する方法、関連があるとみなされる出来事などを決定するのに役立つのである。こうであるにしろないにしろ、少なくともこの意味で有意味ではない物語を考えてみることはできるのであり、事実ランケはこうした隠れた目的をもっていないと主張している。彼は本当に起こったことを述べるということだけに関心を抱いていたのであり、この意味において単純な物語を書こうとしていたのであった。

(2) 理論的有意味性

ある一連の出来事が、研究者の立証あるいは反証しようとする一般理論の証拠、もしくは例証となる関係にあるようにみえるために、それらが彼にとって有意味である場合がある。清教徒革命は、革命に関する一般理論を確証すると考えられたり、あるいはその反証だとみなされたりする。そのような理論に関連させた上で、出来事は自らの有意味性を得るのである。マルクスのフランス史に関する物語はこの例であり、階級闘争の一般理論を例証するのに役立っている。「有意味な物語」を理論の目的のために書かれた物語と解すると、同じ出来事についてマルクスの理論を反駁するために書かれた物語は、同様に有意味となろう。そうなると単純な物語とは、そのような目的を一切もたない物語ということになる。再度ごく大まかな意味で言うと、あらゆる物語はこの観点から見て有意味であろう。ランケの物語でさえ、それが明らかに客観的歴史が可能であることを示すために書かれたという意味においては有意味なのである。そしてランケの物語の有意味性は、その単純さにあると言うことができるだろう。

(3)　結果的有意味性

歴史家Hが重要だと考えているような結果が、出来事Eのうちにある場合、出来事Eは歴史家Hに対して有意味であると言うことができる。たとえば精神分析学者が、患者の過去の報告のなかで、患者自身なにか重大で有意味なことに触れたと言う場合の「有意味性」がこれにあたる。そしてこれは、歴史著作で見られるこの語の使い方の非常に典型的な例である。ある出来事がまったく意味がないと言う場合、私たちは、その出来事には結果がないということではなくて、重要な結果は一切ないということを意味している。それゆえここでの有意味性は、重要性という独立した概念に論理的に結びついており、重要性の概念はいくつもの異なった規準に依存しているのである。こうした例は、簡単に見つけられる。たとえばペルシャ戦争の結果、ギリシャ人、特にアテネ人は民主制を発展させ文化を確立することができた。あるいは黒死病（ペスト）の意味は、労働に売り手市場をつくり出し、それによって賃金の増加を招き、封建制度の破綻を促した。またパスカルのことばにならって、クレオパトラの鼻の高さは歴史的な意味をもつと言うときに当てはまるのが、この意味での有意味性である。しかじかの出来事の有意味性を示し、記述する物語が、有意味な物語と呼べるであろう。だが一方、これに対比される単純な物語を思い浮かべることは難しい。なぜならこの有意味性の概念は、物語の構造そのものに必須であるように見えるからである。もしある先立つ出来事が、のちの出来事に照らして話のなかで有意味でないとすれば、その出来事は話には属さない。そして出来事が結果的有意味性をもっているのを示すことによって、ある出来事がストーリーのなかに含まれることを、常に正当化することができる。ストーリーのなかで述べられている出来事のどれをとっても、前後にまったく関係がなく、さきの出来事があとの出来事に対してなんら有意味でないとすれば、その結果生じるのはストーリーではなく、Sに近いような言明の集まりなのである。

(4) 関連性による有意味性

私はさきに、ストーリーと証拠全体とはある程度アブダクションの関係に立つと述べた。すなわち一連の記録にもとづいて、私たちはある種のストーリーを要請し、それからさらに裏付けとなる証拠を捜すのである。こうした証拠は、いったん見つかると、私たちがこれまで確信をもっていなかった主張を裏書きしてくれるという点で、有意味な発見とみなされる。さて同様にまたストーリーにいくつかの欠落があるとか、ストーリーの一部がまったく間違っているとか、実際に起こったことを私たちが知らなくて、そのためストーリーのなかに欠落があることにも気付かないような出来事がある、という場合がある。その後欠落を埋める出来事を教えたり、あるいは私たちが実際起こったと考えていることと異なっていたり、これまで知らなかったことを教えてくれたりするような記録に、偶然ぶつかったりすることがある。こうした発見は、それまで知られていなかったことを明るみに出すがゆえに有意味であり、そして私たちは派生的に、これらの出来事自体も有意味であるとみなすのである。これはもとより、知識の程度に関連する。すでにそれを知っている人々に、それを改めて暴露することはできないし、昨日の新事実は今日の陳腐なニュースである。にもかかわらず、これは有意味性についての重要な概念なのであり、私はこれをいくつかの出来事に次のように適用してみることにしよう。一連の出来事Ｅは、もしそれにもとづいて歴史家が他の出来事が起こったことを推論したり、あるいは再構成することができれば、歴史家にとって有意味であると言える。たとえばデカルトがオランダに移ったことの意味はなにかとたずねられたら私は次のように答えるだろう。この出来事が意味づけるのは、自由思想を抑圧する勢力がフランスにはあり、オランダにはなかったということである。このテーゼを要請するために、私はフランスにおけるこうした勢力の存在とオランダにおける不在とを検証しようとするだろう。ここにもまた精神分析学的な類比がみられる。xが年上の女性と結婚したのは、母親の代わりを求めたことを意味する、というようにである。さてここで、有意味な物語とは、このようなやり方で関係づけられた出来事、もしくは一連の出来事を物語るものであると言えよう。一方、単純な物語がなにによって成り立っているのかは、簡単にはわからない。たとえば出来事Ｅが、Ｅに対してある説明的な役割を果たす一連の出来事にとって有意味であると仮定してみよう。物語に含まれるある出来事が、他の出来事に対して説明的な役割を担わないとしたら、奇妙なことだと思われよう。というのもある出来事を他の出来事と関連づけることによって意味づけられなければ、ここでの関連性というのはいったいなんになるのだろうか。もし物語で言及されている出来事がいずれも、他の出来事を意味づけるのに役立たないとしたら、再び私たちは物語ではなくむしろSのようなものをもつことになる。

さてこの「有意味性」の意味内容についての一覧は、十全でもないしおそらく排他的なものですらない。(3)の結果的有意味性は、(4)の関連性による有意味性の特別な場合かもしれないし、ある物語は、(2)の理論的有意味性と(4)の両方の意味で有意味であるかもしれない。だがそれでも当面の私の目的には十分であり、これから四つの項目について、それぞれ手短に注釈を加えていくことにしよう。

(a) 歴史家が過去の出来事に、道徳的手引き、道徳的相似、衝撃的な事例、道徳的模範を見いだす、あるいは見いだせるということは否定できない。また歴史家がそもそも歴史を書こうとする動機は、応々にしてプラグマティックであることも否定できない。彼らは名声を復興もしくは失墜させたり道徳的教化をおよぼしたり、ある道徳的な立場を支持し強化したりすることを望むのである。にもかかわらずこれらのうちのひとつとして本当に起こったことを叙述することと矛盾せず、そして実際もしそうでなければ、歴史を書いているとは言えない。なるほどさまざまな歴史家が、いろいろな道徳的信念や目的を抱いて物語を書くだろう。しかしそれにもかかわらず、彼らは起こったことを正確に叙述している。というのは結局彼らはまったく異なった事柄について叙述しているのであり、彼らの唯一の争点は道徳的争点であって、物語の主題は別なのである。逆に歴史家たちが、いずれも同じストーリーを語ろうとしながら、ストーリーが異なっているとすれば、彼らの争いの原因は道徳的な面のみならず、事実的な面にもあるのである。だがこの場合、物語のうちのひとつあるいはいずれもが欠陥を有するのは、ただ歴史に関連した意味においてだけなのであって、起こったことを正確に叙述していないという点にのみかかわっている。もしそれが正しいと仮定すれば、彼らは道徳的には意見が相違し続けるだろうが、だがこれはもはや歴史に関連する不一致なのではない。彼らは、歴史的知識とは無関係に意見が食い違っているのであり、かりに実際あらゆる事実について同意するとすれば、それ以上の道徳的解釈に関する不一致は、歴史とは一切関係なく、また歴史のほうもそれと無関係なのである。事実的不一致として表わせないものは歴史とは関係がなく、事実的不一致として表わされるものは、すべからく本当に起こったことについての不一致にすぎない。有意味な物語とは、この意味で言うと単純な物語に道徳的解釈を加えたものということになろう。ところが単純な物語は、ほかならぬ歴史なのである。したがって道徳的解釈は歴史外であり、単純な物語と有意味な物語との対比は、歴史内部での対比ではなく歴史となにか他のものとの対比なのである。

もとより、いわゆる信念と態度との区別は明確ではないと論ずる人もあろう。それに対して私は、単純な物語と有意味な物語との区別もある程度不明確だと答えておこう。また同様に私たちの用いるまさにそのことばの結果として、なんらかの道徳的判断を下さずに起こったことを語るのは不可能だから、当然、単純な物語はない、もしくはありえないし、それゆえ区別も存在しないと論ずる人もあろう。反対に倫理的な述語は態度の表明ではなく、ものごとや出来事の真の固有性を記述するのであるから、これらを用いていないいかなる記述も不完全であり、したがって単純な物語と有意味な物語との相違を実際に認めたほうがよいと言う人もあるだろう。またある人によれば、有意味な物語は、単純な物語に欠けているものを補い、起こったことをうまく正確に叙述できる。なぜならば事実プラス倫理を備えた記述は、単なる事実的説明より、さらに正確で十分な説明となるからだ。

私自身は、区別そのものは非常に明瞭だと思う。誰かが、これは道徳的主張は一切していないが、すぐれた歴史叙述であると言ったとすれば、皆、彼の言うことを理解するだろう。彼はたしかに、本来的に論理矛盾を犯すようなことはなにも言っていない。もし彼が、これは道徳的主張をまったく行っていないから悪い歴史叙述だと言うならば、歴史書を甲乙に分けるための正当な規準にしたがって、それを非難しているのではないことになろう。

道徳的に中立だということは、あるものが歴史として不出来だと述べるための理由として、一般に受け容れられてはいない。それはちょうど、ナポレオンについて言及されていないことが、悪い歴史叙述だということの理由とは認められないのと同じである。反対に、もし誰かが、起こったことが述べられてはいないけれども、良い歴史だと言ったとすれば、それがそもそもなぜ歴史と呼べるのかという、重要な問題をその人は提起することになる。あるものが起こったことを述べているから良い歴史であると言うことは、ある歴史叙述がすぐれていると名指すための標準的な理由となるが、一方それはなにが起こったかを述べているけれども、良い歴史叙述だと言うことは、ある理解不能の領野に踏み込んでいるのである。しかしながらそれは道徳的主張を行っているけれども良い歴史叙述だと言うことは、十分理解できる。これは道徳的主張を行うことが、良い歴史たる規準を満たすことを侵害していないという意味である。そこで私は、(a)における有意味性の意味内容はとり去ってしまってもよいと思う。

(b) 物語は、一種の理論とみなすことができ、これら種々の理論は裏付け可能で、出来事をあるやり方でまとめ上げることによって、出来事に一種の秩序と構造をもたらすのだという見解を、私はこれまで支持してきた。たしかに物語はこういうものだと考えられるが、それにもかかわらず物語は、時間と空間に関して位置づけられるのであり、歴史的な問いに対する答えを形成する。したがって時間と空間に関して位置づけられはせず、歴史的な問いへの答えにもなっていない一般理論とは区別されねばならない。「有意味性」の意味内容bは、ある一般理論を例証もしくは確証するために特に叙述された物語に当てはまる。この一般理論は、それ自体歴史的な問いに答えるのではなく、むしろ科学的というか、ある種の科学的な問いに答えるのである。著者がこの隠れた目的を心に秘めていようといまいと、結果として同じひとつの物語が叙述されることがある。私たちはそれが、そもそもそこに意図された科学的任務を果たしているかいないかということとはまったく別個に、それを物語として判断する。それゆえ一般理論を例証したり確証したりすることは、非歴史的責務であり、「これはすぐれた例証だろう」とか、「これは理論を確証するか」というような問いは、歴史的な問いに答えるものではないと言っておこう。その物語が、自らにふさわしい歴史的な問いへの答えたりえなかったら、例証や確証もいずれにしろできないのである。かくしてもし物語が最小限度の歴史的必要条件を満たすことができないならば、その物語がより高次の（あるいは別の）責務を果たすことはほとんど不可能である。いずれにせよここで私たちは二種類の物語をもっているのではなく、一種類の物語しかもたない。もっともそれはしばしば非歴史的に用いられてもいる。物語と一般理論との関係は、物語と道徳的テーゼもしくは目的との関係に類似させて理解すると有益であろう。この関係については、さらにいくつか述べておきたいところであるが、さしあたって有意味性の内容は、歴史内部での区別にいささかも関係がなく、単純な物語と有意味な物語との都合のよい区別を与えてはくれないと思われる。

(c) 単純な物語と有意味な物語との相違は、後者がある一連の出来事の結果を詳細に述べるのに対して、前者はたんにこれらの出来事をつなぎ合わせるだけだという点にあると仮定してみよう。ここでこれらふたつの物語をそれぞれ、前者をNs、後者をNpと呼ぶことにする。仮定よりNpが物語と言うにふさわしいものである。それゆえNpは、代表的な非物語であるSに比較して、Sにはないなにかそれ以上の条件を満たさなければならない。それはつまりこういう意味である。すなわちNpにおいて述べられているのちの出来事のうち、少なくともいくつかは先立つ出来事に照らした上で有意味であるということ、つまりのちの出来事は、先立つ出来事の意味なのであり、またそのとき先立つ出来事の結果でもある、ということである。Npのなかのどの出来事でもよいからとり出して、この出来事の意味はなにかと問うときに、もしかりにNpで述べられている出来事に一切言及しないでこの質問に答えることができるとするならば、その場合Npは物語になりえない。したがってあらゆる物語は、ある出来事のある結果を、詳細に叙述せねばならない。となるとNpとNsとの差は、単なる程度の差である。この事実から考えると、もしNpが本当に起こったことを叙述しているのだとみなされるのなら、なぜNsがまったく別の特徴づけをなされねばならないのかがわからなくなる。Nsはより実際に起こったことをより多く叙述しているかもしれないが、実際起こったことを述べる以上のことをなすということは、また別のことである。

他方Npが一連の出来事を詳細に述べたために、実際に起こったことを叙述できないなら、いったい物語はどのようにして実際起こったことを述べることができるのかがわからなくなる。したがってここで意図された対比は、物語の種類を区別するものではないことになる。それゆえ「有意味性」のcの意味では、すべての物語は有意味である。だがもしある物語が、なんであれ容認できる意味で実際起こったことを記述し、他の物語がそれをなさないなら、後者は、実際起こったことを記述しないかぎりにおいて、歴史としては失格である。このことから歴史におけるすべての物語は、単純な物語であることがわかる。結局のところ歴史の物語はすべて、単純であるか有意味であるかにはかかわらないのである。

(d) これについては、ごく簡略に取り扱うことにしたい。物語Npにひとつの欠落があり、手に入る史料的証拠がないために、一種の概念的証拠に頼らなければそれを埋めることができないと仮定してみよう。たとえば私たちはE_1とE_3が起こったことを知っていて、それらには関係があるという感じがするが、それがどういう関係なのかわからない、という場合を想定する。ここでの欠落は、物語の組織化に関連があるという点に注目してほしい。出来事E_2を仮定してみる。だがここで明らかな証拠が発見され、ここで私たちはこれにもとづいて物語の空白を埋め、物語を閉じることができる。新たな物語はNpが失敗したところで成功し、起こったことを正確にしるすのである。一般にこのことは、明らかな意味をもつものがなにか発見されて行われることである。以前には知らずにいたか、疑っているにすぎなかったことが明らかになると、私たちはそれがないときよりもより正確に出来事を叙述することができる。明証的な意味は、必要とされた区別になにももたらさないのである。

これらの理由から、歴史に二種類の物語があるのではないということ、あるいは少なくともこれまで論じてきたような二種類の区別はたてられないということは、正しいように思われる。ランケの特徴化は、それがどれほど曖昧で批判者たちからどれほど怪しげな読み取りをされようとも、歴史家が果たすべき事柄についてのすぐれた特徴化である。実際それは、私が歴史の最小目的と名付けたものの変型であるとみなしてもよかろう。だが歴史家は起こったことを物語によって記述するという意味においては、物語自体がものごとを組織化する手立てであり、与えられていることを「超え出て」いくがゆえに、歴史家は「解釈を与える」とでも言うべき行為に巻き込まれているのである。おそらく物語と「現実性としての歴史」との間の意味論的関係にまつわる問題があるであろうし、物語の真理条件も複雑になるであろう。しかし種類に関するかぎり、歴史はひとつであると私は述べているのである。どんな種類の物語も、もっとも物語にはいくつかの種類があると仮定した場合であるが、それにしたがってものごとが包含されたり排除されたりするような関連性の規準を要請し前提とする。このことはとりもなおさず、最大限に詳細な説明、現実性としての歴史の理想的な複製は、物語ではないという意味になると思う。

ウォルシュ教授はあるところで、事実を立証することと、事実と事実との関係を立証することの間には相違があると論じた。(21) これら二種類の行為は、まったく異なったレベルにあると論じたのである。事実の概念が明瞭でないと言う人もあると思うが、ふたつのものごとが関連しているということも、結局は事実なのである。だが事実にはレベルがあるという議論はなされよう。Ei および Ej が起こったことをそれぞれ立証することと、Ei と Ej の間のなんらかの関係を立証することには、哲学的な区別が立てられそうである。この点について、私は以下のようないくつかの注釈を加えておきたいと思う。

(1) 歴史の実践において、ある出来事が起こったことが事実であるとの立証が行われるというのは、たしかに正しい。しかしこの出来事と過去に関する他の出来事との関係を立証せずして、どの程度さきの行為を行いうるかということは、簡単には言えないし、私はそれはまったく不可能だと信じたい。だがこの点については、私は触れないことにする。というのもある人が、たとえば所定の絵が所定の日に描かれたことを立証することにのみ関心があり、どんな物語もまったく語るつもりがないかもしれないからである。歴史家が、その絵は一八一七年に描かれたことを立証し、それを明らかにした論文を公刊したとしよう。明らかに物語が前提とされており、新たに立証された事実が結局はある物語のなかに組み込まれていくにもかかわらず、その論文は物語とは言えないだろう。だがもしその論文が物語でないならば、それは単純な物語でもない。その歴史家は、たしかにひとつの歴史的な問いに答えている。彼は過去についての正しい言明を行っている。ところがそれにもかかわらず、彼が行ったことは物語をつくり出したとは理解されないのである。そして彼の作業を、実際に物語を書いている歴史家と対比することは、物語の内部で対比をつくり出すことにはならないのである。私はただ対比できるようないくつかの物語の種類があるか否かということにのみかかわってきたのであった。

(2)　出来事と出来事との関係を立証せずして、どうやったら物語が書けるであろうか。出来事を結びつける説明と結びつけない説明とを対比することは、物語と物語とを対比するのではなく、むしろ物語をそれとはまったく別のもの、Sのようなものと対比することである。

(3)　私たちはしばしば、出来事を不連続な数珠玉のようなものと考え、出来事同士の関係を、その間をつなぐ糸がないような形で成り立っているとみなす、ヒューム的傾向をもっている。私はここでその見解に異議を申し立てようとは思わない。私が是非強調したいと思うのは、出来事についての正しい記述が、すべてモナドのような述語のみで作られているわけではないということである。ものごとの記述の場合も同じである。タイプライターの色が黒であるというのは、私のタイプライターについての正しい記述である。それは私の部屋のテーブルの上にあるというのも正しい記述だし、それは私が五日前に手紙を書いた器械であるというのも正しい。ものごとや出来事についてのある記述を立証するためには、それらと、それ以外のものごとや出来事との関係を立証することが必要である。ここで例として、同じ出来事についての一組の記述を挙げてみよう。

D_1 ジョーンズはマッチを擦った。

D_2 ジョーンズは自分の小隊の位置を敵方に知らせてしまい、それまで保っていた戦略的利点を、不注意で失った。

他の出来事との多くの関連性を立証せずして、D_2を立証することはできないし、これらの関連性のうちいくつかは、時間を越えた広がりをもつ。

(4) あらゆる物語は出来事を関連づける、という点は同意を得られるだろう。だがその場合、あるものはそれ以上のことを行う、という主張がなされるかもしれない。それらは起こったことを正確に述べるのに加えて、説明をするのである。単純な物語と有意味な物語との差をつくり出すのは、まさにこの点だとされる。この主張に伴う困難とは、物語がすでにどの程度まで説明の形式をとってしまっているかということを、それが見逃していることである。物語を、他の形式の説明と対比するのは重要なことではあるが、それは必要とされている種類の対比ではない。物語は、記述し同時に説明するのである。

(5) 物語以外にも過去についての記述がある。これはむろん区別には役立たないが、ある興味深い問題を提起してくれる。そこでこの問題だけを取り上げることにしよう。物語は、その定義上、ものごとを除外する。だがもしこの物語形式を用いなければ、歴史の目的として理想的に前提されたような完全な記述を行うことができようし、それゆえ歴史的な問いによって画定される言明の範囲の最も深いところまで、言明を理想的に遂行できるかもしれない。私はいま、どんな出来事についてであれ、物語を用いなければ完全な記述はなしえないと言っておこう。ある出来事を完全に記述するとは、その出来事をあらゆる正しい物語のなかに位置づけるということであり、私たちにはこのようなことはできない。私たちは、未来に関して時間的に局在的であるがゆえに、それは不可能なのである。同じ理由から、私たちは歴史の思弁哲学を行うことはできない。したがって完全な記述は、物語の組織化を前提とし、物語の組織化は、私たちが行っていることなのである。それのみならず物語の組織化の負荷は、抜き去り難い主観的要素が伴うということを、論理的に含意している。そこには完全な恣意性の要素があるのである。私たちは出来事を、ここではまだ触れていないような意味で有意味だと考えるある出来事と関連づけて組織化する。しかしながらそれはあらゆる物語に共通するような有意味性なのであり、個々の人間の主題的興味によって規定される。その意味で相対主義者は正しいのである。これらのことをすべて、次章で示すことにしよう。

第八章　物語文

私はここで、あらゆる種類の物語に現れ、ごく自然な日常の話し方のなかにさえ入り込んではいるが、歴史叙述において最も典型的に生じるように見える種類の文を、分離し分析してみようと思う。私はこれらを指して「物語文」と呼ぶことにする。これらの文の最も一般的な特徴は、それらが時間的に離れた少なくともふたつの出来事を指示するということである。このさい指示された出来事のうちで、より初期のものだけを（そしてそれについてのみ）記述するのである。通常それらは、過去時制をとる。そして実際その他の時制をとることは、――その理由をこれから考察することになるのだが――奇妙なこととなろう。これらの文が物語叙述における文体的特徴を構成しているという事態は、これらの文を用いることによって歴史的知識の対比的な特徴が示されるという事実に比べると、さほど興味をひく事柄ではない。だがこの事実すらも以下のことに比べれば、それほど興味深いとは言えない。つまり物語文は、歴史が提起し、またそれを解くことが歴史哲学の責務であるような数多くの哲学的諸問題を、体系的に論ずる機会を与えてくれるのである。

実際私は、こうした諸問題のコンテキストのなかで、物語文を導入しようと思う。私のテーゼは、物語文が私たちの歴史概念に特に深く関係しているため、それらの分析にあたって、その概念の主たる特徴がなんであるかが示されねばならないというものである。さらに加えて、それらは、「歴史は芸術か科学か」という陳腐な問いに対する正当な解答が、なぜ「いずれも否」であるのかを示すのに役立つのである。

パースはウェルビー女史にあてて、こう書いている。「未来が生き生きとして、可変的で、そして決定可能であるのに対し、私たちの過去についての観念は、完全に決定され固定され、既成事実となり死んだものについての観念にほかならない」[1]。たしかにこれは、私たちのほとんどが考えることではある。しかし別の見解はとりえないであろうか。種々さまざまな理由から、ある人々は未来も過去と同様固定され、決定されていると主張してきた。そこで私たちがシーザーについて知っていることは、ただ彼が存在したということだけだと考えてみよう。彼が特定の場所、たとえばイギリスに居たかどうかさえわからない。だが私たちは、崇高なる概念である排中律にのっとって、彼がそこに居たか居なかったかのどちらかであり、少なくともいずれかは正しいと言えると思う。ではなぜ紀元前五世紀の人間は、シーザーがイギリスに居るであろうか否かを論ずるために、排中律を援用しようとはしなかったのだろうか。おそらくその理由は、私たちがシーザーが存在したと知っているようには、当時誰一人として、シーザーが存在するだろうとは知りえなかったからである。だがそれでもその人が、シーザーは存在するかしないかのどちらかで、これらの言明の片方は真とならねばならないと言ったということも考えられる。もし排中律がこの未来の事柄について援用されるならば、すべての未来の事柄について援用してはならないという法はない。だが紀元前五世紀の人が、存在するだろうとかしないだろうとか言っている当の事柄が、いったいどんなものなのかはっきりしないように、「シーザー」という名前がその人にとって、そもそもどんな意味をもちうるのかまったく定かではない。

さて私は、私たちが知っているのはただ、シーザーが存在したということだけだと仮定した。明らかにこれは非現実的である。（しかしひとつの記述を肉付けしていっても）、そこで記述されている誰かが存在するかしないかを述べることを、紀元前五世紀の語り手からさまたげたのはそもそもなんだったのだろう。排中律がこの記述の真もその否定も保証しないのはなぜか、と言うべきだろうか。あるいは排中律は過去だけに当てはまるのだろうか。

結局のところ、過去と未来については、四つの可能性があるのである。つまりさきに挙げたふたつに加えて、未来は決定されたものであり、過去は「生き生きとした、可変的な、決定可能な」ものだということだ。ではなぜ、私たちの過去や未来についての「観念」は、パースが描いたような可能性にのみ対応しているのだろうか。それがかりに私たちの観念なのだと認めるとしても、なぜそうなるのかという問いは依然として残る。

それは定義の問題だと言ってしまうのが、最近の自然な傾向である。しかしまるでフィルムを逆回しにするように、歴史の流れ全部が急に逆になるという、途方もない空想をした場合を考えてみるとよい。しばらくして「れあ、りかひ」という声が聞こえ、闇が再び水のおもてをおおうのである。そのとき未来は過去の正確な鏡像となり、過去についての正しい文ひとつひとつに対して、それに正確に対応する文が見つけられるような規則がそこにはあることになる。このような場合、決定性という点からみると、未来は過去の正確な足場となろう。たしかに私たちは、この間の事情を知ることはできない。起こっていた出来事は歴史を反転させたものだったなどということは、誰一人知ることはできない――なぜならばそのことによって、対称性が崩れてしまうからである。おそらく私たちが、未来の非決定性ということで意味しているのは、私たちが事情を知りうる立場にあるということ、私たちには動ける余地があるということである。だがそのことについて言えば、私たちは少なくとも想像上で（そして想像上でのことが、いま問題になっていることのすべてであるが）、『アーサー王宮廷のコネティカット・ヤンキー』のように、過去に身を置くことができる。もちろん実際にはアーサー王時代のイングランドに、二十世紀のよそ者が入り込める余地はない。しかしながら、もし歴史が反転したならそれに相当する未来の部分にも、同じように入り込める余地はないのである。歴史にそんなことが起こるとは、誰も言う者はいない。だがそうならないというのは、定義の問題ではないのである。

未来は過去の映像にはならないということを、私たちは経験的に確信していると言ってみることにしよう。そうなると未来とはどのようなものになるであろうか。人々はあれこれと想像するだろうが、いままでに起こったことについての知識と引き比べてみると、今後なにが起こるかについては、私たちは実際はなはだ不確かである。このことがすなわち、過去は決定されており、未来は決定可能であるということの意味だろうか。この結果、私たちの「観念」は、過去と未来についてのなんらかの定義にもとづいているのではなく、むしろそれらについての知識にもとづいていることになりはしないだろうか。そうなると、パースの言明は偽となる。私たちは常に、過去についての自分たちの信念に修正を加えており、したがってそれらは「固定されている」と考えることは、歴史研究の精神に背くものである。原理上過去についてのいかなる信念も、修正を受けるべきものであり、それはちょうど未来についてのいかなる信念も修正されるのと同じであろう。実際しばしば、過去についてよりも未来についてのほうが、より確実だということがある。ある時点において、私は松かさがそれ以前にどこから落ちてきたかよりも、その後どこに落ちるかのほうが、はるかに確実にわかる。そしてその差は、せいぜい程度の差にすぎないのである。

パースはまた、「存在するものは、あらゆる点で決定的である」[2]と書いている。おそらくこの場合に必要なのは、彼本来の主張についての一種の存在論的な解釈である。つまり未来は、もしそれが決定されていないとすれば存在しない。だがかりにその逆が働くとすれば、過去は、その存在ということがどのように解されるにしても、存在しなければならない。そして排中律すらも許容することになるのである！　未来についてと称された文には、その指示するものがなにもないから、真偽の問題は生じてこない。(3) あるいはこう言ってもよかろう。過去は構成されたが、未来はまだ構成されておらず、それゆえこの厄介な排中律を廃するためには、直観主義の言い回しをいくぶん拡張することになる。(4) 私たちの過去についての観念は、存在するものについての観念であり、未来についての観念は存在しないものについてのそれであると言ったところで、もとよりほとんど役に立たないだろう。なにか言えるとすれば、過去についての観念は、存在したものについての観念であるのに対して、未来についての観念は存在するだろうものについてだということだ。過去がいま存在すると考える人はほとんどいない。だが何人かのすぐれた哲学者は、存在すると考えた。「出来事がいったん起こったなら、それは永遠に存在するように、私には見える」と、C・D・ブロードは書いている。(5) というのは、彼の論ずるところによれば、次のように述べることはたしかに意味があるからである。つまりある出来事が過去であるということとは、他の出来事となんらかの時間的関係に立つということである。だがもし過去が存在しなければ、この関係は、名辞が欠如するために崩れてしまい、過去についての言明は意味をなさない。(6) それゆえこれらすべての出来事は、「恒久的な宇宙の一部」を構成するのである。これは実際あまりにも広範な帰結を支えるには、弱すぎる議論のように思われる。

そして私たちは、必要な手を加えた上で、もしある出来事が未来であるということに十分意味があるなら、その出来事は永遠に存在するか、あるいは未来についてのすべての言明は無意味であると同じように整合的に議論することができよう。だがここでブロードの考えは正しいと仮定し、パースの過去と未来についての言明を解釈するさいに必要だと思われるようなそれらの観念に、十分合致する形而上学的なモデルを作ってみることにしよう。このモデルの重要な特徴となるのは、過去が固定されているということである。だがこうした形而上学的な補遺は、なぜ私たちが、過去は固定的で未来は流動的だと考えるかを、少しも説明しはしないという点に注意してほしい。それはただ、もし私たちの抱いている観念が正しいなら、世界はこうであるべきだということを示しているにすぎない。

「過去」とは、これまでに起こったすべての出来事が、起こった順に定置されているような巨大な容器か格納庫のようなものだと想定してみよう。この容器は、一瞬一瞬前のほうに向かって伸びていき、出来事が層を成してその変幻自在な都合の良い胃のなかに飲み込まれていくにつれて、刻一刻と満たされていくのである。「過去」の前方への伸びは、押さえ切れずまた規則的である。そしていったんその容器に入ってしまうと、所定の出来事Eと、「過去」の容器の伸びつつある端とは、「時間」の流れと同じ割合でたがいに遠ざかっていく。他の出来事の層が積み重なるにつれて、Eは、「過去」のなかにどんどん深く埋もれていくのである。しかも「現在」から不断にどんどん後退するということが、Eが被らねばならぬ唯一の変化である。それ以外は、いかなる修正をもまったく受けつけない。さらにEは、普通「過去」へともに繰り込まれる一連の出来事のうちのそのただのひとつであるにすぎない。この場合、Eおよびこれと同時の出来事は、それ以上の出来事がいわば新たな同時的出来事として参与しないという意味において、排他的なクラスを構成する。したがって「過去」は、それが刻々と過去の度合いを増すということ以外には、いかなる修正によっても変化しないし、出来事Eが過去に入るさいに、新たな他の同時の出来事がつけ加わることによっても変化しないのである。

この「モデル」は、出来事を時間内に伸び広がる宇宙での時間的に拡大された実在物と解釈しており、おそらくその限りでは正当な見解である。モデルのなかで正当と言えないのは、Eとその同時的な出来事が、同じだけ時間的な厚みをもち、末端も合致した正確な同時物だと述べている部分である。「出来事」という語の通常の用法は、非常に紛らわしく、私たちは普通それをさまざまな長さで持続する出来事に当てはめることが多い。もとより持続は零であってもよい。たとえば、こまどりを目にすることは、バード・ウォッチングのマニアにとっては、おそらく朝の重要な出来事である。だがこのような出来事は、ライルの言う「達成」に分類されるのであり、彼のことばを借りれば日付がつけられるのであって、時間が記録されるのではない[7]。稲妻のような出来事は、日付と時間で記録できる。フランス革命と南北戦争は、フランス史とアメリカ史の双方においてそれぞれ重要な出来事であるが、それらは、時間の起点が同じならば、時計よりカレンダーで計ったほうがよいのである。ことばの用法に忠実であろうとすれば、出来事はさまざまな度合いで持続すると考えることが必要だし、唯一他に採りうる道は、出来事はきっかりそれだけの長さ、たとえば三分間のものというように、任意に決めるしかない。[8] しかし語の用法にしたがうとすれば、出来事Eについて、それと同時のものは数多くあるけれども、正確な同時物はないと言わざるをえないだろう。そしてその結果、時間軸の進行方向でのEの先端に垂直な直線を引くと、その線はEと同時的な出来事の先端を通る垂線とは、おそらく交わらないだろう。ところが出来事が層を成して積み重なり、順序よく現在から遠ざかっていくような私たちのモデルに対して、これは都合の悪い帰結をもたらす。というのは出来事Eは完全に「過去」の領域に入っているが、かたやその同時的出来事たるE′は、部分的にのみ過去たりえているだけで、一部はまだ過去を形造る途上にあるという場合を考えてみるとよい。Eと重なる部分が「過去」にあるとき、ではE′の残りの部分はどこにあるのかと聞きたくもなろう。泥のつまった缶に半分埋まった虫のように、それが突き出ていると考えると、どうも落ち着きが悪い気がするのである。なるほど「過去」に属していない部分は、「未来」のなかにあって、E′はただある容器から別の容器へと移っているのだと言うこともできる。しかしE′は、EとE″に重なっており、このふたつは一切重なっていないと考えてみよう。その場合Eが完全に過去のとき、E″は完全に未来となる。だがそうなると未来は結局存在することになり、過去の決定性と未来の非決定性という当初求められた対比は崩れてしまう。いや私たちは、E′の残りの部分は存在しないと言うべきだろう。その場合過去は出来事と一緒に出来事の断片も含まねばならない。この不十分な補足をつけた上で、私たちはこのモデルを、それが価値をもつかぎりで、用い続けることになろう。

私は、このモデルはそれほど価値をもたないと思う。ひとつには未来が、非常に因果的に用いられているからである。しかしいずれにせよ、「そこ」、つまり「過去」にはこれまで起こったすべての出来事が、あたかも凍った絵のように収められている。それらは起こった順番にしまい込まれており、相互に重なり合い（なぜならそれらの大きさはさまざまであるから）、浸透し合っている（なぜなら出来事Eは、別の出来事E′を、それ自身の一部として含んでいるからである）。さらに重要なことは、それらは変化できず、またそれらの相互の順序を変えることもできないし、その伸びゆく先端を除けば、新たな内容を取り込むこともできない。なぜそれらが変化しえないかは、まだ明確ではない。だがそこには強固な理由があるにちがいない。というのも古来の伝統によれば、神すらもすでに起こってしまったことを元通りにすることはできないからである。神がなされなかったことをなすことはできないということは、少しも神の全能を減じるものではない。[9] だがこの問題はしばらく措いておくことにして、私たちの膠着した「過去」の記述という問題に立ち返ることにしよう。

出来事Eについての十分な記述ということで、私は、Eで起こったすべてのことを完全に叙述する、ひとまとまりの一連の文のことを意味することにする。出来事の継起の順は重要であるから、この順序をなんらかの装置を用いることによって、十分な記述のなかに反映することが望まれる。事実十全な記述は、起こったすべてのことについての順序を守った叙述となろう。そういうものとしての十分な記述は、地図となんらかの類似を帯びている。つまり十分な記述と、それが真であるところの出来事は同型である。地図に関してはふたつの問題点がある。第一に地図で描かれた地形には、地図には示されていないものがあり、そのため通常実際問題として地図は不完全で、その地形を正確に複写したものではない。[10]第二に地形は変化するため、地図は時代遅れになる。海岸線は浸蝕され都市は亡んで、別の都市が勃興し、国境線は戦争や条約の結果、新しく引き直される。[11]第二の問題は、「過去」が変化しないかぎり十分な記述に関しては生じない。だがこのとき、第一の問題が生ずる必要もない。私たちは、本当に十分な記述、つまりあらゆることを語り出来事と完全に同型な記述を想定することができるからである。このような記述は確定的なものとなろう。それは出来事を、「あるがままに」示している。さてここに、「過去」全体のひとつの（実際には唯一の）地図を構成するために、すべての出来事についての地図が集められたと仮定しよう。この大地図は「過去」自体が変化する仕方においてのみ変化する。

つまり先端にそって、加算されていくのである。このとき私たちが「過去」について語っているのか、十全なる記述について語っているのかは、ほとんど問題にならない。

さてここで私の構図に、理想的な編年史家を取り入れてみたい。彼はたとえ他人の心のなかであれ、起こったことすべてを、起こった瞬間に察知する。彼はまた瞬間的な筆写の能力も備えている。「過去」の最前線で起こることすべてが、それが起こったときに、起こったように、彼によって書き留められるのである。その結果生ずる生起しつつある叙述を、私は「理想的編年史」(Ideal Chronicle)と名付けることにしよう。いったん出来事Eが、無事過去のなかに落ちつくと、その十分な記述は、理想的編年史に含まれる。ここで私たちは、理想的編年史のなかのさまざまな部分を、実践的歴史家が自らの叙述をそれに近づけようと努力している叙述として考えてみることにしよう。

さて「過去」におけるあらゆる出来事は、どこか歴史家の天国とも言うべきところに安置されたその十分な記述をもっているということにしよう。「過去」の出来事は、「固定され、既成事実であり、死んでいる」ことを思い出してほしい。出来事の修正のみが、理想的編年史における修正を強要する。だがこの点は除外される。それゆえ理想的編年史は、必然的に確定的なものとなる。これとは対照的に活躍中の歴史家たちによって読者にもたらされる現実の叙述は、常に修正を受けるものである。それらの叙述は誤った文を含んでいるだろうし、正しい文が異なった順序で主張されているかもしれないし、そもそもほとんど確実に不完全である。時によっては、にせの証拠や真実の証拠の誤った解釈によって、歴史家が真の文を偽の文と入れ換えるということも起こりうるので、私たちは歴史叙述の正しい修正を見分けようとするだろう。こうしたことは、いまとっている観点から見ると、叙述を理想的編年史に一致させようとすることから起こるといえよう。そしてこれらの修正は、最大限次のような三つの形態をとることができる。(a)理想的編年史には現れているが、歴史家の叙述にはまだない文をつけ加える。(b)歴史家の叙述には現れているが、理想的編年史にはない文を削除する。(c)歴史家の叙述に残っているすべての文の位置を、理想的編年史におけるそれに相当する文の位置に合致させるため、相互に交換する。これらの三つの修正規則を繰り返し適用することによって、私たちは最終的に元の叙述の改訂版を手にするのである。これは実際理想的編年史における当該の部分の正確な複製となることだろう。

これはまさに、機械でできるような事柄である。おそらく理想的編年史の仕事さえも、機械に割り当てられるかもしれない。人間の尽力が必要とされる唯一の場は、「正しく直されていない叙述」を作り上げることだけである。このことはむろん、たとえば資料収集、仮説の構成、推論とその吟味といった古色蒼然たる方法を通じて行われねばならない。このような単調な仕方で構成された叙述など、誰も信用する者はいない。新しい証拠が出現し、新たな科学的発展によって目新しい仮説が公認され、天才が現れるとまったく新規な解釈がもたらされる。気の毒なことに古い叙述は訂正されて、新しいものと置きかえられ、以前の叙述に注ぎ込まれたあらゆる労力から産まれたものは、いまやなにか時代遅れになってしまっている。報いられることのない、果てしない仕事である。二、三の簡単な規則を当てはめるだけで、自分の叙述が点検できるような、理想的編年史の保証付きコピーが記録保管所にないのは、歴史家にとってなんと残念なことだろう。

では歴史家に、理想的編年史を与えてみることにしよう！　もう彼は、なんでも知ることができる。だがそれは同時に、致命的な贈り物だ。というのもいまや歴史家はなにをすればよいというのだろうか。そこで彼は、歴史の他の分野に踏み込んでみるが、私たちの恵み深さには限りがない。私たちは、彼にどこであろうと望み通りの理想的編年史の一部を与えるのである。明らかにもはや、資料収集、仮説の構成、叙述といった彼が歴史家としてなすべきことはなにもないように見える。つまるところいったいなんのために、正しい叙述がそこにあって読めるというときに、訂正だらけの不細工な叙述をするために懸命に努力する必要があるのだろうか。たしかに歴史家の存在理由は、古来の方法を実践的に用いることにあったと言えるかもしれない。エドマンド・ヒラリー卿は、もし大いなる手が天から伸びてきて、おもちゃの兵隊のように彼をエベレストの頂上に乗せたなら、間違いなくそれに腹を立てたことだろう。彼は自分が行こうとした場所に、実際着いたことになろうが、たとえヒラリー卿がこのたぐいのことが起こるように祈ったとしても、誰もそれを山岳史上の快挙であると認めはしないだろう。なぜなら祈りは、山岳家の技術練習ではないからである。歴史家にとっては、事態は悪すぎると言っておこう。私たちは彼に、歴史はスポーツではないし、学的技術を用いることは、常に真実の発見という目的に対する手段であったのだということを思い出させてやらねばならない。そしてこの真実は、すでに私たちが彼に与えたものなのである。彼の史料編纂のための手立てが、いたしかたのないものであったということが明らかになれば、どのようなちがいが生じるであろうか。それ以上のなにを、彼は望み、あるいは望みうるというのだろうか。

クローチェは、歴史の本務は「過去」を「それが本当に起こった通りに」記述することだと考える人々に対して、似たような挑戦を突きつけた。完全なる記述をもっていると仮定すると、それからあなたはなにをするつもりなのか[12]。クローチェは言う。私は、これはこういう意味だと思う。すなわち歴史家は歴史を書き足す前に、歴史を作り足さねばならない。それはまるで、自らの本質を全うし続けるために絶えずほこりを掃き出していなければならない女中のように、シジフォスの神話のごとき悲惨な労働なのである。だが私は、この挑戦を心に留めおきたいと思う。歴史家がすべきことは、なにが残されているだろうか。残された恩恵があるかどうか疑念を抱くということは、もちろんありうる。そこでそれを確かめてみることにしよう。もし歴史家の方法が穏当なものであれば、恩恵も常に正しいものとなろう。あるいは歴史家は懐疑主義へと逃避するかもしれないが、これは理想的編年史にとって打撃となるのと同様、通常の歴史実践にとっても痛打となろう。またはこの恩恵となるべきものを無視してしまうこともできる。だが歴史家は、手のなかで悲しげに聖杯を回し、自らの求めたものが結局、まさにそれを問い続けることだったことに気付くガラハードのようになるべきなのだろうか。しかしこのことにはなんの意味もないだろうし、それ以降のさらなる探求は、悪しき信仰に汚されているにちがいない。蠅は壜に閉じ込められているのである。哲学者の任務は、それを外に出してやることなのだ。

私の提案は、次のようなものである。歴史家は理想的編年史を、彼が関心をもっている出来事の生き証人の説明と同じように用いればよい。理想的編年史は、その出来事について彼が知りたがっているすべてのことを語ってはくれないだろう。これはまるで、さきに述べたことと矛盾するかのように聞こえる。理想的編年史は絶対に完全なのではないか。そしていかなる点においても、過去を誤らせたり不完全にしたりするようなことは、過去については一切起こらないと私は明言したのではなかったか。もとより理想的編年史は完全である。ただそれは、目撃者が記述するという意味で、起こることとすべてを同時に、起こったときに、起こった通りに目撃できるような理想的な証人が記述するという意味において完全なのである。だが、これだけでは十分ではない。なぜならばいかなる出来事について も、そこでその出来事が目撃されているのではないような一連の記述があるのであり、(13)

こうした記述は必然的に、しかも原則的に理想的編年史から除外されているからである。ひとつの出来事についての真実全体は、あとになってから、時にはその出来事が起こってからずっとあとにしかわからないし、物語のなかのこの部分は、歴史のみが語りうるのである。それはちょうど、最良の証人すらも知りえないような事柄である。私たちがわざと、理想的な編年史家にもたせずにおいたのは、この未来についての知識であった。イエーツは彼の詩でゼウスによるレダの凌辱について記し、次のように書いている。

腰に伝わったものがあって、そこに
壊れた城壁や、焼ける屋根や塔や、
アガメムノンの死を用意する。

挿話の歴史性についての問いをしばらく措くなら、文そのものは、たとえ出来事が起こったとしても、理想的編年史には現れることができないたぐいのものである。「鳥は力を失った女の胸にその胸をあてる」というその前の詩句と対比すると、これは理想的編年史に現れうる。というのもこの文は、目撃しうるものを記述しているからである。だが「ゼウスがアガメムノンの死を用意する」という記述では、誰もその行為を目撃することはできない。というのもこの王はまだ生まれてさえおらず、現在私たちが知っているように、悲劇的な死に至る以前に多くのことが起こるからである。アガメムノンの死は、ずっとあとにのみ目撃しうる。そしてこの死をレダの凌辱にまでさかのぼることもでき、歴史的に回顧して、ゼウスの行為自体がある種の運命を背負っていたとも考えられる。これらのすべてについて理想的な目撃者はなにも知らない。未来に言及することもせず、起こったことを、起こったときに、起こったように述べることを越えてさらに進むのでなければ、理想的な目撃者が、一六一八年に「三十年戦争がいま開始された」と記すことは不可能であろう。三十年戦争は、それが三十年続くのでそう呼ばれているからである。

　私がかかわっている種類の記述は、ふたつの別個の時間的に離れた出来事、E_1およびE_2を指示する。そして指示されたうち、より初期の出来事を記述する。イエーツの文は、レダの凌辱とアガメムノンの死とを指示しているが、記述しているのはレダの凌辱だけである。「三十年戦争は、一六一八年に始まった」は、戦争の開始と終りとを指示しているが、戦争の開始のみを記述している。その戦争が、それが続いた期間によってそう呼ばれているという仮定に立つと、それを一六一八年に――もしくは一六四八年以前に――「三十年戦争」と記述できるものは、おそらく誰もいないだろう。むろん誰かが、その戦争はそれだけの期間続くと予言して、自分の予言に満々の確信を抱き、その戦争を実際そのように記述することはあるかもしれない。しかしそのとき彼は、未来について主張していることになり、これは理想的編年史には許容されていないことである。もし未来の出来事E_2が起こる、あるいは起こりそうになる前に、E_2を指示することによって出来事E_1を記述するならば、E_2が起こらなかったさいには、その記述を取り消すか偽であるとせねばならないだろう。ところが理想的編年史は、いかなる点においても過《あや》たないように構成されている。訂正削除などはないのである。理想的編年史は固定されていて、真でないことは一切語らない。予言や記述についてはのちにさらに述べることとし、また理想的編年史が未来について主張することを可能にするいくつかの帰結を探究したいと思う。しかしながら現時点では、理想的編年史はそのような主張を行うことはできないし、それゆえいま私が特徴づけた文――以後こうした文を物語文（narrative sentence）と名付ける――を用いることはできないのである。理想的編年史には始めもなければ終りもない。「もし始まりも終りもなければ、物語はない」とヴァージニア・ウルフは『波』のなかで述べている。ホワイトヘッドは「未来を切り離せば、現在は崩壊し、その固有の内容を失う」[14]と述べている。「十全な記述」は、歴史家の必要を十分に満たしておらず、その結果私たち自身の叙述が到達しようとする理想たりえていないことが、徐々にはっきりし始めている。そして出来事の目撃者でないことは、もし私たちの関心が歴史的であるならば、それほど悪いことではなく――このことは、いくつかの歴史的相対主義の議論が不適当であることを示すものだと考えられる[15]。

実際問題として偽の文は、そこで用いられている語の意味が不変であれば、ふたつの方法によって真へと変換されよう。つまり文を訂正するか、文が記述しようとする事実のほうを修正するかのいずれかである。もし部屋に椅子が三つあり、誰かが誤って「この部屋には椅子が四つある」と言ったとすると、その人は、椅子をひとつ加えるか、もしくは「四」を削除して「三」に置きかえるかのどちらかによって、正しい記述を行うことができよう。ところが過去についての誤った文の場合は、かりに真であることが目的であるなら、文を訂正するという選択しか私にはない。ボルジア家の人々を道徳的に再教育して、「ボルジア家は高潔な一族である」という文が真になるようにする機会は、何世紀かの間まったくなかったのであり、せいぜい私にできるのは「高潔な」を「悪辣な」に変えるか、あるいはその文に固執しているなら「高潔な」の意味を変えてしまうことである。もし私が、ボルジア家は高潔だという命題にとらわれているのなら、これは自滅的な企てであるが、「ボルジア家の人々を高潔にすることはできない」という文は、一五〇三年以降、その意味を根本的に変えている。つまりそれ以前は、たんにボルジア家は比類ないほど不徳であるという意味にすぎないが、逆にそれ以降は、特定のボルジア家の人間や、その生涯に起こった出来事は、「過去」に完全に埋め込まれているのである。だがここでタイム・マシンを使うと仮定してみよう。私たちの計画は、過去に戻ってアレキサンデル六世とその子供たちに働きかけ、正しい道を歩ませた上で現在に戻り、事実の修正によって文を真にしようとすることである。だが当然ながら、この企てにはまったく望みがない。それはボルジア家のせいではなく、「過去」を変えることが不可能だからである。しかしなぜ「過去」を変えられないのだろうか。

おそらくこのように言いたくなるかもしれない。結果は時間的に、その原因に先立つことはできないため、過去の出来事は、いま、あるいは将来において作用する原因の結果になることができないからである。たしかに理由は、たんに問題になっている過去の出来事が「ここ」にないために、私たちはそれを、いわば手で触れることができないというようなことではない。なぜなら未来の出来事も「ここ」にはないが、いま作用しつつある原因は、未来の出来事にある結果をおよぼすと思われるからである。一方私が考えている状況は、次のようなものとも異なる。つまりのちの出来事、たとえばコインの表が出たという出来事が、人が「表」と言うというような前の出来事の原因となる、とする場合である。[16]なぜ異なるかと言えば、コインがt_2時に表であるとき、人はすでにt_1時に「表」と言っているからである。ところが「過去」を変えるとは、たぶん次のようなことだと言えよう。すなわち誰かが、ボルジア家の人々を有徳にすることを、t_2時にひき受け、ボルジア家の人々はt_1時において悪辣であり、なおかつその人がt_1時においてボルジア家の人々が悪辣ではなく、有徳であるようにすることに成功するというような場合である。似たような場合を挙げるとすれば、ある人がt_1時に「裏」と言い、t_2時にコインの表が出て、そしてこのことが、「裏」ではなく「表」と、t_1時にその人が言うという事態をひきおこすと考えてみればよい。

さてもしこのようなやり方で「過去」を変えることができないとすれば、それはたんに結果がその原因に先立つことができないからではない。たとえばボルジア家の名誉回復に関心をもっているある後世の歴史家が、さきのような方針では自分にできることはなにもないと認めたとしよう。それでもなお過去の出来事は変化しうると、その歴史家は論ずるかもしれない。というのはボルジア家の人々の行いを改めさせるような出来事が、彼らの悪行より以前にあったかもしれないからである。それらの出来事は、いまだにその因果力を発現してはいないけれども、まるで休火山のように何世紀にもわたって潜伏しているのである。たしかにこれは途方もない考えではあるが、問題となっている原因は明らかにそれがもたらした結果に先行しており、それゆえ過去を変えることの不可能性は、もはや原因と結果を時間的に入れ換えることができないという点に拘束されているのではない。そしてさらにかく申し立てられた結果に先立つ出来事は、それらが過去であるから因果的に無効であると単純に言い切ってしまうことはできない。というのは、このことはただちに因果性を反駁する一般論を含意するからである。つまり私たちの因果性の概念は、時間的に離れた行為を必要としているのである。もしそうでなければ、時間的に離れたいかなる出来事も、原因、結果として結びつけることはできないし、したがって未来が、現在起こっていることによって、いかなる意味でも影響を受けるとは考えられないのである。そしてさらに悪いことに、「過去」の出来事が、なんの原因もなしに自在に変化するという可能性は、いまだ残されているのである。

しかし結局のところ、こうした困難はすべて不当なのである。なぜならば出来事Eが過去であるとき、原因がなんであれEより早かろうと遅かろうと、Eに作用するという点こそ、因果性に関して私たちが除外した事柄だからである。ここで出来事Eがt_1時に起こったと仮定する。このときEの変化は、Eにある特性を付与するかまたは除去するか、あるいはその両方を行うことによってもたらされることになる。Fが、つけ加えられる特性であると仮定してみよう。その場合t_2時においてEはFかつ非Fになり、これは定義上矛盾である。かりに特性Gが除去されるとしても、同様の矛盾が生じる。出来事Eはt_1時において、Gかつ非Gとなるのである。これでは自発的変化を保護するものとなる。しかしEはt_1時の出来事であるから、どんな変化もそれ以外の時間、たとえばt_2時には起こりえない。もしそうなるとあることがt_1時とt_2時に同時に起こることになり、言い換えればふたつの異なった時間が同時になってしまう。そしてこれもまた矛盾である。

「過去」の出来事の記述が誤っている場合、それらを真に変える唯一の方法は、「名辞の修正」である。だが一方「過去」が変化していると言いうるような、ある意味のとり方がある。つまり私たち（あるいはなにか）がその出来事に因果的に作用するとか、t_1時が過ぎたあとにもある事柄がt_1時に対して生じ続けているからというのではなくて、t_1時の出来事がその後の出来事に対して異なった関係に立つようになるがゆえに、t_1時の出来事が新たな特性を獲得するという意味において、過去が変化するのである。しかしその結果、t_1時の出来事Eについての記述は、その出来事自体の不安定性がなんら開示されなくとも、時を経るにつれて豊かさを増していく。そしてまさにこの理由によって、t_1時の出来事Eについての「十全な記述」と私が呼んだものは、決定的たりえないのである。

t_1時の出来事E_1は、t_2時の出来事E_2の必要条件であると仮定しよう。このときただちにE_2はE_1の十分条件となる[17]。ある出来事の十分条件は、このように出来事より遅れて起こることになる。そして原因が結果のあとに引き続いて起こると言うのでなければ、原因の概念と、必要および十分条件の概念とをすぐに同化させることはできない[18]。したがってE_2がE_1を生じさせたと考えるのは困難である。しかし最低限、E_2はE_1についての記述を可能にし、そこではE_1はそれまで目撃されようもなかったような記述を受けるのであり、それゆえこの記述は、理想的編年史には現れていなかったものなのである。さてこのような記述は、無尽蔵にあるといってよかろう。というのも時間的にあとに生じるE_1の十分条件のひとつひとつが、その出来事についての新たな記述を与えてくれるからである。そしてこれとまったく同じ事態が、時間的にあとに生じるE_1の必要条件についても当てはまるのである。

たとえばこのような場合を考えてみよう。科学者Sは理論Tをt_1時に発見する。Sはおそらく、Tを発表しない。それより遅れてt_2時に、別の科学者S′が別個にTを発見し、それはいまは出版され、一般に認められている科学理論の体系に組み込まれている。その後科学史家が、実はSがS′より以前にTを着想していることに気付く。これはS′の信用をなんら損ねるものではないが、このことからSがt_1時にTを発見しただけでなく、Sは、t_2時のS′によるTの発見を先取りしていた、と言うことができる。これはたしかに、Sがt_1時になしたことについての記述であるが、その記述ではS′が目撃されているわけではなく、それゆえに理想的編年史に記載されていないというのは重要な点である。一方さきのような記述を行う歴史家は物語文を用いていることになる。

ある人がt_1時においてTを先取りするということが真であるためには、Tがあとにたとえばt_2時に発表されることが、論理的に必要である。しかしながらここにはいくつかの問題点がある。私たちは単純にt_2時におけるS′のTの発見は、t_1時におけるSの先取りの必要条件であると言ってしまうことはできない。つまりS′がt_2時にTの着想を得なかったとすれば、Sはt_1時にTを先取りしないとは言えないのである。というのもつまるところ、S′以外の科学者がその理論に到達しえたかもしれないし、S′がt_2時以外の別の時にそれを発見したかもしれないからである。Sがt_1時にTを先取りするということが真であるためには、誰かがいつかt_1時よりもあとにTを発見せねばならないと言えるだけである。そし

にTを発見し、さらにt_2時はSがTを発見した時間よりものちである」ということと等値ではない。前者は後者に含まれるが、後者を含むのではないからである。

しかしながらこれらの出来事をよりうまく記述すれば、すぐに後者を前者の必要条件に転換することができる。Sをアリスタルコス、S′をコペルニクスだとしよう。そうするとアリスタルコスが紀元前二七〇年に行ったことは、次のように記述されるだろう。すなわち「アリスタルコスは紀元前二七〇年に、コペルニクスが一五四三年に発表した理論を先取りしていた」。もしコペルニクスが理論を発表しなかったら、あるいはその年に発表したのでなかったら、それとも誰かコペルニクス以外の人がその年に理論を発表したのだったら、このアリスタルコスについての文は偽となる。それゆえ特定の記述のもとで、コペルニクスの行為は、アリスタルコスの行為の時間的にあとに位置する必要条件となるのである。この記述においてはただちに、アリスタルコスが紀元前二七〇年に行ったことは、コペルニクスが一七〇〇年あまりのちに行ったことの十分条件であることが導き出される。もとよりアリスタルコスの行ったことが、コペルニクスの地動説の原因となったとか、原因の一部をなしたとかいうのではない。この点は別個に立証されるべき事柄であろう。むろんある意味で、因果性の概念は私たちが思っているほど明確ではない。アリスタルコスの行ったことは、いかなる意味においてもコペルニクスによる地動説の発見をひきおこしたのではないけれども、ある非常に限定された意味において、コペルニクスによる地動説の再発見の原因となったのである。コペルニクスがふたつの異なった事を行ったわけではない。同じ行為が、ふたつの別々の記述のもとで照らし出されているのである。

「原因である」という表現は、たしかに物語が織り出す出来事の特徴化の顕著な一例である。原因は最終的に、原因として目撃されることはできない。そしてこの点はヒュームによって、かなり以前に指摘されている。E_1がE_2の原因だったと述べることは、E_1の必要条件となるような――特定の記述においてだけであるが――他の出来事E_2を指示することによって、E_1を記述することである。もしE_2が起こらなかったり、「E_2が起こった」という文が偽であったりすれば、「E_1はE_2の原因だった」は偽となる。このことからE_1はE_2の十分条件であるということは導かれない。おそらく一般に私たちは、ある出来事のすべての原因がその出来事の十分条件であるとは言わないであろう。さらにE_2はE_1の必要条件であると、必ずしも言おうとはしない。正しく述べられるべきことは、E_2が起こったことが、E_1が原因であることの必要条件であり、より正確に言えばE_1がE_2の原因であることの必要条件である。したがって簡潔に述べると、E_2が起こったということは、E_1が起こったということの必要条件ではない。それはたんにE_1がE_2の原因として正しく記述されるための必要条件であるにすぎない。それゆえ理想的編年史は、E_1についてそれが起こったときに、E_1はE_2の原因であると言うことができないのである。かくして「~の原因である」は、理想的編年史には入手不能の述語となる。

　同様にこれまで見てきたように「先取りする」も、理想的編年史家にとって入手不能な述語であろう。そしてこのような例は、まだいくつでもあるのである。ペトラルカがルネッサンスの幕を開けたことが真であるためには、実際のところペトラルカが幕を開けても開けなくてもルネッサンスは起こったであろうが、ルネッサンスが起こるという事実が、論理的に必要である。またピエロ・ダ・ヴィンチが万能の天才をもうけるということが真であるためには、彼の子（この場合レオナルド）は、論理的に万能の天才にならねばならない。他にも「正しく予言した」、「扇動した」、「始めた」、「先んじた」、「もとになった」などの例があろう。これらの名辞はどれも、出来事に対して真であるためには、E_1より時間的に遅い出来事を論理的に必要とし、これの名辞を用いた文は、明らかに物語文となるのである。

　物語文をまったく欠いているのに加えて、理想的編年史にはある指示機能が欠落している。つまり「……の場所」とか「……の人」といった関係代名詞を用いることによって、ある特定の出来事、人物、場所をさし示すような表現が脱け落ちており、ここのブランクは、その個物が存するときよりも、時間的にのちに起こるような出来事を指示する表現によって埋められるのである。ニュートンは『プリンキピア』を、一六八五年から、それが出版された一六八七年まで書き続けた。その年以降は、ニュートンを「『プリンキピア』

を書いた人」として指示することは自然である。そしてそれ以前は、ニュートンの生涯のどの時点について言っても、そのような表現を用いてニュートンを指示することは不自然であろう。私たちはウールスソープをニュートンの生誕の地、あるいは『プリンキピア』の作者が生まれた場所と呼ぶ。『プリンキピア』の作者は一六四二年のクリスマスにウールスソープで生まれたと言うのは、私たちであって、理想的編年史ではない。「『プリンキピア』の作者はウールスソープで生まれた」という文は、一六四二年のクリスマスの理想的編年史には記載できない。一六八七年以降はじめて、この文は然るべき時制をとって歴史叙述のなかに現れるのである。

　ウールスソープのこの家はまだ残っている。十七世紀の農民やヨーマンが見たのと同じものである。まさしく昔とほとんど同じように見える。そしていまも訪ねて行くことができる。ヨーマンや農民が眺めたのと同じ家が見られるだろう。だが私たちは、それを歴史に残る大科学者が生まれ幼少を過ごした場所、一六六五年のペスト大流行の年ニュートンが大発見をしたところとして見るのである。これらの発見の重要性や彼自身の重要性のために、ウールスソープの家は特別な意味をもつ。この意味を一六四二年に感じた者は誰もいない。その意味を与えるのは、一六四二年より以降の未来の出来事だけなのである。いまは当然過去となったこれらの出来事に付される意味のために、私たちはその石造りの家の意味を感じとるのである。[19]

私たちはウールスソープの家を訪れることはできるけれども、ニュートンが生まれたときにそこを訪れることはできない。「過去」を訪れることは「過去」を変えることであり、それはできないことである。不可能なことだがかりに私たちが、ニュートンの誕生を目撃することができたなら、その出来事がどんなに野心的な母親にさえ思いもおよばないような運命に満ち満ちていることがわかるだろう。丘に立つギリシャの羊飼いは、乙女が白鳥に凌辱されるのを見たかもしれないけれども（あまりにも恐るべき出来事である）、そこでアガメムノンの死が用意されていることは見はしなかっただろう。それは、そのときには知りえなかったことを知る者だけに「見えた」ことなのである。もし私たちが「過去」を訪れることができるとしたら、私たちは「未来」についての知識を携えてそこへ行くことだろう（私たちは、そのとき目撃すると思われることよりも時間的にあとに起こった出来事を覚えている）。私たちを過去への時間旅行にかり立てた当のその知識を、なにかの具合で忘れた場合にだけ、「過去」を「それが実際に起こった」通りに目撃することができるのである。

「しかし」、こうも議論できる。「千里眼の人は、一連の出来事を起こった通り目撃し、なおかつ未来の出来事に照らすと意義があるものとして見るのである。私たちはアインシュタインの業績を覚えていてそれにもとづいて、その老人を眺めたであろう。ではなぜこれらの業績を予見した人が、その業績に照らすようにして、その青年を見てはいけないのか。

東方の三博士のことを考えてみてほしい」。おそらくそうであろう。しかし私たちはまだ、理想的な時代編年史家に、先見の能力を許容してはいないのである。彼はただ起こったことを、起こったときに、起こった通りに知るだけである。あらゆる出来事は彼にとって、等しく意味があり等しく意味がない。それは言うなれば、意味の範疇が適用できないのである。未来を知らないのに、どうしてそれが適用できようか。彼が目撃する出来事が、意味の規準をもちうるのは、ただ未来に照らすことによってなのである。

理想的編年史が未来について主張することを一切禁じたとすれば、起こったことを、起こったときに、起こった通りに記述するために、理想的編年史はどのような言語を用いればよいだろうか。私はすでに、理想的編年史は出来事を原因として記述することはできないし、また物語文を用いることによって特徴化することもできないと述べた。物語文は、少なくともふたつの時間的に離れた出来事を指示し、そのうちの初期の出来事を記述する。しかしこの構造はまた、ある意味で通常行為を記述するのに用いられるすべての文に現れている。そうなると理想的編年史は、行為の言語をすべて封じられているのだろうか、私はこの点を究明しようと思う。というのもこのことが物語文のさらなる特徴を抽出するのに役立つと思われるからである。

不運な船、アンドレア・ドリア号が処女航海に出る前に、人が絵を描いたり、彫刻を刻んだり、モザイクを作ったりする様子が描かれた一連の広告が出された。そしてそれぞれの絵の下には、「この人は船を建造中である」と印刷されていた。その絵には船を作るのに当然含まれるような技術に人々が携わっている様子は示されていなかったが、アンドレア・ドリア号が決して普通の船ではないことがわかるようになっていた。もし私たちが、モザイクを作るといった行為が通常船を建造するさいに行われることの一部だと考えたなら、広告は的をはずすことになる——人々が竜骨を据えているような絵は、問題の船が尋常のものではないということを伝えられないだろう。だがもし「船を建造中」という表現が、このような正常ならざる行為を包摂するところまで拡大されないならば、広告は再びそのメッセージを伝えられないことになる。実際みぞに酔っぱらって横たわっている男の下に、「この男は船を建造中である」と記され、他方示された絵そのものが理解できるものであれば、私たちは当惑するであろう。行為の述語は、非常に柔軟な規則にしたがっている。漠然とした多くの種類の行動が、「船を建造中」という表現にとり込まれるのである。

字義通りに言えば、私たちがある人を「ばらを植えている」と記述するときには、彼はちょうど穴に種を播いているところだし、「ラジオを修理している」と記述すれば、ねじを回しているところにほかならない。だが誰もこのような字義通りの記述を期待しているのではない。「なにをしているのですか」と聞かれて、「ばらを植えています」と答えたとき、その人が字義通りにしていることが質問に答えていることだからと言って、その人が間違っていると非難しようとは思わないように、「ばらを植えている」という記述を、より字義通りに「穴に種を播いている」に正そうとは、私たちは考えない。「ばらを植える」という表現に含まれる行動の範囲には、掘り、施肥し、種播きをし、そしてシャベルや種を買うことや、品種のカタログを読んだり専門の庭師をやとうことまで含まれている。実際にたとえばばらの苗を土に埋めているというような場合は稀である。ばらの存在は、これら別個の行動すべてが導き出そうとする結果なのである。そしてさきのような事柄とこのような結果との間になんらかの関係を見いだしているからこそ、これらさまざまな行動を、結果に結びつけて記述しようとするのである。Rを任意の結果、EはRをもたらすためになされる任意の行動と仮定しよう、その場合ある人の行っていることは、EまたはRのいずれかによって記述される。したがって「aはRしつつある」は、aがEを行い、EがRの手段であるとき、aが行っていることについての正しい記述となる。だが実際には「Rしつつある」(is R—ing)は一般に、B_1……B_nにわたるさまざまな行動の全範囲をおおっていて、その結果「aはRしつつある」が真であるとき、B_iがこの範囲内の一項であり、B_iしていることがaが行っていることの字義通りの記述であるさいには、暫定的にaはB_iしていると想定してもよい。「Rしつつある」というような述語によって特徴づけられる範囲が非常に弾力に富むことはほとんど確実であり、Rしつつあるということが当てはまる人は、誰を取り出してもその範囲内に属する別々の事柄を行っていると言っても、一般に正しいであろう。あるいは大量生産の工場のように「Rしつつある」が、範囲内部のひとつの事柄を行っているような一団の人々に、無差別に当てはまるという場合もあろう。私は、「Rしつつある」のような述語を、企画動詞（project verb）と名付けることにしよう。

さてここでaがt_1時にB_iを行い、私たちは彼の行為を、「aはRしつつある」という特定の企画動詞を用いて記述すると仮定する。このことは彼の行動を、未来に照らして、すなわちRの生起に照らして記述することにならないだろうか。そしてこのとき、その文はt_1時のB_iとt_2時のRという時間的に離れたふたつの出来事を指示してはいないだろうか。こうだとすると企画動詞を用いたすべての文は、すでに示したように物語文として特徴づけられるように思える。だがもしこれを認めれば、そして物語文が理想的編年史から除外されているなら、理想的編年史は企画動詞を使えないことになり、理想的編年史がどのようにして行為を記述するかという問題が先鋭化してくる。反対にもし理想的編年史が企画動詞を用いることを許容するならば、理想的編年史が未来について主張することを認めることにならないだろうか。あるいは企画動詞を用いた文は物語文ではないと決めてしまうと、ちがいを明らかにするためには、どのような特徴化を物語文について行わねばならないだろうか。私はこれらの疑問を、ひとつひとつ取り上げていこうと思う。

理想的編年史の用いる述語は、私たちが通常企画動詞を使うときにみられるようなB_1……B_nの範囲内の述語だけに制限されていると仮定しよう。このときもしこの範囲内の名辞と企画動詞との関係が、現象的な述語と物理的対象の名辞との関係に類比できると解するならば、いかなる難点も少なくとも原理的には生じてこない。なぜならばこの場合、一連の範囲内の名辞のほうを用いることで、企画動詞を削除することが可能であり、理想的編年史は人々が行ったことについて、企画動詞を用いた場合よりもさらに詳細な記述を与えることが可能になるだけだからである。このような詳細な記述は、私たちが理想的編年史に期待するものとぴったり一致するであろう。適当な翻訳の規則をもっていれば、私たちは理想的編年史を読みながら、ひと続きのこうした記述を、企画動詞を用いた一言の記述に、いつも置きかえていくことができる。しかし残念ながら、行為の記述の問題は、これまで明らかにしてきたよりも実はもっと複雑である。まず最初にB_1……B_nの範囲のどんな名辞もその人について真でないときに、企画動詞が彼について真であるという場合がありうる。というのも企画動詞がある人について真であることは、無際限に長い期間に渡っており、その期間内のどの時点であれ、その人が対応する範囲に含まれるなんらかの事柄をしていなくてはならないというわけではないからである。私たちは、ジョーンズは一年中本を書いていると言う。この間にジョーンズは、なにはさておき、睡眠をとる。だが彼が眠るという事実は、彼が本を書いているという主張を反証しはしない。さらにある人が

B_iを行い、B_iが「Rしつつある」によって定められる範囲にあると仮定しても、そのことからただちに彼がRしつつあるということにはならない。ジョーンズが穴を掘っていて、実際穴を掘ることが、「ばらを植えている」が真となるような行為の一部であっても、ジョーンズはばらを植えている、と絶対確実に推論することはできないだろう。彼はライラックを植えているのかもしれないし、ただ穴を掘っているだけかもしれないのである。しかしまた、ジョーンズがその後の時間に引き続いて、種を穴のなかに播き、頭を掻き、マッチを擦って、煙の輪を作り、妻のことをちらと考え、向きを変えたとする。これだけの時間の間のいつたずねても、なにをしているのかと聞かれれば、彼は正確に「ばらを植えている」と答えるだろう。ところが一連の動作のうちで最初のものだけが、この企画動詞で境界づけられた範囲内に属するのである。したがってこれは重要なことであるが、ジョーンズの朝のひとときについての理想的編年史を読んでも、いわばばらを植えるというひとつの企画のうちに属するような行動を、一連の事柄のなかから集められるのでなければ、ジョーンズがしていたことについての真の概念はまったく得られないだろう。

「しつつある」という語には、一種の曖昧さがある。ある意味では、一定の期間内におけるある人の行動のすべてを知っていれば、私たちはその人がしていたことをなにもかも知っていることになるだろう。だが別の意味では、私たちは彼がしていたことを知るための単なる素材をもっているにすぎない。最初の意味では、理想的編年史は私たちの知りたいことすべてを教えてくれるが、二番目の意味ではそうはならない。企画動詞が使えないということは、理想的編年史のさまざまな言明を組織化する言語上の方途を欠いているということであるが、それよりさらに重要なことは、企画動詞が使えなければ、理想的編年史は人間のしていることを記述できなくなるということである——そしてその結果理想的編年史は、起こることすべてを、起こるときに、起こる通りに書き留めることが不可能となる。

だがかりに、生じつつあることを人間に整合的に説明できるように、企画動詞を使用することを理想的な編年史家に認めてしまうと、未来についての主張をしないという制限に違反することにならないだろうか。ジョーンズがばら園に行こうとして、たんにシャベルを肩にかついでいるときに、ジョーンズはばらを植えていると述べることが理想的編年史に許容されるなら、ニュートン夫人が、字義通りにはたんに子供を生みおとそうとしているときに、『プリンキピア』の作者が生まれかかっていると、理想的な編年史家はなぜ言ってはいけないのだろうか。隣りにばらが植えられたと言われても——かりにばらの姿が何カ月間か見えなくても——奇妙に感ずる人は誰もいないが、隣りに万能の天才が生まれたと聞けば、誰でもあまりの奇妙さに驚くだろう。あえて言えばそのちがいは、未来についての主張の種類にあるのであり、この点をこれから明らかにしたいと思う。「aはばらを植えている」という文は、どのようなときに反証されるだろうか。それはもっぱら企画動詞で定められる事柄の範囲が漠然としていることと、内包の概念の複雑さによるものである。ある人がじっと立っているのを見るとき、たとえそのとき彼がこれといったはっきりした行動をなにひとつとっていなくても、「ばらを植えている」が彼にとって偽だと言えないのはたしかである。またもし私たちが彼になにをしているのかとたずね、彼がまじめに「ライラックを植えている」と答えても、そのことが彼はばらを植えているという命題を反証するのではない。なぜならたとえ彼はばらを植えているつもりではなくても、実はばらの種なのに誤ってライラックの種だと思い込んでいて、実際まさにばらを植えているということもあるからである。もしばらではなくライラックが生えたとしたら、誰もこっそりばらの種をライラックの種に取り換えていないことが確実なときには、このことはおそらく、彼はばらを植えているという命題を反証するであろう。だがもしばらが生えてこなくても、現行の私たちのばら栽培の規準によって、ばらを植えているものと認められることを、なんであれ彼が行ったかぎりにおいて、それは私たちの立てた命題を反証しない。したがってそれを行うことがばらを植えることを構成するような、明確な操作の範囲があると仮定することにしよう。そしてさらにこれらの操作が、ばらが生えることの（野ばらは別として）必要条件を構成すると仮定しよう。もし事態がこのようであるとすれば、これらの事柄を行わないということは、ばらが生えないことを保証するのみならず（「これらの事柄」は必要条件である）、その人がばらを植えているという主張を反証しもする。他方もろもろの操作は必要条件にすぎないから、aがかりにそれらの操作をすべて遂行したとしても、ばらが生えることはまったく保証されない——たとえば台風が来て、aの作業をまったく台無しにするかもしれない——しかしaがばらを植えていたことは真となるであろう。

したがってaがばらを植えていることは真であるのに、ばらが生えるということは偽となる場合がありうる。より一般的に言えば、「Rしつつある」が任意の企画動詞であるとして、ある人がRしていて、Rが起こらなくてもよいという場合がありうる——ここでRとは、一般に認められた、Rしつつあることの結果である。ある人が、「ラジオを修理している」によって境界づけられている、弾力に富む範囲に含まれるような事柄をしていさえすれば、——ラジオが結局直らなくても——その人はまさしくラジオを修理していると呼ばれる。したがってある人について企画動詞を用いて主張した文が、時間的に離れたふたつの出来事——その人が字義通り行っているB_iおよび予想される結果R——を指示し、さらに後の出来事に照らして前の出来事を記述するにもかかわらず、文が真となるために、後の出来事が起こるということは、論理的には必要とされない。それゆえaはRしつつあると私たちが正しく述べるとき、そこでなされた未来への指示は、その文の真理条件の一部とはならない[20]。したがって理想的編年史は、Rが結果として起こらない場合には削除箇所を必要とするような、そうした種類の未来についての主張をすることなしに、aはRしていると述べることができよう。ゆえにＲは、私たちがさきに名付けたところの「未来を指示する」名辞ではないのである。

　さてジョーンズは、その結果なにが起こるとしても、ばらの種を播いて、ばらを植えている。彼の植えたばらが咲いて、ばらの品評会で賞をとるということになるかもしれない。このことは、「ジョーンズはばらを植えている」が包摂したのとまったく同じ行為について述べた、「ジョーンズは賞をとるばらを植えていた」という物語記述を許容する。ジョーンズの行為を見ている二人の目撃者が、それぞれ「ジョーンズはばらを植えている」、「ジョーンズは賞をとるばらを植えている」と述べるとする。前者は、未来になにが起ころうと正しいであろう。後者はもし未来にジョーンズのばらが賞をとれなかったり、ばらがまったく生えなかったりすれば、偽となる。後者を述べた人が、たんに彼の希望を表わしたり、ジョーンズを励ましたりしているのでなければ、後者の文は前者よりもさらに厳密な真理条件に直面することになる。後者の文が真であるためには、ジョーンズの仕事の結果ばらが生じ、その結果賞をとるということが、論理的に必要とされる。この意味において後者は、たんに「ジョーンズはばらを植えている」が行うよりも、さらに強い主張を未来について行っているのである。

　過去形についてみると、「ジョーンズは賞をとるばらを植えていた」は、それが真であるために結果としてばらが生えることを必要とするが、「ジョーンズはばらを植えていた」

は、それを必要としない。したがって物語文は、たんに時間的に離れたふたつの出来事を指示し、あとのものに関連づけて前の出来事を記述するだけではない。さらにそれがもし真であろうとするなら、両方の出来事が起こることを、論理的に必要とする。現在形の場合、「ジョーンズはばらを植えている」は予言的ではないが、「ジョーンズは賞をとるばらを植えている」は部分的に予言である。もしばらが生えなければ（そして賞がとれなければ）、それは予言としては偽であったことになろう。もし理想的編年史が「ジョーンズは賞をとるばらを植えている」と述べたとしたら、あとの出来事が起こらない場合には削除箇所が必要となる。削除箇所が一切ないようにするためには、物語文を現在形で用いることを禁止するか、理想的な編年史家に特殊な認知力を認めるかのいずれかにせねばならない。どちらの選択が適当かを考察する前に、いくつかのさらに複雑な問題を提起したいと思う。

企画動詞は、あるひとりの人に対して相当の長期間にわたって真であり、その人は企画動詞によって境界づけられた範囲に含まれるなんらかの特殊な行為を、その期間内のいついかなるときでも行っていなければならないわけではないと私は述べた。このことは次のような事実から導かれる。すなわち同一の時間の流れのなかで、ふたつ以上の企画動詞がひとりの個人について真でありうるのである――aは本を執筆しており、さらに六月いっぱいは未亡人に言い寄るのにかまけているということもあろう。ここで私たちは、ａの伝記全体にではなく彼の著作の成立史にだけ関心があるのだと仮定する。その場合ａの作家活動や、それになんらかの形で結びついているような行為だけを全部拾い出せるようなある規準が必要となってくる。ａの生涯からどの出来事をとり出すかは、なにを本の執筆として認めるかという規準に依存するところが大きく、私たちの収集量の程度は、規準の厳密さに応じて変化する。さらにａはその期間中、ほぼ確実に他の企画に従事しているのであるから、さきの規準によって集めることのできる出来事の間には、空隙があることになろう。そして私たちが実際に集める出来事は、なんであれａがその期間内に行うことについての、都合の良いように改変された一連の副次的なまとまりを構成することになろう。「Ｒしつつある」は、それがａの企画であるかぎり、ａについて連続的に真であるが、「ａはＲしつつある」は間歇的に真であるにすぎない。

出来事は、時間的な拡がりをもつとみなすという慣行を採り入れているかぎり、企画は時間的拡がりをもつ出来事である。だが一般的な諸企画が縦横に交錯する歴史を手にした場合、私たちは実線と破線との区別から大まかに類推して、出来事を、連続的なものと非連続的なものとに分類することができよう。破線は裂け目のある実線であり、不連続的な出来事は、無関係な出来事によって切断された一連の連続的な出来事として特徴づけられる。たしかに顕微鏡で検査すれば、裸眼ではなめらかに見えるものでも、穴だらけであることが示されよう。それゆえ結局その差は程度の差にすぎないし、先験的演繹によって究極的な実線が存在すると論じるつもりも私にはない。ましてや時間の末端を十分に閉じれば、連続的な出来事が存在するにちがいないと論ずるつもりもない。実際aの著作の成立史によって例証されるような意味において、不連続的な出来事があると言うほうが、はるかに私の主張に近い。私が明らかにしようとしている相違は、本質的にはひとつの企画と、その企画を示すことばによって境界づけられた範囲内にあるとみなされる一連の連続的な出来事との間にある相違なのである。簡潔に記せば、B_iとB_jが「Rしつつある」の範囲内にあり、B_iはt_1時、B_jは$t_1+\Delta t$時に起こるとして、B_iとB_jの間になにも起こらないとした場合に「Rしつつある」は不連続になり、同時にB_iとB_jは、「Rしつつある」に関してみると連続的になる。この意味において不連続であるような出来事を、私は時間構造(*temporal structure*)と呼ぶことにしよう。

さて本を書くとか未亡人に言い寄るというような企画は、非常に単純な種類の時間構造である。企画によっては、たとえばそこに多数の個人が含まれる。通常の語法には多少違反するが、一七八九年前後の期間に、数え切れないほどのフランス人が、フランス革命を行ったと述べるとする。即席の企画動詞である「フランス革命を行いつつある」(French-revolutionizing)は、もとよりその期間にフランスに居たあらゆる個々人について真であるのではないし、またフランスにいなかった幾たりかの人々については真である。そしてまた真である人々についても、そのひとりひとりがその期間のあらゆる時点で、フランス革命をしていたというのではない。それゆえフランスで起こったことすべてが、その企画動詞で境界づけられた範囲内にあるというわけではない。この企画は、フランスおよび十八世紀にわたって、不連続に呈示されていたのであった。どの出来事が「フランス革命」によって示される時間構造の一部として数えられるかは、関連性の規準に依るところが大きい。たしかにある出来事については、不一致が一切存在しないような規準が共有されている。だが規準に不一致があるかぎり、論者たちは別々の出来事を集めて、異なった時間構造を作図するであろう。さらに私たちの規準が、社会学や心理学の新たな知見に照らして、修正されることは明らかであろう。「過去」はおそらく変化しはしないが、それを組織化する方法が変化するのである。前に挙げた地図の作製の比喩にもどってみよう（二六八ページ参照）。ある意味では、歴史家が作図しようと努める領土（時間構造の意）が変化するのである。規準が変化するにしたがってそれらは変化し、船の建造の例で見たように、規準はそれがどんなにすぐれていても、流動的になってしまうのである。

「xの歴史」という表現において、xの値であると正しくみなされるようないかなる名辞も、ひとつの時間構造を指標する。aがxの値であるとき、aを同定する規準によって、どの出来事が歴史のなかで述べられるべきであるかが決定される。ある出来事を関連性があるとして取り上げ、また別のものは関連性がないとみなすような規準をもたない場合には、歴史を叙述する立場にはまったく立っていない。[21] もとより時間構造は、ある程度アド・ホックである。同一の出来事は、事実いくつもの異なった時間構造の構成要素となりうる。Eはいくつものばらばらであったかもしれぬような出来事の集積に連結されて、相異なった時間的まとまりに統合される。かくしてEについての記述は、私たちがEを相異なった出来事の集積に加え、異なった時間構造に組み入れるのに応じて変化する。それゆえ物語文を用いてEを記述すること――Eをあるのちの出来事E′と関係づけること――は、すなわちEおよびE′を同じ時間構造のなかに位置づけることである。しかしさまざまな物語文の数がいくつあるかについて、ア・プリオリな限界を設定することはできないし、それぞれの物語文が正しくEを記述しているのであるから、「過去」についての歴史的組織化がEを位置づける場である時間構造についても、その数を限定することはできない。

それでもなお、ある対象についての無数に可能な記述のなかで、どの記述を行うことが適切であるかが、種々のコンテキストによって決定されるのと同じように、所定の出来事についてどれが正しい記述であるかは、歴史家が関心を抱いている特別な時間構造によって、しばしば決定されよう。ある特別な事柄や出来事が歴史的な意義を獲得するのは、なにか他の事柄や出来事と関連づけられてこそなのであり、それら別の出来事に私たちがどんな理由にせよ、たまたま特別な関心をもっていたり、ある重要性を認めていたりするのである。物語文は、読者がさもなくばその意義を見逃してしまうような事柄や出来事を、物語のなかで取り上げることを正当化するために用いられることが多い。たとえば小説家は、物語を中断して、自分が注意を引きたいと思うある出来事について、物語的な注釈を加えようとする。一例を挙げると、「スミスは自分の何気ない皮肉が僧正の死をひきおこすとは夢にも思わなかった」のように書く。彼はこうして、先に待ちうけるエピソードを指示し、そこから些細に思われるような以前の出来事の重要性が派生するのである。歴史家もまたこうした装置をしばしば用いる。クリミア戦争の歴史のなかで、大多数の兵士については語られないのに、なぜノラン大佐だけが特別に言及されるのであろうか。その理由は、ノラン大佐がラグラン卿の部下となったとき、「それが運命の一瞬だった」からである。[22]「この勇敢で聡明な熱意あふれる将校は、光旅団を死に至らしめる請負人となるべく運命づけられていた」。[23]

「宿命的な」、「運命づけられた」、「定め」というようなことばは、「過去」の歴史的組織化において、なにが本質的な事実であるかを浮彫りにする。光旅団の突撃は、人の心に残るひとつの輝ける愚行である。それは詩的に扱うのに適した主題でさえある。もしそれが起こらなかったら、あるいはそれがありきたりの陳腐なものであったとしたら、ノラン大佐に歴史的関心が向けられることもなかったであろうし、騎兵の歴史といった他の時間構造を通じて、彼に別な形での脚光が当てられるということもなかったであろう。

このような「過去」の遡及的再整理の例は、いくらでも無限に挙げることができよう。

たとえば、新奇な哲学的洞察によって、哲学史全体の新たな再構成が余儀なくされる。過去の哲学者が先駆者とみなされ始め、そして皮肉なことに、もしそうでなければ語られもしなかったような先行の哲学的考察の特質に歴史的関心を呼び起こした、当の新たな洞察の独創性そのものが軽視されることにもなる。カントはこの点について、苦言を呈している[24]。最近では、抽象表現主義を用いるニューヨーク・スクールによって生じたモネの再評価も類似の例である。モネが、多くのニューヨーク・スクールの画家に影響を与えたことはたしかだろう。しかしこれらの画家が特殊な画法を用い始めたからこそ、モネはその後期の作品において、先駆者となったのである。ベルクソンによれば、「もしルソー、シャトーブリアン、ヴィニー、ヴィクトル・ユゴーがいなかったら、私たちは過去の古典派作家のうちにロマン主義をまったく見いださなくなるだけではなく、実際いかなるロマン主義も存在しないことになろう」。なぜなら、

> 古典派作家のこうしたロマン主義とは、彼らの作品のある側面を切り抜くことによってのみ実現されるものだからであり、またこの特殊な形の切抜きは、形の定まらぬ塊を空想のおもむくままにまとめて芸術家が見いだす楽しいデッサンが、過ぎ去る雲のなかには実在しないのと同様、ロマン主義出現以前の古典派文学には存在していなかったのである[25]。

これはむろん極端な表現である。私はむしろロマン的な作風は古典派のなかに、発見されるべく存在していたと言いたいと思う。それはロマン主義という概念とロマン的作風とを定める規準とを必要とする発見なのである。だが当然のことながらロマン主義の概念は、古典派の全盛期には、用いることができなかったであろう。私は括弧つきで述べておきたいが、古典派の著作にあってロマン主義の概念に充当することが明らかになるようなものはなんであれ、それらの作品のなかに意図的に組み込まれていたことは明らかである。だがそれらは「ロマン的作風を含んでいる」という記述に相当する意味で、意図的なのではない。なぜなら、作者はその概念をもっていなかったからである。これは「了解」の用法の重要な限定である。コペルニクスの先鞭をつけることは、アリスタルコスの意図ではなかったし、ルネッサンスを開くことはペトラルカの意図ではなかった。このような記述をするためには、後世にのみ適用できるような概念が必要である。以上のことから、記述されるべき行為を行った当該の人物の心情に肉薄するとしても、それによって理想的編年史家が、これらの行為の意義を看取することはできないということになる。

出来事が起こった時点でその歴史的意義を察知するためには、これらの出来事が物語文において、未来の歴史家によってどのようなのちの出来事と関係づけられているかを知る必要がある。それゆえ未来の出来事を予言できるというだけでは十分ではない。未来のどの出来事が関連性をもつかを知る必要があるのであり、そのためには未来の歴史家の関心を予言する必要がある。そこで私は、このような仕方で出来事を予言するという問題を取り上げたいと思う。だがついでに注意しておくが、かりに理想的編年史家がこのようなことを行うのだとすれば、その模範となりそうなのは、むしろ人間の歴史家の著作なのであって、以前想定したようにその逆ではないのである。

私たちはたんに時制によって、文Sが予言であると確認することはできない。なぜならば文によっては、予言ではあるが、規則をはずれて過去時制をとるからである。たとえば「アリスタルコスはコペルニクスの先鞭をつけた」[26]は、紀元前二七〇年から一四五三年までの任意の時点において、予言である。またこの問題は文Sの使用者が、Sが予言であるように意図するということでもない。というのも使用者が日付を混同していて、彼が予言しようと試みるレースの結果は、彼が文Sを発した時点ですでにレースが終わっていて、わかっているかもしれないからである。[27]私はここで定義としてではなく、たんに必要条件として、予言的な文を規定しておこう。つまりSがEを指示し、EはSの発話時より以前、もしくは同時に生じない場合に、Sは予言となる。[28]

物語文は、当然E_1とE_2という時間順序を踏んだ一組の出来事を指示しているのであるが、それが理想的編年史家によって用いられた場合には予言となる。なぜなら彼は、E_1が起こったときに（物語文は指示されている出来事のうち最も初期のものについて語る）、つまりE_2が起こるよりも時間的に早いときに、E_1について記すからである。さらにもし理想的編年史が決定的であり続けようとすれば、そこで書かれたことは正しい予言とならねばならない。だがこのことは、理想的編年史家の任務を大幅に改変してしまう。その理由は、物語文によって指示される一対の出来事は、同一の時間構造のなかに属しているから、理想的編年史家は、未来の歴史が「過去」を構造化するのとちょうど同じ方法で、「未来」を構造化せねばならないからである。理想的編年史は完全たるべきものであるから、E_1に当てはまるすべての物語文は同時に書かれねばならないし、またそれゆえ理想的な編年史家は、E_1が位置づけられる時間構造を、すべて開陳しなければならない。その結果理想的編年史は、歴史が起こる前に歴史を書いていることになる。そして理想的編年史の一部が歴史家の手に渡ることを私たちがいま許容するならば、歴史家は、起こったことについての、起こったときの、起こった通りの記述にとどまらず、それ以上の莫大なことを知ることになるであろう。彼らは、（もし叙述される出来事が、未来の出来事にはまったく関係ないという場合を除けば、）なにが起こるかをも知ることになる。だがそれによって、「過去」と「未来」の概念における非対称性が突き崩される。つまりいまや「過去」と「未来」は、決定性という点において一体なのである。実際このことは分析的である。なぜならPの真は、「aは正しくPを予言する」の真に論理的に包含されており、理想的編年史家によってなされるあらゆる予言は、定義上正しいからである。

それゆえ事態はすっかり変わってしまう。とりわけ理想的編年史家の認知力は変化をきたす。これまでは、彼は単なる人間などよりはるかに多くの事柄に通じていたとは言え、その知識を得る様式は、われわれ人間の認知の情況を拡大したものにすぎなかった。彼は自らが叙述する出来事を、目撃したのである。ところが「目撃する」の意味を変えでもしないかぎり、未来の出来事を目撃することはできない。そうなると彼はいかにして、未来を知ることができるのであろうか。理想的編年史家の行為は、いまだ私たちに理解可能なものだろうか。そこで、予言が行われるときのより厳密な人間の場合に立ち返って、それからこれらの問題に徐々に考察を進めていくことにしよう。

t_2時のEをt_1時に人が予言する場合、私たちは常に、t_2時のEをその人はどうやって知るのか、なぜそうなると考えるのかと問うだろう。これは通常証拠の要求を介してなされ、予言の信憑性は、証拠の認定に応じて変化する。予言が「t_2時に雨が降る」であるとしよう。このとき証拠の範囲は、リューマチの痛みや単なる虫の知らせといったものから、垂れこめた雲や鳥の動き、ひいては霧箱、X線や電子線の回折等にまでおよぶ。あるいはただの新聞の天気予報によるだけかもしれない。いずれにせよ証拠として援用されたものは、なぜt_2時に雨が降ると信ずるに足る根拠があるかという問いに対してなんらかの答えを与えることができる場合にのみ、証拠として認められる。答えの幅は、単純な帰納的一般化から最新の気象理論までにわたるであろう。簡単に言うと私たちは予言のために、ある出来事と、その出来事から未来の出来事を推論させてくれるような、なにか法則に似たような文とを必要とするのである。さて目下のところ私が関心をもっているのは、あるものが証拠として良いか悪いかということではなくて、それがいやしくも証拠たろうとすれば、是非満たす必要のある条件、言い換えれば証拠として提供されるものが、予言がなされるときに有効であるために必要な最も一般的な条件である。予言の特徴づけからみて、この必要条件によって規則的に除外されることのひとつは、予言される出来事そのものである。Eが起こるだろうという趣旨のいかなる言明も、Eがすでに起こっている場合には、その言明の発話とEとの時間関係を誤っていることによって自動的に偽となる。したがってEは、もしそれが自身についての予言の証拠として提出されたなら、自動的にその予言を偽にしてしまうだろう。

t_2時において私たちは、t_2時に起こることを予言した人にとっては原理的に入手不能な知識に接する。つまり私たちは、彼の予言が正しいか正しくないかを知る立場にあるのである。雨が降っていることを私たちはいかにして知るのかと問われたら、どんなに優秀な予報官でさえ事前には示せなかったような証拠を、私たちは原理的に示すことができる。私たちは、降る雨を指し示すことができるのである。さてもし物語文がふたつの時間的に離れた出来事を指示し、第二の出来事が起こるまでは物語文は予言的であるとするならば、次のようなことになると思われる。すなわち第二の出来事が起きたあとには、人（歴史家）は常に物語文に都合の良い証拠を援用することができるのであり、この証拠は物語文によって指示されたのちの出来事が起こるまでは、原理上適用不能だったものである。つまり人（歴史家）は、出来事そのものを援用することができるのである。さらに歴史家は、その出来事が起こるまでは何人も知りえないことであるのだが、物語文が真であることを知る立場にある。物語文がそれ以前に真であったか否かという問題は、次章で扱う。私がここで関心をもっているのは、事柄の認識論だけである。

しかし実際認識論を行うと言っても、さらにその先にまで立ち至っている。というのもかりに t_1 時に、t_2 時のEが予言されると仮定する。この場合予言が正しかったということが明らかになれば、t_2 時において人は t_1 時には欠けていた知識、すなわち出来事そのものを手にする。おそらく彼は、t_1 時にはEの徴候しか目撃することはできなかったのに、t_2 時ではEを目撃するのである。ところがEは t_2 時だけでしか目撃できない。t_3 時にはもうすでに遅すぎて、それ以降の t_n 時（$n>3$）もすべて同様である。t_2 時よりのちには、私たちは、t_1 時に予言をした人とほぼ同じ立場に置かれることになる。つまり同様に私たちはただ、t_2 時におけるEの痕跡だけを目撃するのである。ある意味で私たちは、もっと不利な立場に置かれていると言ってよい。なぜならば予言者は少なくとも、自分が予言した出来事を目撃できるという希望があるからである。しかし私たちの議論においては「私はE

を目撃するだろう」は、もしEがこの文の発話時より時間的に早く起こるとするならば、常に反証される。予言者は、目撃する立場、したがって自分が正しく予言したかどうかを知る立場にあると言える。ところが遡時予言者にあっては、そうではないのである。

この弱点は、Eの生起を予言する人とEの生起を事後に言及する人とでは、目撃するEの徴候（痕跡）の種類が異なっているという事実によって、部分的には解消される。厚い雲が雨が降ることの徴候であることと、濡れた道路が雨が降ったことの徴候（痕跡）であることを比べると、後者が前者より強力な徴候であるわけではない。しかし『天球の回転について』の写しがあれば、それは誰かがその本を書いたことのしるしであり、誰かがその本を書くであろうと予想する一切の徴候にも増して強力である。いずれにせよ遡時予言者は出来事の目撃者の証言をもっているのであり、この種の証拠は、一般に予言を行う者にとっては、事の本性上不法なのである。そしてここに、出来事が起こる前ではなくて後に書かれる出来事の歴史があるのである。

さてある人が、自分はすでに出来事を目撃し、いまはそれが起こるのを待っているのだと言うような可能性は、私たちの加えた制限によって除外されると仮定してみよう。また自分の本はもう出版されているので、急いでその本を書かねばならないというような言明は、まったく意味をなさないと私たちは考えると仮定しよう。そのとき一連の出来事の歴史はもう書かれているので、あとは出来事が起こることだけが問題だと誰かが主張するとしたら、それは同じように意味をなさないだろうか。このような場合を想定してみることにしよう。

私たちは『硫黄島の戦い』と題された本を手にとると仮定する。この本には、その戦闘にかかわった人々の動きが、こと細かに記述されている。誰がいつ怪我をし、誰がなぜ殺されたかがわかるのであるが、なんとその本は一八一五年に書かれていたのだ！ それにもかかわらず、たとえ私たちがその戦いに関して一流の専門家だとしても、私たちがすでに知っているよりはるかに多くのことが、その本からわかるのである。この本を手引きにして、私たちはこれまで知らなかった生還者を訪ねてみる。すると彼らの証言は、この奇妙な時代錯誤の産物の内容ときれいに一致し、この本はいまやあたかも財宝の地図のように、歴史研究の至高の手引きとなるのである！

おしなべて人は、最初に宝の地図を書き、そのあとで宝を隠すか隠させるかする。最初にプログラムを立てて、あとからそれを実行するか、実行に移させるかするのである。[29] ではなぜ記した出来事が実際に起こる前に、歴史を書くことはできないのだろうか。これを指して歴史とは呼ばない、歴史とは定義上過去についてのものであり、したがって一九四五年の出来事の歴史が一八一五年に書かれるというのは、語の使用に違反していると論ずる人もあろう。私はなにも語法をこじつけようというのではない。「歴史」と呼ばないようにすればよい。しかしその本が硫黄島の戦いについての明確な説明であると受け容れたあとで、はじめてそれが一八一五年に書かれたことに気付くとしたらどうだろう。それを歴史とは決して呼ばないということに、私は気休めの慰めを見るばかりである。それがどのように名指されようと、私が障害だと考えているのは、そうした説明の可能性そのものなのである。

片言をしゃべっている赤ん坊が、まったくの偶然からひとつながりのことばの並びを口にし、それがフェルマーの最終定理の証明だとわかるということがあるかもしれない。これを偶然の一致と呼ぼう。ひと続きのことばの並びは、他のどの並びとも蓋然性の点では等しいからである。あるいはこの子供は賢人で、数学者たちがそのつぶやきに耳を傾けるようにと生まれてきたのだと考えてもよい。このような場合においては、どんな理由ももっともだとみなすことができるのである。しかし私たちが問題にしている手稿が、十九世紀の著述家の遺稿である紙束のなかから発見され、それと一緒に手紙も見つかったと仮定してみよう。それらの手紙にはおそらく、型通りに次のように書かれている。「私は、硫黄島の著作のために精力を傾けています。仕事はなかなか捗りません……」。このような二次資料によって、その本が人間の手になる入念な産物であるということは、十分に確信できる。私たちは、この奇妙な十九世紀の手書き原稿のなかで、文章が消されたり置きかえられたりして、それらがすべて事実として正しい修正になっていることに気付く。こんなとき誰しもが、これは偽造だと言うことだろう。だがもしニュートンの論文のなかに、一九六〇年の天体図を見つけ、それを確かめて完全に正確だということが明らかになったとしても、私たちはそれが贋物だという疑いをかけはしない。基礎概念が脅かされるときに感ずるような不安は感じないのである。だがなぜそうなのだろうか。

　ウィトゲンシュタインは、次のように述べている。「未来は、われわれには隠されている。しかし天文学者が日食の計算をするとき、そのように考えるか」[30]。これは修辞的な問いである。天文学者は明らかに、そのようには考えないのである。重要なことは、私たちは多かれ少なかれ天文学者がなにを行っているかを知っているということである。すなわち彼ははじめの位置を測定し、方程式を解いたりなどする。私たちがさきに挙げた先走りの歴史家は、「仕事はなかなか捗りません」と書いていた。だがそれはどういうたぐいの仕事なのだろうか。ここでは私たちにはわからない。私たちが知っているのはただ、それが歴史家の通常行うこと——古い文書の照合、資料の鑑定、証言の選別、生存者への取材や写真の調査——とは似ても似つかぬということだけである。私たちとしては、ヒストリオグラフィーとみなされるべきものがなにもないがゆえに、出来事が起こる前に、歴史を書くことはできないと言いたい気にさせられる。天文学者にとっては、未来は過去と同様隠されてはおらず、予言と遡時予言は同一のものである。だが私たちがすでに指摘したように、徴候と痕跡は非対称である。足跡は足を踏みおろしたのちに存在するのであって、その前に在るのではない。写真や目撃者の報告といったものは、それらが証する出来事の前ではなく後に存在するのであり、ヒストリオグラフィーがかかわるべきは、まさしくこうした事柄なのである。人が砂地を横切るときの足をおろす場所を予言しようとすることが、いかに途方もなく困難であるかを考えてみると良い。そして足跡が残っているかぎり、その位置を遡時予言するのは、いかにたやすいことであろうか。

　このような非対称性は根が深い。垂れ込めた雲を見て私は、「もし……でなければ、雨が降るだろう」と言い、濡れた道を見て、「もし……でなければ、雨が降った」と言う。ところがどちらの文であるかにかかわらず、両者を無差別的に補完するような表現は稀にしかない。つまり「散水車が通った」は、当然二番目の文を満たすけれども、時制を変えて「散水車が通る」は最初の文には当てはまらない。また「風向きが変わらなければ、雨が降るだろう」は、厚い雲をみたときには言えるであろうが、濡れた路面をみて、「風向きが変わったのでなければ、雨が降った」と言うことは、奇妙に響くのである。さらにはもしある人が、t_2時にEを目撃したのなら、彼はt_3時においてもなお目撃者とみなされるが、彼がその後目撃者になるからといって、t_1時には目撃者とはみなされないのである。

　だがもしこうした目撃者の証言を遡時予言の根拠として用いるならば、私たちは彼の記憶に頼っていることになる。とすれば結局、目撃者となるであろう人のある予知的な陳述を、予言の根拠として用いるという点で、対称性が働くことにはならないか。ここでこのような人を「予定目撃者」と呼ぶことにしよう。目撃者が出来事を目撃したことを覚えているのと同様、予定目撃者は自分が目撃するだろうということを予知する。ここで次のように論じる人もあろう。つまりは予定目撃者であると言うことは、論理的にaはEを目撃すると前提することであり、そしてaはEを目撃するだろうと述べることは、論理的にEが起こるだろうと前提することであると。しかしこの場合私たちは、aのこの趣旨での――予定目撃者としての――証言を、Eが起こるという証拠として認めることはできない。なぜなら彼を予定目撃者として認めるということは、論理的にまさにその当の問題、すなわちEが起こるということを前提とすることだからである。残念ながらまったく似かよった議論をしていけば、目撃者の証拠は意味を失う。というのは、bをEの目撃者として認めるということは、論理的にbがEを目撃したということを前提とし、ついでこのことは論理的にEの発生を前提とするからである。したがってbを目撃者として認め、さらにその証言をEの発生の証拠として認めることは、論点先取である。pの真は、「bはpを記憶している」の真に含意される。しかしこのとき、pの真は、「aはpであることを予知する」の真にも含意されるのである。

もとよりもし私たちが予知と記憶は対称的であると考えることに固執するならば、硫黄島の戦いについての「歴史家」が、自らの説明の根拠にしたような予知は、おそらく除外されねばならないだろう。というのはもし私たちが、自分が目撃していない出来事を記憶することはできないとすれば、私たちが目撃しないであろうような出来事を予知することはできないのであり、その「歴史家」はほとんど確実にその戦いを目撃しないだろうからである。したがって記憶と予知との間に申し立てられた対称性は、ほぼ無効である。このことは自分が記述する出来事を個人的に目撃するということがめったにないような一般の歴史家には、ほとんど影響をおよぼさない。ところが自分が目撃しないであろうような出来事を記述する人間にとっては、深刻な事態である。

そうなるとおそらくその人は、一種の千里眼をもっていて、彼の説明は予言者的直感にもとづいていることになろう。そして彼の修正は、『コーラン』の構成においてそうであるように、新たなヴィジョンが前のものにとって代わったという理由で説明がつこう。だが私たちは、この種の千里眼を自分がもっていることを彼が実際どのようにして知り、本来の予言者的直感と単なる空想とをどうやって区別するのかを聞いてみたいと思う。彼が言うところの「仕事はなかなか捗りません」とは、「予言者的直感が働くのは、ほんのわずかでごくたまだ」という意味だったのだろう。しかし彼は、どうやったらこの場合と、意地悪なミューズにそっぽを向かれた小説家の場合とを区別できようか。この奇妙な予言者を、同様に奇妙な遡及的洞察力を備えた人物と対にすることができるという点に注意してほしい。この人物は直感だけを頼りに、一八一五年の出来事の歴史を、一九六〇年に書くのである！　彼がこのやり方で実際完全に正しい説明を行うのだと仮定してみよう。しかし私たちは少なくともこの人物の直感力の産物を、標準的な説明と照合してみることはできる。彼が、標準的説明にはない事柄を記録している場合でさえも、私たちは原則的に、その記述を検証するためにどんな証拠が用いられているかを知ることができる。しかし一八一五年には、『硫黄島の戦い』が照合さるべき標準的説明などなかったのであり、明らかに照合されるような他の説明はなかったのである。なぜならそうした他の説明がどのようにしてできたかという問題が、すぐに生じてくるからである。もしそれらも直感にもとづいて書かれたのだとすれば、私たちはただ問題を転じただけであろう。直感的歴史も正統な歴史も同じ結論に達する。つまり両者をチェックする正当な方法があるということである。ところが説明が当の出来事の前に書かれる場合には、正統な説明も、異説をチェックする正当な方法もない。そのような直感もあるだろうということだ。こうした直感力をもっていることは——万能の天才を子供にもつように——きわめて幸運なことなのだ。ピエロ・ダ・ヴィンチの行動は教訓的である。彼はレオナルドをもうひとり作ろうとして、レオナルドが生まれたときとまったく同じ状況を作ろうとした。彼のやり方は正しいとも言えるし間違っているとも言える。というのは結局のところ万能の天才の子供をもつということに関しては、なにが正しくなにが悪いということはないからである。レシピは存在しないのである。

しかしながら天文学者が今後の蝕の計算をする場合、私たちは彼が特殊な予知能力に恵まれていたり、千里眼を必要とするとは考えない。私たちが「未来」は隠されているというとき、私たちが意味しているのはただ、天文学者がもっているような種類の法則や理論が私たちには欠けているということである。かの早熟な歴史家は、「科学」を用いていたのではなかったろうか。「仕事は捗りません」ということで彼が言おうとしたのは、次のようなことだと、いまや私たちは理解する。つまりすべての変数を決め、これらの複雑な計算を行って、『硫黄島の戦い』という形で表わされている結論にまで至ることが、途方もなく困難だということである。私たちは、一八一五年にはそのような理論はなかったと信じるだけの十分な理由をもっている。今日でもまだそのような理論はない。そして私たち自身はそうした理論をもたないので、どういう種類の事柄が初期および境界条件なのか、実際には理解することができない。だがその人物はこれらのことを知っており、彼の仕事は「科学的」なものであると仮定しよう。彼は天文学者が蝕を予言するように、戦いを予言したのである。

再び単純な例から始めよう。ある理論Tがあり、それにもとづいて出来事Cから出来事Eが予言されると仮定しよう。ここでTは、「厚い雲があるときは、必ずあとに雨が降る」であると仮定しよう。Tの語彙は、ふたつの特別な名辞、「厚い雲」と「雨」とから成っている。さて暴風雨は、それがたんに暴風雨であるということ以外に、多くの事柄がそれについて真である。それゆえ私たちは、Tのごくわずかなレキシコンからは定式化できないようなEについての記述Dを、すぐにつくり出すことができる。

さて出来事EはたしかにTを用いることによって予言されるが、Eについての記述Dのもとで予言されるわけではない。それを可能にするためには、Dの述語がすでにTに含まれている名辞によって、明示的に定義可能であることを示すか、もしくは――この場合にはよりふさわしいが――名辞の量を適度に増やすことが必要となる。その結果Tはそれに比例して複雑化し、最新の気象理論によって現在明らかにされている水準にまで複雑さの度合いが増すと考えられる。いまTの語彙が、F_1、F_2、F_3……F_nの名辞によって構成されると仮定すると、そのもとでEが予言されるような記述は、理想的にはこれらの名辞もしくはその否定のひとつひとつを用いると言うことができよう。そしてこれが、現行の理論からもたらされる最も十全な記述となろう。

もちろん私たちはそのような記述がいかに十分になされようと、論理的に可能なものに対比すれば貧困であることを知っている。言語におけるあらゆる述語（もしくはその否定）がEに適用できるのであり、その場合でさえも「個体は語り難し」なのだから、Eの特性を記述し尽くすことはできない。Eの特性の豊饒さは、全体としてみた私たちの言語における記述力の上限をはるかに凌駕する。だがこのことは、私にとっては特に問題にならない。なぜならEがかりに予言通りに起こったと仮定しよう。すると重要ではあっても、Tの言語範囲を超えてしまうようなEの記述が出てくるであろう。それは単なる暴風雨ではなかったかもしれないし、地下室に浸水し、あるいはスミスが一九一二年に建設した埠頭を押し流した暴風雨であったかもしれない。私は、これらのことは予言することができなかったと言おうとしているのではない。私はただ、それらがＴのみによって予言されることは不可能だったと言っているのである。なぜならば「ジョーンズの地下室に浸水する」や、「スミスの埠頭を押し流す」が、Ｔに含まれる暴風雨に当てはまる名辞ではないか、もしくはＴに含まれる名辞によって明示的に定義可能でないことは、ほとんど確実だからである。

科学理論は、ある出来事を、その出来事に当てはまるすべての記述のもとで予言できるわけではないことは一般に認められている。たしかに私たちの考える科学的営為の一部には、出来事を記述するのにふさわしい言語を見つけ、出来事の関連する特性を示す名辞を拾い、この目的に沿って名辞を構成するということがある。物体の軌跡を予言するためには、その最初の位置と運動とを知るだけで十分である。その物体が、ニコライ大帝の上の娘のために作られた陶磁器の卵であることを知る必要はない。それゆえ地下室だの埠頭だのに対する私たちの局所的な興味から暴風雨を記述しようとするさいの、そうした名辞を進んでＴのような理論に混合しようとすることは的はずれであるし、結局のところ科学理論の概念全体を破壊するのである。さらにそれは不可能な要求でもあろう。なぜならば未来の歴史家が、出来事Ｅが定位されているとみなすかもしれぬような時間構造は、無数にあるからである。アリスとバーナードが決定的に決裂したときの嵐として知られるようになるかもしれないし、フェルマーの最終定理を解いた人が、その嵐のさなかに生まれたとされるかもしれない。したがってある記述のもとでの出来事Eを予言できるということが、成し遂げられれば十分である。昔ほどではないがしばしばなされる主張——科学的な出来事は予言し説明できるが、歴史的な出来事はそれができない——は誤りである。二種類の出来事があるのではなくて、おそらく二種類の記述があるのだ。たしかに科学は、私たちの望むような出来事についての情報を与えることはできないが、それというのもこうした情報は常に科学理論の簡略化された言語で叙述されるとは限らないからだ。このような要求をつきつけるとすれば、気象学の概念を破壊することになろう。

事態はこのようであるが、私たちがいま興味をもっているのは別の理論である。すなわちたんに硫黄島の戦いが起こることを予言するのではなく、「歴史」かどうかはまだ議論の余地は多いが、ごく詳細な記述のもとでのその出来事を予言するために用いられるような理論である。そこには、次のような文章があるにちがいない。「二月二十日三時三十分、マロリー曹長は、手榴弾を装填中兵士キトーによって殺される。これは、その日五回目の唯一成功した銃撃であった」。仕事が捗らないのも不思議はない。歴史をこのように詳細に書くだけでも、大変な労力である。いずれにせよこれらすべてのことを予言するのに用いられるような理論は、日常言語と同じくらい言語が豊富であるに相違ない。結局のところ説明は平凡な読者にもすぐにわかるものであると考えられる。

しかしかりにこの手稿が、たとえば一八九〇年に発見されていたらどうであろうか。読者は多少ことばにとまどったかもしれないが（私たちがしばしば当時の時代のことばにとまどうように）、作者の想像力の豊かさに打たれ――まっとうな小説にしては、たぶん冗長すぎ細かすぎるにしても――それをジュール・ヴェルヌの作品と同じジャンルに入れただろう。省略版や少年版さえ現れるかもしれない。一九四五年以後になってはじめて、人々はそれが前もって書かれた歴史だとわかるだろう。あるいはそれが一九四四年のどの時期かに発見されて、一編の科学的予言として実際に本気に受け取られたと仮定してみよう。最高司令部はこれを検討し、自分たち自身の計画と比べ、おそらく計画を変更するだろう。マロリー曹長は、二月二十日の三時三十分、どこか別の場所に居るようにすることだろう。こうして一切の作業があれほど丹念に進められたのに、無に帰してしまうだろう。予言は間違っていたのだ！　それは人々が、台本に不満をもつ反抗的な役者のように、手稿にしたがうことを拒んだからである。予言を裏切るのは、実にありふれた事である。ある人が、所定の時間に弾丸が地面にぶつかり誰かがそれに当たると予言する。ある時ある場所で命を落とすだろうという予言を裏切ることは、身の為であろう。予言が命脈を保つ唯一の方法は、それが出来事のあとに発見されることである。なぜなら思い出していただきたいが、私たちは「過去」を変えることはできないからである。

たぶんその人物は、一八一五年にこれらのことすべてに気付いていた。そしておそらく手稿が一九四四年に人々の手に渡り、彼らがそのなかに書かれている予言を裏切ろうとするということまで、未来について予言した。彼は人々がどうするかを予言し、それについて書いたのである！　そしてもしこの「より完全な」説明が一九四四年に人々の手に渡れば、前と同じ情況が生じてくる。私たちに想像することができないのは、予言された出来事がまだ起こっていないとして、彼らが予言の内容を知り、かつその予言を裏切ることができないという場合である。ある人が t_1 時に左足を踏み出し、t_2 時に右足を踏み出すという予言を得ると考えてみよう。その人は次のようにして予言をはずそうとする。つまり t_1 時にただじっと立っているか、あるいは右足を踏み出すかしようとする。しかしこうしたあらゆる努力にもかかわらず、予言は的中する！　足は、あらかじめ予定された足跡の上に落ち、あたかも四肢のコントロールがすべて失われてしまったかのように、いまや手足はそれ自体で歩み出すのである。あるいは叫び出すまいとしながら、それにもかかわらず叫び声が口から漏れてしまうのを想像してほしい。戦場にいる人間全部が、この奇態な心神喪失にかかると考えてみよう。恐怖におびえながら、人々は自分が銃のねらいをつけているのがわかる。指は我知らず手榴弾へと伸び、ピンを抜く。人々は「退却」と叫ぼうとするが、予言されていた「攻撃」ということばが、代わりに発せられる。誰もが自分の行動を、行為そのものから切り離されて、まるでほとんど観客のように眺める。なにがなされるかを前もって知っていながら、それが起こらないようにするためになにをすることもできない。こんなことはおそらく悪夢か、狂った科学者の夢のなかで起こることである。夢のなかで、誰かが「止まれ」と叫び、空中に放り出された私がそれにしたがう——空中に静止する——ということも起こりうるだろう。「止まれ」は、現実のコンテキストでは、私たちがしたがうことができない命令の代表例である。通常のコンテキストにおける「右足を動かせ」は、もしそうしたければしたがわないことが可能な命令の代表例である。私がさきに考えた込み入った場合は、自らの行動に対するコントロールと通常みなされるべきものを、人が失ったときにのみ起こるであろう。硫黄島の戦いに参戦している人が携えていないと思われる唯一の本は、この『硫黄島の戦い』である。いやむしろその本をもっていてかつその本が正しいということのふたつを同時に想像することはできないのである。

したがって未来の歴史家が私たちについてなにを語ろうとするかは、私たちのあずかり知らぬことである。もし知っていたら、行動を起こす前に発せられた予言を裏切るのと同じ方法で、私たちはその説明を偽とすることができよう。あるいは正常な人間のコントロールの範囲内——その範囲は科学によって狭められるよりもむしろ拡大されると期待される——で、そうすることができよう。

それゆえ戦いが予言され、その予言はその後はじめて発見されると想定することにしよう。私たちはそれを偉大な所業とみなし、その発見が遅すぎたことだけを惜しむ。

だがその発見が遅すぎたからこそ、それは真実なのである。「過去」を偽とするようなことはなにひとつ起こりえないが、時がたつにつれて、硫黄島の戦いについて新たな記述をつけ加えることが、ますます必要になることがわかる。つまらない人間のために自分を犠牲にしてしまったと思いながら死んだ人の英雄的行為によって、一兵士が生き残る。そしてその一兵士がのちに偉業を成し遂げる。このエピソードは特別な意味を帯び、学校の生徒たちに教えられる。彼らは、命を助けられた場面を上演する……。そしてますます多くの物語文が、のちのその戦いについての記述に登場する。それらの文は、一八一五年の天才でさえも知りえなかったものである。

理想的編年史家はこれを知りえたであろうか。彼は私たちが創出したものなのであるから、私たちが好きなように扱ってよい。理想的編年史家はすべての事柄を、起こったときに、起こったように、起こった通りに、同時的に転写する能力があると決定したのは、つまるところ私たちであった。だがこれ以上仮構を長びかせる必要があろうか。私たちの目的には役立ったのだし、もう廃棄してもよかろう。結局のところ理想的編年史からは、知りたいほどのことを教わることも、知りうること以上のことを教えてもらうこともなかった。この不完全な形而上学的モデルはいったいなんだったのか。過去についての真の文が偽であることを比喩的に語る以外に、いったいこのモデルはなんに役立ったのか――おしなべて「過去を変えることはできない」に行きつくように思える。「未来」についての真の言明はどうであろうか。もし私たちが未来についての言明を偽とすることができるならば、その言明はまったく真ではない。もし「未来を変える」の意味が、たんに予言を偽とするだけであったら、私たちはたしかに「未来」を変えることができる。ではなぜ遡時予言を偽とすることはできないのだろうか。ある意味においてそれは可能である。私がt_1時に桃を食べたと誰かが遡時予言するのを私が知っていれば、代わりにりんごを食べて、遡時予言を偽とすることもできよう。しかし私は知らないのだ。もし私たちが未来の歴史家が私たちについてなにを語るか知っていたなら、ちょうど私たちがなにをするか事前に人々が予言したことを私たちが偽とすることができるように、未来の歴史家の文を偽とすることができよう。ではなぜ私たちはこの意味で未来を知らないのか。私には語ることができない。ただ私が最初に述べたパースの文は、未来の歴史家がなにを語るか私たちは知らない、ということ以上のことを意味している。「未来は開かれている」とは、ただ誰も「現在」の歴史を書いてはいないということなのである。

第九章　未来と過去

私が理想的編年史家に対してとった最終的な処断は、哲学的には粗雑なものであった。歴史における予知の問題——つまり出来事が起こる以前に、その出来事の歴史についてもっていると仮定された知識——が次のような方法によって十分に扱いうるとは到底考えられない。すなわちまず最初にある人がそういう知識をもつという可能性を想定し、その上でそれはただ想像されたにすぎないからという理由で、そのような知者は存在しないと論ずることによってはとても扱えないのである。問題はこうした知識を有する存在者が実際にいるかどうかではなく、そのような存在者はそもそも可能なのか、ひいてはその知識そのものは可能かという問いである。なんにせよ相似た例を挙げるとすれば、これまで誰も主張したことのない懐疑論の形式があるとして、ただその事実だけによってこの懐疑論が論破されるわけではない。さらには、歴史的な予知力を備えた存在者の可能性を私が案出したのだと主張することすらできない。なぜならば全知が神に委ねられるかぎりにおいて、未来についての知識はしばしば神のものだとされるからである。実際、思弁的歴史哲学者は往々にして、歴史全体は神の意図を具現するものだとみなし、その意図を詳らかにすることを自らの義務だとしたり、あるいはそれをすでに部分的に開示し明らかにしたと信ずるのである。したがってもし私が本当に歴史予知の可能性を拒否しようとするなら、むしろより積極的に議論を展開せねばならない。本章で意図されているのはこのようなことである。

物語文の議論から承認されたと思われるひとつの結論は、物語文を用いてなされた記述において、人間の行為はしばしばほぼ例外なく、意図的でないということである。もとよりこれは、人間の目的を指示することが歴史的に重要でないということを意味しているのではない。ファルツ選帝侯の行為は、彼が間違いなく抱いていた野望、すなわちボヘミアの王冠を手に入れること、一度失ったのちはそれを取り戻すという野心を指示することによってうまく説明される。彼がフランスやイギリスと結んださまざまな交渉、資金を調達し同盟を強固にしようとする試みは、これらの野心に照らすことによって、私が名付けたところの彼の企画の一部を成すと理解しても正しかろう。だが彼の行為は、節目ごとに自ら意図せざる結果を生んだのであり、私たちは未来について無知だという点からみれば、その結果を彼は意図することができなかったのである。結果からみて、つまり三十年戦争とのより広範なかかわりを考慮することによってはじめて彼の行為は歴史的パースペクティヴのもとでその意味を獲得する。要するに私たちは、フリードリッヒ（ファルツ選帝侯）が行動の最中においては決してとりえなかったような方法でそれらをみる。実際のちにそれらの行為を包摂することになる物語文を彼が知ったなら、まさしくぞっとしたにちがいない。

だがこのような場合は一般的なものである。私たちは他人が見るようには自分を見ず、自分自身のイメージが他人が私たちに抱いているイメージと大きく異なることは周知の詩的な英知であり、人は常に自分の業績や失敗もしくは性向の価値を過大に、あるいは過少に評価するものである。こうした食い違いが個々人の意向に沿って解決されることはめったになく、というのも行動の価値判断の規準はおおむね行動主義的だからである。このような齟齬が歴史ほど顕著なところはないのであり、歴史においては事の本性上、人間の行動はその行為より未来の出来事に照らして考察され、未来の出来事との関係で意味づけられる。歴史家は、行為者とその同時代人が原理上もちえなかった利点をもっている。歴史家は行為を時間的パースペクティヴのもとでみるという独自の特権を有しているのである。それゆえ繰り返し強調したように、私たちが歴史家としてかかわる行為から私たちが時間的に隔っているがゆえに、目撃者が知るようにはそれらの行為を知りえないと嘆くのは見当違いの不満なのである。なぜならば歴史の要諦は、目撃者のように行為を知ることではなく、歴史家がしているように、のちの出来事との関連から時間的全体の部分として知ることだからである。この唯一の利点を捨て去ろうとするのは馬鹿げており、不可能であると同時に歴史的にも有害であろう(1)。プラトンの譬えに類比させれば、それは未来がいまだ薄暗い洞窟に戻りたいと願うようなものである。

しかし行為は、歴史家によって、行為者自身がその時点で与えることができなかったような記述を用いて表わされるのであるから、そしてこのような記述のもとでは、行為は意図的であるとは解釈されえないから、歴史分野における自由意志論争をいかに理解するかはいくぶん困難である。「自由である」と「決定されている」は矛盾した予言であるから、ある行為について一方が偽ならば他方は真であると仮定するのは自然な欲求である。ところがこのテーゼは、次のような事実とはうまく合致しない。すなわち行為を包摂する正しい記述は、いくつかの正しい物語文も含めて無数にあるが、これらの記述のうちごく限られたものにおいてだけ、行為は意図的であるということである。行為が意図的だということが行為が自由であることの必要条件だという点は一般に認められていると思う。意図の分析は複雑で問題が多いが、少なくともここまでは認めてよかろう。さらに行為のうちいくつかは意図的であることも認められよう。行為がたとえ意図的であってもそれだけでは自由とは言えないというのが決定論者の主張にすぎないから、彼らもこの点を認めるだろう(2)。それをどう理解するにせよ、ともかく自由な行為が存在し、それらはいずれも意図的であると仮定しよう。しかしながら、これらの行為はある記述のもとで意図的であるにすぎず、それらがまったく意図的でないような記述もあるという事実が残されている。かりに「ａは意図的である」が、「ａは自由である」の必要条件だとすれば、ａが意図的でない記述においては、ａは自由でないということになる。しかしだからといって、そのような記述ではａは決定されていると言えるだろうか。行為が自由でないならばそれは決定されているという前提に立たないかぎり、こうした事態は自動的に生じてはこない。かたや自由意志論者はここで、その同じ行為がある記述においては明らかに自由であっても、他の記述においては自由意志でないこと、そしてかりにも「自由でない」が「決定されている」という意味に自動的に解されるとするなら、同一の行為が自由でありかつ決定されていることを認めねばならない。以上からこれらは小反対対当の述定であり、同一の行為についていずれも真たりうるということになろう。

だが一方で、「自由でない」は「決定されている」と同義であるという規則を、私たちはただちに受け容れてもよいだろうか。普通、決定論者は自分が断定しようとするどの行為の述語に関しても、固有の分析をもっていると思われる。少なくとも次のような事柄を意図していると考えてよかろう。すなわちあらゆる行為は原因の結果としてあるのであり、原因の存在は、行為が起こったということと、これらの原因が与えられればその行為が必ず起こるということによって含意されるのである。しかしこの最小特性化は、行為が物語文に包摂されると考える場合、ある厄介な問題に逢着する。

前に挙げた、アリスタルコスはコペルニクスの先鞭をつけたとして記述される例――現代の天文学史のいずれにもみられる文章――を考察してみよう。コペルニクスの先鞭をつけることは、アリスタルコスの意図したことだったと言おうとしているのではないことは明らかである。ゆえにこれは、自由意志論者の規準によって自由な行為として類別されるものではない。しかしこの記述において、アリスタルコスはコペルニクスの先鞭をつけるよう原因づけられていたと言えるだろうか。つまりその行為のあらゆる原因が、現在、前と同じように与えられたなら、その行為は必ず起こるだろうか。おそらくそうかもしれない。だがそのとき同時に私たちは、のちのコペルニクスの行為も起こるはずだと言わざるをえないのではなかろうか。なぜならばアリスタルコスが前に行ったことをコペルニクスが行わないならば、アリスタルコスがコペルニクスの先鞭をつけたことにはならないのは自明だからである。だがもしアリスタルコスの行為が決定されているならば、すなわち所定の原因が与えられれば必ず起こるとするならば、コペルニクスの行為も（論理上）必ず起こらねばならないし、コペルニクスの行為が起こることは、その時点で真でなくてはならない。だがこのことは、前の出来事の原因が存在した時点で、同時に、のちの出来事の原因もすべて存在していたという意味であろうか。そうなると実に奇妙な結果が生じる。すなわち十四世紀のコペルニクスの行為の原因を発見しようとした歴史家は、見当違いをしている。それを説明するためには彼は、紀元前四世紀に起こった出来事を検討しなければならないのである。

逆の選択はそれほどおもしろくはない。行為の原因の少なくともいくつかは、その行為の直前に先行する時間帯に見いだされるものであり、歴史家がコペルニクスの行為を局所的原因に照らして理解しようとするのは当を得ているとする、私たちの信条を墨守すると仮定しよう。しかしかりに出来事E_2が、それと物語的に関係づけられる出来事E_1ののちに起こった原因によって決定される（少なくとも部分的に）ならば、E_1の原因の全部が、必要な物語記述のもとで、E_1が生じた時点で存在していたわけではないことになる。なぜならば、物語文に論理上必要なのちの出来事の、その原因がないからである。このことは、決定論者がしばしば行う予言的主張をはなはだしく屈曲させることになろう。ここでE_1、E_2という時間的に隔たったふたつの出来事があり、それらは物語文によって関係づけられていて、E_2の原因のいくつかはE_1のあとに起こったと仮定しよう。このとき明らかに、E_1に至る時点までの完全に理想的な世界目録でさえ、E_2を絶対確実に予言するのに十分な情報を与えることはできないし、また物語文で叙述されるE_1すら予言できない。したがって、出来事の時間的に先行する原因について完全な知識を有すると仮定したとしても、その出来事を予言することができないような、出来事についての正しい記述があることになろう。ここでE_1は、E_1よりあとに生じた原因によって決定されているという人があるかもしれないが、このことは因果関係を逆転させ、直観に反する結果を歴史にもたらす。つまり出来事のいくつかの原因は、その出来事が起こった以降の時間幅において求められるべきだということが含意されているのである。たとえばアリスタルコスの行為の十全な説明を行うためには、コペルニクスの時代に大方当てはまる因果的諸事情を探究する必要があることになる。

私がこれまで決定論者の立場に与えた最小特性化を彼らが受け容れるとするなら、彼らにはふたつの選択が残されていると思う。第一は物語文を贋物だとみなし、決定論はあらゆる出来事の非物語的記述に責任を負うと宣言することである。これは潔い転身であるが、私には到底、立派だとは思えない。なぜなら私たちが世界の時間知覚を表現するのは、なにはさて物語文によってであるからである。そもそも世界を時間的に知覚することに誤りがあると決定論者が反駁するならば、ある出来事を他の出来事の原因として記述するのは、さきに示したように物語文の特殊例なのであり、それはすでに世界の時間知覚のうちに属していると指摘しておくだけでよかろう。因果論の言語を不当とするなら、実のところ決定論者はなにを論じていることになるのだろう。第二の選択も実際には大差ない結果になる。それはすなわち、そこで出来事が決定されていないような、出来事についての記述があると述べるだけにとどまることである。しかし自由意思論者が「自由でない」を「決定されている」と同一化しないように、決定論者も「決定されていない」を「自由である」と同一にしないことは明らかである。ほかならぬこうした理由から、自由意志論争を歴史に適用した場面で理解することは困難である。物語文によって包摂された場合、行為が決定されているのか、自由であるのかを述べるのは難しい。実際、代表的な例をみると、そのどちらでもないように思われる。

だがここで、因果性をめぐる厄介な問題にはかかわらない決定論の形式があり、これはしばしば「論理的決定論」の名で知られている。これはいわゆる文の無時間的な属性、すなわち真理値によって議論を進めるものである。真理に関する一種の対応説を前提にして、論理的決定論者は次のように主張する。(たとえば)私があるt1時に『タイムズ』を読むならば、「ダントはt1時に『タイムズ』を読む」という文は真であり、もし私がt1時に『タイムズ』を読まなければそれは偽である。だがもし「ダントはt1時に『タイムズ』を読む」が、ある時点で真であれば、それはどの時点でも真であり、特に、それが常に真となるだろうと同様、常に真であったのである。誰かがその文を話したのか、書いたか、あるいは知っているかどうかはほとんど問題でない。なぜならばそれが真であり、また真ならば偽ではありえないことから、その文が偽ではありえないことが導かれるからである。しかし、もしその文が偽でないとすれば、私がt1時に『タイムズ』を読まなかったということはありえない。一言で言えば、起こることはすべて必ず起こり、起こらないことはすべて起こりえなかったのである。ここには原因についての言及は一切ない。論理的決定論は、たとえばライルによって次のように批判されている。

私たちは知らず知らずのうちに……先立つ真理を、それが真であるところの出来事の原因だと考えている。出来事を、それよりのちに位置する真理の結果だとみなさないのは、たんに両者の相対的な日付によるにすぎない(3)。

だが論理的決定論者はこの誤りを犯していないと私は考える。その理由は第一に、原因は時間における出来事であり、命題はそうではないからである。真である文は、それ自体が起こるものはなく、むしろ文が真であるならば、それが真であるところのものが起こらねばならない。論理的決定論者は原因についての知識をまったく求めない。たしかに彼は、出来事には原因があり、なにかが私がt_1時に『タイムズ』を読む原因になったと論ずるだろう。それでもなお、なにかが私がt_1時に『タイムズ』を読む原因になることは、無時間的に真であり、したがって私がt_1時に『タイムズ』を読むことも無時間的に真である。またそれゆえ、私が『タイムズ』を読まないことは不可能である(4)。ライル自身が先立つ真理について語っているかぎり、彼は自分が批判しようとする議論に巻き込まれているのである。決定論者の議論の妙味を知ろうとすれば、運命論者の言に目を向ける必要がある。ディドロの作品『運命論者ジャックとその主人』の主人公は、主人との果てしない対話のなかで、この点を次のように表現している。悪党共を寝床に追いやったあとで、ジャックは再び会話を始める。

主人 ジャック、まったくお前はなんて奴だ。一体全体信じているのか……

ジャック 私は信じてもおりませんし、信じてないのでもございません。

主人 もしやつらが寝るのを拒んだとしたらどうなる。

ジャック それは不可能でした。

主人 どうして。

ジャック なぜならそうはしなかったからです。(5)

この奇妙な立場で前提とされている論証を再構成してみよう。まず最初に、あらゆる命題は真か偽のいずれかであるという仮定がある。命題は真でありかつ偽であることはできないから、もしそれが真ならば、それは偽ではありえない。このことから、同義性の規則を援用して次のように論証することができる。

(1) pは必然的に真または偽である。

(2) pが真ならば、pが偽であることは不可能である。

(3)　pが偽であることが不可能ならば、pが真でないことは不可能である。
(4)　pが真でないことが不可能ならば、pが真であることは必然的である。
∴(5)　pが真ならば、pが真であることは必然的である。

同様の論証によって、

∴(6)　pが偽ならば、pが偽であることは必然的である。

(1)、(5)、(6)から、

∴(7)　pが真であることは必然的であるか、またはpが偽であることは必然的である。

ここで真理は文と出来事との意味論的な関係であると仮定されており、出来事は時間において生じるものではあるが、両者の関係は時間に独立である。さらにもし文が真ならば、その関係が成り立たねばならない。文がある出来事について述べており、必然的に真でありながら、その出来事が起こらないなどというのは、決定論者からみれば明らかに馬鹿げているだろう。したがってもし文が必然的に真であれば、出来事は必然的に起こらねばならない。ゆえに、もし出来事が起こるならば、それは必然的に起こるのであり、それが起こらないということは不可能である。おおよそこれが、ディドロの運命論者の主人公がはからずも担っている論理―哲学的負荷なのである。

物語文はこの種の決定論に対してなんの脅威ももたないし、困難ももたらさない。事実、決定論の主張とは、未来の出来事は一回限り起こるべくして起こるよう決定されているということである。論理的決定論では、私が示したように、真の文が書かれたり知られたりすることは必要とされていないけれども、運命論者ジャックはそう信じたがっている。「良いことも悪いことも、ここで私たちにふりかかることはみな」、と彼は楽しげに主人に教える、「天に書かれているのです」[6]。これはまるで理想的編年史のように、歴史的予知のように響く。ここでは出来事の歴史は出来事が起こる以前に、ある全知の存在によってわかっているのである。「いったいどうすればこの文字を消せるのか、御主人様、御存知ですか」とジャックはたずねる。私はこの問いに秘められた挑戦を真剣に受けとめ、歴史的予知の論理を論理的決定論と関連づけて検討したいと思う。

論理的決定論の一形態はアリストテレスによって、『命題論』のなかのきわめて複雑な一節で反駁された。アリストテレスの考えによれば、決定論者の議論は、もしそれが確実であるとすれば、行為の可能性と人間の思慮の有効性を排除している。もし一切のことがそれが起こるようにして必然的に起こるならば、思慮には意味がなくなるとアリストテレスはみなしたようである。思慮し、自らの知識に照らして最善と思われる行為をなすことには意味があるというのが彼の考えであった[7]。そこで決定論者の議論を覆そうと企てたのである。アリストテレスの反駁の試みとして最も広く理解されているのは、以下のようなものである。アリストテレスは(1)は偽であると主張した。彼の積極的な主張によれば、すべての命題は真か偽のいずれかであるということは必ずしも成立しない。もしそうだとすると、これが決定論者の議論を論破するのは間違いない。なぜなら形式的にはなお妥当であろうとも、前提のひとつが偽であることが判明すれば、結論にはなんら強制力がないからである。例外が存在するがゆえに(1)は偽である、とアリストテレスは信じていた。もとよりもうひとつの前提、すなわち(2)を覆すことで、アリストテレスが論敵を論破し、あるいは自らの立場を論証によりひきだすこともできたであろう。ここで(2)はその対偶と等値である[8]。

(2a)　pが偽であることが可能なら、pは真ではない。

(2a)はあまりにも曖昧である。それは（少なくとも）二通りに解釈できる。

(2b)　pが偽であることが可能なら、pは偽である。

(2c)　pが偽であることが可能なら、pは確定的に真でない。

だが(2b)は偽であり、そのために(2b)と等値の対偶である(2a)も偽となる。そして(2)は決定論者の議論に不可欠であるから、この解釈によって議論は無効となる。(2c)の解釈はアリストテレス自身の立場に非常に近い。アリストテレスならば、pが偽であることが可能ならばそれだけでpが真であることも可能だと推論するところだろう。だがもちろん、確定的に真ではない、ということなのである。さらには確定的に偽であるのでもない。ゆえに真であることが可能であり偽であることも可能であるような命題があるとすれば、確定的に真でもなく確定的に偽でもない命題があるということである。これは(1)に矛盾する。

だがこのことは、「可能だ」にいかなる解釈を与えるのかをもっぱら問うことにより、決定論者から反撃を受けるのはほぼ確実である。もしアリストテレスが「pが真であることが可能であり、pが偽であることが可能である」を、「pが真であるのか偽であるのかわからない」という意味に解するにとどまるのなら、アリストテレスの述べるところは「もしpが真か偽かわからないのなら、pは確定的に真でもないし偽でもない」となって、今度は虚偽の名を背負わされる。これは虚偽か重複で、前件に含まれていることを別の仕方で後件で繰り返したにすぎないと決定論者は主張するだろう。だが逆に、もしアリストテレスが認識論的解釈を抱いているのではなく――決定論者はともかくこの点では争っていない――ｐは現実に、客観的に真でも偽でもないと考えているなら、決定論者はまさにこの解釈を拒否するのである。決定論者は――この解釈では――ｐのすべての値に対して、「ｐは可能である」は偽になると主張するだろう。とすれば（実質的な含意によって）、(2b)は真である。ゆえに(2a)をこのように解釈することにはなんの困難もない。一方、アリストテレスの主張に都合の良い(2a)の解釈は、アリストテレスが論じたいとする論点を前提としている。それゆえこの問題は前と同様、決定論者は(1)を肯定しアリストテレスは否定するという事態と結びつけられねばならない。そしてこのように論理的に枝葉末節に渡ることから唯一明らかになるのは、「ある命題は確定的に真でもなく確定的に偽でもない」ことをアリストテレスが主張していると理解するかぎりにおいて、単なる認識論的な意味ではなく深い意味でそうしているのだということである――リチャード・テイラーの表現によれば「事物の本性においてであって、たんに事柄についての知識や無知にかかわるのではない」[9]。

「事物の本性において……」とはいったいなにか。決定論者はこれに困惑する。世界にはああでもなくこうでもない情況があるとアリストテレスは言おうとしているのだろうか。情況ｓにおいて、「ｓはＦである」と「ｓはＦでない」のいずれもが真でもなく偽でもないということであろうか。アリストテレスはそう言っているのではない。そうした情況があるとも、これまであったとも言っているのではない。アリストテレスは次のように述べている。

> 現にあるかもしくはあったものの場合、命題は、それが肯定であれ否定であれ必ず真か偽でなければならない[10]。

この言明が明記しているように、アリストテレスはたんに「知識や無知にかかわる」主張を考えていたのではない。というのも真か偽かを言えないような、過去もしくは現在についての命題は無数にあるからである。ところがアリストテレスは、命題は真か偽でなければならないと言い切っている。そして現在もしくは過去についての命題と対照して、アリストテレスはこう述べる。

> 事柄が個々のものであり、しかもこれからあるであろうことについて事態は異なる(同じではない——*οὐχ ὁμοίως*)[11]。

未来についての言明、あるいは個々の事物に関する未来の言明が、アリストテレスにとって唯一(1)の例外を成すのである。だがここでアリストテレスは、将来的にああでもなくこうでもないであろうような情況があると言っているのではない。つまり現在も、そして過去ものちにいつか曖昧な情況をもつだろうという意味ではない。そうだとするとあらゆる過去や現在の情況が不確かなものとなる。ところがアリストテレスは、現在や過去に存するものはなんであれ、それについての文が明確に真か偽であるという意味から要求される通り、不確かではないと述べている。

これは難解な説である。「sはFとなるだろう」という、アリストテレスの条件(18a 35-36)を満たす文があると仮定しよう。そのとき「「sはFとなるだろう」は真か偽になるだろう」とは言えないのだろうか。アリストテレスはここで不確かという言い方をするだろう。そしてそれは「だろう」が本来的な時制の用法で使われているかどうかによると述べるのではなかろうか。そうでなければ、この文はたかだかすでに『命題論』(18a 27-28)でアリストテレスが言っていることの繰り返しであり、定義上真となる。だがかりにこの文で「だろう」が本来的な時制の用法で用いられているなら、そのとき文は真でも偽でもない。さらにはもしそれが「だろう」を本来の時制の用法で用いているとすれば、この文は「「sはFとなるだろう」は真または偽である」と等値ではない。というのも前の文は未来についてのものであり、真でも偽でもないが、一方後の文は――「である」という時制の用法を用いていて――現在についてのものであり、偽となるからである。あるいはアリストテレスは、前の文は後の文を含意するのであって、事実、後の文は前の文とまったく同じ意味をもつ、そして両者は真正に未来を指示しいずれも真でも偽でもない、と言うこともできただろう。またたんに未来についての命題をすべて偽だとみなすことで、ほぼ同じ論点を主張しえたかもしれない。今日では、あるクラスの文について、そのクラスに属している文は真でも偽でもないと主張する派と、この同じ文を偽だと主張する派との哲学的論争は見慣れたものとなっている。その古典的な例は単称の指示言明であり、たとえば指示対象がないとき「現在のフランス国王は禿である」という言明はそうである。アリストテレスはこの可能性を望ましくないとみなしたかもしれないが、それはおそらくアリストテレスが、ある文とその否定との選言を真だとみなしていたからである。(12)「明日海戦があるだろう、あるいはないだろう」は真であるとアリストテレスは主張しており、事実、論理的には真である。かりにふたつの選言肢がいずれも偽ならば、この主張に合わないと彼は感じていたと思われる。だが選言肢がいずれも真でも偽でもないとする見解がそれより適当かどうかは容易にはわからない。一方で、もしかりにアリストテレスがある未来の文とその否定をともに等しく偽だとみなし、なおかつpもしくはnot-pのいずれかの真を論理的に保持しようとしたとすれば、それらの未来の文が通常の会話でそうなるようにいずれも偽でありうることを示す精密な分析を組み立てようとしたかもしれない——ラッセルが有名な記述理論で行ったたぐいの分析であり、「これこれはしかじかである」

とその否定である「これこれはしかじかでない」は実際には矛盾せず、また一方は真でなければならないことを示しているような分析である。だが私自身にそうした分析があるのではない。

単称の指示表現（「主語が個体であるとき……」）が用いられるさいには被指示項が存在することが、こうした文に真理値がえられることの必要条件（「前提」）であるという考えをアリストテレスに当てはめてみると興味深い。このとき「sはFとなるだろう」も「sはFとならないだろう」もともに明確な真理値をもたないが、それはsが存在せず「であるｰ」もないからである。しかしこれをアリストテレスが認めるとは思われない。なぜなら「sはFだった」と「sはFでなかった」も同じ規準によって真でも偽でもないことになり、これは18a 27-28と相容れないからである。また必要条件を拡大して、単称の指示表現に対する被指示項が現在ないし過去に存在する、とすることも不可能である。その理由は、たとえばナポレオンの五十七番目の妻の美貌について語ると想定すると、そのような女性はかつて存在しなかった。にもかかわらずその婦人についての言明は過去についての言明であり、アリストテレスが正しいとすれば、明確に真か偽でなくてはならないからである。老子というような人物は存在しなかったことを立証しようと苦心している中国学者は、もしもその立証の文が真でないと言われたなら——たとえそれは偽でもないからと慰められても——そのことを看過するわけにはいかない。それゆえ条件の拡大はなんの助けにもならないのである。だが必要条件は私がさきに述べたように過去についてのすべての言明が明確な真理値をもつのをさまたげるのであるが、一方それにもかかわらず、過去についての文が明確な真理値を必ずもつと主張するならば、次のような疑問が生じる——なぜ未来についての文は明確な真理値をもたないのか。単称命題が真または偽であるための前提として、この必要条件あるいはその拡大解釈をアリストテレスが受け容れるとは思えないのである。

私が主張しようと思うのは、アリストテレスは時間を真剣に考慮しているということであり、もし彼の説をこの観点で吟味するなら、それは難解でなくなるばかりでなく、ごく日常的な物の見方であることがわかる。私はこの方向でアリストテレスを再構成し、さきに示した必要条件に相当するものにアリストテレスがかかわっていることを明らかにしたい。それによってなぜこうした見解をアリストテレスに帰着したいと考えるのかが説明されると思う。

ここで「だろう」、「である」、「だった」を純粋に時制の用法として問題にしてみよう。分析を行うためにはさしあたり六つの文が必要である。

(1)　sはFである。

(2)　sはFでない。

(3) sはFだった。
(4) sはFでなかった。
(5) sはFだろう。
(6) sはFでないだろう。

どのような場合に(5)と(6)の使用が適切であるのかを考察してみよう。私は(1)〜(4)がすべて偽であるとき、これらの使用が適切であると言いたい。(1)〜(4)が偽であるというのは、sがこれまで起こっておらず現在も起こっていないという特定の場合のことである。そこでsがこれまで起こっておらず現在も起こりつつあるのではないとき、(1)〜(4)は時間的に偽(time-false)であると言おう。(1)〜(4)が時間的に偽であるとき、(5)と(6)の使用は適切であると言える。さらに(1)〜(4)がすべて時間的に偽であるとき、(5)と(6)は時間的に真(time-true)である。と同時に、かりに(1)〜(4)のうちどれかが時間的に真であれば——sが起こったかあるいは起こりつつあるという事態に由来しているのであるが——このとき(5)と(6)は時間的に偽である。ここで私は、もし文が時間的に偽ならば、その文は偽であると言っておこう。しかしながらもし文が時間的に真であっても、文が真であるということにはならない。とりわけ、たとえば(3)と(4)はいずれも時間的に真でありうるが[13]、そのうち一方は偽でなければならない[14]。さらにはアリストテレスの主張は、(5)と(6)が時間的に真であるとき、それらはそれ以上の意味で真でもなければ偽でもないというように解することができよう。約言すれば、(5)と(6)はいずれも時間的に偽であってそれゆえ偽であるか、あるいはいずれも時間的に真であってゆえに真でも偽でもないかのどちらかである。

だがここでは、両者がいずれも時間的に真である場合を考えてみよう。そこで三つの場合が考えられる。

(A)　sは起こらない。
(B)　sは起こりFとなる。
(C)　sは起こりFとならない。

(A)を仮定すれば、(5)と(6)は常に時間的に真であり、また(1)〜(4)は常に時間的に偽であってそれゆえ偽である。けれども(B)あるいは(C)の場合（(B)、(C)の両方であることはありえないが）、以下のような状況が生じる。つまりある所定の時間に(1)と(2)は時間的に真となり、そのさい一方が真で他方が偽となる。またその時点では(3)〜(6)は皆時間的に偽であり、しかも(5)と(6)はその後ずっと永久に時間的に偽であって、ゆえに偽となる。その時点以後は、(3)、(4)はいずれも時間的に真であって、一方が真、他方が偽である。この場合、(1)、(2)、(5)、(6)はすべて時間的に偽となり、したがって永久に偽のままである。そして(1)、(2)、(5)、(6)

が時間的に偽であるときには、(3)と(4)は永遠に時間的に真であり続けるのである。さらに、ふたつのうち真であるほうは常に変わることなく真であり、偽であるほうは永遠に偽である。

この分析によれば、(1)〜(4)が時間的に偽である場合(5)と(6)は定義上、時間的に真であるという以外に、(5)と(6)について正しいと前もって言えることはないが、それでもその他の点では真ではないのである。私が前に指摘したように単称の未来は現実には決して真ではなく、偽だと考えられるのであり、また実際それらが時間的に偽であるときは常に偽である。それらは真になってゆくではないかと言う人があるかもしれないが、だがこれは厳密には、いつか（それが「真になる」とき）(1)と(2)とが時間的に真であり、その一方が真である、ということを意味しているにすぎない。ただし、(1)と(2)が時間的に真（そしてその一方が真）になるかどうかは、たぶんに世界の情況に依っているのであり、また部分的には、アリストテレスが想定したほどではないにせよ、人間の思惟に依拠しているのである。私たちはある命題を真あるいは偽にすると言い、したがって命題の真偽は事のありさまにもとづいていると言うのであって、論理決定論者が考えているようにその逆ではない。

これは真理、時間、世界に対するごく日常的な見方である。アリストテレスは常に日常的な物の見方を重要視した。ところが決定論者の見解で問題になっているのは、アリストテレスとはちがって彼らが時間を真剣にとらない点である。論理的決定論者はアリストテレスに対する答えを用意しており、あとでこれを取り上げることにしよう。だがその前に、本章を書くきっかけとなった問題の解明のためにアリストテレスの見解を再構成したように、この見解に含まれる意味内実について少し注釈を加えておきたい。

アリストテレスの説が提起するひとつの問題は、混合時制の文をどう評価するかということである。もとより私が念頭に置いているのは物語文であり、過去についての文でありながらその真偽が未来の文の真偽に依存するような文である。かりに未来についての文が真でも偽でもないならば――時間的に真であったとしても――論理的にこうした文に依存する文は真でも偽でもないと言えるであろうか。それともそのような文は時間的に偽であるから偽である――たとえこの文が指示する出来事がすでに起こっていて、それゆえその文は当然時間的に真であるとみなされ、この言明かその否定のどちらかが真で、あ、っ、てしかるべきだとしても――そう言えるのであろうか。

この疑問は重大である。かりに未来の偶然性というものが純粋にあるとすれば、同様に過去の偶然性もあると私には思われるからである。つまり相互に両立しえない記述が、いわば過去の出来事の上をさまよい、あるなにかが未来に起こるまでその出来事と明確な意味論的関係をむすぶことができないのである。たとえばタレーランは一子をもうけ、その子は『サルダナパールの死』をはじめとする有名な絵を描いた。私たちはいま、このように言っている。

(1)　タレーランは『サルダナパールの死』を描いた子供をもうけた。

この絵がはじめて公開されたとき、このたぐいのことばが実際にギャラリーでささやかれたかもしれない。だがその絵が出来るまでは、(1)は真と偽のどちらだと言えばよかろうか。タレーランには多くの子供があったが、庶子のドラクロワだけがこの絵を描いた。この知識をもとに、(1)を次のように表わしてみよう。

(2)　タレーランはドラクロワをもうけ、ドラクロワは『サルダナパールの死』を描いた。

これは予想通り短い物語であり、(1)が物語文になっている。しかし形式的には連言命題であって、もし真ならば以下のことを含意する。

(3)　ドラクロワは『サルダナパールの死』を描いた。

これは(2)が真ならば真である。だが(2)を主張した時点が、画家の生まれたあとだが絵ができる前だと仮定してみよう。すると(2)を時間的に真にする唯一の方法は次のようになる。

(4) タレーランはドラクロワをもうけた、そしてドラクロワは『サルダナパールの死』を描くだろう。

問題は(4)が時間的に真であるとき、(4)は真だと言えるかどうかである。これが真だとは言いにくい。というのもし真だとすれば以下のようになるからである。

(5) ドラクロワは『サルダナパールの死』を描くだろう。

ところが(5)はまさしく、アリストテレスが真でも偽でもないとみなした文にほかならない。したがって(4)は偽であるか、もしくは真でも偽でもないと判断せねばならない。そのどちらにしても、大きなちがいがあるとは思えない。ただいずれの場合にせよ、(4)が(2)と等値でないことは明らかである。(2)も(4)も、(1)を異なった時点で変形したものであるから、したがって(1)はある時点では真であり、別の時点では偽、もしくは真でも偽でもないということになる。

私としては、もし単純命題が明確な真理値をもたないことを認めるとすれば、複合命題の真理値も不明確であると認めない理由はなにもないと思う。実際、否定命題は複合された命題とみなされるのであるから、(5)の否定はアリストテレスに準じて、それが未来についての文であるという理由により、真でも偽でもないであろうし、また必ずそうなのである。いずれにせよ真でも偽でもない複合命題は、命題の一部に真でも偽でもない単文、すなわちアリストテレスの分析に則せば、未来を指示する時間的に真の単称命題を含んでいなければならない。私が言いたいのは、こうした複合命題が過去を指示する時間的に真である単称命題も含んでいる場合、その複合命題全体は、(4)のように、過去の偶然性を表わしているということである。それゆえ時間的に真であるような過去についての文が、すべて真偽のいずれかだというわけではない。未来が開かれているならば、過去もまたすっかり閉ざされてはいないのである。

では歴史的予知の問題にもどろう。中世はとりわけこの問題と深いかかわりがあったが、それは調和し難いキリスト教のふたつの教義があったためである。第一に神は全知であり、第二に人間は自由であった[15]。神はすべてを知っているというのが前提であり、したがって神は未来についてもすべて知っている。そして「aはpを知っている」はpを含意するのであるから、もし神が未来を知っているなら神の知ることはなにもかも真であり、真だとすれば偽ではありえないということになる。それゆえ、もし私が今朝『タイムズ』を読んだなら、「ダントは今朝『タイムズ』を読んだ」は真であり、このことは初めから神に知られていたのである。では私はなにを選択したのだろうか。私は『タイムズ』を読むほかはないのだった。別のようにもできただろうというのは神の全知を否定することであり、もしくは「aはpを知っている」という文にpが含意されるという分析を受け容れないということである。アリストテレスの説はこの問題がひきおこすジレンマを緩和する。もし「aはpであることを知っている」が本当にpを含意するならば（これは知識にかかわる決定的な論理的事実であるが）、「aは知っている」という文は「pである」の十分条件を表わす。しかるに分析により、後者は前者の必要条件である。とりわけ、もしpが真でなければ、「aはpであることを知っている」は真ではありえない。ところが未来についての文は、アリストテレスの分析によれば真ではない。真でもなく偽でもないのである。ゆえに、もしpが時間的に真の未来を指示する単称命題だとすれば、神はpであることを知りえない。神のみならず誰も未来を知ることはできないのである。このような文をすべて偽だとみなしたとしても、ほぼ同じ結果になるだろう。というのもひとは事実ならざることを知ることはできないからである。ただそれでも神は、もしそのテーゼを固守しようとするならば、全知でありうる。なぜならリチャード・テイラーも指摘したように、[16]全知であるということは、すべて知りうることを知っているということだからである。だが未来を知ることはできない。私たちは未来について筋道立った信念をもつことはできるけれども、知識をもつことはできない。この点については神はなんら私たちと選ぶところはない。かくしてアリストテレスの説は歴史的予知を――必ずしも歴史的な予断をとは言わないが――排除するのである。

だが未来を知ることができないとすれば、過去をも完全に知ることはできない。未来についての知識が論理的に禁じられているかぎり、過去の偶然性を含む文で述べられていることを知ることも同じく論理的にはばまれている。物語文が時間的に真でありかつ真のときはじめて物語文を理解することができるが、物語文が単称の時間的に真である未来指示の命題を含んでいる場合、それには当てはまらない。しかし物語文によってこそ出来事に歴史的意味が付与されるのだから、神はたとえ全知だとしても、出来事が実際にこの意味をもつ以前にはその出来事の意味するところを知ることはできない。それゆえここにおいてもまた、神は私たちより特段にすぐれているというわけではない。それではいかなる意味で、歴史はあらかじめ定められた神の企図に合致すると言いうるのだろうか。アリストテレスが私の解したように正しいとすれば、ディドロの運命論者への解答をいま差し出すことができると思う。起こることはすべて天に書き記されていてもよい。これは宇宙についての興味深い事実となろうが、ただこれを消す必要はどこにもない。なぜなら神すらもそれが正しいかどうか知りようがないからである。たしかに神は、もしそれが世の出来事の継起につれて時制を変えなければ、それは偽であるとただちにわかるだろう。というのもそれが時間を明示した言語で書かれているとするなら、刻々と時間的に偽になり、したがってその他の点でも偽になるからである。だがもしそれが時制のないことばで書かれていたらどうなるだろう。このような仮定のもとに、アリストテレスと論理的決定論者が最終的に対峙する地点に至るのである。

論理的決定論者がアリストテレスの、未来を指示する命題は真でも偽でもないとする説に困惑を感じ、私が時間的真偽を導入してこの説を拡大したことに対してなおさらそう思うのはもっともである。論理的決定論者の主張とは、命題が真ならば無時間的に真であり、一般に命題はそれが断定された時間とは無関係に真(偽)であるということだからである。しかしこれは端的に間違っている。たしかにこれに当てはまる命題もあるが、それらは真理条件として時間的要素を必要としない命題である。アリストテレスが扱っているのはそうした命題でないことはあまりに明白である。そこで扱われているのは、時間が是非考慮されねばならない命題なのである。かりに私がスミスは家を出たと言い、スミスがまだ家を出ていないならば、私の言ったことは偽である――たとえ直後に彼が家を出るとしてもそうなのである。スミスの妻が電話で詰問され、スミスはまだ家を出ていないがそのつもりで出かかっていることがわかっていて、スミスは家を出たと答えたならば、それは他愛ない嘘である。しかしどんな嘘でも嘘は偽でしかない。時制のある文が真になるか偽になるかは、それが語られた時間に大きく依存するのであり、この発話の時間こそが真偽の差をつくり出すことができる。

この議論には基本的な反論がある。すなわち時制をもつ文はそのままでは不完全であり、その実それらは文ではなく時間的な変数を潜在的にもつ文の関数だという反論である。変数を明示的に表わせば「スミスはt_x時に家を出る」となって、これは「$x+3=9$」でxの値が与えられなければ真偽が定まらないように、真でもなく偽でもない。しかし変数に特定の値を入れて「スミスはt_1時に家を出る」とすれば、真か偽のいずれかの文が得られ、しかもそれは主張された時間と独立に真もしくは偽である。未来を指示する文が語られている出来事の時間を特定しないかぎり、文が真でも偽でもないことは明らかであって、それはそもそも文ではないのである。このことはまた他の時制の文法についてもいえる。その意味でアリストテレスの限定は不当であった。しかし文法的に未来時制の文であっても、そこに含まれている時間が明示されていれば、無時間的に真または偽である。論理的決定論者が自らの主張の拠り所だと述べてやまないのはこうした文にほかならない。

だがこの反論に対しては論理的に明確な対応ができる。「スミスは（無時間的に）t_1時に家を出る」は、「スミスは家を出た」という時制をもつ文とはちがって、その行為がすでに起こり過去になっていることを伝えることはできないというその一点である。なるほどある特定のコンテキストでは、話し手と聞き手が、ともに文が主張された時間と文で指示されている時間の両方を承知していて、聞き手の側が推量してその行為は過去に生じたものだと結論づける場合もあろう。だがそれはなお余計な情報にとどまっていて、コンテキストを明らかにしなければならないことからもわかるように、完全に文中に織り込まれているわけではない。事態がそうであるかぎり、決定論者が時制をもつことばを排除したと主張するのは正当性を欠き、彼はただそれをコンテキストのなかに場所移動させたにすぎない。これは第四章の結論を勘案すれば予想されることである。真理条件として時間的状況を含む文に対して、無時間的な等値の文を与えることはできない。かくしてこの立論は失敗に終わる。

　アリストテレスがさらに論点を進めて、決定論者の議論は一種の真理の対応説を必要としているのではないかと問うとすればどうなるであろう。その場合決定論者は、未来時制の文は真であるという主張をどう分析するのだろうか。真理の対応説においては、所定の文に対して、それがどう理解されるにせよ、対応するなにか、たとえば出来事が必要である。だが未来時制に対応するものがなにかあるのであろうか。もしあるとすれば、どのような意味で未来時制を正しく使っていると言えるのだろう。この文に事実的に対応するものはないが、やがてあるだろうと決定論者が答えたなら、それは時制をもつ言語を用いたことになりはしまいか。なるほど決定論者は、未来時制の文とは、ある出来事が指示された出来事より時間にかかわりなくあとに位置するという意味だと主張するかもしれない。だがそうなると最初の議論に逆戻りしてしまう。三十年戦争はスペイン無敵艦隊の敗北より無時間的にあとなのである。ところが問題は、前の出来事が起こったかどうか知らせないで、どうやって後の出来事が未来であることを理解させられるかというところにある。私たちはただ、後の出来事は前の出来事の未来にあたるだけなのであり、三十年戦争が無敵艦隊の敗北の未来にあたりながらも過去であるように、ひとつの出来事はそれ自体が未来でなくとも、別の出来事の未来でありうるのである。

したがっていずれの見方をとるにせよ、決定論者は時制をもつ命題に対する時制のない等値の文を見いだすのに完全に失敗するか、もしくはそれを成し遂げたと考えながらも、その実排除しようとしている当の時間的要素をひそかに滑り込ませているかのどちらかである。さらには自らの立場を語る言明自体にも、自らは無縁だと言い張る時間的情報が必要とされている。決定論者は時間を取り除いてしまうことはできない。たとえ決定論者がアリストテレスに対して、彼（または私）の行った時制をもつ文の真理条件の解明は時間的情報を前提としている――過去時制の文は、もしそこで指示されている出来事が起こったとすれば時間的に真である――と指摘しようとも、なんらアリストテレスを脅かすに足りない。むしろそれはアリストテレスに潜在的に含まれていると思われる主張、すなわちそもそも時間の概念というものがなければ時間について語ることはできないということを押し出しているのである。時間についてはおそらくさまざまな問題があろうが、これらはアリストテレスも『命題論』に反駁する者もともに直面せざるをえない事柄である。なぜ過去、現在、未来があるのかといぶかる人もあろう。そして時間にかかわる文の真理条件が対称性を欠いていることから示されるような、時間そのものの非対称性に疑問をもつこともありうる。しかしこのような疑念を感じるとき、時間から疑問を起こさせるもの自体を取り除けばどうなるかを明らかにしてみるのは常に良いことだと思う。つまるところ私たちを悩まして止まない時間についての言明とは、たんに時間のあり方の記述にほかならないことが明らかになろう。論理的決定論者の無時間的な真理概念は、無時間的な時間の概念に依っているのである。しかるに未来が決定されているとは、論理的決定論者はそれでなにを意味しうると言えるのだろう。

以上のような考察を前にしてもなお決定論者であり続けることはできよう。深く検討すればちがいが生じるとしてアリストテレスと争うこともありうる。しかしこの問題はどこか別のところに関連しているはずだと私は思う。アリストテレスはここまでで論じた論争において正しいのであり、それが正しいということはすなわち歴史的な予知の不可能性を必然的に意味しているのである。とはいえこれらは、ある限度内での出来事の予言も不可能だという意味ではない。この問題については次の二章で扱おうと思う。というのもこれは歴史説明にかかわる問題の文脈で論ずるのが最もふさわしいからである。

第十章　歴史的説明と一般法則

第七章の末尾において、「単純な」物語と「有意味な」物語とを区別する方法のひとつは、後者は前者とちがって起こったことの説明を呈示する点にあるのではないかという可能性について考えたが、そのさい私は、物語はすでにその事柄の本性上、説明の形式であると主張した。本章および次章において私はこの見解を擁護するつもりである。

まず第一に、以下のことは自明の事実であるように思われる。すなわち非常に多くの場合、歴史家はたとえばマルクス主義のような一般的歴史理論に傾倒していないかぎり、ある出来事について説明してほしいと頼まれれば、自在に物語を呈示してくれるだろうということである。そして歴史家自身が出来事の説明を知りたいときにも、いわゆる「ストーリー」としばしば呼びならわされるもの――大ざっぱに言えば、問題になっている出来事に至るまでのもろもろの出来事――を確認しようとするということもまた自明の事柄であろう。だがこれは、ひとり歴史家だけに限った事態ではない。一例を挙げるともし誰かが自動車事故を起こし、あとになってなぜ（あるいはどのように）それが起こったか説明するように求められれば、予想される答えは当然物語となろう。したがって歴史説明とはまさしく物語のことであり、物語こそ「説明」が歴史的文脈において意味すると思われることのすべてにほかならないと主張するだけの正当な傾向がみられるのである。また物語はたんに出来事を説明するだけでなく、なにが起こったかを時間の拡がりのなかで語ると考えられるから、起こったことを語ることと説明することとは、同時になされるべき機能であり、物語が説明を行うかぎりそれは起こったことを正確に語るのだし、また物語が起こったことを正確に述べるかぎり同時にそれは説明を行うのだと言おうとする傾向もあるのである。このように物語記述と歴史説明は一体となっているのである。

だがなにが起こったか説明はできないが、それを知ってはいるという申し立てがなされるとして、そこには一切矛盾がないとする立場に対しては、ここで正当に反論がなされるだろう。一般にこの申し立てで言われているのは、連続的な出来事のうちの最後のものが起こったことだけは知っているが、最後を迎えるまでのもろもろの出来事の正確な経緯についてはなにも知らないという場合である。「なにが起きたのか」という警官の問いに対して、人が「事故が起きた」と答えるとするとき、警官は、そのことは知っているが、自分が関心をもっている「起きたこと」とはそのことではないと言うであろう。警官が知りたいのは、その事故のストーリーなのであり、なにが起こったか、なぜ起こったかをいますぐ知りたいのだ。以下の説明は、通常このふたつの要求を満たすものとみなされよう。

（これはふたつの要求という言い方をすることが正しいとするかぎりにおいてである。というのは同じ要求を行うちがった方法があるだけだというのが私の主張だからである）。

車はトラックのうしろを、東に向かって走っていた。トラックが急に左に向きを変えた。車の運転者はトラックが左折するものと思い、続いてその右側を通った。ところがトラックは右に急カーブを切った。というのは交差点への難しい右カーブを切るために左に寄ったのであり、その交差点を車の運転者は見ていなかったからである。そのため衝突が起こった。

このあとでもし警官が自分はなにが起こったか知っているがまだ説明がほしいと言い続けるなら、私たちはとまどうことと思う。私たちはより詳細な説明を与えることはできただろうが、もっと明快な説明を与えるのはほとんど不可能である。それになぜ事故が起きたかを、いささかでもよりはっきりさせるようなもっと詳細な説明を考えつくのは難しい。警官はこれ以上なにを知りたいというのか。なるほど私たちは、衝突で終わる時間の拡がりを占有するような出来事系列全体のなかから、一連の特に精選された出来事を抽出したが、その理由は私たちの整合性の規準が有効だからであり、ある種の出来事はその時間の拡がりの一部分を成しているにもかかわらず、ストーリーの一部であるとは考えられないし、(別様に言えば)説明の一部ともみなされないのである。ひょっとしたらトラックが左に向きを変えたとき、車のカーラジオからは『熱情』が流れていたかもしれない。このことは、有意味性を欠いていたから言及されなかったのである。むろんそのことには意味があったかもしれない。車の運転者は音楽家で、競争相手による自分自身のレパートリーの演奏に心を奪われていたため、道路状況から注意が逸れたというように。しかし事態はそうではなかったのだし、いずれにせよこのことは、運転者はトラックが左折すると思ったという主張によって除外されるのである。またなるほどこの主張は嘘で、彼は音楽を聴き入っていたのかもしれないが、その場合彼は嘘を言うことによって正しい説明を与えなかったのみならず、なにが起こったかを語ることにも失敗したことになる。したがってなにが起こったかを物語文によって語ることと、ある事柄がなぜ起こったかを物語ることとは、同じひとつの行為なのであり、Eについての正しい説明は最終的な挿話的出来事たるEに関する正しいストーリーにほかならない、と言うだけの正当性が一見したところあるといえる。

しかしここで前に物語文についての議論のなかで行われた考察を根拠に、次のように論じられるかもしれない。すなわち最終的挿話としてのEに関する正しいストーリーはいくつもあり、これらの正しいストーリーのすべてが所定のコンテキストにおいて、必ずしもEの説明だとみなされるわけではないということである。さらにストーリーという形式に当然当てはまらないようなEについての説明があるという議論がなされるかもしれない。実際正しい説明は、まったく異なった形式、つまりEをその帰結として記述するような文を伴う演繹的論証の形式をもつという見解は強く擁護されてきた。したがってストーリーはしばしば特徴的とさえ言えるほど説明としても呈示されるという社会学的事実と、私たちが説明を必要とするとき、やはり特徴的とさえ言えるほど正しいストーリーを求めかつそれのみで満足しているという心理学的事実とは、ともによりさらなる分析なくしては、私が擁護しようとする主張を十分に裏付けるものとして認められないのである。だがこの主張を擁護する前に、歴史説明の概念についてのいくつかの競合する分析を検討しておきたいと思う。というのも実は、歴史哲学の諸問題のうちでこの問題が受けてきたほど集中的な哲学的精査を受けたものはほとんどないからであり、またその議論の大部分は、私が擁護しようとする分析とは根本的に異なった歴史説明の分析の妥当性にかかわっているからである。それゆえ私はこの論争を分析することから始めて、それを解決したいと思う。そしてその後ストーリーの分析に戻るつもりである。

容認できる歴史説明の分析および説明一般に対する候補として、議論の余地は多いが、古典的な形式で提出されたのは、C・G・ヘンペル博士によるものであった[1]。彼の分析のなかで最も議論を呼んだ要素は、次の主張に集約される。すなわち説明eが妥当な説明であるための数ある必要条件のなかでも、eは少なくともひとつの一般法則を包含せねばならないということである。ヘンペルのテーゼを歴史実践にかかわると称されるふたつの事実に関連させることによって、彼のテーゼが誘発した哲学論争の地勢図を描くことにしよう。歴史説明の問題は、一般に論じられているように以下の三つの命題の論理的緊張の結果生ずる。

(1) 歴史家はしばしば出来事を説明する。
(2) あらゆる説明は少なくともひとつの一般法則を包含せねばならない。
(3) 歴史家が与える説明は一般法則を包含しない。

私たちのほとんどは、限定つきでこれら三つの命題に同意することに異存はないのに、少なくともここで言明されているようなかたちでふたつ以上の命題に同意することは、論理的に阻まれているということに難点がある。つまりこれらのうちのどのふたつを選んで同意しようとも、残るひとつの偽が含意されるのである。個別的に言うと(1)と(2)は(3)の否定を含意し、(1)と(3)は(2)の否定を含意し、(2)と(3)は(1)の否定を含意する。したがって実際には(3)が真であることを共通項として仮定することによって、この三つが導出されたのではあるが、三通りの立場をとることが可能なのである。さらには歴史家によって呈示された説明と称されるものの例を検討することによって、(3)が真、もしくは大体において真であることが証明できる。そしてこれら説明と言われるもののほとんどが、一般法則を一切包含していないことが明らかになろう（実際これらはほとんど常に物語だということがわかるだろう）。ゆえに問題は、現状では(1)と(2)の両方を主張できない以上、(1)と(2)のどちらを私たちは(3)の連言肢として断定するかということである。どちらを選択するか、さらに実際の歴史家の主張や実践と、論理学者の主張や実践のどちらを規範とみなすかは、ある程度私たちの一般的な哲学的傾向に依存するだろう。そこで劇的な衝突における人物像に見立てて、神話的タイプを援用してみると、「論理学者」は(2)を肯定して(1)を否定し、「普通の人間」（この場合は歴史家）は(1)を肯定し(2)を否定するだろう[2]。この分裂は、哲学上の差異が往々にしてそうであるように根源的であり、論証には反論がきれいに対応して、穏健な人が両方の立場にいくばくかの真実を認めるというのでなければ、弁証法的な深淵を前に対峙し合っているのである。一方を弁護しようとしてひとは一生懸命になるが、他方を否定するのは実に厄介であろう。そこでこの結果、私たちはふたつの急進的な見解とふたつの穏健な見解を出すことにする。これらは、(3)を共通項とみなすことだけを仮定して得られるものである。

(A)　(2)は絶対的に真であり、(1)は絶対的に偽である。

(B)　(2)は絶対的に真であり、(1)はそのままでは偽であるが、容認可能な方法で言明し直すことができる。

(C)　(1)は絶対的に真であり、(2)はそのままでは偽であるが、容認可能な方法で言明し直すことができる。

(D)　(1)は絶対的に真であり、(2)は絶対的に偽である。

明らかに(A)と(D)は急進的見解であり、(B)と(C)は穏健な見解である。さらに二人の穏健な哲学者が、私が言明したような表現で同一の見解を採用しながら、両者ともに激しく意見を異にするかもしれない。というのも必要とされる言明のし直しの方法については、相当の相違の余地が残っているからである。急進主義者の間でさえ、なぜ(1)または(2)を絶対的に偽だとして排除することを認めたかという理由については、やはりかなりの相違があるだろう。それゆえ歴史実践の評価にさまざまな方法があるように、争われているこのいくぶんは整理された言明においてでさえ、哲学的差異が再出するのである。私はただこれら四つについてそれぞれ代表的見解を特定し、注釈を加えておきたい。これらはそれぞれ付随的に、(3)が真であることの別様の説明とみなされるだろう。

(A)　(A)を擁護する哲学者をひとり特定するのは簡単ではない。しかしこれは、私が歴史的理想主義者として特定した、クローチェ、ディルタイ、コリングウッドなどの思想家の見解と全般的に同じである。彼らの間にどのような個人差があるにせよ、人間の行動と非人間的実在とを根本的に峻別し、またそれに応じて、いわゆるふたつの別種の行動をそれぞれ研究する学派集団に根本的な区別を立てることを主張する点においては、彼らはまったく一致しているのである。これらは自然科学に対して人文科学、もしくはよく使われるドイツ語の表現を用いて、自然科学に対して精神科学と呼ばれる。この学派によれば、非人間的現象を説明するのが自然科学の任務であり、また実際自然科学は、これらの現象が等しくしたがう法則を同定することによってそうするのである。したがって説明とは法則にまとめることであり、ゆえに(2)は絶対的に真である。しかし人間はその特質上本来的に一般法則にのっとって行動するものではない。人間は自由な作用因であり、歴史的出来事は唯一無二である。そして行為者たる人間の行為は、目的、動機、欲望といった非人間的実在とは断定しえないようなある内的な生起に照応して見きわめられねばならないのである。(3) これらの内的なメカニズムを再構成することが人文科学の責務であり、このようなメカニズムが観察不能である以上、それはなにか別の方法で到達されねばならない。外的な行動はただ観察されるだけで、人間の場合、行為者の心のなかの観察できないような生起を指示しないかぎりそれは理解できない。この過程は、他者の内的な精神活動を、感情移入によって理解することから生まれる。そしてこの過程は「了解」(Verstehen)と呼ばれる。したがって(1)は絶対的に偽である。歴史家は、人文科学者と同様――もし「説明」

が自然科学に特有だと主張される意味合いで解されるならば——説明を行わない。むしろ歴史家は、行為者としての人間が何世紀にもわたって遂行してきた、唯一無二の出来事を「了解」するのである。ゆえに(3)は、言うまでもなく真である。歴史説明などというものはないというただそれだけの理由で、歴史家の説明は法則を含まない。歴史著作に一般法則の言及が見られないのは、その語の厳密に自然科学的な意味において、そこに説明がまったく見いだされないからである。だがこれは欠点ではない。歴史家に説明を要請することは、人間性、そして人間とその他の存在との重要な差異を形而上学的に誤解することであると同時に、学の本質を論理的に見誤っているのである。

(B)　ヘンペルが、歴史における一般法則の機能について著名な論文を書いたのは、(A)で大ざっぱに素描された見解に対する反応であったと、ある程度考えられるにちがいない。なぜなら、ヘンペルを行動的かつ創造的なメンバーとして含む論理経験主義が標榜した見解のひとつは、科学的方法の統一だったからである。この見解とはすなわち、種々の現象間の差異は、主体の属性や行動の科学的表出の差異に反映される必要はなく、また科学的方法は主体に関して不変であるということである。厳密に言えば、ヘンペルは現象に対して直接的にかかわっていたのではなく——論理経験主義者が自らの責務だとみなす方法を堅持しつつ——科学者が現象を記述するのに用いる言語にかかわっていたのである。さて主体における差異は、科学的語彙の差異として、より正確に言うならばあれこれの科学のいわゆる「非‐論理的」語彙の差異として反映される。だがこのことは、別の非‐論理的語彙をもつ諸科学の論理構造とは一切関係しない。そこにはたしかにどんな科学の基本語彙も、観察名辞によって明示的に定義可能であるか、あるいは観察語彙を用いるだけで文に還元できるとみなす傾向がある。これは、人間の行動は本来的に観察できない出来事に照らしてはじめて了解できるのだとする理想主義者の主張に対立するような、分析のプログラムである。しかしながら物理主義のテーゼが科学的方法の統一のテーゼに前提される必要はないし、ヘンペルが明らかにしたかったことのひとつは、特に説明は、それが人間的あるいは非人間的行動にかかわっていようといまいと、まったく同じ構造をもつということである。だから当然私たちは人間の行動を説明できるし、また説明していると、彼は示そうとしたのであった。

ある現象を説明するということは、ヘンペルの考えたところでは、問われている現象を記述する文（被説明項）に、ある操作を施すことである。この操作とは、被説明項の妥当な根拠とみなされるような一連の前提から、この文を演繹することだというのが、ヘンペルの見解である（もし妥当な根拠がなかったなら、説明を行ったのだとどうして言えようか）。この一連の前提を、彼は説明項と名付けた。私はこれを、演繹仮説と呼ぼうと思う。もっともたとえ妥当な説明は演繹として表わされねばならぬと認めるとしても、前提から演繹可能であるという論理的特質は、せいぜい説明の必要条件だとみなされるにすぎないことは自明なことである。というのもそこから被説明項が演繹されるような前提を見いだすことは、まさかこれを説明だとは誰も考えないけれども、常に確実に可能だからである。にもかかわらず説明としては十分ではないという分析以前の概念を援用しつつ、一種の先験的論証を用いることによって、この演繹仮説からヘンペルの分析の剰余をひきだしたいと思うのである。

(i) 被説明項は、特殊な出来事を記述するのだから、形式上単称である。これを文Gaとしよう。さて演繹仮説が、Gaの説明項を構成する前提の形式的構成について明らかにしてくれることは、それらの前提がどのようなものであれ、それらは(定義上)、Gaが偽のときは一貫して真ではありえない、ということ以外にはほとんどない。しかし非常に多くの命題が、この条件を満たすのである。たとえばGaはそれ自体の演繹的帰結であるとか、それ自体を二重否定したものの演繹的帰結だとか、またはそれ自体が連言肢であるような連言の演繹的帰結である、等々のようにである。けれどもこれらの演繹を説明的だと考える人は誰もいないだろうし、論理操作のトリックはもうやめて、次のように仮定することにしよう。すなわち私たちは通常出来事を、出来事の条件を指示することで説明し、それゆえ前提のひとつはGaが記述する出来事のなんらかの条件を記述せねばならないことはたしかであり、またこの前提は、形式上Gaとは別個である、ということである。この条件は特殊な条件であるから、これを表現するためには、やはり単称命題が必要である。この命題を、Faとすることにしよう。

(ii) しかしもちろんFaは決して、演繹的にGaを含みはしない。それゆえもし前提がFaだけで構成されていたら、演繹仮定が違反されることになる。しかしFaは、Gaによって記述された出来事の十分条件を表わさねばならないという点に注意してほしい。というのはもしそうでなければFaが真でGaが偽となることもあり、Gaがなぜ真であるかということの妥当な説明が得られなくなるからである。たとえ条件が適用されても出来事が起こらないかもしれないというのでは、条件の適用ということによって、なぜその出来事が起こったかを説明できないし、その結果説明は妥当でないのである。したがって私たちは、この条件とは十分条件であることを明記する必要があるし、また定義上FaがGaの十分条件であるとはつまり、Fa⊃Gaだと断定しなければならない。ところがこの条件文は、Faを用いて実際Gaを演繹的帰結として生み出すのである。

(iii) さて条件Fbを想定してみよう。ここでFaであるときはGaであるが、Fbであるときは Gbでないという以外は、FbはFaと区別がつかない。換言すればaとbは似ているし、条件Faと条件Fbも似ているが、Faのとき「Ga」が真であるにもかかわらず、Fbのとき「Gb」は偽である、ということである。さて事態を単純化するために、そのこと以外はすべて同じだと仮定しよう。さて実際にこのように仮定するとFaとFbは識別できないか、もしくはFaはGaの十分条件ではないかのどちらかになる。これはつまり、もしすべての x について

Fx⊃Gxであるとは限らないならば――それ以外は全部同じであるとして――Faは Gaの十分条件ではないということである。私たちが十分条件をもつと仮定することは、同様の状況において同一の条件があれば、同一の事象が起こるという一般命題に自らかかわることである。そして事実もし一般命題が偽ならば、私たちには十分条件がないことになる。さらにもし十分条件がないならば、説明はないのである。したがって明らかに、説明はこの一般的な条件文を必要とする。これをいま(x)(Fx⊃Gx)としよう。そして周知の推論規則を用いて、命題からFa⊃Gaを得ることはたやすいから、後者は前者と独立ではなく、したがって後者は前提のひとつとしては省略される。

(iv) したがって説明項は、最小限(少なくとも)ふたつの前提、Fa、(x)(Fx⊃Gx)で構成される。しかしもとより後者を経験的に解釈すれば一般法則であり、前者の経験的解釈は初期条件である。それゆえ、出来事を(経験的に)説明することは、その出来事を条件と結びつけることであり、それを法則によって行うということを、ヘンペルは指摘したのである。このことは、演繹仮説と私たちの前‐分析的な概念とを、ともに満たす。

さてここにおいて私たちが解明したのは、妥当な説明の概念であることに注意を向けてほしい。だが妥当でない説明とは、そもそも説明と言えるのだろうか。偽の顔が顔でないように、妥当でない説明は説明でないと仮定すると、「顔」を「真の」という名辞で修飾する必要がないように、「説明」という名辞を「妥当な」によって修飾する必要はどこにもない。こうして私たちは、先験的論証によって、説明の概念を解明したことになろう。

ヘンペルとオッペンハイムは、構文論、意味論にわたって、さらに多様な考察を明らかにした。(4) だがそれらをここで羅列してもあまり意味がないから、私はただそのような分析がヘンペルによって歴史に適用された、その様式を指摘するにとどめよう。

まず第一に、ヘンペルは科学的説明の概念に解明をほどこしたのだと仮定すると、科学が単一の出来事について説明を行いうることは自明である。かりにいかなるふたつの出来事も、まったく同一のクラスに属してはいないならば、あらゆる出来事は相互にある程度異なっているということになるが、一方どのふたつの出来事も少なくともひとつの性質を共有しているという事実から、いかなる出来事も唯一無二ではないことが導き出される。この点から考えて、歴史は単一の出来事を扱うからという理由で、歴史を自然科学から区別するような余地はまったくない。というのも科学も同じことを行うからである。また歴史は唯一無二の出来事を扱うからという理由で、科学から区別することもできない。なぜなら唯一無二の出来事は一切ないからである。しかしある歴史的な出来事が他の出来事と共有するような性質は、些細なつまらないものであり、歴史的な出来事は紛れもなく唯一無二である、という反対が出されるかもしれない。ではこれらの出来事は、どのようにしてヘンペルの分析が要請したような一般法則によって包摂されるのだろうか。実は歴史家自身が出来事を説明しようとするとき、法則についてはたしかに一言も言及していないが、にもかかわらず彼らは、暗黙のうちにその法則の存在と、それゆえ精巧な省略三段論法の様相を帯びた説明とを前提としているのである。だが一方、いわば社会科学の相対的後退ともなるが、暗黙裡に前提されている法則を、完全無欠な形式で明示的に言明することはできないという事実が、いまだ残されている。それゆえ厳密に言えば、もし「説明」ということで、科学的に容認しうる一般法則を含んだ定義項の演繹的帰結として被定義項を明示することを意味するのだとすれば、当然(1)は偽である。歴史家が呈示するような説明は、本当は説明それ自体なのではなく、ヘンペルのことばを借りれば「説明的スケッチ」なのである。前提となっている適当な一般法則がやがてそこに挿入され、スケッチが十分に満足しうる説明に変わるその場所が、いわば区切り取られる。そのようなスケッチは、

適切なものとみなされる法則と初期条件の多かれ少なかれ曖昧な表示から成り、十分成長した説明となるためには、「肉づけ」が必要である。(5)

以上のようなことから、ヘンペルの議論は次のようになる。すなわち(2)は真、(1)はもし「説明」という語を「説明的スケッチ」に置き換えれば真である。そして(3)は一般法則を包含してはいないが前提としているような説明的スケッチについて、私たちが語っているのだと認識されているならば真である。

ここで開陳されているような一般的分析は、明らかにそもそもカール・ポパー博士に由来するものである。(6) そしてこれは、ある種の前衛に位置する歴史家とならんで、経験論的な哲学者の間でも、広範に受容されているといえよう。

ヘンペルの見解は(A)の直接的な反証であったという私の意見がもし正しいとすれば、残るふたつの一般的見解、(C)、(D)は、ヘンペルの定式化による(B)を反証しようとする哲学者たちによって、典型的に堅持されてきたことになる。この意味でヘンペルの分析は、この問題のその後の展開の様相を決定したといえる。ちなみに、彼自身の分析が明確に規定した哲学上の議論のその後の状況を、ヘンペルの方向づけにそって説明してゆくことは、興味深い問題であろう。けれども私たちは、もうひとつの穏健ではあるが、(B)に対しては急進的な批判となる見解に戻ることにしよう。

(C)　歴史的説明において一般的に求められているのは、出来事の原因であることはたしかであり、またたとえばKが出来事Eの原因だったと断定することは、とりも直さずKに類する出来事はEに類する出来事をひきおこすという意味の一般法則の存在に、自ら関与することだということも確実である。こうしたことは、私のこれまでの例で用いられてきたような「関連性」という語の意味に含まれている。私たちが出来事の原因、もしくは原因と考えられるものを指摘するかぎりにおいて、説明的スケッチというヘンペルの概念に合致するような行為を、明らかに私たちは行っている。しかしこの説明的スケッチに必要なのは、それが十分に完成された説明として通用するために援用されるような法則を明示的に引証することだけだ、と考えてもかまわないのだろうか。というのもこの法則は、多くの人々に指摘されているように、確率法則だからである。私たちはＥが起こったことと、Ｋが起こったことを知っている。そしてＫに類する出来事とＥに類する出来事はしばしば連結されるという理由で、ＫはＥの原因となったというのはたしからしいと考えるのである。けれども両者の結合関係は大体において維持されているにもかかわらず、Ｋに類する出来事がＥに類する出来事に先行していないような場合は珍しくないことを思い起こしてほしい。このような確率法則を適用すると、Ｋを記述する文から、Ｅを記述する文を厳密には演繹できない。したがって厳密に言うと、被説明項「……Ｅ……」に対する妥当な根拠を、私たちはもたないのである。なぜならばいまやこの文が偽であり、かつ「……Ｋ……」が確率法則と同様真であることが、論理的に可能だからである。この意味において私たちは、たとえその法則を明示したとしても、Ｅを説明したことにはならないのであり、歴史的説明において前提とされているのは、唯一この種の法則だけだということは十分ありうるから、その結果この法則を適用しても決して出来事を説明することはできないのである。だがその一方で厳密な意味で普遍的に妥当ななにか他の法則があるとすれば、実のところ私たちは、それがなんであるか知らないのだし、なんら明白な意味でそれを前提としていたとは言えない。そして仮説により、ＫとＥが確率法則によってのみ結合されているとするかぎり、いずれにせよその法則は、KとEを結合する法則ではないのである。それゆえ私たちが指示するのとは別の初期条件が必要となり、したがって私たちの提出したのは、たんに「補完」すれば済むような最終的説明のスケッチであるなどとは、もはや考えられない。むしろ反古にしたほうがよいのである。他方確率法則は究極的で、この場合もうそれ以上何物をも望めないし、しかも補完してもヘンペルによって規定された意味での説明を産み出せないということも実際にあるだろう。しかしこのような事態は、歴史や日常生活のみならず、科学においてもあるのであり、したがっておそらく普通の人間も、歴史家も、科学者も、いかなる現象であれ説明を行いえたことは一度もないと結論せねばならない。そこで、私たちが説明行為において致命的な失敗を犯したのか、それとも説明の規準が、ヘンペルの分析では決して満たせないほど高次に置かれているのかが問題になる。おそらく演繹可能性の仮定は放棄せねばならないだろう。けれどもそれを放棄するかぎり、私たちはヘンペルの分析全体の根拠も、同じく放棄することになる。この分析は、私が概括したようにほぼこの仮定の論理的帰結として生ずるのである。「説明」という語の使用を、より詳細に調べてみるのもよかろう。たしかにある意味で、そしてその語の主たる意味において、歴史家も普通の人間も科学者も、ものごとを説明することができる。彼らは、それまでぼんやりとしていて理解されていなかったものごとや出来事を「明らか」にし、またそれについての「理解」をもたらす。だがこの意味においては、(1)は問題なく真である。歴史家は理解し、なぜものごとがそうなったのかを私たちに明らかにしてくれる。ヘンペルは、彼の意味論的、構文論的規定については厳格であったが、方向を誤っていたのであり、説明行為の概念の中心たる語用論の次元を、まったく看過していたのである。

だが(2)は、絶対的に偽なのではない。問題の諸法則が定言的で、演繹過程の大前提として説明に登場することが、(2)で意味されているかぎりでは、(2)は偽なのである。というのも法則は、これまで見てきたように単なる蓋然的主張なのであり、いずれにせよ必要とされる演繹的関係をつくり出せないからである。しかし演繹仮定についてさらに問い続けてはどうだろうか。説明には法則が含まれるないしは必要とされるという考え方に、なにか容認可能な意味がまだ与えられるかもしれないし、そうすれば(2)が完璧であると同時に説明の語用論的側面とも両立するように、(2)を言明し直せるかもしれない。たとえばある人がKを指示してEを説明しようとするとき、彼はその説明を正当化することを求められる。この場合彼は、実際ある一般法則を引例するか、あるいはその説明が的確であるための一助となった法則とはどれか、大よそ指摘せねばならないだろう。だがこのような法則を、説明の一部とみなさねばならぬ理由があるだろうか。ないのである。たしかに法則は説明の根拠の一部であり、法則を呈示できなければ根拠のない説明を示したという非難にさらされるかもしれない。だがどの説明にも種類の異なる多くの根拠があるのであり、それらの根拠全部が包含されている必要もなければ、どれかが含まれていれば、別のどれかを除外せねばならないというのでもない。たとえばKをEの説明として挙げた場合、当然ながら私たちは、「……K……」は真だということに応分の確信をもっているにちがいない。だが私たちはこの確信のための証拠を、説明の一部として包含しようとするだろうか。ヘンペルでさえそこまでには至らなかった。いったいなぜヘンペルは、一切の根拠が説明の一部とみなされねばならないと要求するに至ったのだろうか。

したがってもし私たちが、「一般法則を包含する」ということを、説明がその根拠のうちに少なくともひとつの容認可能な一般法則を包含しているという意味にのみ解するならば、(2)は哲学的に完璧であるのみならず、まったく真なのである。あるいはほぼそれに近い。というのも説明に対するこの種の裏付けの求めに応じて、私たちがせいぜい呈示できそうなのは、なんらかの一般的準法則文だからであり、実際、私たちが法則の規準をいくぶん緩めたり、一般的言明に例外や手加減が認められても、それらを法則とみなすのでなければ、こうした文はヘンペルで要請されている意味での法則とは言い切れないからである。ではここでジョーンズが火をたくことの説明を求めてみよう。私たちはそれを、彼が寒がっていることを指示して説明する。これを正当化するために、私は例外を排除するだけの耐久性を備えた法則をつくり出せるだろうか。これは容易ではない。寒くても火をたかない人もあれば（禁欲主義者）、寒くなくても火をたく人もあり（門番）、寒いし火もたくが、寒いから火をたくのではない人もいる（それが仕事だから。でも彼らは、自分のために火をたく権利はない）。しかし人々は寒いとき火をたくということを、私たちが自明のこととして容認するという点にはなんの問題もない。私たちが援用するのは、おそらく次のような「法則」である。すなわち人々は（通常）、寒いと（十分に）感じるとき、（なにか）火を（多かれ少なかれ）たく（傾向が概してある）。歴史家が含意すると言ってよいのは、このような一般的な自明文なのであり、彼らはこれを用いて、自らの説明を正当化する。しかし私たちは、修正を施すことによって括弧つきの限定を取り去ることはできないし、またそれを自然法則に変型することもできないのである。

　こうした見解や、それを支持する議論のいくつかは、マイケル・スクリヴンによって熱心に展開された[7]。自明な一般化を歴史に適用することに最初に注目したのは、カール・ポパー博士であったが[8]、彼はスクリヴンとは異なり、その役割を正当化であるというよりはむしろ演繹的であるとみなした。またエルンスト・ネーゲルは確率法則の役割を強調し、これらの法則が演繹を許容しないことを認めながらも、スクリヴンとはちがって、それらはたんに説明の根拠の一部であるのみならず、説明の一部なのだと考えた[9]。いわゆる自然法則は、科学においてさえ（そこでは自然法則が、ごく当然のこととして探究されるのであるが）、きわめて理想化されていて、他の事情が同じという意味で許容されねばならないすべての文脈に、正確に当てはまるわけではない。この事実は、応用科学の哲学ではあたりまえの事柄である。人間行動を包摂する一般化のほとんどは公理であるということは、社会学的研究のどれを選んで調べてみても確証されることだろう。

(D) ヘンペルに対する根本的批判者、つまり(2)は絶対的に虚偽であると留保なしに主張するような哲学者を同定するのは容易ではないが、この問題にかかわる主だった論者のなかでも、たぶんウィリアム・ドレイ博士の見解が、これに最も近い。スクリヴンは、必要とされているような法則がはたしてあるのか否かと疑念を呈したのであるが、にもかかわらずある種の文(「規格化された文」)が、説明の根拠として説明に「包含」されていると認めている。これはドレイにとっては、譲歩のしすぎという感を与えたと思う。彼は、「語のもつどんな普通の意味においてでも、歴史家は一切法則を用いない」[10]と述べており、傍点の部分を見れば、彼の見解が過激であることがわかる。もっとも本のなかには、これはたぶん無鉄砲すぎるとドレイが認めているもっと慎重な部分もある。しかしそれにもかかわらず、彼の論証の破壊性の方向は、傍点で示された個所に集約しているのであり、ドレイが言うところの「法則包摂モデル」の粉砕を、自ら目標として公言していることは、私がここにドレイを位置づけるのに都合が良いのである。

「語のもつどんな普通の意味においてでも」歴史家が法則を用いるか否かという問いは、もとより事実的な問題であり、いくらでも経験的に探究できる。そしてドレイも認識しているように、このことが問題とされているのではない。問題は、歴史家がかりに法則を用いたとしても、法則の使用は彼らが行う説明の必要条件に少しでもなっているかどうか、そして法則の使用が説明の十分条件を構成するかどうかということなのである。これらの問いに、ドレイは否定的に答えている。ドレイの論証がもっぱら依拠しているのは、次のような心理学的に推定される事実である。すなわち歴史家は当然自分の与えた説明に固執するが、そのさいその出来事を包摂するとして提起された任意の法則が独立に真であることに、自らがかかわっているとは少しも思っていないということである。そしてその結果、含意ということのやや漠然とした意味において、歴史家の説明には、法則はまったく含意されていないのである(11)。けれどもまた、ほぼ似たような理由で、歴史家は法則が実際に包摂するところの出来事を、法則が説明するとはみなさないけれども、所定の法則が独立に真であり、かつまた問われている出来事を法則が包摂するということは容認するであろう。第一の例、つまり法則が含意されていないことの例を挙げてみよう。ルイ十四世は不評のうちに死んだという事実を、彼がフランス国益にとって有害な政策を推し進めたことを示すことによって説明する場合、いったいどんな法則がこの説明を承認するのか、歴史家には実際見つけ出せないだろうし、また歴史家がそこには法則があるはずだと論ずる論理学者に対して、その法則を言明してほしいと挑んでも、彼に非はなかろう。説明は、なんら明白なかたちでは法則を含意していないし、それでも歴史家は、自分がその事実を正しく説明したと確信しているのである。第二の場合を例証しよう。ブリアン・チューク卿ががにまたであったという事実を説明するに際して、中世の騎士は皆がにまたであったと同僚が指摘したとしたら、歴史家は（ドレイの主張によれば）それは無知蒙昧だと思うであろう。

　さていわゆる歴史説明の法則包摂モデルを拒絶するならば、私たちはどのようなモデルをとればよいだろうか。ドレイは、多くの条件をつけた上で、いわゆる連続系列モデルを提唱する。[12]私たちはひとつの総体的な出来事を、副次的出来事の系列に分割してゆき、それだけで理解できて、納得でき、どんな説明も必要でないような副次的出来事の組み合わせにまで到達することによって、その出来事総体を説明するのである。だがドレイは、このモデルを熱心に推進するのを躊躇する。第一の理由はそこに内在的な問題点があるからであるが、第二には、容認されているあらゆる歴史説明の例が遵守しているような特定のモデルがなにかあると仮定する理由がどこにもないからである。歴史家は、さまざまに異なる形式の説明を与えるのであり、ドレイのその後の著作や、さきに挙げた著作から察するところ、いわば歴史説明の現象学を呈示することが、ドレイのプログラムなのであった。[13]一方でドレイは、スクリヴンのように説明の語用論的側面を強調している。説明は常に、コンテキストおよびそれまでに獲得されている知識水準に相関するのである。

　ドレイの批判的論証をもとに、彼を(2)を絶対的に偽とし、(1)を絶対的に真だとする立場に限定した私が正しいとすれば、(3)が真であることの理由に彼がなにを挙げるか、歴史著作の精査から得られる傍証とはまったく無関係に、私たちにはわかるであろう。それはつまり、そもそも歴史家の行う説明に法則を見いだそうなどと、私たちは夢にも思うべきではないということなのである。私たちは法則の欠如をこのようなやり方で説明することができるが、この欠如はいささかなりとも注目に値するという事実を説明するためには、私たちはその問題の系譜と、法則包摂モデルの虚構性を指し示さねばならないのである。(14)

以上が、歴史説明の問題に関する主要な見解を分節するいくつかの方法である。このような簡単な説明からでも、この論争に参画する論客たちが、さまざまな哲学的傾向の文脈のなかで、この哲学的問題の解決を構成するためにいろいろな規準を用いながら、この問題にとり組もうとしてきたことは明らかであろう。致命的にはならぬような多くの集中攻撃や、あまたの論点変更がここから生み出されるが、どのようにすれば万人が納得するようにこの問題が解決されるのかは、まったくはっきりしない。これはひとつには、哲学者相互の相違の大部分が、端的にことば上の不一致から生じているためであり、論者たちは実際あるキーワードがいかに用いられるべきかについて論争しているのである。たとえばスクリヴン博士は、説明とは、説明を要する現象ないし出来事の理解をもたらすものであると主張する。ヘンペル博士がこの主張に反対する理由はまったくない。ところが彼は、「理解」の分析を求め、彼が言うところのすべての（真正な）説明が明示するもの――演繹的構造――のみが、理解（疑似了解に対応する？）を生み出すとまで述べる。ブリアン・

チューク卿ががにまたであったという事実に関連する、「すべての中世の騎士はがにまたであった」という主張の説明価値についてのドレイ博士の疑念に対しては、ヘンペル博士は、まずこの文が一般法則の規準を満たしているかどうかが問題だとし、また自分は他の誰に劣らず、その規準のなんたるかを述べることの困難さをよく承知していると述べる。たとえそうだとしても、その文は、もし真だとすれば、ドレイが指摘するほど非‐説明的だとは言えない。その文は、私たちが説明を探究すべき方向、たとえば「チューク家の人々は全員ががにまただった」というような、相応する一般文に対比した場合のブリアン卿の騎士としての位置などを指し示すとか、またブリアン卿の奇形は、遺伝的性質というより後天的なものであったということを示唆できるのである。ドレイやスクリヴンが主張する、歴史家は説明を行い、それゆえ出来事についての説明を与えるという論点に関するかぎり、ヘンペルは、哲学的分析のためにこれらを説明的スケッチと呼ぶほうがよいということ以外は、同意するであろう。なぜことばの上だけで論争するのであろうか。

したがってある程度は、論争はことばの問題に帰着するが、それと同時に歴史に対する態度にも相違がある。ドレイやスクリヴンは、歴史実践は現状のままで十分に満足できると考えているようにみえるが、ヘンペルは物理学――科学の模範――の方向へ向かう歴史学改革を、公けに提唱しないまでも、歴史の修正が必要であると少なくとも何人かの歴史家に対して推賞していることはたしかである。明らかにヘンペルは、そんな修正は不可能だとか、歴史と任意の自然科学との差異は究極的なものだというような歴史主義の主唱者たちが主張するテーゼを、容認しはしないだろう。これに対してスクリヴンは、両者の差異は実は究極的ではなく、物理学は事実、実際の歴史にはるかによく似ているとする。そしてヘンペルは模範的科学の論理構造を誤解していて、そのために歴史は修正を必要とするというような誤った観点が生じたのであると考える――なぜなら歴史自体と物理学自体の間には、なんら想定されていたような対比はなく、むしろ一方に歴史や物理学（あるいは他の科学）、そして他方には科学実践には無関係で論理学者の空想にだけ結びついているような理想化されたモデルがあるのである。

ところがここから、今度は哲学の任務に対する態度の根本的な相違が照らし出される。ヘンペルは、スクリヴンの挑戦に答えて、科学を記述するのが自分の目的ではないと言うであろう。この仕事は、社会学者のためにとっておいたほうがよい。むしろ彼は、哲学者として当然、科学的説明の概念を合理的に再構成しようとしたのである。ヘンペルの主たる関心は、もし私たちが、説明が求められているものについての妥当な根拠を望むならば、それにはどんな条件が満たされるべきかを明示することであった。さまざまな条件を満たす前提から被説明項を演繹できる場合、私たちは被説明項の妥当な根拠をもっていることになるという主張は、ヘンペルにはまったくまことしやかなものに思われた[15]。一般法則は説明の根拠の一部であり、説明を正当化するために援用されるというスクリヴンが展開したような主張に対して、ヘンペルなら「正当化」とはどのように理解すべきなのかと問い返すと思う。[16]スクリヴンが語用論的な要因をもち込むことによって議論の範囲を拡大したことは疑いないが、説明を正当化するために法則を使用するという問題――いわゆるスクリヴンの言うところの「役割正当化規準」の問題――が、核心的論点ではなかろうか。説明を行う人間が、「これまでに明示された現象と、その結果だと言われていることとの間には、たぶんなんの因果関係も存在しない」という挑戦に対して答えを要求されるとき、「役割正当化規準」は効力を発する。しかし因果関係の存在を証明する以外に、この挑戦にどう対処できようか。そしてこのことが、妥当な一般法則をもち出すのではないのだとしたら、いったいなんだというのか。またいったん一般法則を導入したなら、正当化はとりもなおさず演繹の形式をとるのではないか。もし演繹の形式をとらなければ、その分だけ正当化は遂行されていないのである。それゆえもし「正当化」が演繹を含意しないならば、「正当化」の操作の意味は、少しもわからないのである。

よって当初の三つの命題間に存在していた齟齬は、それらを解消しようとして呈示されたさまざまな解釈の、相互のより深い齟齬として再現されている。そしてこれらは、言語、歴史、そして哲学そのものに対する独自の態度に応じて、特定のキータームの意味をどう規定するかという試みの相違から生じているのである。だが当初の三つの命題に関していえば、そこに含まれる初発の困難の解決として提起された見解のどれにも、真理の一端があるようにみえる。さらにもしどれかを選択すれば、他の見解をすべて全面的に拒否せねばならないのだとしたら、いずれかの見解に賛同するのは難しい。そこで私が思うに、相互に矛盾するこれら四つの見解全部から真理の一端を取り出し、論者を皆同時に満足させるような歴史的説明における法則の役割についての分析を呈示することは可能であろう。この分析によって、四つの見解が排他的なのではなく、むしろ相補的であることが明示され、困難も解消されるだろう。これがなし終えられたと仮定すると、私たちは、歴史的説明の形式がどのような意味において、物語の形式であるのかを問うという問題に向かうことができると思う。

私が特徴づけた四つの見解は、いずれも主として説明項の構造にかかわっていて、一般法則が説明そのものに包含されるか否かという問題はまだ未解決である。(A)と(B)は、包含されるという立場だが、歴史的説明があるかどうかという点で分かれる。(C)と(D)は、歴史的説明というものを認め、その存在に関しては(B)と同じ立場をとるが、説明そのものに法則は一切包含されないと述べる。さらに(C)は、一般法則がある意味で説明に含まれていると述べるのに対し、(D)はこの主張を即座にしりぞける。しかしこれらの見解のいずれにも提起されていない問題は、説明項の解明ではなく、被説明項の解明にかかわる問題である。そこで私は、一般法則を論理的に前提とするような被説明項と、前提としない被説明項について論じようと思う。したがって説明項に一般法則が存在するか否かは、説明がなされようとしている出来事についての当初の記述に依るのである。さらに私は、もし当初の被説明項が論理的に一般法則を前提としないものだったなら、それを一般法則を前提とするものに置きかえることができるし、またその逆も可能であるから、したがってこれは重要なことだが、一般法則の問題は、現象や出来事がいかに記述されるかという問題に関係していることを論証してゆきたい。

ここで私は、ひとつの小さなそして明白な事柄を指摘しておきたい。それは現象それ自体は説明されないということである。説明可能なのは、記述に包摂されたものとしての現象だけなのであり、したがって私たちが現象を説明しているというとき、それは常に現象の記述を指示していなければならない。それゆえ現象の説明は、事の本性上現象の記述へと相対化されねばならないのである。だがもし私たちが、現象を記述に包摂されたものとして説明したならば、Eについての別の記述D′——そこではもとの説明によってはEを説明できない——を見つけることが常に可能である。かりに現象について無限に多くの記述が可能だとすれば、現象についての無限に多くの異なった説明が可能となり、そして実際記述によっては、現象について説明不可能であるようなものもあろう。

もし私たちが、明示的な記述を行うのでなければ、もしくは意図した記述がコンテキストに含意されているのでなければ、指示された現象を説明せよなどという要求をしても無意味である。ここでまずヘンペルの分析を取り上げてみよう。私の主張は、厳密に言うと、タイプライターの一枚の紙を説明できないし、また説明してほしいとも言えないのと同様、イギリス革命を説明することも、説明を求めることもできないということだ。一枚の紙を説明するなんて！　この要求をどう理解すればよいのか、誰にわかろう——その紙は、たとえば白いとか、ここにあるとか、ジャムのしみで汚れているなどという、いわば漠然とした記述をする以外には、「イギリス革命」や「タイプライターの一枚の紙」という表現は、せいぜい指示的表現でしかない。それらは文の主語や動詞の目的語になれるが、それ自体文ではないし、したがってそれ自体真でも偽でもない。ゆえに明らかに、それらのことばは演繹的論証の帰結として機能しない。要約すると、それらの指示対象は、それらのことばが、まず文に組み込まれた場合にのみ、法則に包摂されるのであり、またそれらが指し示す物は、原理上まずそれらのことばが記述で包摂された場合にのみ、法則で包摂されるのである。そのままなら、それらのことばは理解不能である。しかしながら、原理上それらが一般法則によって包摂されることを論理的にさまたげるような、それらのことばについての記述があるのである。

たとえばEについての完全な記述という例を考えてみよう。この記述は、次のようにして作られると仮定する。すなわち論理的に弁別可能なEについての真の文をすべて取り上げ、ひとつひとつから述語表現を抽出し、それらのEについての述語表現を連言として断定するのである。その結果、Eについての弁別可能な真の文と同じ数だけの連言の述語表現ができるようになる。こうした完全な記述を、私たちが実際に提出できないということは、なんら問題ではない。だが不可識別者同一の原理から、ふたつの現象EとE′が、まったく同一の完全な記述をもっているということはありえない。こうして完全な記述においては、Eは法則に包摂されえない。なぜならそのような法則は、ひとつの例に論理的に特定され、したがって法則として資格がないからである。

だが私たちは、完全な記述だけに話を限定する必要はない。一般法則についてのヘンペル自身の規準によれば、呈示された法則Lは、「特定の対象に対するいかなる本質的な――すなわち消去できないような――指示作用」も含んではならない。したがって現象Eについての記述Dが、そのような指示を含むかぎり、EはDのもとでは、一般法則に包摂されない。このような指示を全部、原理的に消去できるかどうかというのは、まだ未決定の問題である。しかしここでこの問題に対して都合の良い答えが得られたと仮定して、原理上Dからこのような指示を取り除き、指示を一切含んでいないような記述D′を作るものとする。だがたとえ記述D′のもとではEが一般法則に包摂されるとしても、Dのもとでは――このような記述があると認めるとして――Eは一般法則に包摂されない。だがここのところが、のちに明らかになるように核心的な考察なのである。ここから示唆されるのは、消去できないような特定の指示物を一切含まないような記述を、私たちがつくり出せるかぎりにおいてのみ、現象は一般法則によって包摂できるということである。あるいは手短に言うと、一般的記述によって出来事が包摂されたときだけ、はじめてそれは一般法則によって包摂されるのである。けれども、現象がこのように包摂されていないような、つまりはヘンペル的には説明されえないような、現象についての記述を見つけることは難しくない。それはとりもなおさず、どの歴史著作をとっても、そこに含まれている出来事の記述の多くにおいては、もしヘンペルのモデルが正しいとすれば、出来事が説明されていないということである。だがこれはモデル自体が不正確であるとか、当の出来事が説明不能であるということではない。それらの出来事に与えられているような記述のもとでは、出来事が説明不能だというにすぎない。だがその場合、これらの出来事を説明するためには、それらを記述し直すことが必要である。そして実際、出来事を再記述できるということは、ある意味ではすでにそれらを説明してしまったということである。なぜなら往々にして、私たちが再記述を遂行しうるのは説明を知っているときだけであり、さらに一般に再記述は、包摂する法則を含意しているのである。

だがここで、このような主張を歴史説明全般――つまりある説明を必要とするような歴史を指示する説明――を代表するような例を挙げることによって、例証することにしよう。さきのモナコ公国の国民祝祭日には、沿道がモナコの国旗で飾り立てられた。ところがこれらとともに、アメリカの国旗も見うけられた。アメリカの旗がモナコの旗と並んで栄誉を分かち合うならば、なぜたとえばイギリスとかフランスとかドイツといった他の国の旗がないのかが不思議に思われた。ここには説明の必要を感じさせるような事柄、実際ふたつの事についての説明を必要とするコンテキストがある。ひとつはアメリカの旗があったこと、もうひとつはモナコの国旗と一緒に、他の国の旗がなかったことである。ここで私たちは、ドレイ博士の側に立って、出来事K（レーニエ三世と女優グレース・ケリーとの結婚）と、出来事E（モナコが、国民祝祭日にアメリカ国旗を掲げた）を関係づける法則についてはなにも知らないと言えるであろう。実際このレベルの記述では、これらの出来事を関係づける法則はなにもないが、それぞれの出来事を適切に再記述することによって、再記述を認め、また再記述によって認められるような法則を提出することはごく簡単である。さらにはいったん再記述を行うことができたら、説明を演繹形式で述べることさえできる。

ここに出来事についての、異なったレベルにある三つの記述がある。

a　モナコ国民は、モナコ国旗と並んで、アメリカ国旗を掲げた。
b　モナコ国民は、アメリカ生まれの統治者をたたえていた。
c　一国の国民は、異なった国の出身の統治者をたたえていた。

aは、説明が適用される以前の、出来事についての記述だとみなされるだろう。私たちは、ひき続きこれを、被説明項と名付けることにする。bは、同じ出来事についての、出来事が説明されたのちの記述だとみなされよう。もしこの記述を最初に知っていたら、アメリカ国旗があることについても、他の国の国旗がないことにも、説明はいらなかっただろう。cは、同種の数多くの出来事についての記述でもありうるが、やはり同一の出来事についての記述だとみなせる。事実cは、特定の対象を指示する名辞を消去して、その名辞を外延に含むような一般的な指示名辞を選んだ結果だとみなせよう。そこでcを、説明完了項(explanatum)と呼ぶことにしよう。実際には、bも説明完了項としての資格がある。実は、bからcへの移行は比較的容易なのである。難しいのは、aからbへの移行だ。それはほとんど、知覚を変形するのに近い。いわば視界のなかの対象は不変なのに、それらがまったく新しい関係相で見えてくる。そして解明されたという感覚を、本当に抱くのである。そこで区別という哲学的な嗜好に譲歩して、bとcをそれぞれ、具体的説明完了項、および抽象的説明完了項と呼べるかもしれない。そしてまさしく後者が、出来事を形式的な法則のもとに置くのに役立つのである。

だが、それはどんな法則であろうか。aからbへの再記述による移行によって解明がなされたように感じた人が、進んで主張するような一般法則というものを、少なくとも漠然と述べるのは難しくはないと思う。それは、次のようになる。

L　ある国家が、その国民とは出身国が異なる統治者をもつときは、国民はふさわしい行事に際して、適切な流儀で統治者をたたえる。

これとは別個にわかっていたこととして、以下のことが仮定される。

K_1 モナコ王妃は、モナコ出身でない。

K_2 モナコ国民祝祭日は、モナコの統治者をたたえるにふさわしい行事である。

K_3 ある人の出身国の国旗を掲げることは、その人を、その国生まれの人としてたたえるのに適切な方法である。

これらの関係をすべて述べたならば――これらも他の関係と同様、特別な限定をつけて詳述すべきだと考える人もあろうが――私たちは最終的に、cを、これら全部の演繹的帰結として明示しえたことを疑う理由はない。おそらくここでの説明は正しいけれども、演繹が完遂されるようにそれを正しい形式で全部述べるというのは、容易なことではない。だからもし誰かが、私が提出したのは単なる説明的スケッチだと言ったとしても、別に異議はない。ただ私は漠然と法則を指摘したのだし、いやむしろ正確に言うと、法則を言明し、関連性のある初期条件を明示しておいたのである。同様に、もし誰かが、そんな説明をまとめあげる明確な必要性などまったくない、私が言明したことはすべて、おそらくその説明が与えられる人にとっては自然にわかることだ、と主張するならば、それにもなんら異存はない。実際問題としては意味はないだろうが、しかし私たちは哲学の問題を取り扱っているのである。形式論理学の学徒も、直観的に妥当だとわかる論証の形式的な証明に必要な手続きを詳述することには、うんざりするのである。

さて論議すべき問題はまだ数多くあるが、ここで少し間を置いて、以上の分析が、先に特徴づけて四つに分類した立場のうち、(B)、(C)、(D)には、どのように受け容れられるかを示しておきたいと思う。

この分析がヘンペルを満足させることは間違いない。私たちは出来事を包摂する法則をもっている。私たちの与えた説明的スケッチは、応分の注意を払えば、十分に成熟した説明へと作り変えられるのだし、大体のところ被説明項と説明項についての所見を別にすれば、分析は主としてヘンペルに沿っている。だが一方で、この分析はドレイをもたしかに満足させる。まず第一に、法則Lは、出来事Eそれ自体を包摂しないし、また記述aのもとでのE——aは歴史著作で最も頻繁に見られるたぐいの記述である——さえも包摂しない。その上被説明項（これもまたaである）を、説明項から演繹することはできない。演繹されるのは、私がさきに名付けた説明完了項なのであって、被説明項を説明完了項と置き換える（aをb、ついでcに置き換える）ことは、ドレイにとっては不合理とは思われないだろう。事実それは、彼が別のところで、歴史における「事柄の説明」と名付けたものの例にほかならないからである。ドレイに対して公平に言えば、説明を行った人は、法則Lを使用しなかったのだと言えるかもしれない。しかし祝賀の慣習や国家の象徴や相互に関連する一般通念、および概念全体の網の目についてよく知らない人にとっては、その説明はまったく不可解であろう。このような場合、説明者は、自らの説明を正当化するためにたとえばLのような法則に言及せねばならないことは明らかであり、このことはスクリヴンの主張へとつながる。というのもLはたんに彼が強調した正当化の役割を果たすのみならず、公理もしくは彼の言う「法則文」としての資格をもつからである。さらにそれは正当化の概念にひとつの意味を与える。つまり演繹の許容という意味を与えるのである。こうしたことはスクリヴンが入念に跡づけた文脈的、実践的考察と完全に一致しよう。したがって現象はいかに記述されるかという問いに注意を向けることで、三つの主たる見解の中心となる論証や細部はさておき、折り合いをつけられるような、歴史の一般法則の役割に関する理論を形づくることができると思う。だが私たちは、まだ(A)には譲歩せねばならない。そこでそこに議論を移すことにしよう。

　厳密に言うとこれまで述べてきた分析は、Aと完全に相容れないようにみえるにちがいない。というのも説明のパターンは、人間的現象であるか非人間的現象であるかの区別や、「人文」科学と「自然」科学との間にあるとされる区別にはまったくかかわらないというヘンペルの主張を、明らかにこの分析は支持しているからである。もし明示的に述べられたならば一般法則の形式をとるような非常に一般的な概念に照らして、私たちは人間行為を実際のところ認識し、また事実理解するのだということを私は例を挙げて示したのであるが、この例に関連してふたつの考察がなされる。第一は単純な事実である。すなわち、アメリカ国旗が出ていることをモナコ王妃の出身に関連づけて説明した場合、ほとんどの人は、適当な歴史知識を少々身につけていると仮定すれば、両者の関係を成り立たせるような適切な一般法則をわざわざ捜さなくても、自然にその関係が「わかる」ということである。その一般法則がなんなのか、自分に明示する必要もないし、他人に明示してもらう必要もないという事態は、一般概念を用いて考えることがごく自然でほとんど無意識のうちになされるということを示すか、もしくは強く示唆する。したがってこうした法則が決して（あるいはめったに）意識的に用いられることはないという心理学的事実を考え合わせれば、一般法則は存在しないとか、説明を理解するのに一般法則はまったく不要だと哲学者が言いたがる理由がよくわかるのである。第二の考察は次のようなものである。すなわち、説明が必要だという感情や、よくわからないという感じは、問題となっている現象を私たちが所定の一般概念に繰り込めないときにしばしば生じるということだ。旗は友好国に敬意を表するために掲げられるが、この考え方自体はうまくゆかない。なぜなら、どうして他の友好国の旗がないのだろう、と私たちは不思議に思う。それゆえ私たちは、国旗掲揚という行為についてのある広く認められた一般概念にかかわるところで疑念を感ずるのであり、このことは、問題のプラグマティックな側面においてさえも、一般法則がいかに際立った役割を果たしているかを再び示すものである。誰か、たとえば適応できるような一般概念をまったく知らないような子供は、最初に一般論を教えられたならば、わけがわからないという感じだけをもつだろう。こうした一般論をもたないから、子供はそもそも説明の必要性を感じないのである。だが同時に、説明が必要だと思われる出来事は、そもそもある一般法則の例外として認識されるがゆえに、一般法則によって包摂することはできないと述べるのは誤っていよう。というのも、そのような出来事は、もともとそれらに当てはめることが誤りであるような一般法則の例外なのであって、あらゆる一般法則の例外であるわけではないからである。説明には、錯覚の現象と似たところがある。国旗の掲揚は、まず友好国に敬意を表することの一例であると考えられた。だがこの場合、国旗掲揚はそのことの例ではなかった。そしてそのような一般概念の例として国旗掲揚を包摂しようとし、失敗したために混乱が生じたのである。しかし私たちがこの出来事を、当初想定していた一般法則の例外としてではなく、全然別の一般法則の妥当な例として考えたとき、錯覚は解けたのである。

　こうした点については、あとにまた戻って論ずることにしよう。これまでのところ私たちは、(A)の主張に対して強力な反証をもっているかのようにみえる。しかしこの立場を堅持するためには、まだなすべきことが残っていることを認めねばならない。そこでヘンペルの分析の特徴をさらに指摘することから、議論を進めることにしよう。ヘンペルの主張によれば、またその主張ゆえに厳しい非難にさらされてきたのであるが、説明と予言とは、論理的に言えば同一である。[17] すなわち起こった出来事を説明するにせよ、これから起こる出来事を予言するにせよ、私たちはまったく同じ装置を、かりにそれが十分な装置であれば、用いているのである——そして差異はただ、出来事が生じる時間に応じて、私たちがいつその装置を活用するかという点にだけあるにすぎない。同一の法則を用いて、出来事が起こる前にその出来事をうまく予言できたなら、いやできさえすれば、私たちはその出来事を説明したと言えるのだ。この主張が、人間は自由だというテーゼを主として掲げる(A)の支持者たちに反対されることは確実だろう。[18] というのも人間の行為が予言可能であるということは、人間の自由とはまったく相容れないようにみえるからである。だがここで、説明を予言に転換し、予言を説明に転換するというヘンペルの規則を受け容れて、もし人間の行為が説明可能ならば、それは予言可能であるとする。そうなると、もし(A)の支持者たちが人間の行為は予言不可能だと言おうとするなら、人間行為は一般法則によっては説明不可能だと言おうとしていることになろう。予言可能性を、人間は自由であるというテーゼの否定と結びつけることが正しいかどうかという点については、私は論じようとは思わない。だがそれでも説明と予言の関係についてより詳細な分析を加えて、一般法則に関する私の分析を、彼らに受け容れられるものにすることは可能だと思うし、そうすることで彼らの見解の少なくとも一部を拾い上げることはできると思う。そこで再び、私は叙述の問題について特に注意を向けることにしよう。

さてここで、法則Lに加えて、モナコ王妃はモナコ生まれでないことと、国民祝祭日は統治者をたたえるのにふさわしい行事であることを私たちが知っていたならば、私たちは当の出来事をある程度詳しく予言したという点は、たしかだと思われる。いやむしろ、私たちはその出来事を、cあるいはbの記述――さきにこの記述を、説明完了項と特徴づけておいたが――によって予言できただろう。だがそうであるからと言って、私たちが同じ知識をもとにして、その出来事をaの記述によって同程度の正確さで予言しえたということにはならない。なぜならa、b、cはいずれも、同じ出来事についての記述だけれども、aとbは、私たちが明示した初期条件と一対にして、法則Lの演繹的帰結であるのに、aはそうではないからである。そこで私は次のように主張しようと思う。すなわち法則L――Lにかぎらず、歴史説明の契機となる法則の全部とは言わぬまでも非常に多く――は、開かれた、かつ非均質的な種類の例を包摂するのである。なぜなら説明項としての役割を果たす記述は、開かれた非均質的な種類の出来事を、その外延としてもっているからである。多くの出来事があり、モナコ国民が行いえたかもしれぬようなさまざまな出来事があって、それらはc（あるいはb）、と法則Lとによって無差別的に包摂される。旗を掲げることは、一般的な記述を満たす例のひとつにすぎない。適当な慣習の例をとれば、記述aは記述cを含意するが、cはaを含意しない。なぜなら同じ慣習に照らしてみると、cは非aとも両立するのであり、必ずしも統治者の生国の旗を掲げなくとも、外国生まれの統治者をたたえることはできるのである。したがってaを予言せずcを予言したのは正しいということもありうるし、c（あるいはb）を予言したのは正しかったが、aを予言したのは誤っていたということもありうる。というのもaではなく別の出来事dが生じ、なおかつdはさきの法則Lおよび一般的記述cに包摂されると考えてもよいからである。したがってたんに私たちはその出来事を予言できる、と言ったのでは役に立たない。問題は、どのような記述のもとでその出来事が予言されえたかということである。

この点は以前に私が、史料と概念的証拠にもとづいた物語の構成について論じた部分に関連している。史料証拠（記録としての歴史）が入手できないような歴史的知識の空白をうめるために、私たちは、これまで私が論じてきたような一般法則やなんらかの類型概念を援用して、試しにひとつの、あるいはいくつかの出来事が起こったと仮定してみる。それがたまたま実際に起こったことに当たることもあろう。しかし類型概念自体はもとのままである。類型概念は一般に起こりうる場合と深いつながりをもち、同時に質的に異なったさまざまな出来事全体と両立する。これらの出来事のいずれもが、同一の一般的記述を満たすし、そのどれをとっても起こりえたことなのである。しかしながらこうした出来事全体のうちどれが実際に起こったかを知ろうとすれば、史料証拠が必要になる。それゆえ概念的証拠は、せいぜいもっともらしい説明の裏付けとなるにすぎない。

ヘンペルの解明によれば、一般的な歴史説明に内在していると言われるこの法則は、それゆえ質的に異なった例にいくつでも当てはめることができるという意味で、きわめて漠然としている。それらは実際、創造の機会をも許している。というのもこれらの法則に包摂されるが、過去の例には特に似ている必要もないような例を、私たちは原理上常に創造できるという意味において、この出来事のクラスは開かれているからである。たとえば、これは次のような状況に相当する。すなわち事物を芸術作品として分類する場合、それらの物はすでに分類された対象としての事物に必ずしも似ておらず、また芸術家がそれらの事物の新たな面を追求しようとして、かりにそれが首尾よく見つかったとしても、芸術作品を創造したという価値が自動的に減ぜられるのではないということである。実際私たちが問題にしなければならないのは、ウィトゲンシュタインが「家族的類似」と名付けた有名な議論である。すなわちすでにいる家族の誰かにそっくりな家族が生まれてくるということは、一般的規則というよりむしろ例外であるほうが多いというのが、家族の本性なのである。したがって歴史説明において私たちが援用する法則は、実際に無数の説明に繰り込めるし、またそれらを正当化することもできるけれども、ドレイが正しく指摘したように、それらの説明のうちひとつとして実際には法則を含意しない。だが一方で、再-記述の規則とでも名付けられるもの、つまりそれによってある出来事についての任意の記述がより一般性をもつものに置きかえられるような規則を含意すると言えるかもしれない。こうした規則を明示するのは、おそらく困難だろう。たとえばあるものを芸術作品に分類するのに、どんな規準をもってすればよいのだろうか。加えて、この再-記述を行うのは常に簡単だというわけではない。というのもある出来事について、明らかに別の記述が必要である場合も、その同じ出来事がひとつの一般的記述を承認するかにみえるかもしれないからである。そしていわゆる私が名付けたところの説明の幻想をもたらす論理上の空隙は、まさにここから生じるのである。

さて一般法則のこうした特徴づけに対しては、ひとつの明確な反論がなされると思う。私の分析にしたがって、ひとつの出来事が説明されたと仮定しよう。すなわちまずより一般的な記述でその出来事を包摂したあとで、一般法則によってそれを包摂したと仮定するのである。ここではまず、被説明項から説明完了項への移行がなされたことになる。その場合、説明の完了した出来事は実際に起こったものとはまったく別のものであるにもかかわらず、事実同じ説明完了項と一般法則とが用いられることになる。だから私たちの与えた被説明項とは別のものについてこの記述がなされたなら、説明の完了した出来事が起こったか否かにかかわらず、同一の説明装置が用いられうるであろう。ここでEを問題となっている出来事、DをEの説明完了項と仮定しよう。だがE′も、Eとは質的に異なっているが、にもかかわらず一般記述Dによって包摂されると仮定する。ここで問題になっているのは、私たちの説明装置が、自ら包摂する例を弁別できないのに、私たちはなぜEを説明したと言えるのかということである。というのも同一の説明装置によって、E′を説明することもできたからである。E′ではなくEが起こったのはなぜかという点を、私たちは説明していないという主張がなされるかもしれない。というのも記述DはE′を含意していないのと同様、Eを含意してはいないからである――適当な規則を用いることにより、それらのうちどちらかはDを含意するだろうが。説明が他の考えられそうな出来事にも当てはまるのに、そもそもそれを説明とみなしてもよいものだろうか。アラン・ドナガンは次のように述べている。

もしひとつの説明が、それが説明しているものを論理的に含意する必要がなく、他のいくつかの可能性とも両立すると仮定するならば、それらの可能性のうちのどれかひとつがなぜ実現されなかったかが説明されないし、また他の事柄ではなく、それが説明しようとしたことがなぜ起こりえたのかも説明されないであろう。(19)

ドナガンの主張はヘンペルのモデルを支持するために立てられた議論であったが、それを本質的にヘンペルのモデルの一変形であるものに対する反論として挙げることができるのは興味深い。だが説明は、それが説明しようとするものを論理的に含意していないというのはあまり正しくない。実際説明は、説明完了項を含意しているのである。問題は、同一の説明完了項によって無差別に包摂されるであろうさまざまな事例のうち、説明があるものを含意し、あるものを含意しないということにある。したがって私たちは、「他の可能性」ということのふたつの意味を区別せねばならない。

説明が他の可能性を排除するということには、まずひとつの意味がある。国民祝祭日の期間中、モナコの旗と一緒にアメリカの旗を掲げるという行為だけを考えてみよう。この行為は、任意の数の一般的記述、もしくは説明完了項によって包摂することが可能だろう。たとえばそれは、「外国の国力に敬意を示す」記述の例だと考えられる。また「外国を侮蔑する」記述の例とも、事実上考えることができよう。アメリカの国旗を掲げることが、フランスに対する遠回しの侮辱になるわけである。そしてその両方であることも可能である。しかしこれらの一般的記述は、「他の可能性」として、私たちが正しいと仮定する説明によって除外されるのである。おそらく除外されると言っては少々言い過ぎであろう。なぜなら限定しすぎる可能性が、常にあるからである。たとえ私たちが充足理由律を認め、起こる事柄それぞれに対してそれが生ずるための十分条件が獲得されねばならないと述べるとしても、だからと言って複数の十分条件があったという可能性が排除されるのではない。またひとつの出来事について別の説明をなしうるということは、あることがそれについての説明であるということに対立する議論ではない。ひとつの石で鳥を二羽殺すこともできれば、散歩を兼ねてラムチャップを食べにゆくこともある。モナコ国民は、国王をたたえ、ある外国の国をたたえると同時に、他の国を侮辱することも可能だったのであり、これら全部をたったひとつの行為で実行することができよう。だがこうした厄介な問題を私たちは時として看過してしまい、過剰な限定を除いて、出来事を正しい説明完了項で包摂しえたとき、他の可能な一般的記述は排除されるのだと単純に考えるのである。しかしこれ以外に、もうひとつの意味での「他の可能性」が残っている。すなわち特定の記述に包摂され、そのひとつひとつが同一の一般的記述を満たすようなともに可能な出来事である。そしてこの一般的記述はこれらの出来事を識別することができないから、それらのいずれをも排除することはできない。その一般的記述が真であるということを知っているだけでは、それらのうちのどの出来事が成り立っているのか推論できないであろう。このことについては別途の歴史研究によってのみ知りうるのであり、つけ加えて言うなら、これに比すべき研究が未来に関してはないというかぎりにおいて、未来についての知識は過去についての知識に比べて一般的で抽象的なのである。あらんかぎりすべての一般法則に精通していたとしても、その法則がさきに述べたようなものだとしたら、私たちは特定の記述で未来の出来事を予言することはできないのである。だが当面の反論は、こうした記述によって出来事を説明することも不可能だということである。

こうしてふたつの意味での「他の可能性」が示された。第一は、同一の出来事が相異なる一般的記述によって包摂されるということであり、説明の幻想や過剰な限定がもたらされるのはこのためである。第二は、同一の一般的記述が質的に異なった複数の出来事を包摂しうるということで、それによって未来についての知識がもつ特徴の概要が解明されるし、また対称的に史料証拠（記述としての歴史）がなければ、過去についての知識も未来についての知識と同様、漠然とした抽象的なものになってしまう理由も解明されるのである。私たちの説明は（過剰な限定を差し引いて）、出来事がその一部となるであろうようなクラスのうち、それは事実上どのクラスの例であるのかを示すのに役立つ。つまり説明は他の可能性を、クラスの意味合いでは排除すると思う。だが出来事が属するクラスを分離しても、そのなかの成り立ちうる多くの例のうち、どれが事実成り立ったのかは、それでは語りえない。言うなれば、クラスの成員の意味合いでは、他の可能性を排除することはできないのである。かりに問題となっているクラスの成員が等質であるなら、このことはおそらく重要ではないだろうが、現に等質ではないのだから、その失敗はこの説明理論の欠点とみなされるだろう。

さてこの反論に私が十分対処できるかどうかあまり確信はない。(20) しかしながら、いくつかの事柄を述べておくことはできる。まず最初に、この反論は成員の意味合いでの他の可能性の存在をはじめから前提している。もしそんなものがなかったのだとしたら、それらに対応する説明理論を創出できなかったことについては、ほとんど責任はなかろう。だが成員の意味合いでの他の可能性も、それ自体がその例になっている一般的記述や一般法則に関連して特定されるのであるから、反論は重ねて、私が呈示した一般的記述や一般法則の特徴化を前提としていることになる。したがってその結果、私が創出した方法は、反論に暗黙に容認されているのであり、それゆえ少なくとも部分的な正当性を割り振られているのである。第二に、aとc（またはb）の間に、ある中間的な度合いの一般性をもつ記述があり、これに照らすと、それまで成員の意味での他の可能性であったものが、クラスの意味での他の可能性に転換されると仮定してみよう。かりにこうしても、新たな説明完了項には、それが私の論じてきたような種類のものであったなら、同じ一般的な難点が——それが難点とすればだが——残ることになる。というのもそこには依然として、成員の意味で、なんらかの別の可能性が生ずるからである。実際こうした困難は、成員の意味での他の可能性が一切ないようなある種の出来事の記述にゆきつくまで、ことごとについて回るだろう。このような記述は二種類あると思われる。すなわちaのような記述か、もしくは等質のクラスをもつ一般的記述のいずれかである。第一の場合だとすれば、aを演繹的帰結とするような一般法則を問うことが残されているが、ヘンペルの規準によれば法則は類種的な対象を指標するのだから、こうした法則は自動的に一般法則たる資格を失うことになる。第二の場合ならば、法則とはどんなものでありうるのかほとんど語りがたいし、このような法則が歴史説明に前提されていると言うことは、まず確実に誤っている。なぜなら歴史説明のさいの法則はどれも、非等質的な開かれたクラスをもっていることはたしかだからである。さきのような法則がそもそもあるのかは大いに議論の余地があるし、どうしたらそれが解決されるのか、ア・プリオリに決定する方法は私には見いだせない。

一方で当然ながら、成員の意味での他の可能性とはいかなるものかを、常に前もって述べることは容易ではない。クラスの成員全体を明示するのはとりわけ困難なことである。おそらくそれは不可能であり、というのも人間の創出力は新たな例を見いだすものだからである。その例があるクラスに属することは、のちになって認識することができるが、それが組み入れられる一般記述をたとえ大ざっぱに予言しえたとしても、その例自体は予想されえなかったものである。同様に、ある人が親切な行いをする性向をもっていることを知っていて、ちょうど彼がなにか親切なことをしそうな場合だと知っていてさえ、その場合厳密にどんな親切を彼がするのか言うのは常に容易であるわけではない。親切であるとは、憐れみを向けるとか、思いやりがあるとか、ある行いが並はずれて適切なために人々を驚かせることであったりする。こうした性向をある人に帰するということは、それゆえ創造の余地を認めることなのであり、このとき親切は儀礼的な事柄ではなく、またこの性質がどのように機能するかを正確に数え尽くすこともできない。性格の特徴とは多くの場合こうしたものなので、決定論者がしばしば口にする主張、すなわちある人の性格と、その人が置かれている状況についての正確な知識とをもっていさえすれば、彼の行動をあやまたず予言しうるというのは、半分しか正しくない。私たちはなるほど、一般的記述を用いてそうすることができよう。親切な人間は親切なことをし、気転のきく人は気のきいたことを言う。しかしだからと言って、前者の優しさの表現や後者の皮肉やしゃれを、より明示的に予言しうるということにはならない。私たちはのちになって、それらが妥当な例であることに気付いても、予言することはできないのである。

だがこうして考察してみると、成員の意味でEとともに可能な事柄ではなく、なぜEが起こったのかの説明を要求することは、どうも無内容である。たしかにある可能な出来事E′を示し、Eが起こったのにE′が起こらなかったのはなぜかを問うて、Eと同じようにE′も目的を果たしえたことを証明することはたぶんできよう。しかしE′が起こらなかったことの説明、それにはいろいろな形態があろうが——E′を行うことを思いつかなかったとか、一度は浮かんだがなんらかの理由で放棄されたとか——こうした説明は、原理上私たちが考察したような法則とは別の法則を必要とするのではなく、場合に応じてであろうけれども、結局はまったく同じ反論をまぬがれえないだろう。したがってまったく別種の法則が提出されるまでは、反論には、説明の構造に固有な、そして基本的に(A)の見解に有利な性質が明らかにある。

おそらく(A)は有利に論じられすぎているかもしれない。私が取り上げた例は、(A)が最良となるようことさらに選ばれたかのようにみえるからである。だがそれは正しいとはいえない。歴史説明の典型的な例としてそれは選択されたのであり、事実まず他の見解が適切なものであることが明らかにされたし、それらのひとつは(A)とは正反対である。一方ある意味で、私たちはただモナコ国民の心情に関する事柄や、彼らの正確な意図を検証することによって、その行為——旗を掲げること——にどの一般的記述を与えるかを決定できるだけだということは明らかである。だがだからといって、こうした事柄を検証するためには、感情移入的な投影作用を行わねばならないということにはならない。そもそも第一に、私が創造力に力点を置いたことが、すでにこの概念の限界となっている。というのも私たちが創造的に振舞う場合、どんなふうに思いついたのかとか、創造の瞬間なにが心のなかで生じたのかもはっきりしないまま、あることを思いついたのだと、私たち自身しばしば思い至るからである。このような精神状態に感情移入的に同一化し、心中をうまく擬することができたと仮定しても、感情移入する者にとってもやはり当人と同様、明瞭でないままであろう。第二に、意図的でないような行為についての一般的記述があることは明らかであり、この場合、感情移入的な投影はむろん不適当である。最後に特別な場合として、行為者自身が出来事に与えた一般的記述——説明完了項——が、歴史的知識に照らすと実は誤っていて、のちの歴史研究のみが訂正しうるような、説明の幻想であることが明らかになることがある。そのときこの新たな、そしておそらくは正しい記述による出来事の説明は、出来事にかかわった人々が行った説明とは大いに異なったものとなろう。したがって出来事の当事者は、物語文についての章で証明しておいたように、歴史説明に関してはなんら特権的地位をもっていないのである。

このように私は、列挙した四つの見解がそれぞれもっていると言える真理の一端をすくい上げ、歴史説明における一般法則の役割についての理論を統合しようと試みてきた。この統合は、現実の実践のみならず、これら四つの見解全部を満たすものとなる。だがそれでは、私自身が関与し擁護する見解を容れる余地はどこにあるのだろうか。というのも、私が統合した理論は、一見したところ完全であるかのようにみえるからである。出来事を説明するに際して、それらを一般的記述で包摂し、そしてさらに一般法則で包摂する以外に、なにをする必要が求められようか。どんな主張がさらになされるべきであろうか。物語の必要性はどこにあるだろうか。このような問いを、私は次章で追究しようと思う。

第十一章　物語の役割

ストーリー、もしくは物語は説明の形式であるという主張に対して、これまでになされた唯一の裏付けは、ある文脈で人々が説明の必要を感じるときに一般に要求し期待するのはほかならぬ実話であるという、プラグマティックな考察である。ここまでは事実上の事柄であり、おそらく議論の余地はない。さらにまた、必要とされる種類のストーリーが与えられたときにのみ要求が取り除かれることも議論をまたないし、なにかを説明するよう求められた人は当然ながらストーリーを語るということについても同様である。だが、このようなストーリーが満たすべき条件とはなんであるかが、なお決定されねばならない。

説明が求められ与えられるものについての記述に再び着目することから、議論を始めよう。歴史その他の説明に関する議論で言及されていながら、いまだ十分には認識されていないと思われるのは、被説明項はたんに出来事――起こったこと――を記述するのではなく、変化を記述するのだということである。事実、変化の存在は、私たちがものごとを記述するときに用いる言語に往々にして塡め込まれている。記述は、変化の主体の過去の状態を、暗に指示するのである。時間的言語の用法については、第五章で述べておいた。ここでは、時間の経過への暗黙の指示が、すでに被説明項に内包されていることが明らかにされる。たとえば、たんに自動車がへこんでいると記述することも、同じ自動車がへこんでいなかったという以前の状態を暗に指示している。そこで、へこみの説明を求めるということは、変化の説明を求めるということになる。私たちは、物語の始め、中間、終りを必要とする。したがって説明は、変化の時間の両端にまたがる中間部分を満たすということなのである。第七章でＳを物語とみなすことができなかったのは、主として、時間的に並べられて記述された出来事が一見して相互になんの脈絡もないように思われたからである。あとの出来事はどれひとつとして、Ｓに述べられているその前の出来事を明白に指示しているようにはみえず、それゆえ、Ｓで記述されている出来事のなかでどれを中間項としてとり出しても、時間的にその前後に並べられた出来事の、中間の出来事として成り立つことはない。したがってＳは、いくつもの始めと終りのつながりで構成されているが、それらは同じ物語の始めや終りではない。あるいはおそらくＳで述べられている出来事は、始めや終りを含まない、物語の中間ばかりである。物語とは、始めから終りまでの変化がどのように起こったかについての記述、言うなれば説明なのであり、始めと終りはいずれも被説明項の一部である。

さてここで、近年歴史哲学者によって研究された例をふたつ考察してみよう。すなわちガーディナー氏[1]（およびドレイ博士）が挙げた、不評のうちに死んだルイ十四世の例と、ネーゲル博士による、バッキンガム公の態度の変化の例である。[2]ルイ十四世が不評のうちに死んだということは、ルイが常に不人気だったわけではないことをおそらく前提にしている。なぜならこの場合、彼が施行し、国益を害するものであると思われた政策を指示することで、彼の不評が説明されるのではないからである。こうした指示は、国王ルイに対する態度の変化の説明を助けるのである。ルイに対する人心がどう変化したかについての物語の中間を、それは構成する。物語の始めと終りはこの変化の両端なのであり、いずれも等しく被説明項に属している。

また明らかに、チャールズ王子とインファンタの結婚に対するバッキンガム公の反対をネーゲルが説明する場合、バッキンガム公は常に反対していたわけではなく（もしそうなら、とりたてて語る話もないから）、結婚に対する感情に明確な変化が生じたことが前提とされている。ここで、私たちが説明を求めているのは公爵が結婚に反対であることではなく、「公爵はt_1時に結婚に反対した」を被説明項として呈示することは誤りである。私たちが説明しようとしたのは移行なのであり、より適切な被説明項は、物語文となろう。たとえば（ネーゲル自身の組織化を用いれば）、「バッキンガム公は結婚が望ましいという考えを変え、その計画の反対者のひとりとなった」というような、ふたつの別個の出来事を指示する物語文である。被説明項の候補であるこの文の、時間的語彙に注意することが重要である。公爵は考えを変えた、公爵は反対者になった——これらは、彼は以前は中立であったかもしくは支持者であったことを含意している。したがって、指示されている前のほうの出来事を、説明項の一部だとみなすのは誤りだということになる。なぜならこれでは、歴史説明の論理的構図におけるその位置づけが誤っているからである。たしかに、後の出来事を指示する物語文を用いて、前の出来事を記述することができるが、それはたんに「t_0時に公爵は結婚に賛成した」という文によるのではなく、「公爵は、のちに結婚に反対したが、一六二三年初頭までは縁組の支持者だった」というような文によるのである。私たちが物語記述で説明したいのは後の出来事なのか前の出来事なのかは、どうでもよいことである。なぜなら説明されねばならないのは、出来事相互の関係だからである。

この関係は因果関係ではない。むしろそれらの出来事は、時間幅をもつ変化の両端——時間的全体の始めと終り——として関係づけられているのであり、原因が求められているのは、こうして指し示された変化についてなのである。だから私には、ネーゲルがこの関係を読み違えているように思える。ネーゲルは、「C_0〔バッキンガムはチャールズとインファンタの結婚を願う〕が与えられ、そこからC_2〔バッキンガムは考えを変える〕が起こると結論づけられるような、そうした合理的な一般化は想像しにくい」と述べているからである。(3)

さらに彼は、「C_0とC_2（説明が呈示される行為）との間には、後者は前者の「反対」である以外にはなんの関係もないようにみえる」と述べている。ところが関係はあるのであり、ネーゲルは事実それがなんであるか、すでに語ってしまっている。ネーゲルはただ別の関係を求めていたにすぎない。関係とは、部分と全体の関係である。前の出来事は、説明されねばならない事柄の一部にほかならず、前の出来事への指示は、「公爵は考えを変えた」という記述にすでに含まれている。だとすればこの場合、前の出来事は説明の装置のひとつで変化の説明に使われると仮定するのは、明らかに論点先取である。それは変化の一部分にほかならず、したがって、説明されるべき事柄の一部なのである。

さて変化について語ることとは、変化の主体のなんらかの連続的な同一性を暗に仮定している。事実、伝統的には、変化を通じてなにか不変の実体が存続せねばならないということは形而上学的必然であり、そうでなければそもそも変化と名指すことが誤りであると考えられていた。主体がいかなる形而上学的身分をとるにせよ、ここで実体について問うのはやめ、変化の主体についてさらに語らねばならない。関連する事柄についてのこれ以上の分析は留保し、さきの例について言えば、ガーディナー゠ドレイの例は態度の変化、フランス国民の国王に対する態度の変化を扱っている。すなわち「彼ら」が態度を変えたのである。ネーゲルの例はバッキンガム公の考えの変化を扱う。つまり「彼」が心変わりしたのである。歴史的な物語に統一性の規準をもたらすのは、この連続的な主体に対する暗黙の指示にほかならない。ここで、Sが物語として成立しない理由がさらに生じる。Sは決して同じことについてではないのである。つまり主体がないのであるから、厳密に言えば、変化も一切存在しない。

E　x は t_1 時にFであり、t_3 時にGである。

FとGは、それぞれ対立する述語に置換される述語変項であり、x は個体変項で、変化の主体を示す単称の指示表現に置きかえられる。そこで次のようになる。

E　バッキンガム公は t_1 時に結婚に好意的であり、バッキンガム公は t_3 時に結婚に反対である。

F―Gの移行が、説明が必要とされる x の変化である。しかし移行を説明するには、t_2 時になにか x に起こったこと、つまり x に変化をひきおこした出来事（複雑さはどんな程度であろうとも）への指示が必要である。そこで私は、物語説明の構造を代表する次のようなモデルを提出する。

(1) xはt_1時にFである。
(2) xにHが、t_2時に生じる。
(3) xはt_3時にGである。

(1)、(3)はともに被説明項を構成し、(2)は説明項である。(2)を満たすことが、(1)—(3)の説明になる。さしあたり一般法則の問題にはかかわらないことにして、いまやいかなる意味において歴史説明が物語の形式をとるかが完全に明らかになったと言っておこう。(1)、(2)、(3)がすでに物語構造をなしているという意味においてそうなのである。そこには(1)始め、(2)中間、(3)終り、がある。

このモデルは、かりにこのように示せるとしてだが、どんな因果的説明でも満たすことができるという反論がなされるかもしれない。たとえばこれをヒュームの範例——ビリヤードの球Aは、t_1時に静止状態、t_2時にビリヤードの球Bによって衝撃を受ける、t_3時に動く——に当てはめるのは容易である。そうなると反論は、私の分析が歴史説明と因果的説明一般をうまく弁別していないというように続く。けれども私は、これが致命的な批判であるとは考えていない。なぜならば歴史説明と因果的説明にはなんら本来的な差はなく、因果的説明は現にすべて物語形式を備えていることが示されたなら私は十分満足だからである。むろん、物語形式をもたない科学上の説明はたしかにあるだろう。たとえば系のすべての状態が、任意に選ばれた初期状態によって正しい意味で規定されるような物理的な系を考えてみると、系が所与の状態にあることの説明は、初期状態の系の変数の値から、厳密な数式にもとづいてこの状態の値を演繹するということにある。しかし注意してほしいが、ラッセルも指摘したように、このような表現には因果概念の入る余地はない。[4] 私が関心をもっているのは因果的説明だけなのである。

第二になされる反論は、こうした説明はどれも常に、原理的には演繹的論証を行うような方法で再構成できるということである。それはたぶん正しいだろう。だがそれはせいぜい形式上の差をつくり出すにすぎず、説明の別の表現方法なのである。物語は説明の形式であるという私の主張にそれは抵触しない。と同時に、演繹論証モデルの強硬な旗手とみなされているヘンペル[5]が、有名な破裂したラジエーターの例を明白な物語形式で呈示しているのは注目に値する。「科学的説明」を物語として再構成できるという主張には、その逆の主張に対してと同じだけの正当性があり、また物語形式による記述は、そもそもそれに説明力があると仮定するかぎり、それが本来的に備えている説明力を失うことはないように思われる。

付言すれば、物語モデルとヘーゲルの提出した弁証法的なパターンとのある種の類似は、歴史を通じて随所で示されている。これはある程度、たんに数字上の偶然である。テーゼ、アンチテーゼ、ジンテーゼは、始め、中間、終りという物語構造に重ね合わせることができる。実際、物語記述を当てはめることによって、テーゼはアンチテーゼとジンテーゼを「包含する」というヘーゲル主義者の主張になにかの意味合いをつけ加えられそうだ。しかしながらどこまでこのアナロジーを推し進められるかはわからないし、ここでそれを詳述するのは控えよう。したがって物語説明における一般法則の位置づけの問題に戻ることにしよう。

物語の核心となる中間部分をなにが構成するかについてどんな決定をするにせよ、出来事H（xに対して起こり、xを変化させるもの）は、ある一般概念、おそらく一般法則と表現できようが、それに照らして選び出されるに相違ないことは議論をまたないと思われる。Hは、主体xにF—Gの変化をもたらすような出来事のはずである。ここで次のように言えるかもしれない。すなわち物語は、法則が挿入されるべき位置を明示する単なる説明的スケッチではなく、むしろすでに一般法則を使用している説明的スケッチを取り入れた結果であると考えられ、またこうした一般法則は出来事の記述が挿入される位置を示している。つまり法則は確実にわかっているが、正確にはなにが起こったかわからない場合、物語は以下のような記述で構成される。すなわちどのような種類の出来事が起こったはずであるかということについての一般的知識が、どんな特定の出来事が実際に生じたかという特定の知識に置きかえられるのである。これは概略という理解の仕方にはるかに近く、一見スケッチというより完成され完全なもののようにみえる、実際の一級の歴史的な語りにはほど遠い。

では単純な事例で説明するために、変化がある x——自動車——に t_1 時から t_3 時の間に起こったと仮定しよう。変化はバンパーの形態にある。以前にはへこんでいなかったところがへこんでいるのである。そこでこの変化を説明してみよう。私たちは普通次のような決定論的格率を、ア・プリオリに前提としている。すなわち自動車は自発的にさきのような形態の変化をするのではない。なにかが自動車に起こったときにだけそうなるということである。これは法則とは言い難い。むしろここに語られるべき物語があることを確約し、因果的な成立事情を調べに赴かせる方法的指令と言ったほうがよい。だが私たちには、この指令よりさらに進んだものがあるのであり、通常、どんな種類の因果的事情が生じたはずかを一般的に特定することができる。そしてこのことは一般概念に依拠することであって、この一般概念により、始めと終りがわかっている物語に中間説明を仮定することが可能になる。私たちはただ、「或る y がなんらかの力で、t_2 時に x に衝突した」というような一般的記述で因果的な事情を仮定しうるだけである。そこで一般原理にもとづくと、私たちは次のような物語が真であると知っているといえる。

Ⅰ　車は t_1 時にへこんでいない。

Ⅱ　車は t_2 時に y から衝撃を受ける。

Ⅲ　車はt_3時にへこんでいる。

だがこれは物語の説明的スケッチにすぎず、物語はいつなにが車にぶつかったかわかっている場合にのみ得られるものである。したがってⅡは、説明的スケッチを十全な（物語）説明に変えるため、特定の出来事についての記述が、既知の一般法則に照らしてどこに挿入されるべきかという位置を示している。ここで必要とされている記述は、それをまず構成した説明的スケッチや一般法則に導かれつつ歴史研究を遂行することによってのみ見いだされる。(6) というのもこうした研究なくしては、既知の一般法則および一般記述によって包摂されている特定の事象がなんであるか決定する方途がないからである。これらの一般法則からだけでは、たとえば次のように推論することはできない。

Ⅱ′　トラックが三時三十分に車に衝突した。

――なぜなら物語的スケッチは真であっても、ⅡをⅡ′に置きかえた物語は偽でありうるからである。だがⅡ′は、物語を完成し変化を説明する（なにが起こったかを語り同時にそれを説明する）種類の出来事ではある。ところが、このように物語的スケッチが真でありかつⅡとⅡ′とを置換した場合物語は真となりうる、と私たちにわからせるその同じ一般原則にもとづいて、次のような例は物語を完成せず変化も説明しないことがわかる。

II″　車のドライバーは三時二十分に咳をした。

――かりにこのように指示される出来事が起こり、しかもt_1時からt_2時までと規定された時間内に起こったのだとしても、やはりそうなのである。II″はつまるところ物語で言及する必要がないと私は言おうとしているのではない。ドライバーの咳が激しくて道から注意が逸れ、衝突を起こしたのかもしれない。だがこれらは、ここで扱う必要のないような繁雑な細部である。というのも私が目指している唯一の主張点は、物語を構成するには、物語が説明的であると認める場合と同様、一般法則を使用する必要があるということだからである。だがこうした一般法則は、これまで見てきたように、起こった出来事が一般記述の例に相当すると同定するような規則で補足されねばならず、またこの一般記述はほぼ一般法則から与えられるものである。そこでII″のみならず以下の文も、物語的スケッチの一般記述となりうる。

II‴　車の所有者は三時三十分にハンマーで車を叩いた。

一般法則は一般記述Ⅱと同様、Ⅱ′とⅡ‴のどちらが実際の事柄なのかを明らかにしない。そのため私たちが名付けたところの「史料証拠」が必要である。そしてこれは歴史研究の役目である。一方Ⅱ″はどちらの記述にも両立するが、Ⅱ‴を入れた物語よりもⅡ′を入れて完成した物語に従属するほうが近いと見てとれるのである。

チャールズ王子の結婚に対するバッキンガム公の態度の変化を説明しようとするとき、問題は一層もつれる。なるほど私たちは、なにかが原因となって彼の心を変化させたはずだと言えるけれども、これは原因を捜すという方法的指令を力説しているのと大差ない。さらに自動車については、一般的知識から私たちは詳しい事情を知らなくても、へこみがあればなにかがある力で自動車にぶつかったはずだと述べることができる。だがどんなたぐいの事柄が、一般に人々の結婚についての考え方の変化をひきおこすのかを言うのはそう簡単ではない。ここで、バッキンガム公がどのような人だったのかを知る必要があろう。彼が高慢であったことがわかっているとしても、私たちにできるのはせいぜい、「物語の中間」の一般記述として、なんらかの原因でこの性向が態度の変化に現れたことを呈示するくらいである。それでもここには、さまざまなクラスの種類の他の可能性がいまだ開かれたままになっている。たとえば公爵は敏腕な政治家で、スペインのハプスブルク家との同盟はイギリスの国益にとって有害だと考えたのかもしれない。あるいは彼は個人的な野心を抱いていて、その結婚で公が得をしそうな人と王子を縁組させたいと思ったのかもしれない。それゆえ私たちの手には二重の問題があることになる。ひとつはクラスの種類での、他の可能性を排除すること——車のへこみの場合、これはほとんど自明のこととしてなされる——および成員の種類での他の可能性を排除することである。どんな法則が関与しているかわからないため、歴史研究はこの段階までは手探りで進む。しかしいったん説明を手にすれば、必要な一般記述や法則を見つけ出すのは難しいことではない。説明は次のような短い記述で与えられる。

〔ジェームス一世の〕皇太子とその寵臣のバッキンガムは、交渉を急ぐため赴いたスペインでの待遇に怒り、イギリスに帰って、この縁組をこれ以上すすめるつもりはないと宣言した。(7)

これはトレベリアンの『スチュアート朝のイギリス』に比べれば簡略な記述である。(8)だがC・V・ウェッジウッドはより広い背景で描いている。すなわち公爵の態度の変化——それ自体物語である——は、チャールズの結婚問題における変化という、より大きな物語の中ほどになっている。それは今度は、国王ジェームズのパラティーヌ選挙侯に対する政策の変化という一層大きな物語の一部となる。そして今度はそれは、ドイツにおけるプロテスタント対カトリックの争いに対するイギリスの立場の変化という、さらに大きな物語の中間部をなす。さらにこれがハプスブルク家の地位の変化、カトリック教会の地位の変化の一部へ……と続いてゆくのである。

こうした変化はひとつひとつ、すぐあとに述べられた物語の一部に含まれており、最後の物語はこれらの変化をすべて含んでいる。だがその場合、最後の物語を説明するためには、ひとつひとつ後戻りしてバッキンガム公の態度の変化までさかのぼらねばならない。変化はどれも入れ子になっていて、一番外側の変化を説明するためには、物語にますます複雑な中間部分が必要になる。これを図で表わせば次のようになるだろう。

( )
(( ))
((( )))
(((( ))))
…((((( )))))…

明らかにこれでは整いすぎている。というのも次のような場合があるからである。

( )( )( )

この場合、複数の因果関係の規定という問題が生じる。

( )(( ))( ))

のような重複の場合も同様である。しかしこうした厄介な事態、それは結局因果性の概念の問題に帰着するのだが、これらを遮断してしまえば、物語と一般法則の関係に関してなにか特別な問題がこれ以上生じることはないと思われる。哲学的には、この問題に必要な議論はここまでである。だが因果性の概念について、あと二言、三言つけ加えておきたいと思う。

まず最初に、歴史の因果性の分析に、ヒュームの古典的な分析以上のなにか別の分析が必要であるとは思えない。私が考察した事例のいずれにも含まれているのは、類似した出来事同士の絶えざる連結にすぎないであろう。因果説明を可能にするような帰納的一般化を個々人が行うことによって、各人がこれらの連想を組み立てる必要があったわけではないのは当然である。ここには社会的遺産があるのであり、私たちが行う一般化の大部分は何世代にもわたってつくり上げられたものであって、経験を組織化しどのように出来事が起こったかを説明するさいに、大体において用いられる概念へと仕上げられているのである。ある概念におさまるような事例に当たったときの私たちの記述的反応は、おおむね非常に迅速なので、一部の哲学者が以下のように信ずるに至った経緯はたやすくわかる。すなわち特殊な能力、つまり直観的了解（Verstehen）が行使され、あたかもある主体の変化において、なにがどのようなことをひきおこしたかすぐに直接わかる、あるいは知ることができるとするのである。そしてむろん、ある意味で私たちはそうしている。とりわけ人間の行動にかかわる場合はそうなのであり、というのも私たちの大多数は、他の種のものの振舞いより、人間がいかに行動するかのほうにはるかになじみ深いからである。だがもし私たちの親近性が、どんな物事――動物、機械、電子――のどんな行動についてもこの水準にまで引き上げられたなら、そのときはまた同じくらい速く、確実に反応することだろう。[9] このような行動の説明にはいかなる法則も必要でないし使用されてもいない――説明は見ただけで「わかる」――と哲学者は論ずるかもしれない。しかし、たとえこれが心理学的に正しいとしても、説明の論理的様相はなんら影響をうけない。まったく前例のないような、これまでに知るかぎりのどんな変化とも全然ちがうことが、たとえ人間の行動においてでも起こったとしたら、その出来事を一般記述に包摂し類似した事例とひとまとめにしてしまうまでは、説明を与えたり、この変化の原因がなんであるか「わかる」ことは絶対不可能だと言える。もしこれが疑わしいとするなら、私はただヒュームの精神に則して、そもそも疑いを抱いたヒューム自身に、たとえ想像上のものであれ、これまでに見られたこととあまりにもかけ離れているため人間のこの自然な理解作用を完璧に凌駕してしまうような例を挙げてほしいと頼むほかはない。歴史のあらゆる史料を通じて、それほど異質な出来事というのはたしかに見あたらないのである。

だがヒュームの分析の根本的な説得力を認めるにあたって、私の歴史説明の議論に必要だと思われるいくつかの限定を列記しておかねばならない。これらはヒュームの述べたことから越え出てしまうが、どこをとっても決してそれと両立しえないものではない。むしろそれはヒュームの説明の敷衍と延長であり、同時になぜヒュームの分析が歴史においてネメシスに出会うごとく裏切られるのか、つまり現に独特な出来事や前代未聞の因果連鎖にしばしばぶつかっているような気がするのはなぜかという理由を明らかにする一助となるのである。

まず第一に、相似た出来事は相似た原因をもち、原因を語ることは恒常的な連鎖を語ることだという考えを受け容れる場合、そこでやはり、相似はある一定のレベルで成り立つにすぎないという規定が必要である。説明が求められているとき私たちのすべき事は、当の出来事の正しい一般記述を見つけ、それをふさわしい因果的パースペクティヴのもとにおいてみるということである。これがなされれば、適切な法則を援用することは、簡単にほとんど自動的になされる。というのは、たとえ一般的にではあっても、変化を招いたのはどんな種類の原因であったはずかはわかるからである。しかしこうした関係を作り上げることと、その一般記述に該当する特定の出来事を同定することとの間には大きな懸隔がある。歴史においては特にそうなのであって、というのも、大体同じ一般記述に含まれるような事例は無限に多様だからである。事実歴史の魅力のひとつは、人間が幾歳月にもわたって繰り広げてきたさまざまに質の異なる行為や情念が、無数に広がりゆく光景にあるからである。これらは、それにもかかわらず、ひとつの一般記述の事例として同じ一般原理に包摂され、こうした一般原理は私たちが日々用いているものであると同時に、もしそれが宣明されれば、結局公理とほとんどちがわないものとなる。またそれだからこそ、文化遺産のひとつとして受け継がれていないような、新たな一般原理を介して歴史から学ぶということはまずない。そしてこのこと自体が、歴史は科学ではないという耳馴れた主張を擁護するのである。科学から期待されることのひとつが新たな原理の発見であるなら、こうした非難はたしかにほぼ正しい。むろんこのことによって、すべての公理——そこにはおそらく、どんな科学の法則よりも多くの実証事例が含まれている——を集めてひとつの体系となし、それを科学と名付けることはできないというのではない。だがそのためには、常識を指して科学と呼ぶことが必要であり、そうなれば両者の至当な区別が曇らされるだけであろう。他方、こうしたみごとに裏付けられた一般原理によって、たとえどんなにとっぴな想像を働かせても、過去にその原理を例証し実証したのと同じくらい無限に多様な事柄を予言することは決してできないだろう。

第二に、歴史における因果説明にはなぜある種の曖昧さが感じられるのか、つまりなぜ歴史では、原因と結果の間にあって然るべき必然性が感じとれないのかを理解するのは容易である。ヒュームは因果的必然性という概念の心理的起源を鮮やかに分析し、それは出来事自体に見いだされる客観的なものではなく、それぞれ原因といわれ結果といわれる出来事の接合において読み込まれるもの、心的な習性であると論じた。けれどもまったく同じような心理的説明から、歴史で原因や結果と呼ばれている出来事の間にある非‐必然性を感じとることができるのである。それはこのような事情による。つまり必然性が成立するのは一定水準の一般性においてだけなのであり、私たちが歴史上の出来事を吟味するさいにはそのような回路で考えるのではないということである。ヒュームが挙げたビリヤードの球はひと目で明らかに他の球とそっくりであり、適当にとり出された二個のビリヤードの球のちがいを見分けようとすればことさらに努力しなければならない。もし誰かが一年前ポータケットでゲームをしたときの球を、一山のビリヤードの球から選び出せるとしたなら、こうした物をある無記名なものとして扱うほかはない大多数の人々にはないような識別力を彼は示していることになる。それらに差があることをア・プリオリに知っていても、実用目的のためには、差はないとするのは正しい。ビリヤードについて言えることは、なおのことその衝突に当てはまる。しかし一般記述によって包摂される事例——たとえば「革命」——では、明らかにまったくちがう。フランス革命について考える場合、私たちは機械的に任意の革命を想定するのではない。車のへこみは、やはり因果的には均質である。車にへこみを作るにはどのような種類のことが車に起こったはずかについて、私たちは相当輪郭のはっきりした考えをもっている。けれどもバッキンガム公のような人物に、皇太子の結婚問題で変心をひきおこすような事柄を前もって列挙するのはそう容易ではない。ひとつうまくゆけば、ただちにそれを一般原理のもとに収めることができる。

だが同時に、この一般原理そのものがあまりに多くの、そして多様な事例を許容するため、なぜこれではなくあれが公爵の変心をひきおこしたかという理由は少しもわからない。したがってビリヤードの球やへこんだ車の場合ほどの必然性や確実性は感じられないのである。だがあるレベルの一般性においては、これらの場合にはまったく差がない。もし公爵があれほど傲岸でなければ、もしくはスペイン側がもっと彼の振舞いに寛容であったなら、彼はたぶん変心しなかっただろうと言える。おそらくそうであろう。だがもしビリヤードの球Bがもっと軽ければ、あるいは球Aが貼りつけられているためにもっと衝撃に抵抗力があったとすれば、Aは動かなかっただろう。公爵のスペインに対する幻滅は、スペインのハプスブルク家に対するイギリスの国民感情と合わさって、ジェームズ一世の政策に変化をもたらした。だが私たちは衝撃が加わった瞬間ビリヤードの台を傾けて、その両方がAを動かす原因となったと言うこともできる。反事実的な問題に関しては差がないのである。

一般に歴史説明において被説明項は、変化の記述であるかもしくは変化の記述を含むということは、以下のようなことから導かれよう。つまりこのような説明が求め続け、また理想的にはそれによってもたらされるのは原因（諸原因）である、ということである。yを、xがt_n時にGとなる原因として仮定してみよう。ここでyが生じ、その後（t_n時）x

はGであり、yに類する事柄は常にxに類する事柄をGにするからこのふたつの間には法則に似た関係があるという三点を証明できても、それだけではまったく不十分である。なぜならこうしたことが全部真であっても、なおかつyは、xがGである原因でないかもしれないからである。一例を挙げると、xは牝の哺乳動物でt_n時に妊娠しており、yはxと特定の牡とのt_n時以前の交尾を指すと仮定しよう。このような出来事が、xがGである原因であることは疑いない。だがxとWの交尾がxの妊娠の原因だということには決してならない。なぜなら他の機会に別の牡と交尾がなされたかもしれないからである。したがってヘンペルのモデルを完全に満たしながら、xがGであることを説明できないような一連の法則や状態を、原理的には明示することができるのである。ヘンペルが考慮に入れられなかった情報がひとつある。それはy以前のxの状態に関する知識である。そこでyがt_2時に起こり、xはt_3時にGであり、かつyはxに関してGをひきおこすことができると仮定してみよう。しかしかりにxがt_2時にGであったなら、つまりy以前にもy以後にもGであったら、yがxのGであることの原因でないことは明らかである。あるものを以前と同じ状態のままにしておくようなことは、xに生じた状態の原因たりえない。原因は差異をつくり出さねばならないのである。ゆえに、あるものがしかじかの状態にあることを説明しようとするときには原因が求められているのだという事実から、被説明項は、たとえ明示的でなくとも、変化についての記述だということになる。もし寒さが訪れる以前にラジエーターが破裂していたなら、寒さはラジエーターの破裂を説明できない。

私が労力を傾注しているのは、実に明白なこの一点である。というのもある出来事の説明を要請しているとき、実は変化を指示しているのだということは必ずしも自明になっておらず、また始めと終りだけによって被説明項を表わすのは、作為的に過ぎるように思われるからである。たとえばモナコ国民が祝日にアメリカの旗を掲げるという、私自身の例を考察してみよう。私たちがこうした場合に求めているのはこの出来事の単なる説明であって、この出来事を、いわば変化の到達点だと感じているわけでないと言えば、もっともらしい議論に聞こえよう。なるほど私たちは、なんらかの変化に気付くかもしれない。それはこうだ——金曜日に、モナコに旗はない。これは、金曜日にモンテカルロに鷲はいないと言うのと同様、その日について言うほどのことではない。ところが土曜日には街は旗で一杯になる。この変化の説明となるのは、その日が国民の祝日だということである。だがそれ自体は私たちの興味をひくような変化ではないし、また実際、これまで主張されてきたところによれば、変化には特に興味もなく、関心があるのはアメリカの旗があるという点だけである。これを変化の一部とみなす必要があるだろうか。そしてその始まりとして、いったいなにを呈示できるだろうか。私の答えは、出来事の説明は始まりがなんであったかを明示することを含意する、ということである。なぜならそれによって、どんな変化が生じたか語られるからである。さきの出来事の説明として、私たちは君主とアメリカ生まれの女性との結婚を引き、「外国生まれの統治者をたたえる」という一般記述のもとでその出来事を了解した。さてもしこれが出来事の説明であるとすれば、アメリカ国旗の掲示は、君主の結婚以前にモナコ国民が行っていたことでないのは明らかであり、かりに人々がこの慣行をずっともっていたのなら、君主の結婚が慣行の説明にならないのはたしかである。そこで説明はこうなるだろう。「君主はアメリカ女性と結婚し、それで民衆は祝日にアメリカ国旗を掲げ始めた」。だが慣行の始まりが、私の言わんとする変化の始めなのではない。変化の始めは、慣行の説明として意図されている因果的出来事が起こる以前に、慣行はどうであったかというところにあるのである。(10)

一般に次のように言える。かりにあるxが、因果的エピソードとして呈示されたyが起こる以前に、所定の状態Gであったことが証明されれば、xはyの結果Gであるという歴史説明は（またいかなる因果説明も）常に論破される。これは特に、ものごとの起源の説明を呈示する場合に明らかである。次のような指摘は、クリスマスに常緑木を飾る習慣の起源のもっともらしい説明にみえる。つまり中世の後半アルザスでは、クリスマスの前日にエデンの園の物語の劇を演じた。背景として木にりんごが吊るされたが、この場合木は、この季節に唯一葉をつけている常緑木であっただろう。装飾に対する人間本来の性向により、飾り付けはどんどん入念になったという次第である。それ以前にもクリスマスに常緑木を飾りつけたということを発見することで、これをクリスマスツリーの起源だとする説明を論駁することができるのであり、またこうした論駁はすぐれて歴史の責務である。

こうした考察から、xはGである、つまりxはずっとGであり続けているという説明で呈示されていることについてある意味づけがなされる。それはもとより、xは目下Gであるということに対して、なんら特別な説明は必要はないという言い方として単純に理解することもできる。たとえば事情を知らない人がなぜジョーンズは今朝苛立っているのかとその説明を求め、ジョーンズは毎朝苛立っているのだと教わる。あるいはモナコ国民はなぜ祝日に旗を掲げるのかとたずねて、いつもそうしているのだという答えを得る。しかし当然ながら、どちらの場合の説明も、かりにそれを説明と名付ければであるが、ジョーンズの苛立ちやモナコの慣習の起源を問うという新たな問いにゆきつくのであり、これは今度は原因の究明となって、またそれゆえ変化が含意されているのである。

始まりはしたがって、被説明項で明らかにされるように、xが現在の状態に変化する以前のxの状態である。このことからxを、変化以前のxとして否定的に記述する特殊な物語文の使用が可能になる。こうした記述は、以前の時点で与えることはできたはずだが、その時点で考えれば往々にして異様で意味をなさない。アルザスの歴史を描く歴史家は、ある時代について、アルザス人はそのときまだクリスマスの前日にりんごを常緑木に吊るという珍しい風習をもっていなかったと書くこともあろう。だがこれを現在時制に直すと、その文が、たとえば当時のアルザスの旅行者の手記に出てくるとはまず思われない。そんなことがあれば、実に奇態な印象を与えただろう。それはちょうど、一六一七年にザクセンからパリにあてた外交文書に、三十年戦争はまだ始まっていないと書かれているのが奇妙なのと同じである。この時期のヨーロッパについて述べた、それは三十年戦争の前夜だったという歴史家の文章にはどこにも不都合は感じられないにもかかわらず、そうなのである。同時に私は、昔クリスマスツリーがなかった時代があるのだと言われて、突然過去の概念を会得する子供を思い浮かべることができる。創造にまつわる神話は、常々そのような文章で始まるのである。

概して、物語の始めとしてなにを選択するかは終りによって規定され、この主張は、始めと終りが相関する物語記述の妥当性により裏付けられる。物語行為の主たる任務は、終りへと至る行為に場を設定することであり、その記述は、始めと終りが両端を成しているような変化についての説明である。私は物語文に関する議論のところで時間的全体について言及し、過去を時間的全体へと組織化することが歴史の特性であると述べた。「全体」というようなことばは分析が困難であることで悪名高く、「全体」はしばしば単なる部分の集合以上のものをも意味すると言われることはわかっている。私たちが意味しているのは統一、されたい集合であり、主たる困難はおそらく統一性の概念にかかわっている。「統一性」という語は当然ながら、批評的評価の用語である。私たちは芸術作品が統一性をもっているか否か、部分部分がまとまりを成しているかどうかによって、個々の作品を誉めたり貶したりする。明らかに私たちは、批評され評価される芸術作品のジャンル——詩、絵画、作曲——によって異なった統一性の規準をもっているが、私がここで問題にしているのは、ただ物語行為に適用される統一性の概念だけなのである。そして物語と演繹的論証は、説明の形式の二肢を構成するだろうという考察を深めてゆくことによって、物語の統一性を明確にする端緒が開かれると思う。もしそうだとすれば、演繹における形式的虚偽、論証の遂行をさまたげるなんらかの論証の欠陥のアナロジーとなるものが、物語にも見つかるのではないか。つまりもし論証がその条件を満たすことができなければ、物語も同時に妥当性を奪われるような多くの条件が見つかりはしないだろうか。その場合これらは、妥当な論証の必要条件となろう。そしてアナロジーによって、それらを「妥当」な物語の必要条件として構成できるかもしれない。私は、こうして物語の統一性の必要条件を全部抜き出せると言っているのではない。そのいくつかがとり出せると言っているのである。そしてさらには、演繹と物語のアナロジーを探究することによって、どこでアナロジーが瓦解するかが見えてくるし、またそれによって、望むらくは、歴史説明において物語がどんな特殊かつ固有の役割を果たすかが決定できるだろう。

ヘンペルの説明の規準を満たすような、一番単純な例を取り上げてみよう。

(1)　$(x)(Fx \supset Gx)$,

(2)　*Fa*,

(3)　*Ga*.

ここで(3)は被説明項（単称の出来事を記述する文）であり、(1)と(2)はともに説明項を構成し、それぞれ一般法則、初期条件に当たる。説明項はヘンペルの規準をすべて満たし、さらに(3)は、論理操作だけで(1)、(2)から導かれると仮定する。私はすでにこのモデルに対する不満を申し述べておいたが、私の主たる異議は、*Fa*―*Ga*は変化だという点にある。つまり、この変化こそ私たちが説明を必要としているものであり、こうした変化とそれに割り振られた原因の関係はまさしく一般法則に包摂されるけれども、この変化自体は常に一般法則に包摂されるわけではないのである。それでもなお、この単純化したモデルについて、二、三の論理的―美学的考察を行うことができる。

(A)　ここで(2)を*Fb*に置きかえると仮定しよう。これは本来の演繹規則に違反し、前提はもはや*Ga*を含意しないだろう。同様に、(3)を*Gb*に置換する場合を仮定する。この帰結は、もはや(1)と(2)によっては含意されない。論理的には、私たちは同じ変項を同じ定項で置きかえてゆくことを望む。これに対応する物語のアナロジーは、主体の統一だと言えよう。さきの論証において、前提に先行的に現れていないような定項は、帰結には一切現れない。物語においては、「歴史説明がすぐれて強調する要素の連続性や一貫性とは、被説明項を

――それが人間の行為、もしくは諸行為のとき――理解し正当化しうるものにするのに役立つような連続性や一貫性である」[11]。この歴史的存在論には、途方もなく困難な問題がある。すなわち変化を貫通する要素とはなんであるか、という問題である。バッキンガム公の態度の変化に関しては、それはさほど難しくない。けれども封建制の崩壊、ナショナリズムの擡頭、さらにはクリスマスツリーの飾りはどのように広まったかなどという変化に関心がある場合、事態ははるかに複雑で、形而上学的な興味をそそる。だが、この問題がどのように決せられるにせよ、形式的な観点からすれば、物語には連続性をもつ主体が必要である。

(B) 前提に先行的に含まれていないどんな述語も、演繹的論証の帰結には登場しないというのは、論理学ではあたりまえのことである。ここで、帰結は条件(A)を満たすが、それ以上の情報も含んでいると仮定しよう。たとえばaについてのふたつの命題の連言の断定――GaかつHaという情報である。明らかに(1)と(2)だけでは、この連言を断定する十分な証拠を与えることはできず、したがって説明も不完全なものとなろう。だがこれに類似したことが、歴史の、あるいは架空の物語にも言えるのである。かりに劇の最後で、私たちはマクベスの死とマクダフが彼を憎んでいたことを知っているが、劇自体はマクベスの死という事実しか述べていないと想定してみよう。作者は（この仮定によると）マクダフがマクベスを憎んでいることは明記しているが、その理由を示していないため、私たちは物語の空白と作劇上の欠陥を感じるということになる。が、この空白や欠陥は、マクベスに対するマクダフの憎悪に満ちた態度を説明するエピソード――マクベスがマクダフの妻子を殺したこと――が挿入されれば取り除かれる。実際に、劇の終りでマクベスについて言えることで、劇全体のなかではなんの説明も与えられていないような事柄は数多くある。これら多くのなかから、ある少数だけが選ばれて物語説明をほどこされているのである。しかしこのようなことは、もともと歴史説明であれなんであれいかなる説明にもあてはまる。要は、繰り返すと、私たちは出来事をそのものとして説明するのではなく、むしろある記述のもとで説明するのである。そして記述を選びとることは、科学と同じく歴史でも重要である。だが、いったん記述が選ばれれば、出来事はその記述に相即して徹頭徹尾説明がなされねばならないのである。

(C) 前提(3a)をたんに付け足すと仮定する。*Ea*である。演繹は前の通りに行われるだろうが、(3a)は論理操作になんの寄与も果たさない。それは余計であり、演繹では活性化しない。また妥当な演繹は帰結に必要な文をすべて、かつそれのみを含むことを求めるという、演繹のいわば優美さについての規則に反している。審美的に見て、また物語のアナロジーに関連させて言えば、これは芸術性の侵害に当たろう。物語に寄与できないようなエピソードが含まれていたら、それは物語のきずになる。『マクベス』で酔払いの門番が登場する場は、物語的には余計なエピソードの例であり、事実そうした根拠によって批判されてもいる。むろんだからといって、それが含まれているのを正当化できないという意味ではない。それはたとえば、直前のダンカン王弑逆の場によって醸し出された恐怖感からの解放をもたらしてくれよう。歴史家もまた、物語的には余計な情報をもち込むだろう。だがいずれにせよ、私はここで物語の説明的側面に限って関心を向けているのである。

以上のようなアナロジーを根拠に、物語の統一性のための必要条件をいくつか述べることができると思う。Nを物語であると仮定すると、(A)Nは同一の主題についてのものである、(B)Nは被説明項に包摂される主題の変化を十分に説明する、(C)Nは(B)によって必要とされる情報のみを含み、それ以上は含まない、という三点が満たされなければ、Nは統一性を欠く。これらが統一性の唯一の規準であるなどと私は言っているのではないし、これらのどれか、たとえば(C)に抵触する恐れのあるような他の満足すべき歴史記述の規準もあるだろう。だがここで論じている問題をさらに先に進めて、あまりにも複雑化してしまうのは望ましくない。というのも物語の役割についてはまだ論じるべきことがあるからである。

演繹的論証と物語との間にこのようなアナロジーがあるということは、かりに演繹的論証がそうだとすれば物語も説明の形式であるという私の主張を裏付けるのに役立つ。しかしここで私は、どこでアナロジーが瓦解するらしいか、したがってなぜ物語は必ずしも演繹的論証に還元できないかを示しておこう。これまで私は、物語は簡略化すれば次のような形式をもつものとして呈示してきた。

(i) Fa,

(ii) y,

(iii) Ga.

ここでFaとGaは、ともにこの順序でaにおける変化を表わす。この変化は一般法則に包摂されないであろう。だがひとたびy——因果的エピソード——が指示されれば、yに類する事柄がaに類する事柄に、FからGへの変化をひきおこすという意味合いで、なんらかの一般的仮説がたてられ、一般法則が援用される。このような物語をいま、物語原子(*atomic narrative*)と名付けることにしよう。これは(i)始め、(iii)終り、(ii)中間を含む。図ではこのように表わせるだろう。

FG

/./

ここで棒線は変化の末端を示し、点は変化の原因を表わしている。

だが単独の原因だけでは説明を果たせないような変化も起こりうる。このような場合、*a*——変化の主体——は一連の変化を経ていて、それゆえ主要な変化を説明するためには一連の原因が割り振られねばならないと想定できよう。たとえばある人がウエストチェスターからナイロビまで行くのに、（一例を挙げると）地下鉄、飛行機、汽車、船をこの順で乗り継ぐのと大体似たようなもので、彼を全行程にわたって運ぶ単独の輸送手段はないのである。そこで単独の原因ではなく、それぞれが連続的変化を説明するような、一連の原因によって変化が説明される場合を指して物語分子（*molecular narrative*）と呼び、このように図式化することにしよう。

FGHI

/./././

ここには三つの連続的変化、*F*—*G*、*G*—*H*、*H*—*I*がある。

物語分子で個々のユニット/./は、少なくともさきに特徴づけたような一般法則によって包摂されるが、変化全体を包摂するような一般法則は必要でない。なぜ物語分子という概念が必要で、たんに物語分子の端と端をつなぎ合わせたような物語分子を考えてはいけないのかという疑問が生じるであろう。その答えは簡単である。私たちが関心をもっているのは、中間の変化が部分となっているようなより大きな変化（右においては）F—Iだからである。だがこれは今度は、私たちの説明に対して予測される反論、なかんずく歴史の企図全体に対する反論への解答となる。その反論とはこうである。なぜIを説明するために、物語原子の連鎖の一番終りのユニットだけでなくそれ以上必要なのか。このようなとき、

HI

/./

において点で表わされている原因がIの原因ではないのか。この場合なぜ、

F/?

までわざわざさかのぼるのか。その答えは次のようになる。この原因はたしかにIを説明するのに役立つ。だが本当は、私たちはIそれ自体に特別な関心があるのではなく、変化—F Iに関心をもっているのであり、この変化にとって、さきに挙げた原因だけでは不十

分なのである。これは歴史説明における被説明項を、たんに出来事の記述だとみなすことから生じる誤りの例のひとつである。逆に、典型的な歴史説明の被説明項が記述するのは変化、それも往々にして何世紀にもわたる長大な変化であることがわかれば、なぜ物語説明を最後のエピソード（物語原子）に還元できないかはただちにわかる。

しかしここで、物語と演繹的論証のアナロジーはどうなるだろうか。まず第一に、大きな「物語分子」の変化を説明するためには数個の変化、したがって数個の原因を指示しなければならないように、演繹的論証においても帰結を得るためには、それだけで帰結を含意するような単独の前提ではなく、数個の別々の前提が必要になるという議論が考えられよう。そこでさきの条件(B)を考えてみると、たとえばFaと$(x)(Fx \supset Gx)$のふたつの前提だけからHaを演繹することはできない。だがさらに前提を付加すれば、論証を妥当に完結することができる。ヘンペルのモデルによれば、付加される前提は一般法則ないしは必要な別の初期条件、あるいはその両方である。では一般法則$(x)(Gx \supset Hx)$を加えると仮定しよう。これはうまいやり方だが、実はこのような場合別の一般法則を選ぶことで、ふたつの一般法則を削除することができる。というのも$p \supset r$を、$p \supset q, q \supset r$から導くのは妥当であるから、ふたつの法則が融合して――$(x)(Fx \supset Hx)$――ひとつになる。だが明らかに、このような削除がどの妥当な物語でもなされるのではない。そこで次のように想定すると、

FGH

/./ ./

ここではふたつの一般法則が前提とされており、たとえば$k\cdot1$、$k\cdot2$という二個の異なった原因が指示されている。そこで法則はこのようになる。

$k\cdot1\ F\text{–}G,$

$k\cdot2\ G\text{–}H.$

これらの法則をもっと大きなひとつの法則に融合することはできないし、変化F―Hに単独の原因を見いだすこともできないだろう。ゆえにここで物語と演繹的論証のアナロジーは挫折する。

だが一方でもうひとつの可能性がある。私たちの用いた一般法則を削除して、これを$(x)(Fx\cdot Gx\supset Hx)$に置きかえ、さらに初期条件$Ga$を付加すると仮定しよう。このとき$Fa$も$Ga$も単独では帰結を含意せず、前件が満たされるためには法則はこれらの連言を必要とする。これはまさに、大規模な変化を説明するためふたつ以上の原因を必要とする物語の場合とアナロジーを成すだろう。事実、必要な初期条件が順次満たされるような法則さえ可能だろう。たとえば法則（$Fx_{t-1} \cdot Gx_{t-2} \supset Hx$）において、下部に記された数字は初期条件が満たされる順序を示している。このような法則を歴史法則と名付けることにしよう。そこでこの歴史法則の助けを借り、時間的に相違する初期条件を明示することによって、ひとつの帰結を演繹することができる。すなわちこのような法則は予言いやむしろ限定的な予言を可能にする。なぜならば、$(p \cdot q) \supset r$ と $p \supset (q \supset r)$ が等値であることが証明されるから、その結果、次のような形式の歴史法則があるとして、

$$(C^0_{t-0} \cdot C^1_{t-1} \cdots\cdots C^n_{t-n}) \supset E$$

C^0がt_0時に起こるならば、EはC^1……C^nが規定の時間順序で起こるとすれば生じるであろうと予言することができる。それはちょうど三連続爆発が起こればロケットは所定の距離まで到達するだろうと述べ（予言して）、次に、もし最初の爆発が実際に起こったとして、ひき続き残りふたつの爆発が起これば、ロケットは所定の距離まで到達するだろうと予言するのに似ている。

　歴史法則というものはあるであろう。たぶん歴史においてさえも、歴史法則はあるだろう。だがたとえそれが発見されたとしても、非歴史的法則の存在の場合と同様、いささか

も決定論を擁護するものではない。非歴史的な一般法則の存在によって自然の必然性が結論づけられるわけではないのと同じで、歴史法則の名を冠して、歴史の必然性が結論づけられるのでは決してないのである。それゆえ歴史法則の発見は、実在論的歴史哲学のもつ予言に対する自負を、一切擁護しはしないだろう。

また、次のように主張するのは正しいと思う。すなわち物語分子を演繹的論証に変換できるか否かは、歴史法則が存在するかどうかに左右され、さらにかりになにか歴史法則が発見されたとしても、個々の物語分子に一般法則が見いだされるか否かという問いはまだ残るのである。

それはそれとして、歴史法則は少なくとも歴史においてはまずまったくと言ってよいほど不明だというのが依然として事実である。しかしこのために物語の説明力が減じたり、危殆に瀕したりするのではない。むしろ危機にさらされるのは、いかなる説明もその必要条件として演繹に形式化できるという見解に拘泥している、哲学的戦略のほうである。これが十分条件になりうるという点までは私は譲歩したが、物語分子が説明的であることが認められれば必要条件ではなくなる。それはまた、物語は一般法則を用いなくても解釈できるということを含意しているのではない。そうではなくて、物語によって説明され含意される変化全体を包摂するような一般法則を見いだす必要はないということなのである。

歴史における物語の役割はいまや明白であろう。それらは変化を説明するのに用いられ、ことに特徴的なのは、個々人の生とのつながりからみればしばしばはるかに長い期間にわたって生じる、大規模な変化を説明するために用いられるのである。こうした変化を顕在化させ過去を時間的全体に組織化すること、なにが起こったかが変化によって語られると同時に、それらの変化を説明すること——たとえ物語文に言語的に反映された時間的パースペクティヴを用いてではあっても——それが歴史の仕事である。

物語の骨格はこのような形式になる。

\.\.\.....\

この骨格は補足的な記述、逸話、道徳的判断といったもので肉付けされよう。だがこれらは、少なくとも哲学的には二次的な関心しか呼ばないと思われる。

最後に一言いっておこう。たとえ無数の変化を含み無限の時間を包摂する破格の歴史法則が実際にあったとしても、そのような法則とそれを例証する時間的全体との関係は、私がこれまでに論じた法則とその事例との関係に比べて、いささかでも曖昧であったりするのではない。ゆえにこうした法則によってなされる予言は条件的であるばかりでなく、一般的でもある。それによってわかるのはせいぜい、ある初期条件——きわめて一般的な記述のもとで——が連続的に成立すると仮定したとき、同様にきわめて一般的な記述のもとでなにが起こるかということだけである。それゆえ実在論的歴史哲学が抱く予言への野望は再び潰え、出来事が起こる前にその出来事の歴史を書くという、歴史法則が存在しても果たしえないような問題が再度生ずる。未来についての私たちの知識は、過去の知識に比べてなお抽象的なままである。そして歴史の使命は依然として、正確に起こった通りのことについての物語を語ることであって、たとえ法則が明らかになり、その物語が一般的歴史法則の一事例として該当しようともそうなのである。歴史のみが、目を瞠るほど多様でありながら、かつ一個の歴史法則に該当する多くの時間的全体を開示することができる。過去の細部に対する熱狂はむしろ増大してゆくだろう。すべてのソネットが一定不変の形式をもつことがわかったからといって、ソネットがつまらなくなったり美しさが減じたりするのではない。それどころか厳密な一定の規則にしたがって、これほど独自で多彩な作品が生み出されたことを知れば、詩的創造力への賛嘆はいや増すのである。

第十二章　歴史的理解と他の時代

歴史学の任務は、いつなにが起こったかの記録を確立することだと一般には認められている。さらに歴史学の補助的あるいは予備的な任務は、過去の出来事や時代を内側から、いわばそれらを体験した人の観点から再構成することだというのもしばしば指摘されることである。これを達成するために、私たちより悲観的な世代の哲学者は、方法論的には心もとないひとそろいの補助道具をもち出した。直観の強調、共感的理解、二次的な追体験的同一化等々を利用することで、歴史家の精神は時間と変化の見通しがたい格差を超えて、他の時代の他者の精神と調和的な共感にいたるはずだとされた。これらが発見や説明や確証の道具であろうと、これらへの不満を正当化しているのは、論理的には行動主義のイデオロギーと軌を一にするものであり、そのイデオロギーによれば、内面へのいかなる言及も、欠くことができないにしろ信用できないものとみなされるのである。このイデオロギーはすでにいくぶんか色褪せており、また他の時代に生きられた生の内実がたえず歴史的好奇心を呼びさますのだから、もう一度私は、「他の時代」の問題と名付けたものを取り上げようと思う。私の関心は、私たちとは異なる時代に生きられたことの内的な理解にどの程度到達しうるかにある。時代は人間と同様内面をもつのであり、「他の時代」という命名は、「他者の精神」の問題との類似をことさら際立てて含意しようとしたものである。だが私の主張の一部をなすのは、この問題が「他者の精神」や「他の年代」の問題からの論理的帰結であると理解してはならない、という点である。(1) この問題は、他の時代の人々が他我であり同時代人ではないことから生じるのではなく、むしろ記録そのものを確立することの本性から生じているのであり、ヨーロッパ的な概念で言うなら、歴史の歴史性から生じているのである。そこで私は、この問題は歴史という概念に論理的に含意されているものとみなし、この概念の輪郭を規定するよう分析的手続きをとると同時に、歴史的存在の特異な性格を見きわめる形而上学的な手立てをとるよう議論を進めたいと思う。

I

本節で私は「他の時代」や「他者の精神」の問題のいくつかの局面を手短に分析する。もとより私たちの問題は、たんにこうした局面に分解されるわけではない。以下の附帯的議論が望むらくは、順次哲学的陳腐さが少なくなるよう配列され、それを通じて共感的了解(Verstehen)の概念を積極的にとり出したいと思う。そして共感的了解は、批判者たちが感じているほど批難に値するものではないとしても、他の時代の内面に私たちを連れていくことは、実際それが他の時代であるかぎり、まったく不可能なことを示そうと思う。(1) 他の時代の問題は、出来事が相互に論理的に独立であるという事実から生じており、それが複雑になっているのは、出来事のどんなに近い時間の端をとっても、これがもはや私たちの背後にあるので、いま観察することはできないという事実によっているにすぎない。これが、議論（ラッセル）の内実である。出来事はなにひとつとして論理的な意味では、他の出来事によって必然的にひきおこされることはなく、また他の出来事を必然的にひきおこすこともない。したがって現在の出来事は、たとえ過去の出来事の特徴がどのようなものであれ、それが現に起こっている通りに起こりつつあるのだという想定は一貫している。現在は論理的にはいかなる過去とも両立し、ラッセルの有名な指摘のように、いかなる語るべき過去もないということを含めてそうなのである。その場合、どのようにして正当に過去についての知識を主張しうるのか、あるいは知識が主張されうる過去がはたしてあるのか、という問いが生じる。というのもこのときいかなる推論も現在からひきだされた証拠にもとづくだろうし、私たちの用いる（因果法則や適宜まとめられた証拠の法則を含めて）法則は、明らかに問題となっている事を前提としているからである。私はこうした議論がもたらす問題――パズル解き――にかかわるつもりはなく、言うとすれば、ただこうした問題は本性上刹那的な懐疑論、さらには単なる懐疑論に譲歩するにすぎないのであり、みかけ上歴史に対して申し立てられた脅威は派生的でつかの間のものなのである。

実際こうした疑いは、常識と科学の基盤、さらには歴史が記録を確立することのうちに前提されている常識や科学の法則を、崩壊させてしまうほどに腐蝕している。歴史が応用科学（あるいは常識の拡大）と区別できない場面では、たしかに影響はある。危機にさらされた法則は、過去から、過去が現在と共有するもののみをとらえるのであり、それゆえ現在と対比したさいの過去そのものの特質が、他の時代の問題によって明るみに出されることはない。事実たとえここで問題になっている事柄がすべて解決されたとしても、なお他の時代の問題は問われるのである。

(2)　懐疑論者の困惑を招く最も表層的なレベルでは、他者の精神の問題は、他の時代の問題と形式上同じものを共有している。「他者の精神」の問題で問われているのは、他者の精神があるかどうか、さらにそれがあるとすればそこでなにが起こっているのかという点である。ここで外的な行動は、たとえ精神のうちでなにが進行していようとも、現にあるがままであり、そこには何事かが進行している精神などないという可能性も含まれている。したがってこの問題は、外的出来事と内的出来事とのみかけ上の論理的独立性から生じており、この問題を複雑にしているのは、私たちが他者の精神を占め、自らの精神との親和性から、そこでなにが起こっているのかを知ることはできないという事実である。そうだとすると私たち以外のものによって示される行動という意味で言えば、その行動は、自動機械の行動でもありうるし、あるいは無感覚の人間、意識的に慢性的な擬装性癖をもつ人間、特有の言語を語る原住民、さらには瀕死の動物やぜんまい仕掛けのタンパク質につなぎとめられた認識、あるいは自分自身との存在論的アナロジーで考えられた複合実体等々の行動でもありうる。ここではこうした途方もない可能性については考察はしないというのも私たちは、コートを着て帽子をかぶり窓の外を急ぎ足でいく同時代人についても、同じ可能性につきあたるからである。そうだとするなら非同時代人——ニコライ・ゴーゴリやゴーゴリの妻、ヘリオガバルス、マリア・マンシーニ——が、ひょっとして自動機械であったというようなあくどい考察をもってしても、なんら特異な害はない。結局のところなんらかの外的行動が、心的述語を他者に割り振るための論理的に十分な証拠をなすという気楽なことばに気休めを見いだすならば、歴史に関するかぎり、他者の精神の問題は、他の時代の問題に帰着する。程度の差はあれ、記録を作成する点でなんら特殊な差異はない。「ああ痛い」と叫ぶことが痛みの行動であり、そう叫んでいる人に「痛みがある」という述語をあてるために論理的に十分であるとするなら、バーガンディの聖ジークムントが「ああ痛い」とt時に叫んだことを立証すれば、聖人がt時に痛みをもっていたという事実を立証するには十分であることになる。むろん痛みを他者に帰属することは、その人が痛みを感じる時間とは無関係である。だから他の時代の人々が、その時代を生きているがゆえにまったく別種の心的述語にしたがうというのでなければ、このように解された他者の精神の問題から、他の時代の問題が生じることはありえない。

(3)　だが他者の精神の問題がここですっかり片付くわけではなく、私たちの問題にたぶんより密接に関連するいくつかの局面がある。今日哲学者の間では、心的述語を用いる文は、文法上の人称変化があっても意味は不変であり、それが自己に帰属されるのか、他者に帰属されるのかには無関係であると確認されている。かりに私がそうした述語を他者に適用するに困難をきたし、自分自身に適用するさいにはこの困難がないのだと考えると、この見解によれば、私はこれらの述語の意味を修得していないことになる。なぜなら無感覚な論理と私たち相互の感情とは対立するけれども、述語を他者にうまく適用することが、自分自身にそれをうまく適用することとの必須の前提条件だからである。たぶんこれはそうなのだろうが、ここでそれを論じるのはやめよう。だがこうした述語に自らしたがうことがなにを意味するのかを知らなくても、他者にそれらの述語を正しく適用することを学んでいるということが、この見解には残されている。私の議論では、述語の理解にはふたつの段階があり——こうした述語を二段階述語と呼んでもよい——そして自己と他者との究極的な区別は、これらの述語を理解する段階の差異としてとらえられるのであり、それらは述語の二重性を通じてひとつのクラスとして定義されるのである。

(4)　述語を理解するために、その事例を経験しておく必要があるような述語の集合が存在することは、広く認められている。述語を正しく用いることで、述語の論理についての理解を示すことができたとしても、それらの述語を事例に適用できなければ、主たる用法を誤ることになる。これをうまく行うためには、これらの述語を事例の経験と結びつけて修得していなければならない。この経験論者のテーゼには、いくつかの有名な難点がある。こうした難点自体は、ここで私がかかわっている以上にはるかに広範囲のクラスの述語に関して生じるのだが、ここで問題にしている述語がこのクラスに属すことを示すのが、ほかならぬ私の目的である。それはつまり、心的述語のことであり、それを理解するためには、自ら経験し例示することが必要な述語である。たとえそれらの述語を他者にうまく適用できるにしろ、自分自身に適用できるまでは理解は不十分である。言ってみれば、恋に落ちたことのないものは、「愛する」という述語がなにを意味するのか理解していないということである。たとえばテスタドゥラのような冷徹な男を想像してみよう――心が沈着でなにものにも狼狽することはないにもかかわらず、「怒っている」という述語を常日頃修得し、内容空疎なまま他者にはうまく適用する一方で、「怒っていない」という述語を修得して自分自身に適用する。「隠された怒り」や「抑圧された怒り」のような表現は、意味がわかっても、彼には滑稽に響く。あたかもそれは、平静な装いの背後で複製が憤っているようなものであり、冷たい機械のなかの怒りの幽霊のようなものである。テスタドゥラの閾値が病理学的に高くなければ、ある種の感情教育を通じて怒りの意味を学びうる。欲求不満やいらだちを組織的に行使すれば、テスタドゥラの冷静さはある日ついに沸き上がり、公然の明白な怒りや苦痛となって現れる。そのとき私たちは、彼が怒っているというのである。こうして「怒り」の（十分な）意味を学んだところで、テスタドゥラはある次元の理解に到達するのであり、それに照らすとテスタドゥラがこれまでもっていた「隠された怒り」のイメージは、形而上学的な戯画だということが明らかになる。ここでテスタドゥラは、（ある程度）「内面」を獲得したことになるだろう。二段階述語の内的理解を獲得するこの様式を、私は情況的直示と呼びたい。だが私が強調したいのは、内面とはなにかを学ぶことは、ありふれた仕方で世界から学びながらとり出し蓄積した事実に、ただ別の事実をつけ加えることではないという点である。むしろそれは事実の全体の変容であり、自己自身と世界が同時に変容することなのである。というのもひとが内面を獲得すると、世界（あるいはその一部）も内面を獲得するからである。こうした修得は、宗教的回心にもなぞらえられよう。たとえばこれまでありふれていたものを、突然「目に見える神のことば」（バークリー）として見るのである。

(5) 私たちが、人々に内面を付与しその内的な精神の見取り図をなんとか理解するようになるのは、私たち自身が先にテスタドゥラで行われたのと根本的にはちがいのない仕方で、感情教育をへてきたからである。怒り、恐れ、愛、希望、嫉妬、恍惚、退屈、後悔、悲哀、老いのリビドー等々のような生の凡庸な織り目を形づくる情況を体験することによって、そうしてきたのである。事実これらの概念を内的に修得することこそが、通常「経験」と呼ばれるものである。そして情況的直示ということばで示唆されているのは、「赤い」の意味の修得について同様の説明を主張して浅薄だという汚名を着せられてきた経験論者の言う経験と、このように理解された経験とが連続したものだということである。どのようにであれ（事実そうなのだが）、盲人は「赤い」の意味を理解せず、冷淡な人間は「愛」について無知であるという事実は、なににもまして本当である。（そこからすべての基礎的な述語が、二段階的なものでありうることが示される）。了解の観念が、正当な領域として私たちの言語的な射程内に登場するのは、この点においてである。mが述語Ｆを正しく共感をもってnに当てはめうると言ってよいのは、ただmが身をもってＦを体験し例証するときだけであり、そしてnがＦであることの公共的な規準を満たしているときだけである。ここでは、Ｆにふさわしい公共的規準があり、mはこの公共的規準を用いてＦの意味を内的に修得しているということが前提されている。こうしてmはＦを他者に正しく帰属しえていることになる。だが正しく共感的に述語を帰属しうるのは、正しい経験にもとづいてのみである。そこで私は、了解とは、心的述語を正しく共感的に帰属することだと考えたい。

(6)　感情の様相は、感覚の様相と同様、想像力が培われていなければわからない。ある感覚の様相を奪われている者は、その様相の事例のイメージを正しく呼び起こすことはできない。盲人は赤のイメージを想起することはできず、おそらくただその巧妙な代替物を連想するだけである。トランペットの響き（ロック）や熱（ギーチ）もそうである。性が異なっているとか、リビドーが生理的な理由で欠如しているゆえに、情感の言語を情況から修得することのできない人にも、このことは当てはまっている。ある様相が欠如していることによって、彼らはこの様相のもとでの了解を行うことができないのである。

これはやや大げさな主張であるが、ここでは現在から獲得される情況的直示の機会が、了解の能力の範囲を定めていることが含意されている。したがって過去の人々が私たちに似ていて、了解がうまく行われるのに応じて過去と現在との区別が無効になっていくかぎりで、私たちは過去の人物に共感的な述語を帰属させることができる。こうして基本的な人間経験の全域が私たちすべてに行きわたり、結局他者にとって疎遠な人間的なものは、なにもないことになる。だから共通の人間経験があるかぎり、了解は人文科学一般でなんらかの目的を果たすだろう。だが他の時代の生が、私たちの時代の生とは実際異なっている分だけ、私たちの想像力は無力となり、さきの様相的な無力さとよく似たものとなる。了解は活性を失うのである。過去性が内的差異をつくり出すなら、了解はもはや役には立たない。だが了解が超えることのできない論理的障害が見つかり、この障害が過去性の本質と内的に連結しているとするなら、たぶん私たちは歴史的理解の明確な限界を見とどけていることになり、歴史の歴史性について何事かを発見していることになる。そこでもう一歩先に進んでみよう。

(7) ここで、私自身が複合文と名付けたひとつの核心となる文のクラスを考察したい。

これらは一般に「命題的態度」と呼ばれる、文でない断片を含んだ文のクラスである。「オデッセウスはペネローペが誠実であると信じた」や「マルコ・ポーロは、プレスター・ジョンが生きていると考えた」は複合文である。これらの分析が未解決であることはつとに知られており、少なくとも外延主義者の見解からすればうまく解かれてはいない。こうした事柄に意見がないわけではないが、私はここで争点になっていない部分のみに、力点を置きたい。つまりここで挙げた例が真だとして、それらに含意されているのは、オデッセウスやマルコ・ポーロの存在であって、ペネローペやプレスター・ジョンの存在ではないのである。したがってそれぞれの文は、どちらも個人についての文だとみなしてよく、その個人の存在は文が真であることに含意されている。だから文のこれ以外の部分を、複合的な述語とみなしてよいのである。そこで「……は、ペネローペが誠実であると信じた」は、オデッセウスやもろもろの求婚者に当てはまる一価の述語であって、（たとえば）オデッセウスとペネローペとを変項としてとる二価の述語ではない。これらの述語は少なくともひとつのまとまった文を含むので、私はこうした述語を文述語と呼ぶことにしたい。複合文は、構文上文述語を含んでいることで見分けることができる。

さて過去についてなにかを知っているとすれば、同じように確信をもって私は、いまでは奇妙な信念だと思われることを、かつて人々が信じていたことを知っている。たとえば円は正方形に変形できる、プレスター・ジョンはいまなお生きている、木の精は魔法の樫の木に住んでいる、惑星の軌道は五つの正多角形に内接している等々である。私はこうした文が形づくる文述語を理解しており、これらの述語を正しく他者に応用することにはすぐれて習熟してもいると思う。だがこれらは私の信念ではないし、また一度もそうであったことはないのだから、私はこれらの述語を他者に共感的に帰属することはできない。私は、プレスター・ジョンがウランバートルで迷える魂を救っていると信じるとはいかなることかを内的に理解することはできないのである。というのも私自身の信念に照らせば、この信念を私自身のものだとすることもできないし、それを本当に信じている人には世界がどう見えるのか想像もつかないからである。もしこの信念が私に当てはまるとすれば、同時にいくつもの文述語が私に当てはまることになり――また幾多の別の文述語が偽となって――その結果私は、現在の私とはまるでかけ離れた姿で、世界を別様に生きている（別の世界に生きている）ことになる。そうなのだ。どんな変貌、変身、輪廻も可能なのだ。（もっともほとんど誰もこんなことは体験したことがなく、このような変化の述語を共感的に当てはめることはできないが）。サウルが使徒パウロになった、テイレシアスはクレタの娼婦になり、ゼウスとヘラの争いをおさめた、教皇グレゴリウスはやまあらしになった、グレゴール・ザムザは毒虫になった、というようにである。こうしたことが私に起こると想像することはできるが、それが起こるとは実際にはどのようなことなのか想像することができない。歴史的にであろうが、フィクションとしてであろうが、作者は私があたかもそれらの出来事を体験しているかのように私に感じさせることはできる。だがそれだからこそ、これらの出来事を体験するのではないのである。なぜなら現に体験している出来事を、体験しているかのように感じるためには、根本的な自己疎外が必要だからである。つまりそれは心的距離をとって、自分自身の生から引き離されることである。だが私は他の時代に身を置き、他の点では私自身と同一のままでいることができないのであろうか。過去は論理的にはいわば多孔的であり、この種の移動が可能である。いってみれば、コネティカット・ヤンキーのような人のために開かれた場所がある。たしかにそうである。だが彼は中世の住人ではなく、その時代の人がもちようのないいくつかの知識、つまり自身の過去であり彼らの未来である出来事の知識をたずさえて、中世に行ったのである。それゆえ彼はすんなりと中世の慣習になじむことができず、いつも異邦人であり、時間的なよそ者であった。ここで私たちは、歴史としての歴史に特有と思われる限界に逢着した。過去についての知識は、現在以外の時代を私たちから疎遠にするのである。

Ⅱ

ここで私は、他の時代の内的理解をさまたげる三種類の理由を明確にしたいと思う。これらは歴史の概念と内的に関連しているものである。

(1) 歴史家が作成せねばならない文のなかに、私が物語文と名付けたものがある。この文が真であるためには、少なくともふたつの時間的に隔った出来事が起こったことが必要である。つまり「ワシントンはアメリカ合衆国の初代大統領になった」という文を文字通りにとるなら、ここには少なくともワシントンの出現と、のちの何人かの大統領の出現というふたつの出来事が含意されている。「J・フスは、宗教改革に先鞭をつけた」には、宗教改革が起こったことと、フスはそれ以前に源流となった改革運動に従事していたことが含意されており、「フェリックス・メンデルスゾーンの父は、一七八〇年に生まれた」は、(他にもいろいろあろうが) ふたつの出産の出来事を含意している、等々である。これらは歴史家が作成する文の典型であり、明らかに単純過去以外では奇妙に見えるものである。だが単なる文法的な規準では、物語文を区別するには十分でない。「『イタリア交響曲』の作曲者の父はきのうの朝生まれた」という単純過去の文は、不気味である。他のところで私は物語文の論理について論じたが、ここで強調しておきたいのは、物語文の表現する知識は、これらのもたらす世界の組織化の様式と同様、特異でありかつ他に還元不可能な歴史的特質をもつことである。

物語記述のもとでの出来事は、それらを体験した人々によっては——これらの人々が、私たちから言えば不可能なものでしかありえない未来についての知識をもち合わせていると考えないかぎり——それ自体としては経験されえないものである。後続する出来事は物語という紐帯によってそれ以前の出来事と内的に関連しており、後の出来事によって前の出来事を再記述することが可能になる。そしてそのような記述は、当事者であろうとなかろうと、前の出来事と同じ時代の人々には手の届かないものである。物語文によって指示されている時間には存在し、また観察できる対象や場所――「ダントンが死んだ場所」、「『アヴィニヨンの娘たち』の製作に霊感を与えた彫刻」――も、当時の記述の時点では観察されえないであろう。これらの出来事を共感的に内的に理解しようとすれば、非物語的記述を用いるほかはない。――したがって結果的に、それらに後続する記録を抹消し（いわば未来を忘れ）、それを故意に停止させたままにしておく必要がある。それゆえこれは不可能な要求である。私たちは、出来事の未来に――つまり現在に無知である状態に到達するには、あまりに多くのことを知り過ぎているのである。というのも出来事を体験した人々が必ずもっていたにちがいない出来事の形や色合いを、現在に遡及的に与えるものこそ、未来だからである。ものごとが最後にどのようになるかを知らないことが、出来事を体験することにほかならないのである。

(2) だが関係代名詞を用いて物語的に再記述される対象――「……の場所」「……の対象」――のみならず、普通に記述された対象もまた、私たちと、対象の由来する時代の人々とでは異なって知覚される。糸車を考えよう。私たちは、小銭やリンゴや鳥のサンカノゴイと同様、糸車を視覚で認知する。糸車を正しく見分けるという点に関するかぎり、他のものと同様それで十分うまくいく。だが糸車はもはや在庫品のなかの一品目ではなく、ハイデッガーの用語で言えば道具でさえない。糸車は昔の道具であり、産業の変化の波によってとりのこされいまでは感傷や、記念物としての慎ましやかな要求によって保存されているのである。糸車の主たる役割は、昔の目に見える遺物として学童にまじまじと観察されることである。私たちの世界での糸車の位置は骨董店にあり、規則通りに組み立てられ、慎重に隔世遺伝された装飾であって、織物手工業や家内経済の道具全体のうちにはない。糸車が語られる文の自然な時制は半過去であり、英語では他の言語ほど明白ではないが、かつてはそうであったことを語るさいに用いられる時制である。糸車（あるいはなんであれ）についての文が現在から半過去に移行するさいには、生活形態はまったく古くなっている。糸車という物体がただひとつ現在からこぼれ落ちるのではなく、生活の全システムの変化とともに追い出されているからである。こうなると糸車を強いて世界へと引きもどすことは不可能であり、それというのも糸車が占めていた場所はもはやどこにもないからである。

村人の意志の力やウィリアムズバーグの精神にのっとってではなく、古い風習が自然に残っている離村に出会うという魅力的な空想をしてみることができる。ゆったりとしたスカートの婦人や、二人称単数を用いる人々、炉辺で糸をつむぐ娘たちのいる場所に行ってみるのは、夢のようなことだ。このことが可能であるためには、つまりこれらの人々が糸車をかつてそうであったように見るためには、パンチカードや電気回路は言うにおよばず、クロンプトン紡績機や自動紡績機の全歴史を知らぬままでいなければならないのであり、したがって現代生活の総体が未知のままでなければならないであろう。彼らは入江のなかでわざと変化を避けているのではなく、自然に生活しているのだと思い込んでいなければならない。彼らに対応するような人々を、私たちの歴史のなかで私たちから遠ざける変化や出来事を、彼らは知ることはできないであろう。要するに彼らは、私たちの過去に無知であらねばならない。というのもこの過去は、私たちの祖先である彼らの本来の同時代人の未来にあたるからである。

ベンジャミン・フランクリンが、性別、階級、知力の異なるセーレムの無邪気な一少女と、まったく同じように糸車を見ていたと言うつもりはない。だがこれらは、歴史的な不一致ではない。フランクリンとセーレムの少女は同じ生活形式を共有していたのである。そして私は時代とは、生活形式の観点から規定されると考えている。時代は、一年や一世紀のような単なる時代編年史的な単位ではない。時間の単位は内面をもたないが、生活形式には内面がある。というのも生活形式とは生きられるものであり、つまるところ生活形式は二段階の理解が可能である。それゆえまた生活形式には、了解も可能である。だが私たちの生活形式と類似しているかぎりで、生活形式を了解するのであって、この類似性が崩れたところでは、外的理解だけが可能である。記述の目的がなんであれ、これで十分である。だが私の論点は、他の時代の成員が用いたようにことばを用いるためには、この時代を規定する生活形式を生きることが必要だということであり、そのさい言語のちがいは、他の時代から私たちを隔てるのである（対象を異なった種類の言語で語るかぎり、結果として異なった対象を構成することになる）。私はことばが用いられる用法については知っている。だが私はそのようには用いることができない。それは私の言語ではないからである。

(3) 私が自分の生を生きてきたということだけで、自分の生がどのようなものであるかを、ことさらに語る資格があるのではない。なぜなら私は、他の生を生きていないのだから。すべての生がまったく均一ならば、比較のための外的基礎はなく、したがってひとつの生が、他の生と比較してどのようなものであるかを知る手立てはないことになろう。私たちは自分の生の内実の意味を、遠回しに間接的に手に入れるのであって、他の生から放散された光に彩られて、自らの生の風景に陰影をつけるのである。だからもし自分自身の生しか知らないのであれば（このような情況下でそれを知りうると仮定すればだが）、そのとき生の内実についての意識は、一切もたないことになる。このことは生活形式についても同様だと思う。時代の内実は、それが時代を生きる人々の知る唯一の生活形式であるなら、その人たちにはわからないままである。他の生活形式と対照させ、あるいは自分自身の生活形式の変化を通じて、はじめて意識が生じる（歴史の父へロドトスが有名な大旅行家であったことは偶然ではない）。変化を通じてもたらされる遡及的意識こそ、特殊歴史的なものであり、かりに生活形式が孤立していてそれ自体変化していくならば、その生活形式を生きるものは、それが変化したのちになってはじめて、その断面を意識することになろう。ヘーゲルがみごとに言い表わしているように、意識のふくろうが飛び立つとき、了解以外のなにものもすでに遅すぎるのである。もちろん実際には、そうした孤立は存在しない。だが私たちの生活形式についての自己意識の範囲は、ほぼ私たちの偏狭性の関数だと思われる。私たちがいつも偏狭であるほかはない点がひとつある。つまり未来についてである。先行する人たちやその当時の人々との対照を通じて、私たちは自分たちの時代について多くのことに気付くが、なお多くのことが隠されたままであり、これらはのちの時代との対照という私たちには不可能な比較によってはじめて明らかになるだろう。

すでに消えてしまい、世界構造のうちにもはや場所をもたない生活形式を私たちは生きることはできないが、時としてそれを生きた人たち以上にその生の内実について知ることができる。そしてここに、たぶん他我の現象との間に立てられる最後のアナロジーがある。すなわちある時代の人々の側から、その時代の内部に接近する特権的な道は存在しないのである。時代の内部への接近は、先のアナロジーを遵奉するバークリー主義者が考えているように、なんらかの反省行為によっては到達されず、他の時代、他の生活形式についての知識によって屈折されて開かれる。生の十全な内実は、この屈折を通じてのみとらえられるのであるが、これは私たちには阻まれている。というのも私たちは未来についていささかも知識をもたないからである。私たちが古代ギリシャ人の未来について知っている分量は、彼らと私たちとの間に横たわる歴史の長さにほかならない。そして彼らの生活形式が私たちとまったくちがうかぎり、彼らの生活形式について了解を行使することは禁じられているが、逆説的にも私たちは、まさにそれゆえ、彼ら以上にその生活形式についてのよりよい理解を手にするのである。同じ時代について語るとき、私にとっての時代と、他者にとっての時代との間に不整合があろうとも、他者にとってなんら不利ということはない。時代のうちに生きているということは、時代を規定する生の内実を理解するのに、必ずしも有利な立場にいるということではない。現在はその形式を未来から得る。だがその形式を得たときすでに、それは過去なのである。

第十三章　方法論的個体主義

私はこれまで、時間の言語と言うべきもののいくつかの論理的特徴を強調することで、実在論的歴史哲学に反する事例を立証してきた。この過程で、実在論的歴史哲学の野望を規定しているものが、本来的には歴史の記述様式が応用されるべき領域を不当に超えて拡大されている点にあることを示し、私たちの歴史の概念を明確にしようと試みてきた。こうして私は、ややもすれば交差しがちだが交差することのできない境界線を引こうとしてきたのである。歴史の分析と実在論的歴史哲学の分析は、概して言えばカントの『純粋理性批判』における「超越論的分析」と「超越論的弁証論」のように独立している。というのも弁証論は、理性が分析論で特徴づけられた悟性の諸形式を拡大し、それらが適用される経験という領域を超えようとするとき、理性をみまう不幸な運命を呈示しているからである。批判哲学の構想として、私の議論を理解してほしいと思う。

こうした事柄について、その議論が不十分であったとしても、これ以上つけ加えることはなにもない。だが本書を終えるにさいして、実在論的歴史哲学にしばしば向けられるもうひとつの非難を手短に検討したいと思う。それはすなわち、実在論的歴史哲学の言う、歴史は人間のつくるものではなく、歴史の動因は超人間的もしくは超有機的な存在だという見解に対してである。私はこの見解が非難にはあたらないと言いたいのではなく、むしろこの罪は哲学的な罪ではないと言いたいのである。かりに哲学的な歴史家がそうした存在を認めるとしても、彼らは間違っているとも言えるし、間違っていないとも言える。ただこの誤りは、事実的、経験的なものであり、概念的、哲学的なものではない。しかしこのことを示すためには、詳細な概念的分析が必要である。というのもここでの問題は極端に錯綜しており、議論は存在論、意味論、方法論、言語にわたる論題からなるが、これらはたがいにきわめて類似しており、類別のために時間をとるほどの情熱を容易にあてにできないからである。私はここでこのことに努力してみようと思う。この途上で歴史文の正確な分析にさらになんらかの寄与があることを期待している。

歴史文ということで、私が意味しているのは、過去についてのなんらかの事実を述べる文である。歴史叙述は主として歴史文から成り、歴史叙述を構成している大多数の文が、文法的主語として、固有名詞（たとえば「フレデリック五世」）、現実に存在した個人の限定的な記述（たとえば「一六一八年のパラティーヌ選帝侯」）を用いていることで、歴史叙述は特徴づけられる。だがこれらの言語的特徴のいずれも、歴史叙述の十分な特徴づけをもたらすものではない。歴史文は歴史叙述のなかにだけ生じるものではなく、たぶん歴史文をまったく含まない歴史叙述があるとは（論理的には）想像できないが、一方歴史叙述においてそれを構成している歴史文が、現実に存在した個人を直接指示する表現を、まったく用いていないような場合は、考えられなくはない。事実どの文もそうした表現を用いているような歴史叙述を想像するほうが、むしろよほど困難であろう。

個々人だけが、歴史文の主語で直接指示される個体なのではない。さらにさしあたり個人を部分として含むと特徴づけられる個体、すなわち社会的個体と言うべきものがある。社会的個体の例は、社会階級（一六一八年のドイツのブルジョアジー）、国家集団（バイエルン王国）、宗教組織（プロテスタント教会）、大規模な出来事（三十年戦争）、大規模な社会運動（反宗教改革）等々である。社会的個体は、歴史文の主語が指示する個人以外の唯一の個体なのではないし、これらふたつの個体指示的な歴史文が、歴史文の全クラスをなすのでもない。だがこの二種の文についてだけ、ここで私は問題にしようと思う。

支障なくコミュニケーションを行うという点で、いずれの文も容易には歴史家の言語から排除しえないことは、一般に認められることだと思う。たとえば「三十年戦争は一六一八年に始まった」と言えば、すっきりわかりやすく伝えられる知識を、個人のみを直接指示する文だけを用いて、歴史家がどのようにして伝えうるのかは、理解し難い。だがコミュニケーションの問題や物語の経済性への配慮があるにもかかわらず、社会的個体を指示する文に、ある不信を表明してきた哲学者や歴史家がいる――この不信の源は、社会的個体そのものへの不信に根ざしている。これらの思想家が、社会は個人、ならびに超個人からなると認めたがらないのは、無理もない。ここで言う超個人とは、人間を部分として含むが、部分である人間とまったく同一というのではなく、いわば自ら自身の生を営んでいるものである。ある意味でこれらの思想家たちは、社会は個人だけから成っており、個人を部分として含みさらにそれ自体が社会の究極的な構成要素であるようなものはなにもないと言っているように思われる。一見して問われているのは、存在論的な問いである。哲学者J・W・N・ワトキンスは次のように述べている。

社会の究極的な構成要素とは個人であり、彼らは情況の理解に応じて多かれ少なかれ適切な行動をとる。複雑な社会情況、制度、出来事の一切は、個人ならびにその気質や信念、さらには物理的手段、環境の特殊な配列の結果である。[1]

歴史家H・I・マルー教授は、その他の点に関しては、地上にも天上にも哲学が夢想している以上のものがある、と倦むことなく述べているが、彼はまた次のように述べている。

現実に存在するのは、文明の働きでもシステムでも超システムでもなく、人間であり、

ただひとつ真の有機体は、経験によって確かめうる個人である。(2)

ここでの「文明」という語の使い方は、確実に論争的なものであり、トインビー教授の有名な、文明は自らの生を営んでおり、さらに歴史研究の最小単位を構成するというテーゼへの反論のように受けとれる。事実マルーは、歴史における超人間的存在を拒否すると言っている。

現代のいくつかの著作に目を通すと、歴史の行為者はたんに人間だけではなく、古代都市国家、フロイト主義、資本主義的ブルジョアジー、革命的プロレタリアート等の存在でもあるという印象を受ける。だがそれは言い過ぎである。(3)

またワトキンスは、「超人間的な作用因や要因が歴史に働いているはずだ」――たとえば「経済生活には長期周波があり、それは自己推進力をもつと同時に人間の活動によっては制御することも説明することもできない」――という考え方を全般的に排撃し、「人間は……歴史における唯一の動因だ」(4)と主張する。

これらの文中での彼らの態度は、本質的に一致しており、立場に差異を立てることは衒学的にすぎると思われるにちがいない。だが私には、彼らは実は異なった、しかもたぶん独立した見解を主張しているように思える。マルー教授の見解は、明らかに存在論における主張のように見える。彼が主張しているのは、社会においては個人だけが実在であり、超個人的なものや社会的個体はそうではないということである。「xは実在する」を適用できるかどうかのマルーの規準は、明らかに認識論的である。つまり私たちがxを経験し、しかもそのかぎりにおいてのみ「xは実在する」。それに対しワトキンスは、存在論的主張を擁護してもよいし、しなくてもよい。ワトキンスが言っているのはただ、人間が社会の究極的な構成要素だということであって、究極的とは文脈上、人間が社会の唯一の動因だという意味にほかならない。個人が社会の唯一の動因であるという主張からは、個人が唯一の社会成員であることは導かれはせず、ただ他のどのような社会成員も動因たりえないということが導かれるにすぎない。それゆえワトキンスは、マルーの存在論的主張を付帯的に承認するか否かにかかわらず、現実には説明についてのテーゼにかかわっている。彼の言わんとするのは、かりに実際社会的個体のようなものがあるとして、その挙動は他の社会的個体との関連からではなく、最終的にはただ個人の行動との関連でのみ説明されるべきだということである。これが、歴史における唯一の因果的作用因は人間である（と彼が主張する）ゆえんである。

さらに以下に見るように、ここで強調しておいたほうがよい別の差異がある。両者の見解はいずれも、第三に考えられる主張、すなわち社会的個体を見かけ上指示する文は、個人のみを指示する文に「還元可能」であるという主張に似かよっているが、重要なのは、両者のいずれもこうした還元主義のプログラムを主張しているのではないことである。目下哲学の議論でなされているのは、次のような手続きである。かりに対象Oを直示的に指示する用語Tを用いる文の集合{S}と、対象oを直示的に指示する用語tを用いる文の集合{s}がある場合、{S}のすべての文章……T……を、{s}のひとつあるいは複数個の文章……t……で代替することができるなら、存在論において、私たちは対象oを認めるだけでよい。こうしたプログラムが実際成功するとしても、もとより対象Oが存在しないということにはならず、そうした対象があると想定する必要はないということになるだけである。ワトキンスもマルーも、社会的個体を直示的に指示する文はこの意味で、あるいは他のどのような意味でも、歴史家の言語から削除しうると言っているのではない。実際マルー教授がたとえ断固として社会的個体を拒絶しようとも、なお彼は、この種の文が歴史叙述において不可欠の役割を果たしていると感じているように思われる。少なくともマルーにとっては、この役割とは、社会的個体についての事実を表現することではなく、たぶんそれよりも直接個人にかかわる文では、すぐには表現しようのない個人についての事実を――こうした事実がそもそもそれらの文によって表現可能であるとすればだが、別の様式で表現することである。

ここで私は、最終的に社会的個体の概念をどう分析するかはおくとして、歴史家が社会的個体についての事実を述べていると思われる具体例を挙げるのがよいかと思う。この例では歴史家は、ひとつの変化を説明しようとするが、この変化には明らかに膨大な数の個人がなんらかのかたちで含まれているものの、それらの人々はおおむねその変化には気付いていない。この変化は「意識されぬまま」生じ、およそ十七年たって終わった。[5] これは「(三十年戦争が)もっていたあらゆる精神的意味」の喪失というように記述される変化である。ここで個人がどのように指示されているかに注目するのは、ことに示唆的であることがわかろう。ウェッジウッドは、以下のように変化の背景を記述している。

自然科学への関心が嵩じるにつれて、思想界に新たな哲学が登場した。その一方で教会が国家の指導者としての権威を失墜するという、宗教の悲劇的な結果が生じたのである。これは大衆の信仰が薄らいだというのではない。教養があり、思慮深い人々の間でさえ、信仰は確固たる支持をえていた。だが信仰はより個人的になり、本質的には個人と創造者の間の問題と化したのである……

必然的に宗教の力は公的な生活から姿を消し、宗教は個人の内面のなかに実を結びはじめた。そして聖職者や牧師は、国家に見捨てられ、哲学と科学に抗して負け戦さをいどんだ。ドイツでは不毛であったものの、新たな夜明けがヨーロッパにきざし、イタリアから発してフランス、イギリス、北方をおおった。デカルト、ホッブスはすでに著作活動を開始していたし、ガリレオ、ケプラー、ハーヴィーの発見は、一般的知識の一部として受け容れられ、その位置を確立していた。いたるところで理性へのへつらいが、従属的な魂の衝動にとってかわった。

そもそもそれはへつらいでしかなかった。新たな知識の価値を認めていた少数の教養ある人たちがまきちらしたのは、知識の影にすぎなかった。かつての信仰上の信念にとってかわる新たな感情的衝動が見いだされなければならなかった。つまり愛国的感情が、この空隙を満たすべく沸き上がったのである。

絶対主義者とその政治原理は、宗教的支持を失い、かわってナショナリズムの支持を得た。これはのちに戦争が拡大していくことの鍵になっている。プロテスタントとカトリックということばがしだいに活力を失い、ドイツ人、フランス人、スウェーデン人という語が脅威を強めていった。ハプスブルク家とその敵との抗争は、ふたつの宗教の抗争ではなくなり、力の均衡のための国家の争いとなった。(6)

ウェッジウッドはここで、簡潔にしかもしっかりした筆致で、三十年戦争が宗教的抗争から政治的抗争へと移行した過程を、記述し説明している。彼女が個人に言及する場合、それは主としてこの変化を例証するためか、変化が実際に起こった証拠をあげるためである。いわば歴史の流れを徐々に知ろうとするのである。こうしたいくつかの例がある。

> ザクセンの老いたる皇帝や、ブランデンブルク、バイエルンの選帝侯、スウェーデン王、宰相リシュリューは……なおも自らの方針を固持した。だが彼らのまわりの人々はみな、新しい世代の将校と政治家に変わりつつあった。戦争で育った彼らは、親たちには無縁の、理想に対する警戒心や冷笑や侮蔑を培い特徴として身につけていた。[7]
>
> ボヘミア王フリードリッヒが王位を失ったのは、重臣の意に反してカルヴァン派の牧師にしたがったためである。皇太子ルパートは、宗教的にも道徳的にもカルヴァン派であったが、イギリスでは長老教会派と独立教会派に抗して闘った。というのも宗教は、彼にとっては同世代の人々と同様、他の誰でもない自ら自身のものだったからである。[8]

さまざまな個人が特定の記述のために選択され、さらに彼らについての事実が選び出されて、相互に対比されている。それはこうした人々が本質的に関心をひくからではなく――事実彼らはまったく固有の関心を呼ばないが――むしろ彼らが歴史的重要性をもっているからである。そこで明らかになるのは、ほぼ同じ社会的地位にある個々人の態度や行動に、大きな変化が生じたという点である。次の例を考えてみよう。ホワイト・ヒルで兵士があげた鬨の声は、「サンタ・マリア!」だった。のちにネルトリンゲンであがった鬨の声は、「スペイン万歳」であった。たとえこれらのふたつの戦いを目撃した人がいるにしろ、これらの叫びの意味を理解することは、まずできなかっただろう。というのもこれらの叫びを対比することに意義があり、これらは「知らないうちにたちまち、十字架が旗に敗北した」というしるしをそこに読み取る歴史家にとって重要なのである。

これらの変化のどんなにわずかなものも、誰にも意図されてはいなかったと考えてほぼ間違いないだろう。人は自らの目的を追い、自らの情況に対する見方に応じて行動するが、自分の行っていることの「意義」に気付いてはいなかった。さらにここで述べられた変化は、この変化を体験したどのような個人の伝記にも再現されはしなかっただろう。ライプニッツの頃までさかのぼる事例を用いると、青い粉ののった皿に黄色い粉を加えるというからくりで、色を変化させることができる。皿の内容物は、個々の粒子の色を変化させることなく、青から緑に変わる。たとえ特定の個々人が実際変化したとしても、このことだけから厳然と生じた変化の範囲をひきだすことはできないであろう。たとえこの時期に生きた個人のすべての完全な伝記を手にしたとしても、この種の変化が起きたことを推論するためには、さらに注意深い比較と対比をしなければならない。このことをあからさまに言うなら、変化は個人においてではなく、社会において生じたのである。

ここで記述されているこの時期に生じた出来事は、ワトキンスが「有機的な社会行動」と呼んだもののかなり明確な例であるように思える。それは次のようなものである。

社会システム（相互に干渉し影響をおよぼし合う活動を行う個人の集合）の成員は、システムの平衡、保存、発展をもたらすよう、上からはなんの指示もうけず、他者によってつくり出された情況に順応するのである。(9)

ワトキンスはさらに次のように述べる。

こうした広範囲の有機的行動は、空間的にはかけ離れ、相互にほとんど見も知らない人々を含んでいて、観察は不可能である。それは理論的に再構成されるにすぎず——繰り返し現れる情況に対して、大多数の人々が示す一般的な反応から、わずかの社会的帰結がひきだされるのみである。

ウェッジウッドの記述は、さまざまな理由からこのことの事例になっている。だがさしあたり私が注意を向けたいのは、彼女が注意を促している社会的変化自体は、観察可能でないという事実である。観察されうるものは——過去についての言明を観察によって検証するという問題は当面おくとして——事実上すべて個人の行動である。だがにもかかわらずこの行動は、変容過程にある社会システムに関連させて、評価し理解すべきであって、したがってシステムそのものが変容しつつあるという事実の証拠としてとらえられるべきである。ウェッジウッドの記述を個人についてのものだと考え、そうした人々の行動についての言明が、変容する社会システムの言明を検証するのに用いられる唯一の証拠だとみなすとすれば、まず受け容れがたいほどの徹底的な検証主義に殉ずるほかはない。

このことを念頭において、前に示唆しておいたワトキンスとマルーの立場の差異をさらに明らかにすることにしよう。私たちは社会システムそのものを観察することはできず、個人の集合体の行動を観察しうるだけだという主張は、マルーの規準によれば、社会システムそのものは「実在」ではないということを含意するはずである。にもかかわらず、社会システムの概念は個人の行動を説明するために必要だという意味において、マルーは社会システムの理論的使用を認めている。この主張を一貫させれば、マルーは電磁場も「実在」ではなく、場の理論を用いたとしても、場は物理的世界の一部とはみなせないと論ずると思われる。場は社会システムと同様、「抽象」であろう。

記録された資料の吟味にさいして、たとえこの種の歴史的現象が、社会―文化的抽象によって説明されうることが示されようと、歴史家は常に次のことを忘れないように自戒しなければならない。つまり（精神が現実の多層性をとらえるただひとつの手段であるにしろ）、社会―文化的抽象は、精神の構成物であるにすぎない。――それにもかかわらずこの抽象が正当なものと認められるのは、明らかに特定の応用領域の範囲内においてである。だが結局のところここで問題になっているのは、抽象であり、導出された産物であって、現実そのものでも、超現実的なものの産物――信仰からいつも遠ざけることができるとみなされている――でもない(10)。

これに対してワトキンスは、社会は個人に加えて（これはいずれにしろ「究極的構成要素」であろうが）、擬似有機的な行動をとる社会システムを含んでいることを進んで認めるように思える。事実ワトキンスはまさにこのような事柄の説明にたずさわっているが、だがマルー教授とは正反対に――これが彼の主たる論点なのだが――他の事実を説明するために社会システムにかかわる事実をもちだす必要は、最終的にはまったくないと考えている。この種の言及を行う理論を、彼は「中途半端な理論」と名付けている。そしてこれらは、「最基層の説明」と対置される。

個々人の性向、信念、手段、内的連関についての言明から、大規模な社会現象に関する記述を演繹しえたときはじめて、そうした社会現象の最基層の説明に到達するのである。[11]

ここで端的に示されているように、大規模な社会現象について語るさい、私たちはただ個人や、その信念、性向、手段、内的連関について語っているのではないとワトキンスは考えている。というのも、そうでないなら「中途半端な」説明と「最基層の」説明との区別が崩壊するからである。

さてここで私は、ワトキンスが「方法論的個体主義[12]」と名付けた彼自身の立場に、批判的にかかわってみることにしよう。それはこうした議論に照らしたとき、マルー教授の議論が最もよく吟味され評価されると思えるからである。

まず最初に強調すべきことは、方法論的個体主義とは密接に関連するが、丹念に分離されねばならない多数の主張があることである。方法論的個体主義ではないいくつかの事柄がある。

(1) 方法論的個体主義は意味論ではない。社会現象に関するあらゆる言明が、「現実に」

あるいは「究極的に」個人についての言明であるという主張がなされているのではない。方法論的個体主義はまた、名目上社会的個体に当てはまるすべての述語が、個人におよぶ述語によって明示的に定義されうることを証明しようと企てるものでもない。したがってそれは、ひとつの分析理論、つまり社会的個体の文が個人についての文に、少なくとも原理上意味を損なわずに翻訳可能になるような理論ではない。そうではなくて、方法論的個体主義が必要とするのは、これら二種類の文にある種の関係が存在する、ということである。たとえば観察を通じて個人についての文を検証するだけで、もしかしたら私たちは社会システムについての文を確証しうるかもしれない。だがそれは、社会的個体についての文が、実際には観察によって確証がえられるものについての文だという意味ではない。方法論的個体主義者は。必ずしも意味の検証規準にかかわっているのではない。実際のちに明らかになるように、これら二種類の文は、別個の意味をもち堅持しているという点が重要なのである。そうすると一般に、社会的個体（あるいはいずれにしろ社会現象として理解されるもの）についての文が、「還元不可能」であることを証明することは見当違いであろう。

(2)　方法論的個体主義が分析理論でないとすれば、それは構成的理論でもない。それはラッセルの有名な主張、つまり推論された対象は経済性という観点から、常に論理的構成体で代替されねばならないという主張にしたがうものではない。ラッセルが星や机は感覚所与からの論理的構成体だと述べていたのと同じように、それは社会が個人からの論理的構成体だと主張するのではない。方法論的個体主義者は、共同体世界の論理的構成を追求するものではない。論理的構成のプログラムは、分析的プログラムと同様、哲学的興味をそそり知的関心を呼ぶものであって、たぶん重要でもあろうが、方法論的個体主義の存続は、このプログラムの可能性に支えられているのではない。またこのプログラムが破綻しても、方法論的個体主義者には、皮相な関心を呼ぶにすぎない。ワトキンスが構成体について語る場合には、形而上学的理論ではなく、科学的な理論の構成を念頭に置いている。そしてその目的は社会システムを抹消することではなく、それを説明するためである。事実こうした理論は、個人に関する文を基礎としているが、私たちは理論の基礎とそれ以外の部分とを区別しなければならない。自明のことだが、基礎の概念は、この基礎とは区別される別のものがなにもないなら、一切の意味を失う。基礎はなにかの基礎であり、建築物はすべてが土台であることはできないのである。

(3) 方法論的個体主義は、ひとり人間のみが社会における存在だとする存在論ではない。社会や社会的個体が存在するためにはまず個々の人間が必要なのであって、かりに個人が存在しないなら社会的個体も存在しないと考える人もあるかもしれない。だが明らかに、なにかが偶然的に存在するとすれば、それはやはり存在するのである。方法論的個体主義者は形而上学的な一元論に起因するものではなく、彼らが論敵と繰り広げる論争は、心象は頭のなかにあると主張する人々とそれを否定する人々との論争と同じものではない。方法論的個体主義者は勇ましい二元論者に近い。その立場は、心象（心的出来事一般）は脳内の作用（物理的出来事一般）と区別されるとしながらも、前者は後者に因果的に結びついており後者を介することによってのみ説明できると主張する副現象説に似かよったものである。

(4) したがって方法論的個体主義者は、さまざまな社会システムの特質にかかわる一般法則的な文の存在もしくは存在の可能性をはじめから否定するものではない。またこうした法則がかりに見つかったとしても、それが個人の行動を記述する唯一の法則であると主張するのでもない。方法論的個体主義者は私がすでに示したように、このような法則は個人についての文を検証することを通じてはじめて確証されると述べるであろう。とは言えそれは問題となっている法則が、社会的個体の総体的行動を記述するものではないということではない。

こうしてみると方法論的個体主義は、多くの興味深いおもしろい立場と似ていそうに思われるが、その実それらとはなんの関係もないことがわかる。ごくかいつまんで言えば、方法論的個体主義の主張は以下の五点であると考えられる。(a)社会的個体についての文は、個人についての文と論理的に独立している。(b)社会的個体は個人とは存在論的に区別される。(c)社会的個体は個人の行動に因果的に依存しているのであって、その逆ではない。(d)

社会的個体の行動についての説明は、もっぱら個人の行動にもとづいてなされるのでなければ、根本的なものとして受け容れることはできない。(e)個人の行動の説明は、社会的個体の行動という観点に立ってなされてはならない。ここで(a)は意味に関するテーゼ、(b)、(c)は世界についてのテーゼ、(d)、(e)は社会科学の理念型についてのテーゼである。

さてこの方法論的個体主義に対立する通常の方法論を、方法論的社会主義と呼ぶことにしよう。ここでもまた(1)—(4)と同じように、方法論的社会主義に似ているものの明確に区別される諸見解が考えられる。そこで個人についての文は社会的個体についての文に翻訳できるとか、社会的個体こそが実在するのであって個人があるのではないといった主張も生じてくる。ヘーゲルはこうした見解に与していたように思える。だが主論からいたずらにそれるのは慎んで、方法論的社会主義を次のようにして特徴づけてみよう。前段の(a)から(e)のテーゼのなかの「個人」をすべて「社会的個体」に置きかえ、「社会的個体」を「個人」に置きかえてみる。こうしてできた(a)—(e)の文章が方法論的社会主義を特徴づけることになる。さて(a)と(b)は置きかえによっても影響を受けないことに着目すれば、方法論的個体主義と方法論的社会主義の立場の争点は、(c)、(d)、(e)ということになる、そして個体主義者はどういう意味で言うにせよ、社会の究極は個人であるとし、社会主義者は社会的個体が社会の究極だと述べるであろう。

方法論的社会主義の特性を満たす理論の最たる例がマルクス主義だとしても驚くにはあ

たらない。そしてポパーやワトキンスといった方法論者個体主義者の主たる標的になっていたのもマルクス主義なのである。ここで必要なのは、双方の方法論を奉ずる人々がこうした事態をどう説明するかを見てみることであり、その結果私がふたつの見解に与えた特徴づけが簡潔に示されることになろう。さてマルクス主義のうちで方法論的社会主義を具現しているのは、史的唯物論として知られているマルクス理論である。マルクスの理念によれば（そして彼はそれを示しえたと考えていたが）社会過程や少なくともいくつかの心理過程の相互作用の回路は一方向的であり、それゆえ私たちがなにを考えどう行動するかは、支配的生産体系に対置される私たちの関係を介して説明されねばならない。そしてなにが生産体系自体を変化させるにせよ、個人の行動の成果がそうするのではない。ごく大ざっぱにまとめればこうなる。生産体系に関する事実は、他の生産体系に関する事実によって説明される。個人に関する事実は生産体系に関する事実によって説明される。だが生産体系にかかわる事実を個人の行動に関する事実によって説明することは一切ない。そして最後に、個人の行動に関する事実を別の個人の行動に関する事実によって説明することもありえない。

社会的個体にかかわる事実をSで表わし、個人の心理についての事実をPで表わせば、この立論は次のような図式で示すことができる。

(A)

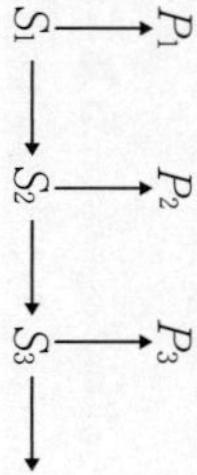

ここで矢印は因果関係の方向を示しており、二点間に矢印がない場合は因果的な結びつきがないことを意味している。

一方、方法論的個体主義の諸条件を満たす理論を図式化すると次のようになる（記号は前に同じ）。

(B)

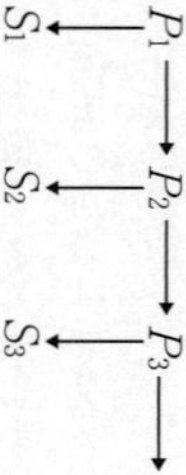

さて方法論的社会主義は、次のような形の暫定的な折束理論を黙認するだろう。

(C)　P_1……　P_2……　P_3……

ここで破線は単なる表面的な因果関係のつながりを示している。同じく方法論的個体主義は次のような暫定理論を認めるであろう。

(D)　S_1……　S_2……　S_3……

重要なのは、マルクス主義は方法論的社会主義を満たしうる理論の一例にすぎず、また(B)も方法論的個体主義を満たす理論の例にすぎないという点である。したがって方法論的個体主義は、社会的個体に関する事実は個人の心理的事実によって説明されるという別個の理論にいささかも拘束されるものではない。言うなれば心理主義は、方法論的個体主義の規準を満たす理論の特殊な例にすぎないのである[13]。だがこのような理由だけで心理主義が正しいとは、どんな果敢な個体主義者ですら言うはずもなく、せいぜいその理論は受け容れられると述べるにとどまるであろう。

私たちの当面する問題は、方法論的個体主義と方法論的社会主義のいずれかを選択する十分な理由があるかどうかという点である。私はここでモーリス・マンデルボーム[14]教授の大変おもしろい議論を検討してみたいと思う。この議論は私の理解が正しいとすれば、方法論的個体主義を否定する、少なくとも普遍的な方法論的プログラムとしては否定する十分な根拠をあげるべく意図されたものである。マンデルボーム教授は、「心理的な事実と同じほど究極的で」「特定の個人の思考や行動に残らず還元しきることはできない」[15]ものを「社会的事実」と名付け、その存在と自律性を論証しようとした。社会的事実とは「社会に現存する組織形態に関する事実である」[16]。彼は心理的事実と社会的事実の関係について多くのことを述べているが、主要なテーゼだと思われる四つの主張を次に掲げておこう。

(i) 社会的事実についての文を心理的事実についての文に翻訳すると、社会的残余が必ず残る[17]。

(ii) 社会的事実についての文は、部分的に個人的事実の文に翻訳されねばならない(必要である)。なぜなら「もしそうしなければ、社会的事実についてなされる言明を検証する手立てがないからである」[18]。

(iii) 社会的事実はそれ自身の存在を「思考、行動の能力をもつ人間の存在に」依っているかもしれない。だがそれは、社会的諸事実がその存在の条件となっている諸事実と同一であることを含意しているのではない[19]。

(iv) 社会的事実が存在するということは、個人的事実が存在しないとか個人は「実在」でないということを含意しているのではない。むしろふたつの別個の事実群が「相互作用している」と言えよう。かくして「個人に外的制約を行使する社会的事実があり、また同様にこうした制約に往々にして衝突する個人の意志に関する事実がある[20]」。

ここには私が方法論的個体主義として特徴づけたことと矛盾することはほとんどなく、せいぜい方法論的個体主義に類似すると思われる事柄との矛盾があるにすぎないことは明らかであろう。唯一の矛盾点はテーゼ(iv)にあるが、ここでは明らかに両方向の相互作用が目指されているために(C)と両立せず、しかもマンデルボームの議論に光彩を与えている以下のテーゼとも両立しない。

(v) 個人の行動を理解し説明するとき、しばしば社会的事実、すなわち個人の生きる社会の組織についての事実に言及しなければならない[21]。

(v)に対するマンデルボームの論証を詳しくみてみよう。それはふたつの部分、すなわち非形式的(ウィトゲンシュタイン的)部分と形式的(非ウィトゲンシュタイン的)部分とから構成されている。非形式的部分とは次のようなものである。私たちの文化に属している人が銀行員に預金払戻票を渡しているとき、その人が行っているのはどういうことかをその文化を知らない人に教える場合、銀行組織の業務システムで預金払戻票が果たす機能について途中必ず説明せねばならない。銀行組織についての言及は事実上、社会的事実への言及であるから、その文化を知らない人になにをしているか説明するさい、不可避的に社会的事実についての言及を説明に取り入れることになる。ではここで説明という語がどのように使われているかに注意してみよう。それはある人にその人が理解していないことを説明する、という意味で用いられている。これは教師が授業で説明したり、単語の意味を説明するのと同じ意味である。マンデルボームの例で言えば、私たちの文化ではあたりまえだと考えられていて、銀行業務にたずさわる場合には決まりきった仕方で行われることを教師は明示化しようとしていることになる。

次に論証の形式的部分は、本質的には翻訳可能性のテーゼ(i)に等しい。ここでマンデルボームが述べているのは次のような事柄である。*Ls*、*Li*というふたつの言語を想定し、*Ls*は「制度」、「習俗」、「イデオロギー」、「身分」、「階級」といった社会的事実を示す用語のみを含む言語とし、*Li*は個人の思考、行為、能力を記述する用語だけを含むと仮定する。マンデルボームはそこで文を*Ls*から*Li*に「残りなく」翻訳することはできないと主張する。もっともマンデルボームはこの点を確信しきっているのではない。こうした翻訳は最終的に理論上は可能性があるが、ただ実行が途方もなく困難なのであって、しかも科学的関心をひかないとさえ述べている(22)。だが彼が認めているのは社会概念がいかに分析されるかということではなくて、個人の行動がどう説明されるかということのほうなのだから、再び論証の非形式的部分へと私たちはひき戻される。

この二言語のテーゼには混乱があるように思われる。マンデルボーム自身は、そこには実際上の問題があるだけで原理的な事柄は含まれておらず哲学的重要性もないと譲歩しているが、それでもこのことについてはいくつか述べておくに値する。実のところもし翻訳が不可能だとするなら、可能な場合より彼の立場はずっと不利になる。なぜなら*Ls*を用いて社会的事実を語り*Li*によって個人について語るとして、彼が望んでいるのは社会的事実にかかわる個人についての語り方だからである。したがってここでは次のようなことが必要になると思う。個人の思考や行為を指示する語のうち、ある語はなにかの社会的事実についての事柄を前提としており、またある語はこうした前提を含まないということである。私としては後者のような語が実際あるかどうか知るかぎりではないが、あるものと仮定しておこう。さて語を個人に正しく適用したとき、それが社会組織についての事実を前提としているような語を*S*-述語と呼び、個人に正しく適用してもそうした前提をもたない語を*I*-述語と呼ぶことにする。*S*-述語を用いている文を*S*-文とし、*I*-述語のみ（つまり非論理的用語として）を用いる文を*I*-文とする。

（S1）銀行窓口係は預金払戻票を認証する。

（S2）男は紙切れにしるしをつける。

これらは各々S‐文とI‐文の例である。だが、

（S3） 男は預金払戻票を認証する。

はI‐述語だけではなくS‐述語も用いているので、S‐文である。

三つの文はすべて同一の出来事を記述するために用いることができる。さらに（S1）と（S3）は私たちの社会の組織についての事実を前提とするが、（S2）は前提としないと言ってよい。トロブリアンド島の住民はこうした事実について教わらなくとも、（S2）を理解することができよう。I‐述語は超文化的だとすら言える。いかなる語であれ、特定の社会の特異な組織に関する事実にふれなくても意味を伝えられる語はおのずからI‐語群に属している。そこでマンデルボームのテーゼを再構成するとこうなる。すなわちS‐文を残りなくI‐文もしくは複数個のI‐文に翻訳することはできない。問題は「残りなく」をどう解釈するかという点にある。私はそれをマンデルボームの意図に沿うだけでなく、彼のテーゼに対する私の修正案を証明できるような仕方で解釈したいと思う。

次のような用語の一覧を考えてみよう。上段のS‐用語は下段のI‐用語に対応しており、用語はそれぞれ右から、個人、行為、物体を指し示している。

銀行窓口係　　男
認証する　　しるしをつける
預金払戻票　　紙切れ

上下の対応する語の間には、相互の限定的関係はまったくない。ある人が銀行窓口係であることがわかっていてもそれだけでその人が男だと推論することはできないし、逆もまたそうである。銀行窓口係がすべて男であるわけもなく、すべての男が銀行窓口係でもない。紙切れは預金払戻票とはかぎらないし、たとえすべての預金払戻票がたまたま紙だったとしても、プラスチックの預金払戻票の導入を決定した銀行に、なんら論理的困難をきたすわけではない。さらにはなにかにしるしをつけなくても預金払戻票を認証することはできるし（銀行窓口係が一言、「結構です」と言うだけ）、またしるしをつければそれがなにかを認証するとはかぎらないのは明らかである（預金払戻票にしるしをつけたとしてもそうである。窓口係は「不可」と書くかもしれない）。したがって「……男……」を「……銀行窓口係……」の翻訳として呈示した場合、後の文が真でも前の文が偽であるというのはありそうなことである。翻訳に課せられる最小条件はふたつが等値だということなのだから、前者は後者の翻訳にはならないだろう。

だがこのような限定が成立している社会があるかもしれない。イギリス史の一時期には、男性だけが銀行窓口係になれたこともあったかもしれないのである。しかしこれもある組織上の特性によればこそであり、すなわち英国社会の一時的な特質にかかわる事実にもとづいてのことであろう。したがって翻訳は「この社会の銀行窓口係はすべて男性である」という文を前提にしてはじめて遂行される。そしてこの文は*S*‐文であろう。

それゆえ「残りなく」とはこういう意味だと思う。つまり他の*S*‐文を前提とせずに*S*‐文を*I*‐文に翻訳することはできない。これはおおむね正しい。よって翻訳により*I*‐文を選んで*S*‐文を削除しようと企てるものは誰も、自ら削除しようとしているまさにその文を許容するという根拠に立ってそうするしかない。ゆえにこうしたプログラムは本来自滅的なのであり、明らかに不可能である。

このような社会的事実を暗に指示することが、翻訳やさらには文化について外国人に教えるさいに前提とされているのであるが、より正確には私たちはこれらの社会的事実でなにを理解しようとしているのだろうか。それは規則や規範、「男性だけが銀行窓口係になれる」といった慣例だと思われる。これがマンデルボームのテーゼ(iv)を解釈する最も自然な方法であるように私は思うが、というのも人は規則にしたがって行動するよう定められているとか、こうした規則にいらだちそれを変えようとするなどと述べるのは自然なことだからである。かくして大銀行の銀行窓口係になりたいという野心をもつ女性がこのような規則にはばまれることもあり、それはいくぶんかは、個人と社会的事実の相互作用の一例とみなすことができよう。

ところがこのように理解すると、(iv)もしくは(v)がどうして方法論的個体主義と両立しないのかわかりにくい。規則があって人々はそれにしたがって行動し、またそれを変えたり阻まれたりすることを、方法論的個体主義は明らかに否定してはいない。(v)については、それが意味に関するテーゼにほかならないことが判明した。外国人にある行動を、こうした文脈で用いられる「説明」の意味そのものにおいて説明するよう求められた場合、私たちはなにか規則や規範、慣例について語らねばならないという点では、個体主義者とマンデルボームはよく一致している。さらにはさきに述べたカテゴリカルな意味において言えば、私たちは行為をある記述のもとで、規則や規範、慣例を指示しつつ理解するというところまで合意されよう。だがこれは方法論的個体主義者の関心をひく意味での「説明」ではない。彼は続けて、規則は常に破られるのだし、規則が破られてもそのことだけで規則が廃棄されたとみなされるのではないと指摘するであろう。通用している規則だけが破られるのである。だがつけ加えると、方法論的個体主義者の関心は法則、科学法則と同じ意味での法則にある。この法則が破られれば、それは「法則」が成り立たないことを証明し、それで終りである。個体主義者にとって問題なのは、前で述べた意味での規則があるかとか、規則に照らして行動を理解するかどうかという点ではない。むしろ問題は、社会的行動を包摂する法則があるのか、その法則は究極的なものなのか、そして社会科学において個人の行動を指示することによってのみ社会作用を説明できるかということにある。したがって厳密にとった場合でも、マンデルボームのテーゼは方法論的個体主義に両立するのみならず、方法論的個体主義の存続にかかわる問いとも無縁である。あたかもかかわっているかに見えたのは、結局「説明」という語の曖昧さによっていたのである。

方法論的個体主義者の願いは、当然ながら方法論的社会主義の論理的不可能性を立証することであり――もしこれが果たされれば、方法論的個体主義自体に論理的必然の名が冠せられるに等しいのである。ワトキンスの企ては史的唯物論の論理的不可能性を証明することであった。心理主義を論破することが方法論的個体主義の崩壊につながらないのと同様、史的唯物論の論破がすなわち方法論的社会主義の倒壊ではないのはたしかだが――心理主義も史的唯物も各々方法論の一例にすぎないのだから――とはいえワトキンスの論証を容易に一般的な立場に移行させられるのも事実である。この証明には以下の四つのテーゼが前提とされている。

(α) 社会的個体をおおう述語がある。
(β) 個人をおおう述語がある。

(γ) Eが現象eの十分な説明であるための必要条件は、eを記述する文が、前提の演繹的な帰結として示されることである。

(δ) 演繹的論証の帰結には、論証の前提にはない非論理的な語があってはならない。

さてここに、ある個人の行動eの説明Eがあるとする。これは被説明項、すなわちeを定式化するために用いられる文であり、個人をおおう述語のみを使用せねばならない。このような文をSとする。説明に最小限必要なのは、Sが前提からの演繹的帰結(γ)として示されること、ならびにこれらの前提のうちに、個人をおおう述語を少なくともひとつ含む文が最低ひとつなくてはならない(δ)ということである。したがって社会的個体をおおう述語のみを用いた文で作られている前提からは、Sを演繹することはできず、それゆえeを説明することはできない。ワトキンスはそれをこのように述べている。

社会の生産機構やその他非心理的な要素の記述からは、それがどんなに完全であろうとも、そこから心理的な帰結を一個たりとも演繹することはできない。なぜなら心理的な言明を、徹頭徹尾非心理的な言明から演繹することは、論理的に不可能だからである。(23)

さらにワトキンスはこうつけ加える。

> 社会現象を人間的要素に帰着させることから開始される説明は、これらの要素を超人間的な決定要因によって説明していくことはできない。これは必然的に真である。[24]

私はこれがテーゼ(α)―(δ)の必然的帰結であることに少しも異論はないが、必然的に真であるとは考えない。だが方法論的個体主義者にとって最大の難点となるのは、まったくそっくりの論証が方法論的個体主義の失敗を示すという点である。右の証明で「社会的個体をおおう述語」と「個人をおおう述語」とを逆にして置きかえれば、その論証は簡単に構成できる。つまり議論が我が身におよんでしまうのである。もしこの議論に説得力があり、方法論的社会主義の不可能性を必然的に導くなら、それはまた方法論的個体主義の不可能性をも含意する。この時点で最も賢明な方針をとるなら、もはや戦いの矛をおさめ、平和な哲学的共存をはかるべきかと思われる。

一方で、もしこれらふたつの方法論のいずれもが可能だと仮定すれば、両者の対立を別の点でとらえてみることができる。(α)―(δ)の四つのテーゼに概括的な修正を加えることとし、その上でふたつの方法論がいずれも可能なものとして受け容れられるためにはいったいなにが必要なのかを、さらに詳しく検討してみることにしよう。私は以下のような調整が必要だと思う。すなわち社会的個体の行動についてなされる方法論的個体主義の説明は、前提のなかに、社会的個体をおおう述語をひとつ以上含む文を、少なくともひとつもたなければならない。方法論的社会主義にとっても同様である。方法論的社会主義はその説明の前提に、個人をおおう述語を少なくともひとつ用いた文を、少なくともひとつ以上含んでいなければならない。以上の条件は満たしうるばかりでなく、これを満たすことによって、これまでの議論よりはるかにうまくふたつの方法論を表わすことができるように思われるのである。前提のなかに、次のような形式の法則的文が最小限ひとつあれば、この条件を満たすことができる。

$(L_1)\quad (x)(y)\ (Pix \supset Psy)$

$(L_2)\quad (y)(x)\ (Psy \supset Pix)$

ここでPiは個人をおおう述語であり、Psは社会的個体をおおう述語である。また前件は、後件で記述された事態のための初期条件を記述するものとして理解される。このとき(L_1)の形式の法則的文を前提に含む説明はすべて、その限りにおいて方法論的個体主義を満たすことになろう。なぜなら個人の行動についての事実が、社会的個体に関する事実の初期条件になるからである。まったく同じようにして、前提に(L_2)の形式の法則的文を含む説明は、そのかぎりにおいて方法論的社会主義を満たすであろう。付言すれば史的唯物論とは、支配的な生産体系に関する事実が、個人の心理的な事実の初期条件であるとする、(L_2)の形式の既知の法則が存在するという主張にほかならない。

さてこれらの法則的文に、より一般的な解釈を与えてみよう。ここでは端的に、前件の述語は、後件の述語とは別種の現象をおおうという規則を立てることができる。してみればこのような法則的文は、別種の現象間の因果関係を記述するものだと理解できよう。たとえば同じ一人の人間の思考能力と心理状態との間に因果関係が成り立つようにである——ただし「思考能力」と「心理状態」は別種の現象の例だと仮定してであるが。そしてこのような法則的文の成立によってはじめて、科学的な意味での還元を語ることができるのである。重要なのは、私たちが本質的に異なった種類の現象を扱う場合、通常の因果説明とは画然と区別された、還元についてのみ語っているということである。ある種の現象を、別の種類の現象に関連させて説明すること、これが還元の意味内実である。それは因果的還元であって、哲学的還元、すなわち所定の語が別のふさわしい語に翻訳可能だという構想とはもとより区別されねばならない。私はさきに、方法論的個体主義は哲学的還元についての主張ではなく、それはまた社会的個体をおおう述語の意味は個人をおおう述語によって表わせるという証明とも無縁であると述べておいた。私が言おうとしているのは、方法論的個体主義は科学的還元についての主張だということである。実際それが二種の還元主義のプログラムに同時にうまく合致することはないのであって、それというのも、科学的還元は別個の種類の現象を扱うことを明らかに前提としているからである。さもなくば定義を下すというただそれだけで、どんな還元も思いのままにできることだろう。さらに私は、方法論的社会主義もまた科学的還元についての主張であると指摘しておこう。そしてこのような解釈が正しいとすれば、方法論的個体主義とは、(L_1)形式の法則を用いた説明だけが、究極の「基底的な」説明として社会科学で容認されるという主張なのであり、そこでは(L_2)形式の法則や、それを用いた説明と称されるものなどはすべて排斥されるのである。これをちょうど逆転させたのが、方法論的社会主義の主張になろう。

両者の対立をこのように形式化してみると、方法論的個体主義と方法論的社会主義のいずれかを選択するに足る十分な理由があるのかどうか、再び問わねばなるまい。あらかじめ言っておけば、それを見いだすことは私にはできないのである。しかしながらこのように分析を行い、なぜ一方に決める十分な理由が見いだせないと述べるに至ったかについて、いささかなりともことばを費やしておいたほうがよいだろう。

科学における還元の概念は、エルンスト・ネーゲルによって詳細に分析されている。以下において私は、ネーゲルの分析が本質的には正しいと仮定し[25]、ここで私が概括しない議論については、彼の著作を参照していただきたいと思う。もとよりネーゲルは以下の見解になんら責任を負うものではない。

さてここで、社会の巨視的性質と微視的性質について考えてみることにしよう。ひとつのモデルとして個人が社会に対してとっている関係は、分子と気体との関係のようなものだと想定してみる。これは最終的には誤ったアナロジーであることが判明するが、さしあたりいくつかの問題を取り上げるにはこれを用いると都合が良い。気体の場合、私たちは次のような意味で還元と言う。気体の性質の相互の関係や組成は、分子の性質の関係や組成に照らして説明される、というようにである。たとえば気体の温度変化は、ランダム運動をしている分子の平均運動エネルギーの変化、つまり分子集合の力学的運動によって説明される。方法論的個体主義者がこのアナロジーを認めるかぎりにおいて、まったく同じ意味で還元を語っているように思われる。すなわち巨視的にとらえられた社会の性質の相互関係は、個人の相互関係、つまり「微視的」にとらえられた社会に照らして説明されるのである。

ところで十九世紀に熱力学が力学へと還元されるに先立って、科学者は当然ながら、熱力学の理論用語を気体に応用するための明確な規準を有していた。つまりこれらの用語で示される性質の変化を測定する実験手続きをもち、こうした性質の共変関係を正確に記述することを目指した法則的文を確証ないし反証する明確な方法を、当然もっていた。これらはすべて、還元がなされたあとも堅持され、あらゆる既存の熱力学の法則は保持されたのである。ここで成し遂げられたのは（ごく大筋だけ記せば）次のようになる。つまり熱力学で記述された気体の運動が、力学で記述される分子の運動によって説明されたということであり、したがってふたつの理論のうち力学のほうが「究極的で」、分子が気体の「究極的構成要素」であると、もし言いたければ言ってもよい。これは以下のように一般化できるだろう。現象P_1の運動を説明し予言する理論をT_1とし、現象P_2の運動を説明し予言する理論をT_2とする。このときT_2がT_1に還元されるなら、それはつまりP_2の運動をP_1によって説明し予言できるという意味においてなのであるが、T_1はT_2よりも究極的である。あるいはワトキンスの表現に立ち返れば、T_2はP_2にとって中途半端な理論であり、T_1こそがP_2に対する「基底的」な理論だとみなされる。これはもとより、P_2が「実在」でないとか、P_2についての文は「実はP_1について」のものだという意味ではない。

さてここに、熱力学に対比されるような社会理論があると仮定しよう。つまり巨視的に社会にかかわる理論である。「社会密度」や「文化的‐経済的弾性」といった用語がこの理論では使われ、「社会密度は、文化的‐経済的弾性の三乗に逆比例する」というような法則が十分確証されているものとする。こうした理論がかりにあるとすれば、方法論的個体主義者は、これらの性質の変化や共変関係を、個人の行動にかかわる理論によって究極的に説明しうると言うであろう。この理論へと、さきの巨視的社会理論は最終的に還元できるはずである。だがもとより科学的な意味での還元について語ろうとするなら、まずふたつの理論があるという点が必要である。方法論的個体主義とは、巨視的社会理論の希求に対する禁止令だという解釈も当然成り立つだろうが、もしそうだとすれば、「還元」や「究極的なものは個人である」というのはどういう意味なのかが、はなはだわかりにくなる。さらには個人の性質とはまったく異なった社会の性質が存在すると、方法論的個体主義者自らが認めているのであって、これらの社会の性質を説明せぬままに残しておけようか。方法論的個体主義の要点とはまさに、こうした性質のあらゆる関係および組成は、最終的に個人の行動に関連づけて説明しうるということにほかならない。したがってそのような性質の否定や禁止に固執するのは、方法論的個体主義者の自滅であることがおのずとわかろう。ワトキンスが方法論的個体主義を指して統制原理だと言い、その目的のひとつはある方向への探究を阻むことだと言うとき、彼は自らの方法論的プログラムの存続を、ほかならぬ阻止しようと企てている探究の成立に委ねるという、皮肉な立場に身を置いているのである。方法論的社会主義についても同じ論点を立てることで、この奇妙な弁証法を閉じることができる。

社会科学がすすみ、いつの日か方法論的社会主義の胸を躍らせる還元がなし遂げられたとしよう。個人の行動が、巨視的な社会の性質の大規模な変化によって、本当に説明されたのである！　その結果は、多くの点で気体の例を逆にしたものになるだろう。説明の方向――上から下へ――がちがうだけでなく、操作上の問題も異なってくる。というのも、気体の巨視的性質は観察可能な領域にあるのに対して、微視的性質はそうではないからである。ちょうど逆に、個人の行動は観察可能な領域にあるが、社会の動きそれ自体は観察できないと長らく認められてきている。そこでこの差異について取り上げてみることにしよう。

科学の分野で因果理論が発展し、たとえば独立変数 v_1 の変化は独立変数 v_2 の変化によって説明され予言できると断定された場合、これらふたつの変数の変化を測定する独立の手段が必要であることは、ごくあたりまえだと考えられるだろう。ボイル－シャルルの法則はしたがって、圧力計と温度計を観察することによって確証することができる。だがここで、観察可能な気体の温度を計ることが、観察不可能な分子の平均運動エネルギーの値を決める唯一の方法だと仮定してみよう。すると、温度変化は気体分子の運動エネルギーの変化によって説明され予測できるという法則の身分自体を疑い始める人がいるかもしれない。たとえばある人が、水中のうなぎの運動は、うなぎの両脇についた顕微鏡でも見えないい何百万もの足が、ガレー船のように同時に動くためであると主張すると考えてみる。この観察できないオールの回転数の増大に比例してうなぎは速く動くのであるが、残念ながら、うなぎの「究極的構成素」の「平均回転数」の値を決めることのできる唯一の方法は、うなぎが水中を動く速度を測定することだけである。科学者はこの説明を全部おとぎ話としていいんぎんに否定してしまうだろうが、実際熱力学から力学への還元は、気体の巨視的性質と微視的性質の共変関係をたんに定めることでなされるのでは決してない。両者の関係ははるかに複雑で、力学自体も修正され拡大されて熱現象の説明をするに至るまでには、長い歴史を経てきたのであった。事実、ランダム運動をしている分子の平均運動エネルギーの値を決める方法はさまざまだが、もとよりものさしを直接分子にあてがうのではない。分子は常に観察の範囲を越えており、私たちと分子との関係は間接的であって、精巧な実験器機や精密な装置を介しているのである。しかしながら分子に疑いをもつことは依然として可能である。急進的経験論者は、分子への言及を排除して観察にもとづく述語のみを用いて理論を再構成することを選ぶのも自由である。あるいはマルー教授が「社会－文化的抽象」とみなしたように、経験を組織化するためになんの疑問もなく用いられはするものの、分子は単なる概念だとみなしてもよい。だがこうした選択は存在論や意味の問題にかかわっているのであり、この理論は同時に、比類ない説明力と予測力をもつというのが共通の見解であろう。

さてこのような選択も、私が呈示している還元的理論とならんで、やはり成り立つ。急進的経験論者も道具主義者も、彼らが熱の運動理論で明示するのとまったく同じような解釈を、この理論の言語や法則にほどこすことができる。彼らにとってみれば、分子も有機的社会システムも観察できないという点ではほとんど選ぶところはない。両者の立場はいずれにしろ、方法論的個体主義者とはまったく別個のものであり、方法論的個体主義者の主張はたんに、こうした理論がたとえ一時的に真に説明力や予測力をもつと思われようとも、それは「究極的」ではないということである。方法論的個体主義者の反論は明らかに、存在論的根拠にもとづくのでもなければ、急進的経験論者をわきたたせる有意味性の温存に依っているのでもない。だがそうだとすれば、その反論の根拠はなんなのであろうか。こうした理論のどこが間違っているのだろう。これこそ私にとってはなかなか規定できない事柄である。こうした理論が含意するなにを方法論的個体主義者が懸念しているのか、私にはわかるように思える。この点についてはのちに触れよう。だがその前に、この争いはほとんど哲学的関心をとどめていないのだと言っておこう。そこにあるように見える哲学的関心は、実は似てはいるものの別の興味深い問題に起因しているのである。いったんこれらの問題から切り離されれば、それはただちに、哲学とは無関係なサイエンス・フィクションへの傾倒に頽落してしまう。だがこのような傾倒は危険なのであって、というのもそれが自己充足した主張になるかもしれないからである。社会科学者が、あらかじめある理論は疑わしいと確信しきっていれば、そうした理論の探究を放棄してしまうだろう。そしてその結果は、方法論的個体主義者が懸念していることと結局まったく同じになると思われる。

思うに個体主義者の懸念とは次のようなことである。彼が拒絶しようとする理論には、私たちが自分の運命をこの手でつかんでいない、私たちはいわば、それ自体生命をもち私たちがその一部であるところの社会的個体の発展に引きずられているという事態が含まれているのではないか、と彼は恐れている。[26] ところで、たとえこうしたことをさきの理論が含意していようとも、そのような理論の探求を拒むのは「哲学」の精神にまったく反するだろう。伝説によるとピタゴラス学派の人々は、二乗して2になる有理数がないことを発見した男を抹殺したというが、その態度に同情はできるが、とても是認することはできない。逆に問題の理論はそのような事態を一切含意せず、そうした理論の発見こそが、私たちの運命をこの手でつかむための大事な一歩となるように私には思える。気体全体の熱力学的運動が分子の力学的運動によってうまく説明できるからといって、分子の力学的運動を制御できないということにはならない。気体全体を加熱、冷却する装置を用いることによって、気体に含まれる分子の平均運動エネルギーの値を変えることができよう。だが対称的なアナロジーを用いて、かりに個人の行動が、社会的個体の大規模な進行過程の運動によって説明できるとしても、これらの大規模な進行過程を「微視的レベル」で、つまり個人に作用することで同様に制御することをさまたげるものはなにもない。科学は事物への制御力を減らすことで名高いのではない。

しかしながら、社会過程は個人の行動の複合的な結果にすぎないと想定する点で方法論的個体主義は正しいと考えたとしても、私たちが実際に運命を制御できる範囲は、ある程度限られている。なぜなら普通は、私が論じたように、行為の結果が私たちの意図されたものであることはほとんどなく、また行為者は、生きのびて回顧的に知るのでなければ、未来が未定であるがゆえに、自らの行為の意味にも目を閉ざされているからである。本章の最初の歴史説明の部分ほど、それが鮮明に見てとれるところはない。ウェッジウッド女史が描いた変化は「感じとれず」、それが起こっていることに気付いた人もほとんどなかった。それは、もっと精密な器具があれば検出できただろうということではなくて、そのような器具はそもそも作りようがないのである。変化をその時点で見いだすのは不可能だっただろう。未来の出来事に照らしてはじめて、記述すら可能になるからである。それゆえこれらの変化を制御し変容しえたとすれば、人は自らの行為を不幸にも自分ではもちえない視点で、すなわちその行為の未来に位置する歴史家の視点から見なくてはならなかっただろう。歴史という優位の地点から私たちの行為がどう見えるかを知らない私たちは、そのかぎりにおいて現在に対する制御力を欠いている。歴史の不可避性というようなものがもしあるとすれば、それは自力で、自らの本性にのっとって推進する社会過程に起因するというより、自分が成し遂げたのがなんであるか明らかになったときには、すでに手遅れでなすすべもないということによっているのである。「ミネルヴァのふくろうは、たそがれがきてはじめて飛びたつ」。もし未来を知れば現在を制御することができ、したがって未来についての言明を反証できるから、そのような発見は無意味であることを知らぬまま、もろもろの歴史哲学は未来をとらえようとする。未来は、もはや現在になすすべもなく手遅れになったとき、はじめて私たちの手に落ちる。なぜならそのときそれは過去であり、制御しえないからである。私たちはその意味がなんであったのかを見いだすにすぎず、これこそ歴史家の仕事にほかならない。こうして歴史は歴史家によって作られるのである。

原注

第一章

(1) Karl Marx and Friedrich Engels, *The German Ideology* (New York: International Publishers, 1947), p. 22.「労働が分配されるや否や、各人は一定の専属の活動範囲をもち、これは各人におしつけられ、これから抜け出すことができない。各人は猟師、漁夫か牧人か批判的批評家であり、生活の手段を失うまいとすれば、どこまでもそれでいなければならない。これに対して共産主義社会では、各人が一定の専属の活動範囲をもたずにどんな任意の部門においても修業をつむことができ、社会が全般の生産を規制する。まさにそれゆえに私はまったく気のむくままに今日はこれをし、明日はあれをし、朝には狩りをし、午後には魚をとり、夕には家畜を飼い、食後には批判をすることができるようになり、しかも猟師や漁夫や牧人または批評家になることはない」。マルクスが階級のない社会について詳細に語ることにとまどいがあるのは、生と意識の諸形態は物質的な存在条件の反映であるとするマルクスの一般理論と軌を一にしたものである。(「観念、表象、意識の生産はまず第一に人間の物質的活動および物質的交通のうちに、現実的生活の言語のうちに直接おりこまれている」。*ibid.* pp. 13-14)――いまだどこにもない物質的生活の形態のもとにあるような「観念、表象等」についてどのようにして語りうるのか。さらに階級のない社会では、ともかく人々はこうした物質的諸原因から解放され自由に自らの生を制御する。そうしてみるとただ言えるのは、そのときになってものごとは現在そうあるのとは「反対のもの」になるだろうということであり、せいぜい消極的な特徴づけが可能なだけである。「Aでないもの」がなにを示すかを積極的に特定することは容易ではない。Cf. Engels, 'The Origins of Family, Private Property, and the State,' in Marx and Engels, *Selected Works* (London: Lawrence & Wishart, 1950), II, 219.「資本主義的生産がやがて消滅してのち、性関係の統制がどのようなものとなるか、目下のところ推測できることは主に否定的な性格であり、大部分は消滅するものに限定されている」。

(2)「かりにあらゆる矛盾が一挙に取り除かれたら私たちはいわゆる絶対的真理へ到達したのであって、世界史は終わったのである。しかもなお世界史は、もはやなにもすることが残っていないのに、進んでいかなければならない。これはしたがって新しい解決できない矛盾である」(Friedrich Engels, 'Ludwig Feuerbach and the End of Classical German Philosophy,' in Marx and Engels, *Selected Works*, II, 330)。ここでエンゲルスはヘーゲルについて述べているが、実際同じ「矛盾」がエンゲルス自身の体系にも当てはまる。階級のない社会で、あるいは革命的な歴史のあとには、歴史に関するマルクス主義者の理論は適用できないことになろう。次の注を参照。

(3) マルクス主義者の見解によれば、歴史が理論を許容するのは、人間が自らで制御しえない力によって、駆り立てられるかぎりでのことである。だが階級のない社会では、人は歴史的強制力から自由になり、「歴史によって作られる」かわりに「自ら自身の歴史を作る」のである。こうして「いままで人間を支配してきた人間をとりまく生活条件の全範囲は、いまや人間の支配と統御のもとにはいる。人間は自分自身の社会的組織化の主人となるのだから、そうなることによってはじめて自然に対する意識的な、真の主人になる。……人間自身の社会的組織化は、これまでは自然と歴史によっておしつけられた必然性として人間に対立してきたが、いまや人間の自由な行為の帰結となる。これまで歴史を支配してきた客観的な外的な力は、人間自身の統御のもとにはいる。そのときからはじめて、人間は自分の歴史をますます意識的に自分でつくる……それは、必然の王国から自由の王国への人間の飛躍である」。Marx and Engels, *Selected Works*, II, 140-1.

（4） Immanuel Kant, 'Idea of a Universal History from a Cosmopolitical Point of View,' tr. by W. Hastie, in Patrick Gardiner (ed.), *Theories of History* (Glencoe; Free Press, 1959), p. 23.

（5） Karl Löwith, *Meaning in History* (Chicago: University of Chicago Press, 1957), p. 1. 以下を参照。「慣習上「歴史哲学」と呼ばれている企てが共通にもっている目的は、「有意味」な歴史的過程の包括的な説明を与えることである」。Patrick Gardiner, Introduction in *op. cit.* p. 7.

（6）「ここで私は言いたい。たとえひとがまわすことができても、それと一緒に他の部分が動かないような車輪は、機械の一部ではないのだ、と」。L. Wittgenstein, *Philosophical Investigations*, (New York; Macmillan, 1953), para. 271.

（7） Löwith, *op. cit.* p. 1. 私はこうしたことを言っているレーヴィットの理由を受け容れることができない。

（8） 予言 prophecy と予測 prediction の区別を私はカール・ポパーから借りた。ポパーの、'Prediction and Prophecy in the Social Sciences,' in Gardiner, *op. cit.* pp. 276ff. を参照。「予言」ということばでポパーの意味するのは、無条件的な予測のことである。ポパーは条件つきの予測（たとえばある条件Cがあれば、そのときEになる）か、そこから派生した予測のみを認めている。ポパーは、歴史主義者が無条件的な予測を与えるだけではなく、そうするのが適当でないシステムに対しても無条件的な予測を与えていると言う。無条件的な予測が正当であるのは、それが条件つきの予測から導かれており、しかも「十分独立した、安定的で再現可能なシステム」に関してのみである。社会は「開かれて」いる。これはのちにわかることだが、私が予言の概念で意味しようとしているものとはちがう。ポパーが彼の著作の到るところで述べているように歴史主義が不合理であるとは、私は思わない。Cf. especially *The Poverty of Historicism* (Boston: Beacon Press, 1957), ch. II and passim. これについては第七章で部分的に扱う。

(9) たとえばヒトラーである。一九四〇年代初めに「戦争は勝ちだ」というようなことばが、ヒトラーによって発せられた。ヒトラーの自信に満ちた現在の記述は、ヒトラーが特殊な洞察をもってすべての現象に与えた前途に照らしてのものだが、こうした確信に満ちた記述は、いくぶんかはヒトラーが人々の心におよぼした圧倒的な力から説明されねばならない。

(10) Donald Williams, 'More on the Ordinariness of History,' *Journal of Philosophy*, LII, no. 10, p. 272.

(11) W. H. Walsh, '"Meaning" in History,' in Gardiner, *op. cit.* pp. 296ff.

(12) G. W. F. Hegel, *The Philosophy of History*, tr. J. Sibree (New York: Willey Book Co., 1944), p. 350.「さらにヨーロッパ東部には大きなスラヴ民族がある。……もちろん、これらの民族も王国を作り、また他国民と勇敢な戦いを交えたことはあった。キリスト教国であるヨーロッパと非キリスト教国のアジアとの交戦には、しばしば前衛として、また遊軍として参加した。のみならずポーランド人は包囲されたウィーンをトルコの手から解放してやったし、また一部のスラヴ人は西欧の理性の洗礼をうけもした。しかしそれにもかかわらず、これらの民族の一まとまりの集団は、私たちの考察から除外される。なぜなら、彼らはこれまで世界に陳列された理性の作品の系列のなかに独立の一契機として登場したことはなかったからである。将来においてそうなるかもしれないなどということは、いまの私たちの問題ではない。歴史において問題であるのは、過去のものだけだからである」。さらに「私たちはただ、この自由の概念の進展を考察したにとどまって、各民族の幸福な状態や時期、各民族の黄金時代だとか、個人の美と偉大さだとか、あるいは苦悩と悦びの浮沈を伴う個人の運命に関する興味などといった面を詳細に描写しようという誘惑は抑えなければならなかった。哲学はただ世界史のなかに反映する理念の光輝だけを問題とすべきである」(*ibid.* p. 457)。

(13) Jacob Burckhardt, *Force and Freedom: Reflections on History*, tr. J. H. Nichols (New York; Pantheon Books, 1943), p. 80.

(14) *Ibid.*

第二章

(1) Thucydides, *The Peloponnesian War*, tr. by Crawley (New York: The Modern Library, 1934) bk. I. I.「事実、この争いはギリシャ世界ではかつてなかったほどの大動乱と化し、そして広範囲にわたる異民族諸国、あるいはさらに言えばすべての人間社会をとっても、かつてないほどの大動乱と化した。もとよりこの争い以前に起こった事件やさらに古い時代にさかのぼる出来事については、時のへだたりも大きく、厳密に事実を確かめることは不可能である。だがおよぶかぎり古い時代にまでさかのぼって行った考証から、信ずるべき帰結をひきだすなら、戦争や往時の事件には大規模なものはなにもなかった」。この言明をシュペングラーはまったくとりちがえている。シュペングラーが書いているところによれば、トゥキュディデスの「歴史感覚の欠落は、この本の最初のページにすでにはっきりと示されており、彼の時代(紀元前四〇〇年)以前には世界には重大な事件はなにも起こらなかったという驚くべき言明がなされている」(Oswald Spengler, *The Decline of the West*, tr. by C. F. Atkinson: New York: Knopf, 1946, I, 10)。トゥキュディデスはこの種のことを言っているのではなく、ただ当時の最良の証拠にもとづけば、スパルタとアテナイの間で起こった争いほど大規模なものは他には知られていなかっただけである。シュペングラーが言うには、「トゥキュディデスから決定的に隠されてしまっているのは、洞察力であり、歴史家の構想そのものに内在している数世紀の歴史を見透す力である」(*ibid.*)。むしろトゥキュディデスが欠いたのは、実際彼ほどの才能にめぐまれた先行者である。シュペングラーでさえ感嘆しているトゥキュディデスの入念な精確さが意味しているのは、「いつの時代」でも、それ以降彼の著作を使用することができるという事実であろう。「誰かが言った。いまはなき作家が私たちから隔っていくのは、彼らがなしたこと以上に多くの事を私たちが知っているからである、と。だが正確に言えば、私たちの知っているものこそが、彼らである」。T. S. Eliot, 'Tradition and Individual Talent,' in *Selected Essays; 1917-1932* (New York: Harcourt Brace, 1932), p. 6.

(2) Thucydides, bk. I, xxii.「事件の叙述については、入手した一次資料から事件をひきだすことにしただけでなく、私は、私自身の印象に依存することもさしひかえた。だが事件は自分で見たものか、他人からの情報にもとづくのだから、報告の精確さはできるかぎり厳しく詳細に情報を検証することによっている。しかしこうした手続きによって結論をうることは多大の苦心を伴った。同じ事件の説明でも、目撃者は記憶が不完全であったり、敵味方の感情に支配されて供述にくいちがいが生じていたからである」。疫病についての有名な記述はこのよい例である。「かりに再発した場合、学生にもよくわかるように私はただこの疫病の本性と徴候を記すことにしたい。自分自身に罹病経験があるか他の患者の病態を実見していれば、私はもっとうまく記すことができるだろう」（Bk. II, xlviii）。ついでだがトゥキュディデスの著作が一般にどのような使われ方をすると、彼自身が予想していたかを、このことはよく示している。次の注を参照。

（3）「私の歴史に伝記的雰囲気が欠落していることで、いくぶんか興味がうばわれるのではないかと、懸念している。だが未来の解釈に役立てようと過去の精確な知識を求める者が、これを有用だと判断してくれるなら、私は満足である。未来はたとえ過去の反映ではなくとも、人間の過程においては、過去と類似したものであるにちがいない。要するに私は私の本を一時的な賞賛を得る安易なものとしてではなく、すべての時代の財産として書いたのである」（Bk. II, xxii）。

（4）*τοιαῦτα καὶ παραπλήσια*: 'such and such-like,' Liddell and Scott, *Greek-English Lexicon* (New York: Harpers, 1848), p. 1110. これは「類似している、あるいは精確に類似している」を意味する。

（5）「彼の方法は帰納的である。事実を引用しそこから結論をひきだしている。彼は歴史の循環を信じていたし、将来過去の誤りを繰り返さないために、ある環境下で個人とりわけ社会が、過去においてどのように正しくあるいは誤って行動したかを人々に示すことで、文明化を促進しようと望んでいたのである」。G. B. Grundy, *Thucydides and the History of his Age* (London: John Murray, 1911), p. 8.

（6）注（1）参照。また「これまでの最大の偉業はペルシャ戦争によって打ち立てられたが、わずか二度の海戦と二度の陸戦によって、すみやかに勝負が決した。……これほど多くの都市が奪われ荒廃に帰した例はかつてなかった……この戦争や内乱のように未曾有の亡命者、多量の流血が繰り返されたことはなかった。また古くから言い伝えられてはいたが、実際の事象が比較的まれであったために疑問視されていたようなことが、突然疑いようのないものとなった。数々の強烈な地震があった……」(Bk. I. xxiii)。

(7) たとえば、トゥキュディデスが最初に戦争が大規模であることを強調したのは、彼の歴史が先行者であるヘロドトスの歴史より、より大きくより興味深いものであることを宣伝しようとしたためかもしれない（Grundy, *op. cit.* p. 3)。ペルシャ戦争との独特の対比については、注（6）を参照。

(8) Richard Taylor, 'Fatalism,' *Philosophical Review*, LXXI, I (January, 1962), 56-66.

(9) もちろんそれが意図的に用いられたなら未来は過去に似てこないだろう。人々が犠牲になってきた流砂のくぼみに注意することで、未来では少なくともこのくぼみの犠牲はなくなるだろう。

(10) 「自然の経過に変化を想うことは少なくとも可能である。そしてこのように想いうることは、こうした変化が必ずしも絶対に不可能ではないことを十分に証明するものである。あるものの明晰な観念をつくることはその物の存在の可能性の否定し難い証明であって、この可能性を否定するどのような論証もただこの一言のみをもって反駁されるのである」(David Hume, *A Treatise of Human Nature*, bk. I, part III, sect. vi)。想像可能性がヒュームの論理的可能性の規準になっている。事態Sのある状態の「反対」が想像可能ならば、Sは必然でない。そうした変化がないということは証明できないのである。経験に訴えるというのでは、論点となっていることを真と仮定して論を進めることになるのだから、経験に訴えることもできない。証明や経験は判断の基礎としてのみある。ヒュームの規準は相当混乱しておりここで解きほぐすことはできない。

第三章

（1）　こうした見解を採用したかあるいはそれと密接にかかわった最初の哲学者は、パースであったように思われる。パースが書いているところによれば、「明らかに無批判的推論は、過去の可能性のうちで過去に言及するものになっているかもしれない。だがプラグマティズムによれば、推論の結果は未来にかかわるものでなければならない。というのも過去の意味は行為に依存するのであり、そうであるなら推論された帰結は、制御可能な慎重な行為にかかわらねばならないからである。だがまさに制御可能な行為とは未来の行為である……。だからコロンブスがアメリカを発見したという信念は実際には未来にかかわっている」（C. S. Peirce, *Collected Papers*, edited by C. Hartshorne and P. Weiss: Cambridge, Mass.: Harvard University Press, 1934, V, para. 461）。さらに「シーザーがルビコン河をわたったという命題の真理の本質は、私たちが考古学や他の学問をさらに推し進めれば、さらに強くこの結論は私たちの精神に印象づけられるという点にある。かりに研究が永遠に続くならば永遠にそうである」（*Collected Papers*, V, para. 544）。

（2）　ラッセルの考えによれば、有意味な命題は、真か偽のいずれかでなければならない。ラッセルの有名な記述理論は、意味が平明に理解されるにもかかわらずただちには真理値を割り当てることのできない文章を、たくみに処理しようとするものであった。というのも、(1)そうした文章は、主張が指示するなにかが現実に存在することを必要としているように思えるが、(2)それにもかかわらずそうしたものは存在しないからである。「フランスの現在の国王は頭が禿げている」という文で示される特殊な存在を捏造するのではなく、ラッセルはむしろ矛盾律を保持し、新たな存在を要請しないように文を書き直して、この文やその自然矛盾に「偽」を割り当てることができるようにしたのである。一般に単数の指示表現を主語としてもち、現実には指示対象が存在しない文は、すべて偽である。B.

Russell, *Introduction to Mathematical Philosophy*, 2nd edition, (London, Allen and Unwin, 1920), ch. XVI を参照。最近の哲学的分析のなかでは、これほど熱心に議論されたものはあまりない。実際最近のアングロ‐アメリカンの哲学史は、記述理論に関連づけて書かれている。主たる批判的な攻撃は、Ｐ・Ｆ・ストローソンによってなされた（P. F. Strawson, "On Referring," *Mind*, LIX, July, 1950）。これ以降の文献も無視できない。

（3）私は「ａはｐを疑う」と、「ａはｐに懐疑的である」とを区別している。最初の文が意味するのは、ａはｐでないことを信じているということである。他方第二の文が意味するのは、ａはｐかｐでないかを選択するのに十分な理由をもっていないということであり、この場合信念は、両者の間で未決定なものとなっている。

（4）Margaret Macdonald, "Some Distinctive Features of Arguments used in Criticism of the Arts," Reprinted in M. Weitz (ed.), *Problems in Aesthetics* (New York; Macmillan, 1960), p. 696.

（5）F. Nietzsche, *Beyond Good and Evil*, II, para. 68. フロイトの引用は、'The Psychopathology of Everyday Life,' in *Basic Writings* (New York; Modern Library, 1938), p. 103.

第四章

（1）C. I. Lewis, *Mind and the World Order* (New York; Dover, 1956), pp. 148–53を参照。ルイスはこの問題を再度、*An Analysis of Knowledge and Valuation* (Lasalle, Ill.; Open Court, 1946), pp. 197–200で取り上げている。この問題の検討のためには、以下のものを参照。Evelyn Masi, 'A note on Lewis's Analysis of the Meaning of Historical Statements,' *Journal of Philosophy*, XLVI, 21 (1949),

670-4; Israel Scheffler, 'Verifiability in History: A Reply to Miss Masi,' *Journal of Philosophy*, XLVII, 6 (1950), pp. 158-66. I・シェフラーは、ルイスの分析が「客観的指示」よりも、むしろ「志向的意味」にかかわっているという重大な指摘をしている。だがルイス自身がこの区別を自覚していたかどうか、私にははっきりしない。かりにルイス自身がそれを自覚していたなら、ただちにそれを自分の分析に応用できただろう。もし私たちが「客観的指示」を除外するなら、「未来」とはいったいなんなのか。

（2） *Mind and the World Order*, p. 140.

（3） *Ibid.* p. 142.

（4） あるいはのちに彼はそれを「翻訳される」とした。*An Analysis of Knowledge and Valuation*, ch. VII, passim, and especially pp. 182-5 対照。

（5） *Mind and the World Order*, p. 149, *An Analysis of Knowledge and Valuation*, p. 197 対照。「「シーザーは死んだ」の意味は、未来に起こりうる経験のうちでこの文を検証する手続きにある、と述べることで、この構想は、過去であるものを、もっぱら未来であるなにかへと翻訳する責を負っていることになる」。

（6） John Dewey, 'Realism without Monism or Dualism: I. Knowledge Involving the Past,' *Journal of Philosophy*, XIX, 12 (1922), 314. ここでデューイは、一般にプラグマティスト・テーゼと認めうるものについて、詳細に述べている。ブランシャード、ラヴジョイ、サンタヤナのようなプラグマティズムの批判者は、まぎれもなくこれを批判の要点として強調している。最近の研究については、Richard Gale, 'Dewey and the Problem of the Alleged Futurity of Yesterday,' *Philosophy and Phenome-*

nological Research, XXII, 4, pp. 501ff.

（7）John Dewey, *The Influence of Darwin on Philosophy* (New York: Holt, 1910), pp. 160–1.

（8）*Mind and the World Order*, p. 151.

（9）*Ibid.*

（10）*Ibid.* p. 153.

（11）David Hume, *A Treatise of Human Nature*, bk. 1, part I, sect. iii:「記憶の観念は想像の観念よりはるかに生き生きとして強く、想像の機能がいかに対象を判明に描こうとも、記憶の機能にはおよばないのである」。Cf. *op. cit.* part III, sect. v. ヒュームはのちに、「観念」と「印象」を区別するために、まったく同じ規準を援用し、次の問いに答えた。すなわちあるもの x を私が知覚しているのか、それともただたんに x について考えているだけなのかを、どのようにして私は判別しうるのかという問いにである（*Inquiry Concerning Human Understanding*, sect. ii 参照）。

（12）R. F. Holland, 'The Empiricist Theory of Memory,' *Mind*, LXIII, 252 (1954), 466.

（13）Bertrand Russell, *The Analysis of Mind* (London; Alen and Unwin, 1921), p. 162. これがラッセルの与える唯一の規準なのではない。ラッセルは「文脈の総和」にも言及している。「過去の感覚」は、近い記憶と遠い記憶の差異化を行うものだと考えられる。「親しさの感覚」は記憶一般と想像とを区別するものである。いずれの場合でもラッセルの試みは、ヒュームがかかわった本質的な問いをもっともなものとして受け容れ、それに左右されている。つまり「心の想起が想像から区別されうるためには、なにかしるしや記号があるにちがいないと思える。そこでさらに進んで、このしるしや記号はなんなのかと問うのである」というようにである（Holland, *loc. cit.* p. 465）。これはルイスの問題でもある。

(14) Bruce Waters, 'The Past and the Historical Past,' *Journal of Philosophy*, LII (1955), 253-64.

(15) たとえば、*An Inquiry into the Forgery of the Etruscan Terracotta Warriors in the Metropolitan Museum of Art*, The Metropolitan Museum of Art Papers no. 11 (1961) 参照。

(16) *Mind and the World Order*, p. 150. Cf. *An Analysis of Knowledge and Valuation*, p. 200. ここで類似した挑戦の要求がなされている。

(17) たとえば、Betrand Russell 各所。

(18) A. J. Ayer, *Language, Truth and Logic*, 2nd edition (London: Gollancz, 1946), p. 102.

(19) *Ibid.*

(20) A. J. Ayer, *The Problem of Knowledge* (Penguin Books, 1956), p. 154.

(21) A. J. Ayer, Preface to the Second Edition, *Language, Truth, and Logic*, p. 119.

(22) A. J. Ayer, *The Foundations of Empirical Knowledge* (London; Macmillan, 1940), pp. 167-8.

(23) Ludwig Wittgenstein, *Tractatus Logico-Philosophicus* (London; Kegan Paul, 1922), 6, 4311.

(24) Preface to Second Edition, *Language, Truth, and Logic.*

(25) John Hospers, *An Introduction to Philosophical Analysis* (New York; Prentice Hall, 1953), p. 442 参照。

(26) A. J. Ayer, *The Problem of Knowledge*, p. 160.

(27) *Ibid.*

(28) だがたとえば、言語には時制と同様、「空制」があるかもしれない。この場合動詞の活用を修得するために、「右手は直接法を表わし」、「左手は未来を表わす」等々を、学生は学ばねばならないだろう。このさいには言語を語尾変化させて空間的に中性の翻訳をつくることが困難であるかもしれない。実際のところ時制のない言語（たとえば中国語）が、指示対象の時間的方向にかかわる情報をもたらしうるのと同様、空制の情報をもたらしうる装置がある。英語は、文法的な事実だけで言えば、わずかふたつの時制があるだけである。しかしのちに示そうと思うが、きわめて多数の語彙が、時制とはまったく別の時間性をもつのである。

(29) Ayer, *op. cit.* p. 160.

(30) A. N. Prior, *Time and Modality* (Oxford; Clarendon Press, 1957), p. 9 参照。

(31) 第八章参照。

(32) Ayer, *op. cit.* p. 161.

第五章

(1) 潔癖な人は、偽った記憶があるということにためらいを感じるかもしれない。私が思い出したと主張している事柄が、かりに起こっていないことであったら、そのとき私は、思い出してはいないのである。つまり私はそのことの記憶をもたないのである。この見解によれば、aがEを思い出すなら、Eは実際に起こっている、という主張は分析的である。たしかにそうかもしれない。だがこれには問題が生じる。すなわち記憶であると思われていることが、実際たしかに記憶であるのかという問いが生じるのである。これは答えようがなく、ことに見かけ上の記憶をたんに精査することによっては答えようがないと、懐疑主義者が言う問いである。だが他に手があるのだろうか。私は、これらがなんの記憶を意味しているのか調べることはできない。いずれにしろ、「偽った記憶」という私が用いた表現が、誤解でないことを願っている。

（2）　H. H. Price, *Thinking and Experience* (Cambridge, Mass.: Harvard University Press, 1953), p. 84.

（3）　David Hume, *A Treatise of Human Nature*, bk. I, part III, sect. 3.

（4）　Bertrand Russell, *The Analysis of Mind* (London: Allen & Unwin, 1921), pp. 159–60.

（5）　これは、「知っている」という動詞が、直接目的語に個人名をとる場合である。私はこれを存在を含意するものと呼んでいる。比較していえば、「ａはｐであることを知っている」という文は、真を含意するのであり、そこからｐの真が論理的にひきだされる。

（6）　「これこれと呼ばれている」は時間的に中性の述語であることに注意しなければならない。大ざっぱに言うなら、「これこれと思われる」を存在中立的であると呼んでよいのと同じ意味でである。この文は「これこれである」という文とは、まったく異なった意味をもつ。「Ｘは父と呼ばれている」は、「Ｘは父ではない」と両立可能なのである。

（7）　Bertrand Russell, *op. cit.* p. 160.

（8）　「だが逆に、世界は五分前に誕生し、人々がまったく非現実的な過去を「思い出した」ことで完成するという考えは、魅力的だが、保持しがたい」。R. J. Butler, 'Other Dates,' *Mind*, LXVII, no. 269 (1959), p. 16.

（9）　これに関する文献は相当量ある。最近の最良の議論については、特に以下のものを参照。C. G. Hempel, 'The Theoretician's Dilemma,' in Feigl, Scriven, and Maxwell (eds.), *Concepts, Theories, and the Mind-Body Problem*, Minnesota Studies in the Philosophy of Science, vol. II (University of Minnesota Press, 1958); Israel Scheffler, 'Prospects of a Modest Empiricism,' *Review of Metaphysics*, x, nos. 3 and 4 (1958).

(10) ただしパースは除く。パースの歴史哲学に関する見解は、さらに注意深く研究されねばならない。「還元的推論は信念の問題ではないと私が言うとき、科学的に考えて疑いようのない仮説であり、しかも実用上は完全に正しい推論があるという困難に出合うことになる。たとえばナポレオン・ボナパルトは二十世紀の初頭まで生きていたという推論がそれであり、これは、多数の伝記、歴史の公文書、伝統、無数の遺跡、遺物等々を整合的に説明するために採用された仮説なのである。ナポレオンの存在について疑いを抱くことは、たしかに露骨な愚行であろう」。にもかかわらず、ナポレオンの存在は、「科学の目的からまったくはずれており……科学外のこと」なのである。C.S. Peirce, *Collected Papers*, v. para. 589.

(11) 「理論言明は事実の説明を与えるが、事実以上の意味を与えるのではない」。P. Herbst, 'The Nature of Facts,' in A. Flew (ed.), *Essays in Conceptual Analysis* (London: Macmillan, 1956) 対照。

(12) もとよりこのことを、懐疑主義の攻撃にさらされたときにとられるような一種の逃避だとみなしたのでは、道具主義に対して公正ではない。これはもともとある種の核避難所としてではなく、自分自身の積極的な理論として呈示されており、一般に弁護可能なものである。

(13) この提案は、リチャード・テイラーのものである。'The "Justification" of Memories and the Analogy of Vision,' *Philosophical Review*, LXV, no. 2 (1956), p. 198.

(14) Butler, 'Other Dates,' p. 16.

（15）これはルイスのとった処置にほかならない。物理的対象について主張していると思われるすべての言明は、行為と経験を含む一群の条件に翻訳されるはずである。

（16）しかもこの言明は、道具主義の規準にもとづけばほとんど受け容れ難いであろう。というのも一貫して現在を組織化することに、これはほとんど役立たないからである。

（17）Gilbert Ryle, *The Concept of Mind* (New York; Barnes & Noble, 1949), pp. 149–53 および各所。

第六章

（1）Charles Beard, 'Written History as an Act of Faith,' *The American Historical Review*, XXXIX, 2 (1934), p. 219. Reprinted in Hans Meyerhoff (ed.), *The Philosophy of History in Our Time* (New York; Anchor Books, 1959), p. 140. 引用ページは後者による。

（2）*Ibid.*

（3）ベアードは、これを歴史をとらえるありふれた仕方だと感じてはいないようである。「歴史のこの定義は、歴史の研究や歴史の構成にさいして、気軽に「歴史の科学」や「科学的方法」について書き連ねてきたものにとっては、一見して耐えられないもののように見える。実際のところこれは、歴史に関する現代の最も深い思想と一致している……」(*ibid.*)。こうした事態は、ベアードの特徴づけが深遠だという見解と、歴史がそう特徴づけられれば、どのような「科学的方法」の使用ともいくぶんかは両立しないという考えに顕著に現れている。

（4）*Ibid.*

（5）R. Butler, 'Other Dates,' p. 32.

(6) デイビッド・ピアーズの以下の明晰な論文を参照。David Pears, 'Time, Truth, and Inference,' in *Proceedings of the Aristotelian Society*, vol. LVI. Reprinted as ch. XI in A. Flew (ed.), *Essays in Conceptual Analysis.*

(7) A.J. Ayer, *The Problem of Knowledge*, p. 152 対照。まったく同じ考察が、「現在である」ことについてのエイヤーの直示的定義にも適用される。「現在の概念は……これと同時の出来事の集合として……見かけ上定義されるかもしれない。ここでこれとは、ある瞬間に指示のために選択されているなんらかの出来事である」。

(8) Charles Beard, 'That Noble Dream,' *The American Historical Review*, XLI, 1 (1935), pp. 74-87. Reprinted in Fritz Stern (ed.), *The Varieties of History* (New York: Meridian Books, 1956), p. 323. ページ数は後者による。「客観的」ということばは、この文脈では「媒体を通してみる」と対置されているものであり、大ざっぱに言えば「直接的に知覚する」を意味している。より立ち入って言うなら、ベアードの意味するところによれば、科学においては、知覚にもとづいて主語の対象に関する命題を推論することはありえず、むしろ主語の対象そのものを知覚するのである。しかし歴史については、この点はまったく別様になる。

(9) もちろんここでは、「として見る」ならびに「アスペクト盲」という重要な議論にかかわっている。L. Wittgenstein, *Philosophical Investigations*, II, xi. またN.R. Hanson, *Patterns of Discovery* (Cambridge University Press, 1958), especially ch. 1.

(10) Beard, *loc. cit.* p. 324.

(11) Claude Bernard, *Introduction à la Médecine Expérimentale* (Paris: 1865), p. 67. Cited by Pierre

Duhem, in Philip Wiener (tr.), *The Aim and Structure of Physical Theory* (Princeton; Princeton University Press, 1954), pp. 181-2.

(12) Duhem, *op. cit.* p. 182.

(13) Beard, *loc. cit.* p. 324.

(14) 「熱力学は、一八六六年以降の力学に還元されうるが、一七〇〇年に構想されていたような力学には還元可能ではない。同じように化学の一部は、一九二五年以降の物理学理論に還元可能だが、百年前の物理学理論には還元可能ではない」。Ernest Nagel, 'The Meaning of Reduction in the Natural Sciences,' in R. Stauffer (ed.), *Science and Civilization* (Madison; University of Wisconsin Press, 1949). Reprinted in A. Danto and S. Morgenbesser (eds.), *Philosophy of Science* (New York; Meridian Books, 1960), p. 307.

(15) Beard, *loc. cit.* p. 324.

(16) Duhem, *op. cit.* p. 183.

(17) 最近の最良の研究については以下のものを参照。C. F. Presley, 'Francis Bacon: His Method and His influence,' *The Australian Journal of Science*, XIX, 4 (1957), pp. 138-42.

(18) 「……ベーコンの帰納法は……それが終始一貫して実行されるならば、その方法が科学を見いだした場所に、科学を置き去りにしてしまうであろう」。A. N. Whitehead, *Process and Reality* (New York; Macmillan, 1920), p. 7.

(19) W. H. Walsh, *An Introduction to Philosophy of History* (London; Hutchinson's University Library, 1951), p. 103.

(20) *Ibid.*

(21) *Ibid.* p. 107.

(22) *Ibid.*

(23) *Ibid.* p. 106.

(24)「ひとつのシステムが諸法則からなるように、常識は最も微細な行動の詳細に至るまで巧みに分節化している。そのことは日常の行動や目撃にさいして、ほとんど驚くことがないという事実によって明らかである。もちろん幼児はめったに驚かない。一般的概念をまったくもたないのだから、すべての経験は等しくランダムであり、等しく予想されもすれば予想されもしない。こうして幼児は無意識に、「非充足理由律の原理」を修得するのである」。A. Danto, 'On Explanation in History,' *Philosophy of Science*, XXIII, I (1956), p. 27.

(25) H. P. Grice and P. F. Strawson, 'In Defense of a Dogma,' *Philosophical Review*, LXV, 2 (1956), especially pp. 150ff. 対照。

(26) F. H. Bradley, 'The Presuppositions of Critical History,' in *Collected Essays by F. H. Bradley* vol. 1 (Oxford University Press, 1935).

(27) Walsh, *op. cit.* p. 108.

第七章

(1) Arthur Danto, 'On Historical Questioning,' *Journal of Philosophy*, LI (1954), 89-99.

(2)「いかなる時代の歴史であろうと、歴史は複雑なすべての活動を含んでおり、しかも記録や探究は部分的なものなので、たとえ歴史家がどのように骨を折り、公正かつ誠実であろうとも、総体的な現実性はどの歴史家にとっても事実上知られないままである。いかに熱心に「客観的真理を目指す努力という理念」が追い求められようとも、現実にそうであった歴史は、一度たりとも知られたことがなく、また知りようがないのである」。C. Beard, 'That Noble Dream,' p. 324.

（3） ここで私の言っているのは、一群の歴史的著作と対比されるようなものはなにもないということである。類似した議論については、次のものを参照。Christopher Blake, 'Can History be Objective?,' *Mind*, LXIV (1955), 61-78, reprinted in P. Gardiner, *Theories of History*, pp. 329-43. 想像することすらできない説明に「客観的」ということばを適用することに対して、ブレイクは警告を発している。それは客観的説明を行うことが計り知れないほど困難だからではなく、「客観的説明」によって意味されていることが、まったく不明だからである。このことばの用いられ方が不明確であることに言及して、ブレイクは次のように述べている。「未規定なあるものについての客観的説明がどのようなものであるかを正確に言うことはできない」(p. 343)。彼が注意を喚起しているのは、「驚き始めるのに先立って、私たちはすでにそのことばの使用法を知っていた」という点である。

（4） Benedetto Croce, *History—Its Theory and Practice*, tr. D. Ainslee (New York; Russell & Russell, 1960). See especially ch. 1, the bulk of which is reprinted in Gardiner, *op. cit.*

（5） W. H. Walsh, *Introduction to Philosophy of History*, p. 31.「私が強調したいのは次の点である。書かれた歴史のどれにも時代編年史と本当の歴史というふたつのレベルがあるのを見つけることができるにしても――きわめて巧みに書かれた歴史のうちに時代編年史的な要素を見つけ、きわめて素朴に書かれた時代編年史のうちに本当の歴史の要素を見つけることができるにしても――いつも時代編年史の段階から抜け出して歴史そのものの段階に到達することが歴史の理想である」(p. 33)。これに対して私が強調したいのは、歴史的物語のすべての場面で、事柄のさまざまな部分が見いだされるにしろ、事柄に二種類のものがあるわけではない、という点である。先の歴史の区分は、物理学での実験化と理論化のような活動の種類のちがいを意味しているのではない。

(6) 以下の議論で私が企てるのは、ウォルシュの見解に対する個人攻撃ではない。私はウォルシュの見解は普遍的な主張だと考えるし、普遍的な論点をつくり出すようそれを援用してもいる。ウォルシュは、かなり明確にしかも相当詳細に広く支持されうる概念を考え出したのである。

(7) Walsh, *op. cit.* p. 32.

(8) *Ibid.* p. 33.

(9) Charles S. Peirce, *Collected Papers*, vol. v. para. 146. ことに、N.R. Hanson, *Patterns of Discovery*, pp. 85ff. のアブダクションについての議論を参照。カール・ポパーの反証主義テーゼにもとづいた似かよったアプローチと歴史への特殊な応用については、以下のものを参照。Joseph Agassi, *Towards an Historiography of Science*, printed as Beiheft 2 of *History and Theory* (1963).

(10) だがカスタグノで始まりベロネーゼで終わる系列を考察するだけでは、実際に最後の晩餐の主題が具体化されるさいの広大な変化をほとんど想像することはできない。

(11) 「ギリシャの絵画の歴史を描くことは容易なことではない」とマリー・ハミルトン・スウィンドラーは、このテーマの貴重な歴史書である *Ancient Painting* (New Haven: Yale University Press, 1931), p. 109 で述べている。まず偉大な絵画が紛失している。だが「このことは利用できる絵画が残っていないことを意味するのではなく、またそれにふさわしい観念を形成することができないというのでもない」(p. 110)。三世紀以前の古代の作品はまれである。主要作品のひとつであるプリニウスの著作は、「描かれている作者をプリニウスが理解していなかった」ことで台無しになっている。だがこのことを示しうる立場に、いま私たちがいるということである。最終的にはさまざまな理由から、ギリシャにおいて絵画は本質的に副次的な芸術であったと考えてよい。この事実によって、資料の効果を正確に評価することがさまたげられてきた。それにもかかわらず、ギリシャ絵画の物語は書かれるのである。

(12) Walsh, *op. cit.* p. 33.

(13) 「一八九一年にはマネとスーラはすでに死んでいた。ピサロ、モネ、ルノアールは仕事ざかりにあった。セザンヌは他の世界を切り開いていた。『グランド・ジャッド島の日曜日の午後』『草上の昼食』『チュイルリーの音楽』『庭の女たち』『エクス・アン・プロバンスの農場と丘』はすでにカンバスに描かれ、展示されており、見ようと思うものは誰でも見ることができた。だがそれらは見られたのか……というのも印象派の時代は、いまだ上品と尊大の時代であり、テーブルと地下室の台所、過度におおわれたインテリア、しっくい細工の邸宅の時代であった。年老いた金持ちの悪意のある女性と小賢しい銀行家を崇拝した時代であった。公共のたのしみの場は広く、またつけ柱によって区切られた庶民的なものであった。運動をするのでもなく、まずしくもなく、幼くもないものは堅い背のイスに座って一日に三度室内で際限のない食事をしていた」。Sybelle Bedford, *A Legacy*, III, I.

(14) 記憶について類似することで言えば、記憶は時間とともに衰退するのではなく、むしろ間に介在する経験量の関数として増大するのである。これは実験的に証明可能である。

(15) Ibn Khaldun, *An Arab Philosophy of History*, tr. and arranged by Charles Issawi (London: John

Murray, 1950), pp. 31–2.

(16) P. F. Strawson, *Individuals: An Essay in Descriptive Metaphysics* (London; Methuen, 1959), pp. 20ff. 参照。

(17) Walsh, *op. cit.* p. 32.

(18) Leopold von Ranke, *Preface to Histories of the Latin and German Nations from 1494–1514*. Tr. by the editor in Fritz Stern (ed.), *The Varieties of History*, pp. 55–60.

(19) たとえば Pieter Geyl, *Debates with Historians* (New York; Meridian Books, 1958), ch. I:「ランケは、その著作のうちに見いだされるべきである」。

(20) ここで意味されているのは、事柄をそれを生きた人が理解したように理解することである。だがこのとき、「ギリシャをそれが本来あったように理解することはたんに不可能であるだけではなく、知識についてのたしかな観念でさえない」。J. H. Randall Jr. in *Nature and Historical Experience* (New York; Columbia University Press, 1958, p. 64). 彼はこのことを論証してはいない。

(21) W. H. Walsh, '"Plain" and "Significant" Narratives in History,' *Journal of Philosophy*, LVIII (1958), 479–84. これは私の論文への返答である。'Mere Chronicle and History Proper,' *Journal of Philosophy*, L (1953), 173–82. これはむしろこの章の最初の部分の説明である。

第八章

(1) Irwin Lieb (ed.), *Charles S. Peirce's Letters to Lady Welby* (New Haven; Whitlock's, 1953), p. 9. パースはこのことをカテゴリー論を検討するなかで述べている。この議論はたいへんこみ入っ

ている。カントが「内観の形式」としての時間という見解に導かれたにちがいないいくつかの理由を、パースは付帯的に説明している。この文脈からは、この文がパースによって主張されているのか、あるいはパースがカントに帰しているのか、さらにはカントが暗にそれを認めているとパースが想定しているのか、判然としない。これは錯綜した一貫しない議論であるように思える。私はパースの見解そのものを吟味しているのではなく、彼の言明を広く受け容れられている見解の代表として用いているだけである。「[人々は]……過去と未来についてまったく異なった像を抱いている。過去は、解読できようができまいが、「そこに」あり、固定され不変で、時間の記録のなかに消しがたく書き込まれているものと考えられている。それに対して未来は、たんにほとんど知られていないだけではなく、ほとんど未決定なものとみなされている。……こうして未来は開かれており、逆に過去は閉じられているものと考えられる」。A. J. Ayer, *The Problem of Knowledge* (London; Macmillan, 1956), p. 188.

(2) C. S. Peirce, *loc. cit.* p. 9.

(3) 私が言及しているのは、P. F. Strawson, 'On Referring,' *Mind* (1950), reprinted in A. Flew (ed.), *Essays in Conceptual Analysis* (London; Macmillan, 1956). 私はストローソンの一般的なテーゼを受け容れることはできない。'A Note on Expressions of the Referring Sort,' *Mind* (1958) 参照。未来の出来事の指示について、この論証を応用することは、別個になされねばならない。文Sの真偽は、Sが発せられた時間とは独立であるという見解からは、多大な困難が生じる。ストローソンはそうした文が真でも偽でもなく、ただ言明であると言うにちがいない。言明が真であるか偽であるかは、それらが発せられた時間の問題である。だがかりに文を適切な時間についての情報なしに不完全だとみなすなら、文が適切なものとなっていれば、それが発せられた時間とは独立に真だとみなされよう。

だがこのことによっては、私がかかわっている認識論的な問題はなにも解決されはしない。

(4) このことについての基本的な検討は、A. Heyting, *Intuitionism: An Introduction* (Amsterdam; North Holland Publishing Co., 1956), pp. 1ff. ヘイティングは正当にも私の「拡張」を「形而上学的」だと排除している。

(5) C. D. Broad, *The Mind and its Place in Nature* (London; Kegan Paul, Trench, Trubner, 1925), p. 252.

(6) *Ibid.*

(7) Gilbert Ryle, *The Concept of Mind*, pp. 301-4 および各所。

(8) たとえば Bertrand Russell, *The Analysis of Matter* (London; Kegan Paul, Trench, Trubner, 1927), p. 294.「どのような出来事であれたかだか数秒以上にわたって持続するものはなにもない」。「出来事」ということでラッセルの意味するのは、物理的構造をもつ客体の構成要素である。他方、「ワーテルローの戦いを出来事と呼ぶかどうかはことばの問題である」(p. 293)。M. Mandelbaum, *The Problem of Historical Knowledge* (New York; Liveright, 1938), p. 254 および各所。マンデルボームは宗教改革を出来事とみなしている。私はのちにたいへん大きな出来事に対して「時間構造」という用語を導入しようと思う。

(9) Galileo Galilei, *Dialogo sopra i due massimi sistemi del mondo*, in *Opera* (Florence; Edi. Naz., 1929-39), VII 129.

(10) 地図が重要であるのは、それが不完全であることによるという事実を、私は評価している。「地図がそこに記された場所と同じほど大きく、他のすべての点で同一のものになるなら——実際このように拡大されるずっと以前に——地図はもはや目的にかなわなくなっている。短縮されない地図などというものはない。というのも短縮は地図の作製に本来的だからである」(Nelson Goodman, 'The Revision of Philosophy,' in Sidney Hook (ed.), *American Philosophers at Work*: New York: Criterion Books, 1956, p. 84)。もちろんこの地図は正確な複製ではない。出来事とその記述の間には、ピッツバーグと点の間ほどの差異がある。だがさらに私が「地図」を用いていること自体が、完全性を要求するのである。

(11) 私はこれらの問題が、地図をめぐる唯一のものだというつもりはない。

(12) Benedetto Croce, *History: Its Theory and Practice* 各所。

(13) G. E. M. Anscombe, *Intention* (Oxford: Basil Blackwell, 1957). 彼女の指摘によれば多数の行為の記述があるが、そのうちごくわずかの行為だけが志向的である。私はこれを熟慮すべき洞察だと考えている。私自身の思想が、直接この本によって刺激されたものである旨感謝しておきたい。

(14) Alfred North Whitehead, *Adventures of Ideas* (New York: Macmillan, 1933), p. 246.

(15) Mandelbaum, *op. cit.* chs. I and IV 参照。

(16) Max Black, 'Why Cannot an Effect Procede its Cause?,' *Analysis*, XVI (1956), 49-58

(17) 似かよった理由で、定義によってもし$\sim p \supset \sim q$なら、pはqの必要条件であることを示している。しかもこのことは、qはpの十分条件であるという主張を精確に表わしてもいる。要するにpがqの必要条件であるなら、qはpの十分条件であり、逆も言える。

(18) もちろん物理的システムのいわゆる力学的状態が、ｔのすべての値に対応するｓのすべての他の状態を——ｓに時間的に先立つすべての状態を含んで——決定するのではないならばである。

(19) N・R・ハンソンが論じるところによれば、彼らが見ていたものと同じものを見るわけではない。つまり今日の科学史家と、科学史にはまったく興味のないその妻とは、ともに家を見ている場合でも網膜像が等価であるにもかかわらず、同じものを見ていないことになる。N. R. Hanson, *Patterns of Discovery*, especially ch. 1.

(20) もちろんB_iが、'is R—ing'によって特徴づけられるB_1……B_n系列の一項であることが認められるなら、このことは明らかである。それは、B_iが一般にRを導き、B_iが生じなければRが生じないという強い理由によるものである。実際言語の歴史を考察するなら、企画動詞はこのようにしてさまざまな行為に適用しうるかもしれない。だが慣習が日常言語の一部となっても、B_iの記入から、Rが予言されるのではない。

(21) これについての詳細な論証は、A. C. Danto, 'Mere Chronicle and History Proper,' *Journal of Philosophy*, L (1953).

(22) Cecil Woodham-Smith, *The Reason Why* (New York: McGraw-Hill, 1954), p. 167.

(23) *Ibid.* この様式の語りの例を見ておくためにランダムに歴史書を取り上げてみよう。「ローマ教皇が外敵に抗して、軍備を集結させたと思われたちょうどそのときに、ローマ・カトリック教会の大分裂として知られている危機へと突入したのだった。こうして四十年間、西洋キリスト教会はふたつに分裂したのである」(Henri Pirenne, *History of Europe*: New York: Anchor Books, 1956, II, 122)。「エラスムスが一五〇〇年の一月にイギリスの地をあとにしたとき、不愉快な事件が勃発した……だがこの災難は結局のところ世界にとって、さらにはエラスムス自身にとっても大いに利となるものであった。世界は『格言集』をこのことに負うているのであり、エラスムスはこの作品を創始した名声を得たのである」(J. Huizinga, *Erasmus and the Age of Reformation*: New York: Harper Torchbooks, 1958, pp. 34-5)。「この仕事はそれ自体いまわしいものだが、世界史においてはきわめて重要であった。教会では硬直した派生的なセクトが形成されており、あらゆる発展から断ち切られてもいたのだが、にもかかわらず教会は一五〇〇年の間、この国民にとってかわろうとする蛮族の圧力に抗して国民感情を統合しつづけたのである。というのも教会は国家や文化以上に強く、それらに増して生き延びもしたのである。このなかでビザンチン精神の本質は保持された」(Jacob Burckhardt, *The Age of Constantine the Great*: New York: Anchor Books, 1954, p. 302)。「〔オレーム〕の仕事は、解析幾何学の革新の第一歩であり、ギリシャの幾何学に欠けていた運動の観念を幾何学に導入する方向での第一歩だった」(A. C. Crombie, *Augustine to Galileo: The History of Science: A. D. 400-1650*: Cambridge, Mass.: Harvard University Press, 1953, p. 261)。この最後の例が(事例は無際限に増大させうるであろうが)引用されているのは次の重要な論文である。Joseph T. Clark, 'The Philosophy of Science and the History of Science,' in Marshall Clagett (ed.), *Critical Problems in the History of Science* (Madison, Wisconsin: The University of Wisconsin Press, 1959), p. 127. ここでの例はすべて、クラークが一貫した精神史的方法と呼んだものの事例である。すなわち彼が「先駆」と名付けたものにとくに近い方法である(*loc. cit.* p. 103, and note 2, p. 138)。先駆(というのがことばの誤りであるなら)つまりはクラークによって特徴づけられた全体的方法は、物語記述に負っており、よりのちのものからより以前のものへと進行する記述の様式である。

(24)「これまで自ら考えることをしなかった人たちでも、このようになにもかも彼らに示されたあとでは、すでにどこかで言及されはしたものの、しかも以前は誰もそれに気付きえなかったところで、今度は一切を的確に看取する炯眼をそなえることになるのである」。Immanuel Kant, *Prolegomena To any Future Metaphysic*, para. 3.

(25) Henri Bergson, *La Pensée et le Mouvant* (Paris; Felix Alcan, 1934), p. 23. この節はマンデルボームによって引用されている。*op. cit.* p. 29. 私がベルクソンの議論にとりわけ注意を向けるようになったのは、マンデルボーム教授の示唆に負っている。

(26) たぶんこの文は、文法的にはひとつだが、一方に未来時制の文を含む連言のかたちに分けられる。するとこの主張は、(a)アリスタルコスは t_1にこれこれをした。(b)コペルニクスは t_2にこれこれをするだろう。(c) t_1は t_2より以前である。(d)それぞれは、これこれに似ている。しかし(b)は一五四三年以降に時制が移っている。こうしておけば、私が以下で述べる論点が明確になる。

(27) これはたぶん疑わしい。嘘をついている場合を考えよ。ある人がSを嘘だと思って口にし、実はそれが真の文であるとはまったく知らない場合である。嘘をつく意図があることが、Sが嘘であることの十分条件だとすると、彼はいずれにしろ嘘をついている、ということになるのだろうか。あるいは彼は嘘をつこうと企て、そうするつもりでもいたが、失敗したのだということになるのだろうか。私は後者だと思う。同様にある人が予言を企て失敗したのだと私は言いたいのである。だがこれはたんに私だけのとりきめであるのかもしれない。

(28) だがこれには拡大が必要である。Eが一度も起こっていないと考えるなら、私はEとのいかなる時間的関係ももつことができない。思うに潜在的な時間的制限があるにちがいない。たとえば t_1に、Eが t_2に起こると予言された場合であり、こうすると、「t_2でのE」は満たされた予言である。もしEが t_2に起こらなければ、この予言は誤っていることになる。だが明らかに通常そうした指定を行うことはできない。私は死ぬだろうと予言し特殊な理由で生き延びるかもしれない。この日は私には隠されたままである。

(29) 以下参照。

(30) Ludwig Wittgenstein, *Philosophical Investigations*, p. 223e.

第九章

(1) 歴史家が出来事から時間的に隔てられているという事実を、職業的な負債ではなくむしろひとつの強みであると、認める歴史家もいる。「のちの発展を以前の事態に不当に投影するにはおよばない。たとえば新アカデミーの懐疑主義をプラトンの「責任」にすることも、ヤンセニズムを聖アウグスチヌスに帰することも必要ない。しかしヤンセニズムが、アウグスチヌスの教義のなかから発展してきたことを確証しようとする努力は、同時にアウグスチヌスの教義をより良く理解することに大いに役立つのである」。H.-I. Marrou, *De la Connaissance Historique* (Paris: Editions de Seuil, 1959), pp. 46–7.

(2) というのも行為aが志向的であることは、aが自由であることの十分条件ではないからである。

(3) Gilbert Ryle, *Dilemmas* (Cambridge University Press, 1956), p. 21.

(4) アリストテレスの反対者は、ライルの反対者より賢明である。「人々が現実に矛盾する言明をしてきたか、そうでないかはどうでもよい。というのも情況は、一方の側に肯定的であったり、否定的であったりする事実によっては、明らかになにも影響を受けないからである。出来事は起こるであろう、もしくは起こらないであろうと述べられているのだから、将来起こるか起こらないかのいずれかである。たとえ予言が一万年さかのぼろうと、時間の異空間に移されようと、なんの問題もない。そうだとするとすべての時間を通じて、出来事の予言が真になるようにものごとの本性が形づくられているなら、あらゆる時間を通じて予言が満たされるはずだというのは必然であった」。Aristotle, *On Interpretation*, 18b–19a, tr. E. M. Edgehill.

（5） Denis Diderot, *Jacques le Fataliste* (Paris; Bibliothèque Mondiale, n. d.), p. 19.

（6） *Ibid.* p. 17.

（7）「だがこの考えは、ありえない結論に到る。というのも熟慮と行為はともに未来に関して原因となるものであり、より一般的に言うなら、不連続的に現実のものとなる事物においては、どちらの方向への可能性もあるからである」。Aristotle, *op. cit.* 19a.

（8） 私が呈示する多くの一般的論証と同様に、この提案は、以下の興味深い論文によって示唆されたものである。Colin Strang, 'Aristotle and the Sea Battle,' *Mind*, LXIX (1960), p. 463. 強調しておかなければならないのは、私の議論はストラングから慎重に導かれたものであり、私が企てようとしたのはアリストテレスの反対者を無効にすることではなく、むしろアリストテレスを再構成することだという点である。いわば反対者が間違っているなら、残された問題は、積極的な説明を与えることであり、それこそ私がなそうとしたことである。

（9） Richard Taylor, 'The Problem of Future Contingencies,' *Philosophical Review*, LXVI (1957), p. 3. テイラーは注2で、この主題に関する最近の議論の詳細な文献目録をつけている。思うに現在の分析の一部、それもごく一部だけが、テイラー自身のすぐれた説明と合致している。

（10） *On interpretation*, 18b.

(11) *Ibid.*

(12) つまり、「sはFであろう」も「sはFでないだろう」も、ともに真でも偽でもないが、両者の選言は真である。実際のところ私が定式化するように、それは真である必要はない。あす海戦があるだろうと想定するなら、それは運命であるか、ないかを言っていることになる。だがそれは運命である必要もなければ、実際海戦はないということにでもなれば運命でもない。たしかに「あす海戦があるだろう」も、「あす海戦はないだろう」もともにたぶん必然的に真である（もとより両者が同じあすにかかわり、あすがいつものようにやってくる場合のことであるが）。

(13) つまり、Sが起こってしまった場合。

(14) つまりSが起こってしまったら、SはFのひとつか、Fでないかだったということになる。

(15) 以下のみごとな議論を参照。A. N. Prior, *Formal Logic* (Oxford; Clarendon Press, 1955), part III, ch. II, sect. 2.

(16) Richard Taylor, *loc. cit.* p. 26.

第十章

(1) C. G. Hempel, 'The Function of General Laws in History,' *Journal of Philosophy*, XXXIX (1942). 繰り返し再録されているが、ここで用いたのは、P. Gardiner (ed.), *Theories of History*. この問題についての論考が公刊されて以降のほとんどすべてのものは、ヘンペルに同意するしないにかかわらず、ヘンペルのもともとの定式化によって構造化されてきた、と述べておくことが公正である。戦後の文献については以下のものを参照。John C. Rule, *Bibliography of Works in the Philosophy of History*,

1945–1957, published as Beiheft 1 of *History and Theory* (1961).

(2) 通常(3)はほとんど共通の理由とはみなせないであろうし、さらに(1)を否定することはほとんどできないであろう。というのもかりに(1)が誤りであり、そうした説明がない場合には、実際歴史家の説明が一般法則を含まないということをどのようにして主張するのだろうか（もし(3)が真なら(1)は偽でなければならないし、(2)も偽でなければならない）。にもかかわらず、人々が(3)を主張し(1)を否定するときには、以下の議論で明らかになるように、これを認めるために十分な制限を心がけているのである。

(3) 私が言及しているのは、歴史主義者（Historicist）ではなく、むしろ歴史的理想主義者である。というのも歴史主義者という用語は、あまりにも漠然と与えられているか、カール・ポパー教授によって与えられた用法とあまりにも明確につながってしまうからである。ポパーの見解を、私はできるだけ切り離したいと思っている。それらの見解はむしろ特殊ポパー自身のものなのである。

(4) C. G. Hempel and P. Oppenheim, 'The Logic of Explanation,' *Philosophy of Science*, XV (1948). Reprinted in H. Feigl and M. Brodbeck, *Readings in Philosophy of Science* (New York; Appleton, Century & Crofts, 1953).

(5) Hempel, 'The Function of General Laws in History,' *loc. cit.* p. 351.

(6) Karl Popper, *The Poverty of Historicism* (Boston; Beacon Press, 1957), p. 144 および各所。

(7) Michael Scriven, 'Truisms as Grounds for Historical Explanations,' in P. Gardiner (ed.), *Theories of History*; and 'Explanations, Predictions, and Laws,' in H. Feigl and G. Maxwell (eds.), *Scientific Explanation, Space, and Time, Minnesota Studies in the Philosophy of Science*, vol. III (Minneapo-

lis; University of Minnesota Press, 1962), pp. 170ff.

(8) Karl Popper, *The Open Society and its Enemies* (Princeton; Princeton University Press, 1950), pp. 448ff.「たとえば一七七二年の第一次ポーランド分割を、ロシア、プロシャ、オーストリアの力の和に抗することができなかったと指摘することで説明を与えるならば、そのとき暗黙に自明の普遍法則が用いられている。たとえばそれは、「ほぼ等しく十分武装し統率されているふたつの軍隊のうち、一方が人材面で著しくすぐれているならば、他方はまず勝てない」というようなものである……こうした法則は軍事力の社会学的法則として記述されるかもしれないが、あまりにも自明であって、社会学の学生のまともな問題にもならなければ、学生を喚起することもない」。

(9) Ernest Nagel, *The Structure of Science* (New York; Harcourt Brace & World, 1961) 各所。

(10) William Dray, *Laws and Explanations in History* (Oxford; Oxford University Press, 1957), p. 57.

(11) もちろん、出来事が法則に包摂されるかもしれず、出来事の記述が、一般法則を含む説明的前提から演繹されるかもしれない。だがこのふたつは別のテーゼと考えられる。この取り扱いについては、以下のものを参照。Alan Donagan, 'The Popper-Hempel Theory of Historical Explanation,' *History and Theory*, IV, 1 (1964). ドナガンは還元主義者の説明を擁護するが、法則包摂的説明は拒絶している。

(12) Dray, *op. cit.* pp. 66ff.

(13) たとえば、William Dray, '"Explaining What" in History,' in P. Gardiner (ed.), *Theories of History* 参照。

(14) かなり類似した論点については、J. Passmore, 'Explanation in Everyday Life, in Science, and in

History,' *History and Theory*, II (1962), 2 参照。

(15) というのももしかりに被説明項Emが偽であるときに、同時に説明項Esが真になりうるなら、いったいどのような意味でEsと関連づけてEmを説明したことになるのだろうか。もちろんこのことで、説明が演繹的操作を必要とすることが立証されるのではなく、ただこれが満たされなければ、いったいどのようにして説明について語れるというのだろうか。

(16) Hempel and Oppenheim, 'The Logic of Explanation,' *loc. cit.* III, para. 6.

(17) 最も明確に主張されているのは、Israel Scheffler, 'Explanation, Prediction, and Abstraction,' *British Journal for the Philosophy of Science*, VII (1957), 28. Reprinted in A. Danto and S. Morgenbesser (eds.), *Philosophy of Science*, pp. 274ff.

(18) Alan Donagan, *loc. cit.* sect. 7. ドナガンは歴史主義者ではないと思う。

(19) Alan Donagan, 'Explanation in History,' *Mind*, LXVI (1957). Reprinted in P. Gardiner (ed.), *Theories of History*. (p. 430 参照)。

(20) このことに関してはっきりしないのは、ドナガンが、一方では歴史家の説明から演繹の必要性が肯定されると仮定し、同時に他方で法則による包摂の必要性を拒絶している点を彼自身どのように整合化しているかである。

第十一章

(1) Patrick Gardiner, *The Nature of Historical Explanation* (Oxford: Oxford University Press, 1952).

(2) Ernest Nagel, *The Structure of Science*, pp. 564ff.

(3) *Ibid.* p. 565.

(4) Bertrand Russell, 'On the Notion of Cause, with Applications to the Free-will Problem,' in H. Feigl and M. Brodbeck (eds.), *Readings in Philosophy of Science*.

(5) C. G. Hempel, 'The Function of General Laws in History,' *loc. cit.* p. 346.

(6) ここで私の用語によれば、概念的証拠から史料的証拠へと進んでいる。

(7) C. V. Wedgwood, *The Thirty Years War* (Penguin Books, 1957), p. 167.

(8) G. M. Trevelyan, *England Under the Stuarts* (New York; 1906). Cited in Nagel, *op. cit.* p. 564-5.

(9) A. Danto, 'On Historical Questioning,' *loc. cit.* 参照。

(10) だがルイ十四世は毒入りのえびを食べたので、人知れず死んだ、と主張することはできない。というのも、このことが説明しているのは、なぜ彼が死んだかだけである。実際のところ、これはなぜ彼が人知れず死んだかの説明にはなっていないだろう。

(11) W. B. Gallie, 'Explanations in History and the Genetic Sciences,' reprinted in Gardiner (ed.), *Theories of History*, pp. 386ff.

第十二章

(1) 章題の「他の時代」は、「他者の心」のような哲学的術語にはなっていない。私はこの用語をロナルド・バトラーの以下の論文から借りた。'Other Dates,' *Mind*, 68, 269 (January, 1959): 16-33. この問題そのものは、本書の第五章で扱われている。

第十三章

(1) J. W. N. Watkins, 'Historical Explanation in the Social Sciences,' *British Journal for the Philosophy of Science* (1957), Reprinted in P. Gardiner (ed.) *Theories of History*. ページ数の引用はガーディナー版、p.505.

(2) H.-I. Marrou, *De la Connaissance Historique* (Paris; Editions du Seuil, 1959), p. 177. 厳密に言えば引用されている文はまったく間違っている。経験が提供するのは、人間個人の例のみならず、有機的組織体の例もある。事実経験から、他の組織を部分として含む有機的組織の例が与えられる。ここに個人を部分とする有機的組織の例が含まれるかどうかが、問題の焦点である。明らかにマルーはこの論点を問題にしているのである。

(3) *Ibid*.

(4) Watkins, *loc. cit.* p. 505.

(5) C. V. Wedgwood, *The Thirty Years War* (Pelican Books, 1957), p. 339.

(6) *Ibid*. pp. 339-40.

(7) *Ibid*.

(8) *Ibid*.

(9) Watkins, *loc. cit.* p. 511.

(10) H.-I. Marrou, *op. cit.* p. 177. Cf. pp. 163ff.

(11) Watkins, *loc. cit.* p. 505.

(12) 方法論的個人主義に関する文献には重要なものが多いが、そのほとんどが私が決定的に大切だと感じている区別をなしえていない。背景については、ワトキンスの初期の論文 'Ideal Types and Historical Explanation,' *British Journal for the Philosophy of Science* (1952), reprinted in H. Feigl and M. Brodbeck, *Readings in the Philosophy of Science* (New York, 1953). 批判については以下のものを参照。M. Mandelbaum, 'Societal Facts,' *British Journal for the Philosophy of Science* (1955); L. Goldstein, 'The Inadequacy of the Principle of Methodological Individualism,' *Journal of Philosophy* (1956); E. Gellner, 'Holism versus Individualism in History and Sociology,' *Proceedings of the Aristotelian Society* (1956).（私がのちに議論する）マンデルボームと、ゲルナーの論考は、Gardiner, *op. cit.* に再録されている。これにはゲルナーによる短い注（'Reply to Mr. Watkins'）が含まれている。さらにより以前の議論については、F. A. Hayek, *Individualism and the Economic Order* and *The Counter Revolution of Science* および Karl Popper, *The Open Society and its Enemies* and *The Poverty of Historicism* を参照。

(13) ポパー教授が『自由社会とその論敵たち』の第十四章で、心理主義を批判し方法論的個人主義を推奨していることは、まったく正しい。だが、ゲルナーが心理主義に抗する論証を通じて方法論的個人主義を反駁しようと企てているときには、論理的誤謬に陥っている。心理主義と方法論的個人主義は区別しえないと感じているようである。'Holism versus Individualism in History and the Social Sciences,' in Gardiner, *op. cit.* 501 and n. 9.

(14) 引用ページ数はガーディナー版にしたがう。

(15) *Ibid.* p. 479.「特殊な」という形容詞が、任意の個体の指示を拒否したものだと受けとる必要はないように思える。

(16) *Ibid.* p. 478.

(17) *Ibid.* p. 483.

(18) *Ibid.*

(19) *Ibid.* p. 486.

(20) *Ibid.* p. 488. 哲学的ピューリタンは、事実が相互作用しうる、あるいは事実はたぶん衝突しうるという概念に激しく反対するだろう。事物は相互作用しうるし、事物と命題は衝突しうる。だがこの「事実」のゆるやかな用法は、本来マンデルボームの議論を損なうものではなく、またただちに再構成されうる。

(21) *Ibid.* p. 481.

(22) *Ibid.* p. 482. こうした翻訳の「理論的可能性」と「実践的不可能性」が証明されたとしても、このことは「一般存在論の観点から有意味なのであり、社会科学の自律性に関する私の議論に影響はないであろう」。

(23) Watkins, 'Historical Explanation in the Social Sciences,' p. 509.

(24) *Ibid.*

(25) ことに ch. II of his *The Structure of Science: Problems in the Logic of Scientific Explanation* (New York: Harcourt, Brace & World, 1961) 参照。

(26) 「私が現実の問題だとみなしているのは、こうしたことである。社会科学者は大ざっぱにふたつの主要グループに分かれる。社会的過程をいわばそれ自身の流れのもとでそれ自体の本性と法則にしたがい進行するものとみなし、人々をこれらにしたがうものととらえる論者と、社会的過程を人間個々人の行動の複合化された産物ととらえる論者とである」。J. W. N. Watkins, personal letter, dated 11 January 1962.

訳者あとがき

本書は、歴史の物語的解釈の革新を促した分析的歴史哲学の書であり、歴史の物語派と呼ぶべきものの出発点となった著作である。物語の概念を中心に歴史を解釈する探究の系列のなかでは、ヘイドン・ホワイトの『メタヒストリー』と並ぶ必須の典拠となっている。本書の新版の序文でダント自身が述べているように、もともと本書の構想は、論理実証主義、論理経験主義の支配的環境下で、それらを超え出ていく試みとしてあった。ちょうど科学哲学において、トーマス・クーンの『科学革命の構造』が、『統一科学百科全書』のプロジェクトの一冊として書かれながら、同時に論理経験主義の統一科学要求を超えて、科学哲学の新たな局面を切りひらいたように、本書は、歴史理論において同様の役割を担っている。本書の最も重要な概念である「物語文」の構想自体、『科学革命の構造』と同年に公表されたものである。

従来歴史理論が、科学哲学ほどに注目されてこなかったのは、ヘーゲル以降の人類史を鳥瞰する壮大な歴史観があまりにも強烈であったこともさることながら、歴史そのものがものごとや出来事の時間変化をとらえ、時間的関係において出来事を把握するという、歴史の固有性が十分に分析されえないままであったことによっている。ものごとや出来事をより広範囲な意味論的、語用論的な構造的連関のうちでとらえる構造論的な探究に較べ、ものごとや出来事を時間的推移の関連のうちで、とりわけ変化そのもののあり方においてとらえる探究は、かなり立ち遅れてきたようにも思える。

ものごとや出来事や事実は、科学において理論的に組織化されているように、歴史においても組織化されている。ただし科学と歴史とでは、組織化の様式がまるで異なるのである。科学においては、理論的、構造的に組織化されるのに対し、歴史においては時間的関係として組織化される。そしてこの組織化に不可分に関与するのが、ほかならぬ「物語」である。物語は今日、きわめて多様な意味で使用されているが、本来の意味内実は、ロラン・バルトが指摘するように、出来事の時間的順序を構成するものである。そのことは、歴史という語に相当するGeschichteやhistoireが、物語という語義をもちあわせていることにも現れている。本書が主題とするのは、物語による時間的関係の組織化のあり方である。

本来「物語」は時間知覚を構成してもいる。一六一八年に開始された戦闘が、三十年戦争としてとらえられるとき、この戦闘は三十年間継続し、そして終わったという、時間的統一体として知覚されるのである。この時間的統一体には少なくとも、開始と持続と終りの相互の関係が含まれている。一六一八年に開始されたこの戦闘は、時間関係においてとらえられて、はじめて歴史的出来事となる以上、歴史的出来事には、時間関係や時間的順序の意味付与が不可欠である。この意味で歴史と物語は不可分であり、歴史にはつねにすでに物語が関与し、浸透しているのである。

論理実証主義、論理経験主義の構想に対して、科学哲学において新たな局面が切りひらかれたさい、N・R・ハンソンによって、事実そのもののあり方が問われた。つまり事実はそれ自体単独ではありえず、理論に媒介され、理論を通じて知覚されるのである。ハンソンと同様に、物語理論は、歴史における出来事の物語媒介性を主張する。科学における観察事実が理論的負荷をうけるように、歴史における出来事は、物語的負荷をうけるのである。この意味でハンソンの主張した「理論負荷性」とパラレルに、歴史においては「物語負荷性」があるのだと言ってもよい。H・R・ヤウスが『挑発としての文学史』で主張するように、物語とは「歴史的知覚」のことなのである。ただし対象をたんに類種的な意味として知覚するのではなく、出来事を、開始、終り、転換、持続、断絶のような時間関係として知覚する。一言で言えば、ものごとの変化あるいは変化そのものの知覚こそ、物語にほかならない。たとえば十八世紀末にフランス国内で生じた大規模な動乱を、開始、継続、終りという時間的推移においてとらえ、とりわけ開始という変化、終りという変化において見ることによって、この動乱は歴史的出来事として知覚される。出来事を時間的統一体として見るこの知覚において、開始や終りという変化は、出来事そのものの輪郭を規定している。この大規模な動乱の終りを、ナポレオンの登場にみるか、ナポレオンの追放にみるかでこの出来事の意味はまったく変わってしまうのであり、この意味でも歴史的出来事としてのフランス革命は、時間的関係の意味付与と不可分である。

このさい歴史的出来事は、直接的な観察の対象とはならず、それゆえ観察による検証も不可能である。そのことは歴史的出来事が過去であることによるのではなく、物語ることそのものの構造によるのである。一六一八年に開始された戦闘を目撃することによって、「三十年戦争」が開始されたことを知ることは不可能であり、「三十年戦争が一六一八年に開始された」と知りうるのは、少なくとも一六四八年以降になってのことだからである。時間関係の組織化が、出来事の終わったあとという時点を不可欠の相関項とする以上、歴史的出来事を同時代的な観察によって検証することは、そもそも不可能なのである。

本書は、こうした歴史の構成の最も基礎的な部分の解明を行っている。その基軸となるのが物語文であり、「三十年戦争は一六一八年に開始された」という文がその代表的なものである。一般的に言えば、物語文は時間的に隔てられ、はっきり区別される二つの出来事（この場合は開始と終り）を関係づけるが、そのうちの最初の出来事のみを記述するような文である。ここでは過去は遡及的に再編成されるのであり、半ば自明のことだが、歴史学が出来事を物語るのは、過去の再現としてではなく、むしろ過去を時間の構造において有機的に組織するのである。この組織化をさまざまな側面から解明してゆくことが本書のモチーフである。

もとより物語には、筋立て（プロット）やストーリー構成のようなより高次の機能がある。物語は、いずれにしろものごとや出来事の時間的関係を組織化することによって、それらの間に、さらに原因、結果の継起的必然性、偶然的生起、連続的持続、未来の予期を含む方向性等の論理関係を、示しうる。ここでは物語は、文の集合としての言説の固有の組織化の水準を指し示しており、これらは物語の役割として解明されることになる。

⁂

本書は、Arthur C. Danto, *Analytical Philosophy of History*, The Cambridge U. P., 1965. および "The Problem of Other Periods," *The Journal of Philosophy*, Vol. LXIII, 1966. の翻訳であり、後者の論文は、第十二章に入れてある。原書のドイツ語訳が公刊されるさいに、著者自身の希望によって、この論文が加えられており、ここでもそれにしたがった。したがって本書は体裁上、ドイツ語版と同じになっている。なお原書は、本書に入れた論文に加え、さらに二本の論文を追加して、一九八五年に新たな表題で再刊されている。

著者アーサー・C・ダントは一九二四年ミシガン州生まれで、コロンビア大学で学位を得、哲学のジョンソニアン・プロフェッサーであった。本書を含めた初期の知識論、行為論に関する分析哲学から、現在、芸術、美学関係の研究に関心を移している。本書以外には、以下のような主要著作がある。

Nietzsche as Philosopher, The Macmillan Company, 1965.（邦訳『哲学者としてのニーチェ』眞田収一郎訳、風濤社、二〇一四）

Analytical Philosophy of Knowledge, Cambridge U. P., 1968.

What Philosophy Is——a Guide to the Elements, Harper & Row, 1968.（邦訳『言語と哲学の世界』桑木務監修、薗田勲訳、社会思想社、一九八〇）

Analytical Philosophy of Action, Cambridge U. P., 1973.

The Transfiguration of the Commonplace, Harvard U. P., 1981.（邦訳『ありふれたものの変容——芸術の哲学』松尾大訳、慶應義塾大学出版会、二〇一七）

Narration and Knowledge, Columbia U. P., 1985.

The Philosophical Disenfranchisement of Art, Columbia U. P., 1986.

The State of the Art, Prentice Hall Press, 1987.

Encounters & Reflections: Art in the Historical Present, Farrar, Straus & Giroux, 1990.

Embodied Meanings: Critical Essays & Aesthetic Meditations, Farrar, Straus & Giroux, 1994.

After the End of Art: Contemporary Art and the Pale of History, Princeton U. P., 1997.（邦訳『芸術の終焉のあと――現代芸術と歴史の境界』山田忠彰監訳、河合大介、原友昭、粂和沙訳、三元社、二〇一七）

The Body/Body Problem: Selected Essays, U. of California P., 1999.

What Art Is, Yale U. P., 2013.（邦訳『アートとは何か――芸術の存在論と目的論』佐藤一進訳、人文書院、二〇一八。付論として「アートの終焉」（一九八四年）の邦訳を含む）

なお本書の企画にさいしては、成城大学の富山太佳夫先生にご尽力をいただいた。また編集部の中根邦之氏には、訳業の各段階でひとかたならずお世話になった。末尾ながら感謝の言葉を申し述べたい。

訳者

文庫版への訳者あとがき

生成し続ける事実や事態は、それぞれの時間点での観察された事実を並置するだけでは、理解することも捉えることもできない。たとえそうした各時間点の事実をどのように詳細に記述しても、生成する事態には届かないのである。それは、事実の詳細な解明がいまだ不足しているからではない。生成する事態には、どのように個別事実を詳細に解明しても、なおなにかが欠けている。それが「物語」であり、物語とは個々の事象を時間的に組織化する働きである。こうした物語の考察が本書のテーマである。

それは科学的記述への理解が、なんらかの理論的な枠組みの付加を介してはじめて成立していることに似ている。かつて批評家の小林秀雄は、「科学を除けば、人間の知的営みはすべて歴史である」というようなことを述べていた。この場合の「科学」は、おそらく出発点の初期条件を決めれば、後のプロセスはすべて決まっているというタイプの決定論的な科学を指している。

だが宇宙生成史や地質学や気象学、あるいは進化論やヒト類の起源史のような領域では、どのような仮説的な理論であっても、本性上「生成する事態」にかかわっており、そこにはなんらかの「物語」が含まれている。ごく基本的な物理学でも、非線形の力学には、「履歴をもつプロセス」が含まれている。たとえば「北京のチョウの羽ばたきが、やがてフロリダでハリケーンとなる」というような自己組織化のプロセスは、数学的にも定式化できるが、現実的なプロセスを理解するためには、「成る」ことを含む「物語」を欠くことができない。

物語は、生成する事象やそれの経験を形成するさいの不可欠の働きであり、そこには最低限、異なる時間関係の組織化が含まれている。こうした経過を含んだ表現の要素的なかたちが「物語文」と言われるものである。本書は、こうした「物語文」を、分析的にはじめて明示した著作である。

進行し続ける事象をどのようにして捉えるかは、哲学一般の大問題でもある。アリストテレスでは、「可能態―現実態」の対比的概念で捉えようとしており、ヘーゲルは事柄の論理的限定のなかに生成を内在させる「弁証法」を編み出していた。このとき正、反、合のような論理的進展の仕組みは、初期状態、変化、生成完了状態という推移する事態の論理的な表現だと見ることもできる。本書は、生成する事象を捉えようとする歴史家にとって、欠くことのできない「物語る行為」を、言語表現のかたちに即して明らかにしている。人文学であれ、社会動態を含む社会史、あるいは経済循環を含む経済史、あるいは自然史であれ、どのようなかたちであっても、進行し続ける事象にかかわる学問にとって、基礎的な経験の仕組みを明示しているのである。

この物語論は、奥行きがかなり広く、ここから多くの問題や課題をさらに明るみに出すことになった。ここではその一つだけ取り上げる。歴史の意味は、生成の終わった位置からしか明らかにはならない。だが同時に生成のなかにいるもの（行為するもの）にとっては、何が起きているかわからないまま行為することは避けられないことを意味する。たとえばガリレイは、「科学革命」（ガリレイからニュートンまで）の端緒のあたりを開始したが、ガリレイは、自分がやっていることが「科学革命」なのだということを知ることなく、実行してしまっていることになる。とすればガリレイ本人は革命的転換のようなこととはまったく異なることをやっていたことにもなる。これはプロセスのさなかにいる行為者と物語的認識のギャップを示している。そのため歴史記述に、視点の二重性と新たな工夫を要求することになる。

本書は、全体をつうじて分析哲学に典型的な議論のスタイルを示してもいる。個々の議論のなかに前提されている論理的条件や個々の議論の位置価を可能な限り明示しながら、論証的議論で実際何が行われているかを明示するような論述のスタイルをとっている。その場合、言明の真偽、有意味性、論理的包含関係のような事柄を焦点にしながら考察を進めていくことになる。そうした論証手続きの延長上に、歴史という経験に欠くことのできない時間関係を組織化する「物語」を明るみに出し、配置している。

こうした分析的な論証的手続きは、実はたんに哲学に必要なだけではない。というのも生成する事象にかかわる議論は、繰り返し筋違いや行き止まりに陥る可能性があり、いくぶんかの訓練を経ておいたほうが良い場面は、実際のところ、現実社会には無数にある。

現代では、過剰なほど多くの「議論」がSNSを中心に飛び交っている。そのなかには言語的無理解や論点のすり替えが夥しく含まれている。論理的なすり替えや有意味性の欠落を、言葉の勢いや印象操作で代替するような議論は、無数に見られる。そうした事態をできるだけクリアにしていくためにも、本書は優れたエクササイズを提供してくれる。本書には、論理的、分析的オペレーションの訓練にふさわしい多くの事例が満載されている。そうしたことを念頭に置きながら、本書を読み進めることもできると思う。

なお、原著者 Arthur C. Danto の日本語名表記は、いろいろなやり方があると思われるが、本人の生存時のニューヨークでの発音に合わせている。ここではアーサー・C・ダントと表記している。コロンビア大学終身教授だったダントは、ニューヨークに住んでいたアーティストの故荒川修作と妻のマドリン・ギンズが月一回のペースで行っていた研究会に出席していた。この研究会には、他に進化論のスティーヴン・ジェイ・グールドや神経内科医のオリバー・サックスらも参加していた。超学際的な創造性をテーマにした研究会だったようである。そこで荒川修作に問い合わせ、現地での Danto の発音を確認し、それを日本語名としたというのが実情である。
文庫版のかたちで公刊するさいに、筑摩書房編集局の北村善洋さん、フリー編集者の竹中龍太さんには、作業の各局面でさまざまな配慮をいただき、ずいぶんとお世話になった。記して感謝したい。

二〇二四年七月三十日

河本英夫

解説　二つの「言語論的転回」の狭間で

野家啓一

1　「大きな物語」の衰退

「歴史哲学」と聞いて、人は何を思い浮かべるだろうか。おそらく念頭をよぎるのは、ヘーゲルの『歴史哲学講義』に代表されるような、世界史の流れを俯瞰してその意義と目的を論じる「大きな物語」のことではあるまいか。

本書の著者アーサー・C・ダントによれば、「歴史総体の意味を論じて、ヘーゲルはそれを絶対的なものの自己認識へ至る過程であると考えた」（三六頁）のである。あるいはそれを、ヘーゲルは世界史の行程を「自由の自己実現」のプロセスと見なした、と言い換えてもよい。これが神の世界創造に始まり最後の審判で終末を迎えるキリスト教的歴史観の世俗化であることは見やすい道理であろう。ヘーゲル哲学の転倒を企て、階級闘争と革命によるプロレタリアートの解放を揚言したマルクスの唯物史観もまた、そのヴァリエーションであることは言うを俟たない。

だが、このような世界史の来し方行く末を展望する「大きな物語」としての歴史哲学は、二〇世紀の半ばにほぼ終焉を迎える。というのも、二〇世紀の歴史哲学は、二度にわたる「言語論的転回（linguistic turn）」を経ることによって、その形式も内容も大きく変貌を遂げざるをえなかったからである。「大きな物語」の掉尾を飾ったのは、そのタイトルが如実に示しているように、ヤスパースの『歴史の起源と目標』（一九四九）であろう。周知のようにヤスパースは、起源も目標も定かではない人類史の流れの中に手がかりとなる「基軸（Achse）」を見出すことによって世界史の枠組みを描き直そうと試みた。しかもその基軸時代をインドや中国などアジアにまで拡張することによって、キリスト教文化圏を基盤とするヨーロッパ中心主義の弊を免れた「世界史の構造」を浮かび上がらせようとしたのである。

ここで第一次の「言語論的転回」とは、私秘的な意識を哲学的思索の基盤とするデカルト以降の近代哲学が陥ったアポリア（独我論と不可知論）を公共的な言語の論理分析を手段に超克しようとする二〇世紀初頭の哲学運動のことである。論理経験（実証）主義ないしは分析哲学と呼ばれるこの趨勢は、自然科学と人文社会科学との方法的区別を認めず、自然科学（とりわけ物理学）の方法論によって歴史学をも包摂しようと試みた（統一科学運動）。「歴史の分析哲学」と呼ばれる潮流がそれである。

だが、あまりに急進的すぎたこの試みはほどなく自壊し、やがて二〇世紀の終りにかけて、ソシュール言語学に淵源するポスト構造主義の言語論から強い示唆を受けた「歴史の詩学」ないしは「歴史の修辞学《レトリック》」とも称される潮流が勃興して実証主義的歴史学との間に激しい論争を巻き起こした。この動きを代表する著作がヘイドン・ホワイトの『メタヒストリー』(一九七三)でありポール・リクールの『時間と物語』(一九八三〜八五)である。これが二〇世紀後半に歴史学を席捲した第二次の「言語論的転回」にほかならない。

このたび文庫化されたダントの主著『物語としての歴史』は、一九六五年に『歴史の分析哲学(*Analytical Philosophy of History*)』の原題で刊行された。それから二〇年後の一九八五年、本書の増補版が『物語と知識(*Narration and Knowledge*)』とタイトルを改めて再刊され、「歴史の物語論(narrativism)」の出発点をなす書物として再び注目を集めることとなる。こうした経緯から明らかなように、本書は論理経験(実証)主義流の「歴史の分析哲学」に引導を渡すと同時に、やがて興隆する「歴史の物語論」へ向けて鏑矢《かぶらや》を放つという重要な役割を担った著作である。その意味で本書は、二つの「言語論的転回」の間を橋渡しすることによって、歴史哲学にパラダイム・シフトをもたらした記念碑的作品にほかならない。

2 歴史の分析哲学

第一次の「言語論的転回」は、一九世紀末から二〇世紀初頭にかけてG・フレーゲ、B・ラッセル、L・ウィトゲンシュタインという三人の哲学者によって牽引され、彼らの影響を受けたウィーン学団のメンバーたちによって主に哲学の領域で展開された（主要な論考は、リチャード・ローティが編纂したアンソロジー『言語論的転回』（一九六七）に収録されている）。論理経験（実証）主義と呼ばれた彼らの目標は、言語の論理分析を通じて伝統的な形而上学を「偽」ですらない「無意味」な命題と断じ、返す刀で物理学の方法論をモデルに自然科学と人文社会科学を統合しようとする「科学的方法の統一」（三七三頁）を推し進めることであった。もちろん、歴史学もその例に洩れない。

その中で最もよく知られているのは、歴史的説明の論理構造を明らかにしようとしたC・G・ヘンペルの論文「歴史における一般法則の機能」（一九四二）である。この論文がもたらした波及効果と論争については、本書の第十章「歴史的説明と一般法則」で詳しい批判的検討がなされている。ヘンペルが強調したのは、科学的説明であろうと歴史的説明であろうとを問わず、「説明は、それが人間的あるいは非人間的行動にかかわっていようといまいと、まったく同じ構造をもつ」（三七三頁）ということであった。その構造とは、歴史的出来事を記述する文（被説明項）は妥当な根拠と見なされる一連の前提（説明項）から論理的に演繹されねばならない、というものである。この説明項は一般法則と初期条件とから構成される。こうした観点に立つ限り、「歴史は単一の出来事を扱うからという理由で、歴史を自然科学から区別するような余地はまったくない」（三七七頁）ということになる。これは新カント派、とりわけヴィンデルバントの講演「歴史と自然科学」

（一八九四）が提起した方法論的二元論に対する根本的な批判と見ることができる。

この一般法則と初期条件から個別事象（歴史的事実）を演繹する手続きは「被覆法則モデル」ないしは「D-Nモデル（演繹的―法則論的モデル）」と名づけられている。だが、自然科学とは違い、歴史学において一般法則に相当するものを定式化することは甚だ難しい。たとえ確率論的説明を導入したところで、その説明は曖昧さを払拭しきれないからである。それゆえヘンペルは、歴史的説明については「完全な説明」であることを断念し、それを「説明スケッチ」と呼ぶことで満足するほかはなかった。

こうしたヘンペル・モデルの帰結について、ダントは「おそらく演繹可能性の仮定は放棄せねばならないだろう。けれどもそれを放棄するかぎり、私たちはヘンペルの分析全体の根拠も、同じく放棄することになる」（三八一頁）と手厳しい評価を下している。その理由をダントは以下のように敷衍する。「ヘンペルは、彼の意味論的、構文論的規定については厳格であったが、方向を誤っていたのであり、説明行為の概念の中心たる語用論の次元を、まったく看過していたのである」（三八二頁）というわけである。

ここで付け加えておけば、構文論とは記号と記号の間の形式的関係（文法）を、意味論とは記号と指示対象との間の関係を、語用論とは記号と解釈者の間の関係をそれぞれ研究する論理学の分野のことである。それゆえ構文論では記号結合の正／誤が、意味論では命題の真／偽が、そして語用論では言語行為の適切／不適切ないしは成功／不成功が評価の基準とされる。それでは、ヘンペルが看過している「語用論の次元」とは何であろうか。歴史的説明とは出来事を時間的に序列化し、それらの相互関係を組織化する言語行為にほかならない。そこでは対象を指示し、命題の真偽を判別するという「意味論の次元」以上のことがなされている。その余剰の部分をダントは「物語（narration）」と名づけるのである。それでは余りに漠然とし過ぎていると言うならば、彼の「物語とは、始めから終りまでの変化がどのように起こったかについての記述、言うなれば説明なのであり、始めと終りはいずれも被説明項の一部である」（四一九頁）という注釈を付け加えておこう。

3　物語文の不可欠性

本書の中核部分であり、同時にハイライトをなしているのは「物語文（Narrative Sentences）」と題された第八章である。枝葉を切り落としてしまえば、この「物語文」の構造と、それと密接に関連する「理想的編年史（Ideal Chronicle）」の概念を理解すれば、本書の最重要ポイントは押さえたことになると言って過言ではない。

まずは物語文であるが、これは「あらゆる種類の物語に現れ、ごく自然な日常の話し方のなかにさえ入り込んではいるが、歴史叙述において最も典型的に生じるように見える種類の文」（二五八頁）のことである。より具体的に定義すれば、「これらの文の最も一般的な特徴は、それらが時間的に離れた少なくともふたつの出来事を指示するということである。このさい指示された出来事のうちで、より初期のものだけを（そしてそれについてのみ）記述するのである。通常それらは、過去時制をとる」（同）と定式化される。物語文の具体例にはダント自身の例示を含めてさまざまなものが挙げられるが、ここでは黒田亘が提出した簡にして要を得た事例を取り上げておこう。黒田は歴史理解における物語文の重要性を、おそらくわが国で最も早く指摘した哲学者だからである。

> ダントが物語り文と呼ぶのは、時間的に隔たった二つ以上の出来事（E_1、E_2）を考慮しながら、直接にはE_1だけについて記述するような文のことである。具体的な例で言うと、たとえば結婚式の披露宴で媒酌人が新郎新婦を紹介する。本日めでたく結婚の式をあげられたご両人が最初に出会ったのはかくかくの場所で、どこどこのテニスコートで、と。これはいまのダントの言い方でいうと物語り文の一例になる。（黒田亘「時間と歴史」、『知識と行為』東京大学出版会、一九八三年所収、一五三頁。初出は一九八一年）

媒酌人などといういささか古めかしい事例で恐縮だが、「本日めでたく結婚の式をあげられたご両人」という直近の出来事の記述（E_2）とそれに先立つ初期の出来事「ご両人が最初に出会ったのはかくかくの場所で、どこどこのテニスコートで」という過去時制による記述（E_1）を見れば、これがダントの物語文の条件を満たしていることは明らかである。

ではなぜ歴史叙述に最も典型的な文（物語文）は、時間的に隔たった二つの出来事に言及する必要があるのだろうか。単一の出来事を叙述する「三十年戦争は一六一八年に始まった」のような文だけでは不十分なのだろうか。それに答えるのが「理想的編年史」というもう一つの鍵概念である。

4　理想的編年史の不可能性

ダントはここで「理想的編年史家」という完璧な能力をもつ歴史家を一種の思考実験として導入する。この歴史家は「たとえ他人の心のなかであれ、起こったことすべてを、起こった瞬間に察知する。彼はまた瞬間的な筆写の能力も備えている。「過去」の最前線で起こることとすべてが、それが起こったときに、起こったように、彼によって書き留められる」（二六九頁）というわけである。この歴史家は、ランケが言う「なにが実際におこったか（wie es eigentlich gewesen）」をそのまま記述するという歴史家の理想を体現していると言ってよい。いわば地上の出来事をあまねく鳥瞰する「神の視点（God's point of view）」の世俗化された姿でもある。

だがダントによれば、この理想的編年史家は歴史叙述の基本単位である「物語文」を語ることができない。たとえば先ほどの「三十年戦争は一六一八年に始まった」という文をとりあげよう。これは単一の出来事を記述しているように見えながら、実は構造的には物語文なのである。鍵は「三十年戦争」という表現にある。この語は戦争が一六一八年に始まり、一定期間持続し（中間）一六四八年に終結したことを表している。つまり当該の文は、戦争の開始と終結という二つの時間的に隔たった出来事を指示しながら、開始の時点のみを記述している物語文なのである。

ところが、一六一八年の時点でこの物語文を記述できる歴史家は存在しない。「三十年戦争」という表現を使えるのは、戦争が終結した一六四八年以後の歴史家だけだからである。いかに優れた理想的編年史家といえども、戦争の開始を目撃はできても、三十年後のその終結を予測することはできない。ダントによれば「ひとつの出来事についての真実全体は、あとになってから、時にはその出来事が起こってからずっとあとにしかわからないし、物語のなかのこの部分は、歴史のみが語りうる」（二七四頁）ことなのである。要するに、現在時点で起こるすべての出来事を記述できる理想的編年史家といえども、「未来についての知識」（同）はもち得ないのである。逆に、未来を知りえないのと同様に「過去は変えられない」というのがわれわれの常識であろう。それに対してダントは次のように主張する。

だが一方「過去」が変化していると言いうるような、ある意味のとり方がある。つまり私たち（あるいはなにか）がその出来事に因果的に作用するとか、t_1時が過ぎたあとにもある事柄がt_1時に対して生じ続けているからというのではなくて、t_1時の出来事がその後の出来事に対して異なった関係に立つようになるがゆえに、t_1時の出来事が新たな特性を獲得するという意味において、過去が変化するのである。（二八〇頁）

「過去が変化する」とはいささかショッキングな物言いだが、先行する出来事（E_1）が後続する出来事（E_2）との関係と影響によって、その意味を変化させることは別に珍しいことではない。旧ソ連邦における粛清と名誉回復、日本古代史における「聖徳太子」の存否をめぐる論争など、実例はいくらでも挙げることができる。要するに、歴史は常に「未完のプロジェクト」でしかありえず、時間が停止しない限り、「完結した歴史」などはありえないのである。

5 「修辞的な現在」へ向かって

以上のようなダントの問題提起は、歴史記述が言語装置によって媒介され制作されるものであることを、改めてわれわれに思い起こさせた。さきの黒田亘の言葉を借りるならば、「過去とは過去を語るわれわれの言語的行為によって構成されるもの」なのであり、「いったん起こった出来事の意義は決して完結することはないと言ってよい」のである（前掲書、一五四〜一五五頁）。

これはダントが示唆した方向を歩み進めるならば、当然至りつく帰結であろう。実際、歴史学の領域での第二次「言語論的転回」を領導したヘイドン・ホワイトは、『メタヒストリー』の序論「歴史の詩学」のなかで、自分は「歴史学の作品を《物語性をもった散文的言説という形式をとる言語的構築物》として把握するつもりである」と明確に述べている（岩崎稔監訳『メタヒストリー』作品社、二〇一七年、五〇頁）。つまり、歴史叙述とはメタファー（暗喩）やメトニミー（換喩）などの喩法を駆使してプロットの構成を行なう修辞的行為にほかならない。それゆえ「歴史についてある視座を優先的に選ぶときの最大の根拠になっているのは、究極的には認識論的なものというよりも、むしろ審美的または倫理的なものである」（前掲書、四四頁）と彼が言うのもある意味で当然であろう。

だが、歴史叙述が想像力（構想力）やレトリックが深く関与する言語行為であるとすれば、過去の出来事を忠実に復元することを目標とするランケ流の実証史学は行き場を失うことになる。言語表現としての歴史叙述とそれが指示する外部の歴史的現実の間に修辞的要素が不可避的に介在するならば、一義的な指示関係は成立せず、事実とフィクションとの境界線は曖昧にならざるを得ないからである。この事態は歴史家たちの間で「歴史学の危機」と受け止められ、『過去と現在（Past & Present）』誌を舞台に活発な論争が繰り広げられた。一九九〇年代半ばのことである。その論争の仕掛人とも言うべき歴史家ローレンス・ストーンは「歴史学とポストモダン」と題する小論を寄稿し、危機の震源を①ソシュールからデリダにいたる言語理論、②ギアツらの象徴人類学、③ニュー・ヒストリシズムという三潮流に求めた。

この状況分析はおおむね的を射ているとしても、そこにもう一つの震源としてダントの物語論（ナラトロジー）の与えた衝撃を加えておくべきであろう。彼の『物語としての歴史』は第一次の言語論的転回を第二次の言語論的転回へと架橋するとともに、歴史学の目標を「事実」や「真理」の探究から「意味」や「表象」の探究へと論理的筋道を外すことなく大きく転換させた里程標とも言うべき著作にほかならない。文庫化に際して非力をも顧みず、拙い道案内を買って出たゆえんである。

（のえ・けいいち　東北大学名誉教授　哲学）

付記：引用文中の傍点はすべて原文のものである。

マ　行

タ　行

ナ　行

ハ　行

サ　行

人名・事項索引

本書は一九八九年二月十五日、国文社より刊行された。

ミメーシス(上)
E・アウエルバッハ
篠田一士／川村二郎訳

西洋文学史より具体的なテクストを選び、文体美学を分析・批評しながら、現実描写を追求する。全20章の前半のホメーロスよりラ・サールまで。

ミメーシス(下)
E・アウエルバッハ
篠田一士／川村二郎訳

ヨーロッパ文学における現実描写の流れをすばらしい切れ味の文体分析により追求した画期的文学論。全20章の後半、ラブレーよりV・ウルフまで。

人間の条件
ハンナ・アレント
志水速雄訳

人間の活動的生活を《労働》《仕事》《活動》の三側面から考察し、《労働》優位の近代世界を思想史的に批判したアレントの主著。（阿部齊）

革命について
ハンナ・アレント
志水速雄訳

《自由の創設》をキイ概念としてアメリカとヨーロッパの二つの革命を比較・考察し、その最良の精神を二〇世紀の惨状から救い出す。（川崎修）

暗い時代の人々
ハンナ・アレント
阿部齊訳

自由が著しく損なわれた時代を自らの意思に従い行動し、生きた人々。政治・芸術・哲学への鋭い示唆を含み描かれる普遍的人間論。（村井洋）

責任と判断
ハンナ・アレント
ジェローム・コーン編
中山元訳

思想家ハンナ・アレント後期の未刊行論文集。人間の責任の意味と判断の能力を考察し、考える能力の喪失により生まれる〈凡庸な悪〉を明らかにする。

政治の約束
ハンナ・アレント
ジェローム・コーン編
高橋勇夫訳

われわれにとって「自由」とは何であるのか――。政治思想の起源から到達点までを描き、政治的経験の意味に根底から迫った、アレント思想の精髄。

プリズメン
Th・W・アドルノ
渡辺祐邦／三原弟平訳

「アウシュヴィッツ以後、詩を書くことは野蛮である」。果てしなく進行する大衆の従順化と、絶対的物象化の時代における文化批判のあり方を問う。

スタンツェ
ジョルジョ・アガンベン
岡田温司訳

西洋文化の豊饒なイメージの宝庫を自在に横切り、愛・言葉そして喪失の想像力が表象に与えた役割をたどる。21世紀を牽引する哲学者の博覧強記。

法の概念〔第3版〕　H・L・A・ハート　長谷部恭男訳

法とは何か。ルールの秩序という観念でこの難問に立ち向かい、法哲学の新たな地平を拓いた名著。批判に応える「後記」を含め、平明な新訳でおくる。

生き方について哲学は何が言えるか　バーナド・ウィリアムズ　森際康友／下川潔訳

倫理学の中心的な諸問題を深い学識と鋭い眼差しで再検討した現代における古典的名著。倫理学はいかに変貌すべきか、新たな方向づけを試みる。

思考の技法　グレアム・ウォーラス　松本剛史訳

知的創造を四段階に分け、危機の時代を打破する真の思考のあり方を究明する。『アイデアのつくり方』の源となった先駆的名著、本邦初訳。（平石耕）

ポパーとウィトゲンシュタインとのあいだで交わされた世上名高い10分間の大激論の謎　デヴィッド・エドモンズ／ジョン・エーディナウ　二木麻里訳

このすれ違いは避けられない運命だった？　二人の思想の歩み、そして大激論の真相に、ウィーン学団の人間模様やヨーロッパの歴史的背景から迫る。

言語・真理・論理　A・J・エイヤー　吉田夏彦訳

無意味な形而上学を追放し、〈分析的命題〉か〈経験的仮説〉のみを哲学的に有意義な命題として扱おう。初期論理実証主義の代表作。（青山拓央）

大衆の反逆　オルテガ・イ・ガセット　神吉敬三訳

二〇世紀の初頭、《大衆》という現象の出現とその功罪を論じながら、自ら進んで困難に立ち向かう《真の貴族》という概念を対置した警世の書。

啓蒙主義の哲学（上）　エルンスト・カッシーラー　中野好之訳

理性と科学を「人間の最高の力」とみなし近代を準備した啓蒙主義。「浅薄な過去の思想」との従来評価を覆し、再評価を打ち立てた古典的名著。

啓蒙主義の哲学（下）　エルンスト・カッシーラー　中野好之訳

啓蒙主義を貫く思想原理とは何か。自然観、人間観から宗教、国家、芸術まで、その統一的結びつきを鋭い批判的洞察で解明する。（鷲見洋一）

近代世界の公共宗教　ホセ・カサノヴァ　津城寛文訳

一九八〇年代に顕著となった宗教の〈脱私事化〉。五つの事例をもとに近代における宗教の役割と世俗化の意味を再考する。宗教社会学の一大成果。

死にいたる病
S・キルケゴール
桝田啓三郎訳
死にいたる病とは絶望であり、絶望を深く自覚し神の前に自己をすてる。実存的な思索の深まりをデンマーク語原著から訳出し、詳細な注を付す。

世界制作の方法
ネルソン・グッドマン
菅野盾樹訳
世界は「ある」のではなく、「制作」されるのだ。芸術・科学・日常経験・知覚など、幅広い分野で徹底した思索を行ったアメリカ現代哲学の重要著作。

新編 現代の君主
アントニオ・グラムシ
上村忠男編訳
労働運動を組織しイタリア共産党を指導したグラムシ。獄中で綴られたそのテキストから、いま読み直されるべき重要な29篇を選りすぐり注解する。

孤島
ジャン・グルニエ
井上究一郎訳
「島」とは孤独な人間の謂。透徹した精神のもと、話者の綴る思念と経験が啓示を放つ。カミュが本書との出会いを回想した序文を付す。（松浦寿輝）

ウィトゲンシュタインのパラドックス
ソール・A・クリプキ
黒崎宏訳
規則は行為の仕方を決定できない——このパラドックスの懐疑的解決こそ、『哲学探究』の核心である。異能の哲学者によるウィトゲンシュタイン解釈。

ハイデッガー『存在と時間』註解
マイケル・ゲルヴェン
長谷川西涯訳
難解をもって知られる『存在と時間』全八三節の思考を、初学者にも一歩一歩追体験させ、高度な内容を読者に確信させ納得させる唯一の註解書。

色彩論
ゲーテ
木村直司訳
数学的・機械論的近代自然科学と一線を画し、自然の中に「精神」を読みとろうとする特異で巨大な自然観を示した思想家・ゲーテの不朽の業績。

倫理問題101問
マーティン・コーエン
榑沼範久訳
何が正しいことなのか。医療・法律・環境問題等、私たちの周りに溢れる倫理的なジレンマから101の題材を取り上げて、ユーモアも交えて考える。

哲学101問
マーティン・コーエン
矢橋明郎訳
全てのカラスが黒いことを証明するには？ コンピュータと人間の違いは？ 哲学者たちが頭を捻った101問を、譬話で考える楽しい哲学読み物。

日常生活における自己呈示
アーヴィング・ゴフマン
中河伸俊／小島奈名子訳

私たちの何気ない行為にはどんな意味が含まれているか。その内幕を独自の分析手法によって赤裸々なまでに明るみに出したゴフマンの代表作。新訳。

解放されたゴーレム
ハリー・コリンズ／トレヴァー・ピンチ
村上陽一郎／平川秀幸訳

科学技術は強力だが不確実性に満ちた「ゴーレム」である。チェルノブイリ原発事故、エイズなど7つの事例をもとに、その本質を科学社会的に繙く。

存在と無（全3巻）
ジャン＝ポール・サルトル
松浪信三郎訳

人間の意識の在り方（実存）をきわめて詳細に分析し、存在と無の弁証法を問い究め、実存主義を確立した不朽の名著。現代思想の原点。

存在と無 Ⅰ
ジャン＝ポール・サルトル
松浪信三郎訳

Ⅰ巻は、「即自」と「対自」が峻別される緒論「存在の探求」から、「対自」としての意識の基本的在り方が論じられる第二部「対自存在」まで収録。

存在と無 Ⅱ
ジャン＝ポール・サルトル
松浪信三郎訳

Ⅱ巻は、第三部「対他存在」を収録。私と他者との相剋関係を論じた「まなざし」論をはじめ、愛、憎悪、マゾヒズム、サディズムなど具体的な他者論を展開。

存在と無 Ⅲ
ジャン＝ポール・サルトル
松浪信三郎訳

Ⅲ巻は、第四部「持つ」「為す」「ある」を収録。この三つの基本的カテゴリーとの関連で人間の行動を分析し、絶対的自由を提唱。（北村晋）

公共哲学
マイケル・サンデル
鬼澤忍訳

経済格差、安楽死の幇助、市場の役割など、私達が現代の問題を考えるのに必要な思想とは？　ハーバード大講義で話題のサンデル教授の主著、初邦訳。

パルチザンの理論
カール・シュミット
新田邦夫訳

二〇世紀の戦争を特徴づける「絶対的な敵」殲滅の思想の端緒を、レーニン・毛沢東らの《パルチザン》戦争という形態のなかに見出した画期的論考。

政治思想論集
カール・シュミット
服部平治／宮本盛太郎訳

現代新たな角度で脚光をあびる政治哲学の巨人が、その思想の核を明かしたテクストを精選して収録。権力の源泉や限界といった基礎もわかる名論文集。

生活世界の構造
アルフレッド・シュッツ／トーマス・ルックマン
那須壽監訳

「事象そのものへ」という現象学の理念を社会学研究で実践し、日常を生きる「普通の人びと」の視点から日常生活世界の「自明性」を究明した名著。

死と後世
サミュエル・シェフラー
森村進訳

われわれの死後も人類が存続するであろうこと、それは想像以上に人の生を支えている。二つのシナリオをもとに倫理の根源に迫った講義。本邦初訳。

哲学ファンタジー
レイモンド・スマリヤン
高橋昌一郎訳

論理学の鬼才が、軽妙な語り口ながら、切れ味抜群の思考法で哲学から倫理学まで広く論じた対話篇。哲学することの魅力を堪能しつつ、思考を鍛える！

ハーバート・スペンサーコレクション
ハーバート・スペンサー
森村進編訳

自由はどこまで守られるべきか。リバタリアニズムの源流となった思想家の理論の核が凝縮された論考を精選し、平明な訳で送る。文庫オリジナル編訳。

ナショナリズムとは何か
アントニー・D・スミス
庄司信訳

ナショナリズムは創られたものか、それとも自然なものか。この矛盾に満ちた心性の正体を、世界的権威が徹底的に解説する。最良の入門書、本邦初訳。

日常的実践のポイエティーク
ミシェル・ド・セルトー
山田登世子訳

読書、歩行、声。それらは分類し解析する近代的知が見落とす、無名の者の戦術である。領域を横断し、秩序に抗う技芸を描く。（渡辺優）

反解釈
スーザン・ソンタグ
高橋康也他訳

《解釈》を偏重する在来の批評に対し、《形式》を感受する官能美学の必要性をとき、理性や合理主義に対する感性の復権を唱えたマニフェスト。

ウォールデン
ヘンリー・D・ソロー
酒本雅之訳

たったひとりでの森の生活。そこでの観察と思索の記録は、いま、ラディカルな物質文明批判となり、精神の主権を回復する。名著の新訳決定版。

聖トマス・アクィナス
G・K・チェスタトン
生地竹郎訳

トマス・アクィナスは何を成し遂げたのか。一流の機知とともに描かれる人物像と思想の核心。専門家からも賞賛を得たトマス入門の古典。（山本芳久）

論語
土田健次郎訳注
至上の徳である仁を追求した孔子の言行録『論語』。原文に、新たな書き下し文と明快な現代語訳、解釈史を踏まえた注と補説を付した決定版訳注書。

声と現象
ジャック・デリダ
林好雄訳
フッサール『論理学研究』の綿密な読解を通して、「脱構築」「痕跡」「差延」「代補」「エクリチュール」など、デリダ思想の中心的〝操作子〟を生み出す。

歓待について
ジャック・デリダ
アンヌ・デュフールマンテル序論
廣瀬浩司訳
異邦人＝他者を迎え入れることはどこまで可能か？ギリシャ悲劇、クロソウスキーなどを経由し、この喫緊の問いにひそむ歓待の（不）可能性に挑む。

動物を追う、ゆえに私は（動物で）ある
ジャック・デリダ
マリ＝ルイーズ・マレ編
鵜飼哲訳
動物の諸問題を扱った伝説的な講演を編集したデリダ晩年の到達点。聖書や西洋哲学における動物観を分析し、人間の「固有性」を脱構築する。（福山知佐子）

省察
ルネ・デカルト
山田弘明訳
徹底した懐疑の積み重ねから、確実な知識を探り世界を証明づける。哲学入門者が最初に読むべき、近代哲学の源泉たる一冊。詳細な解説付新訳。

哲学原理
ルネ・デカルト
山田弘明／吉田健太郎／久保田進一／岩佐宣明訳・注解
『省察』刊行後、その知のすべてが記された本書は、デカルト形而上学の最終形態といえる。第一部の新訳と解題・詳細な解説を付す決定版。

方法序説
ルネ・デカルト
山田弘明訳
「私は考える、ゆえに私はある」。近代以降すべての哲学は、この言葉で始まった。世界中で最も読まれている哲学書の完訳。平明な徹底解説付。

社会分業論
エミール・デュルケーム
田原音和訳
人類はなぜ社会を必要としたか。社会はいかにして発展するか。近代社会学の嚆矢をなすデュルケーム畢生の大著を定評ある名訳で送る。（菊谷和宏）

公衆とその諸問題
ジョン・デューイ
阿部齊訳
大衆社会の到来とともに公共性の成立基盤は衰退した。民主主義は再建可能か？　プラグマティズムの代表的思想家がこの難問を考究する。（宇野重規）

旧体制と大革命
A・ド・トクヴィル　小山勉訳

中央集権の確立、パリ一極集中、そして平等を自由に優先させる精神構造――フランス革命の成果は、実は旧体制の時代にすでに用意されていた。

ニーチェ
ジル・ドゥルーズ　湯浅博雄訳

〈力〉とは差異にこそその本質を有している――ニーチェのテキストを再解釈し、尖鋭なポスト構造主義的イメージを提出した、入門的な小論考。

カントの批判哲学
ジル・ドゥルーズ　國分功一郎訳

近代哲学を再構築してきたドゥルーズが、三批判書を追いつつカントの読み直しを図る。ドゥルーズ哲学が形成される契機となった一冊。新訳。

基礎づけるとは何か
ジル・ドゥルーズ　國分功一郎／長門裕介／西川耕平編訳

より幅広い問題に取り組んでいた、初期の未邦訳論考集。思想家ドゥルーズの「企画の種子」群を紹介し、彼の思想の全体像をいま一度描きなおす。

スペクタクルの社会
ギー・ドゥボール　木下誠訳

状況主義――「五月革命」の起爆剤のひとつとなった芸術＝思想運動――の理論的支柱で、最も急進的かつトータルな現代消費社会批判の書。

ニーチェの手紙
茂木健一郎編・解説　塚越敏／眞田収一郎訳

哲学の全歴史を一新させた偉人が、思いを寄せる女性に綴った真情溢れる言葉から、手紙に残した名句まで――書簡から哲学者の真の人間像と思想に迫る。

生のなかの螺旋
ロバート・ノージック　井上章子訳

吟味された人生を生きることは自らの肖像画をつくること。幸福、死、性、知恵など、多様な問題をめぐって行われた一級の哲学的省察。（吉良貴之）

存在と時間（上）
M・ハイデッガー　細谷貞雄訳

哲学の根本課題、存在の問題を、現存在としての人間の時間性の視界から解明した大著。刊行時すでに哲学の古典と称された20世紀の記念碑的著作。

存在と時間（下）
M・ハイデッガー　細谷貞雄訳

第一編で「現存在の準備的な基礎分析」をおえたハイデッガーは、この第二編では「現存在と時間性」として死の問題を問い直す。（細谷貞雄）

「ヒューマニズム」について
M・ハイデッガー　渡邊二郎 訳
『存在と時間』から二〇年、沈黙を破った哲学者の後期の思想の精髄。「人間」ではなく「存在の真理」の思索を促す、書簡体による存在論入門。

ドストエフスキーの詩学
ミハイル・バフチン　望月哲男／鈴木淳一訳
ドストエフスキーの画期性とは何か？《ポリフォニー論》と《カーニバル論》という、魅力にみちた二視点を提起した先駆的著作。（望月哲男）

表徴の帝国
ロラン・バルト　宗 左 近 訳
「日本」の風物・慣習に感嘆しつつもそれらを〈零度〉に解体し、詩的素材としてエクリチュールとシーニュについての思想を展開させたエッセイ集。

エッフェル塔
ロラン・バルト　宗左近／諸田和治訳　伊藤俊治図版監修
塔によって触発される表徴を次々に展開させることで、その創造力を自在に操る、バルト独自の構造主義的思考の原形。解説・貴重図版多数併載。

エクリチュールの零度
ロラン・バルト　森本和夫／林好雄訳註
哲学・文学・言語学など、現代思想の幅広い分野に怖るべき影響を与え続けているバルトの理論的主著。詳註を付した新訳決定版。（林好雄）

映像の修辞学
ロラン・バルト　蓮實重彥／杉本紀子訳
イメージは意味の極限である。広告写真や報道写真、そして映画におけるメッセージの記号を読み解き、意味を探り、自在に語る魅惑の映像論集。

ロラン・バルト　モード論集
ロラン・バルト　山田登世子編訳
エスプリの弾けるエッセイから、初期の金字塔『モードの体系』に至る記号学的モード研究まで。初期のバルトの才気が光るモード論考集。オリジナル編集・新訳。

呪われた部分
ジョルジュ・バタイユ　酒 井 健 訳
「蕩尽」こそが人間の生の本来的目的である！ 思想界を震撼させ続けたバタイユの主著、45年ぶりの待望の新訳。沸騰する生と意識の覚醒へ！

エロティシズム
ジョルジュ・バタイユ　酒 井 健 訳
人間存在の根源的な謎を、鋭角で明晰な論理で解き明かす、バタイユ思想の核心。禁忌とは、侵犯とは何か？ 待望久しかった新訳決定版。

聖なる天蓋

ピーター・L・バーガー
薗田稔 訳

全ての社会は自らを究極的に審級する象徴の体系、「聖なる天蓋」をもつ。宗教について理論・歴史の両面から新たな理解をもたらした古典的名著。

人知原理論

ジョージ・バークリー
宮武昭 訳

「物質」なるものなど存在しない――。バークリーの思想的核心が、平明このうえない訳文と懇切丁寧な注釈により明らかとなる。主著、待望の新訳。

ポストモダニティの条件

デヴィッド・ハーヴェイ
吉原直樹監訳
和泉浩／大塚彩美訳

モダンとポストモダンを分かつものは何か。近代世界の諸事象を探査し、その核心を「時間と空間の圧縮」に見いだしたハーヴェイの主著。改訳決定版。

ビギナーズ 倫理学

デイヴ・ロビンソン文
クリス・ギャラット画
鬼澤忍 訳

正義とは何か？ なぜ善良な人間であるべきか？ 倫理学の重要論点を見事に整理した、道徳的カオスの中を生き抜くためのビジュアル・ブック。

宗教の哲学

ジョン・ヒック
間瀬啓允／稲垣久和訳

古今東西の宗教の多様性と普遍性は、究極的実在に対する様々に異なるアプローチであり応答である。「宗教的多元主義」の立場から行う哲学的考察。

自我論集

ジークムント・フロイト
竹田青嗣編
中山元 訳

フロイト心理学の中心、「自我」理論の展開をたどる新編・新訳のアンソロジー。「快感原則の彼岸」「自我とエス」など八本の主要論文を収録。

明かしえぬ共同体

モーリス・ブランショ
西谷修 訳

G・バタイユが孤独な内的体験のうちに失うという形で見出した〈共同体〉。そして、M・デュラスが描いた奇妙な男女の不可能な愛の〈共同体〉。

フーコー・コレクション（全6巻＋ガイドブック）

ミシェル・フーコー
小林康夫／石田英敬／松浦寿輝編

20世紀最大の思想家フーコーの活動を網羅した『ミシェル・フーコー思考集成』。その多岐にわたる思考のエッセンスをテーマ別に集約する。

フーコー・コレクション1 狂気・理性

ミシェル・フーコー
小林康夫／石田英敬／松浦寿輝編

第1巻は、西欧の理性がいかに狂気を切りわけてきたかという最初期の問題系をテーマとする諸論考。〝心理学者〟としての顔に迫る。（小林康夫）

フーコー・コレクション2　文学・侵犯
ミシェル・フーコー　小林康夫／石田英敬／松浦寿輝編
狂気と表裏をなす「不在」の経験として、文学がフーコーによって読み解かれる。人間の境界＝極限を、その言語活動に探る文学論。（小林康夫）

フーコー・コレクション3　言説・表象
ミシェル・フーコー　小林康夫／石田英敬／松浦寿輝編
ディスクール分析を通しフーコー思想の重要概念も精緻化されていく。『言葉と物』から『知の考古学』へ研ぎ澄まされる方法論。（松浦寿輝）

フーコー・コレクション4　権力・監禁
ミシェル・フーコー　小林康夫／石田英敬／松浦寿輝編
政治への参加とともに、フーコーの主題として「権力」の問題が急浮上する。規律社会に張り巡らされた巧妙なるメカニズムを解明する。（松浦寿輝）

フーコー・コレクション5　性・真理
ミシェル・フーコー　小林康夫／石田英敬／松浦寿輝編
どのようにして、人間の真理が〈性〉にあるとされてきたのか。欲望的主体の系譜を遡り、「自己の技法」の主題へと繋がる論考群。（石田英敬）

フーコー・コレクション6　生政治・統治
ミシェル・フーコー　小林康夫／石田英敬／松浦寿輝編
西洋近代の政治機構を、領土・人口・治安など、権力論から再定義する。近年明らかにされてきたフーコー最晩年の問題群を読む。（石田英敬）

フーコー・コレクション　フーコー・ガイドブック
ミシェル・フーコー　小林康夫／石田英敬／松浦寿輝編
20世紀の知の巨人フーコーは何を考えたのか。主要著作の内容紹介・本人による講義要旨・詳細な年譜で、その思考の全貌を一冊に完全集約！

マネの絵画
ミシェル・フーコー　阿部崇訳
19世紀美術史にマネがもたらした絵画表象のテクニックとモードの変革を、13枚の絵で読解。フーコーの伝説的講演録に没後のシンポジウムを併録。

間主観性の現象学　その方法
エトムント・フッサール　浜渦辰二／山口一郎監訳
主観や客観、観念論や唯物論を超えて「現象」そのものを解明したフッサール現象学の中心課題。現代哲学の大きな潮流「他者」論の成立を促す。本邦初訳。

間主観性の現象学Ⅱ　その展開
エトムント・フッサール　浜渦辰二／山口一郎監訳
フッサール現象学のメインテーマ第Ⅱ巻。自他の身体の構成から人格的生の精神共同体までを分析し、真の関係性を喪失した孤立する実存の限界を克服。

間主観性の現象学Ⅲ　その行方
エトムント・フッサール
浜渦辰二／山口一郎監訳

間主観性をめぐる方法、展開をへて、その究極の目的（行方）が、真の人間性の実現に向けた普遍的目的論として呈示される。壮大な構想の完結篇。

内的時間意識の現象学
エトムント・フッサール
谷　徹　訳

時間は意識のなかでどのように構成されるのか。哲学・思想・科学に大きな影響を及ぼしている名著の新訳。詳密な訳注を付し、初学者の理解を助ける。

リベラリズムとは何か
マイケル・フリーデン
山岡龍一監訳
寺尾範野／森達也訳

政治思想上の最重要概念でありながら、どこか曖昧でつかみどころのないリベラリズム。その核心をこのうえなく明快に説く最良の入門書。本邦初訳。

テクノコードの誕生
ヴィレム・フルッサー
村上淳一訳

テクノ画像が氾濫する現代、コミュニケーションのコードを人間へと取り戻すにはどうすれば良いか。メディア論の巨人による思考体系。（石田英敬）

風土の日本
オギュスタン・ベルク
篠田勝英訳

自然を神の高みに置く一方、無謀な自然破壊をする日本人の風土とは何か？　フランス日本学の第一人者による画期的な文化・自然論。（坂部恵）

ベンヤミン・コレクション1
ヴァルター・ベンヤミン
浅井健二郎編訳
久　保　哲　司訳

ゲーテ『親和力』論、アレゴリー論からボードレール論を経て複製芸術論まで、ベンヤミンにおける近代の意味を問い直す、新訳のアンソロジー。

ベンヤミン・コレクション2
ヴァルター・ベンヤミン
浅井健二郎編訳
三宅晶子ほか訳

中断と飛躍を恐れぬ思考のリズム、巧みに布置された理念やイメージ。手仕事的細部に感応するエッセイの思想の新編・新訳アンソロジー、第二集。

ベンヤミン・コレクション3
ヴァルター・ベンヤミン
浅井健二郎編訳
久　保　哲　司訳

過去／現在を思いだすこと――独自の歴史意識に貫かれた《想起》実践の各篇「一方通行路」「ドイツの人びと」「ベルリンの幼年時代」などを収録。

ベンヤミン・コレクション4
ヴァルター・ベンヤミン
浅井健二郎編訳
土合文夫ほか訳

〈批評の瞬間〉における直観の内容をきわめて構成的に叙述したベンヤミンの諸論考――初期の哲学的思索から同時代批評まで――を新訳で集成。

ベンヤミン・コレクション5
ヴァルター・ベンヤミン
浅井健二郎編訳
土合文夫ほか訳

文学、絵画、宗教、映画——主著と響き合い、新たな光を投げかけるベンヤミン〈思考〉の断片を立体的に集成。新編・新訳アンソロジー、待望の第五弾。

ベンヤミン・コレクション6
ヴァルター・ベンヤミン
浅井健二郎編訳
久保哲司ほか訳

ソネット、未完の幻想小説風短編など、ベンヤミンの知られざる創作世界を収録。『パサージュ論』成立の背後を明かすメモ群が注目の待望の第六弾。

ベンヤミン・コレクション7
ヴァルター・ベンヤミン
浅井健二郎編訳

文人たちとの対話を記録した日記、若き日の履歴書、死を覚悟して友人たちに送った手紙——20世紀を代表する評論家の個人史から激動の時代精神を読む。

ドイツ悲劇の根源（上）
ヴァルター・ベンヤミン
浅井健二郎訳

〈根源〉へのまなざしが、〈ドイツ・バロック悲劇〉という天窓を通して見る、存在と歴史の〈星座〉〈状況布置〉。ベンヤミンの主著の新訳決定版。

ドイツ悲劇の根源（下）
ヴァルター・ベンヤミン
浅井健二郎訳

上巻「認識批判的序章」「バロック悲劇とギリシア悲劇」に続けて、下巻は「アレゴリーとバロック悲劇」に、関連の参考論文を付して、新編でおくる。

ドイツ・ロマン主義における芸術批評の概念
ヴァルター・ベンヤミン
浅井健二郎訳

シュレーゲルとノヴァーリスの神秘的術語群からなる言語の森に、ドイツ・ロマン主義の〈芸術批評〉概念がはらむ形而上学的思考の地図を描き出す。

パリ論／ボードレール論集成
ヴァルター・ベンヤミン
浅井健二郎編訳
久保哲司／土合文夫訳

『パサージュ論』を構想する中で書きとめられた膨大な覚書を中心に、パリをめぐる考察を一冊に凝縮。ベンヤミンの思考の核を明かす貴重な論考集。

意識に直接与えられたものについての試論
アンリ・ベルクソン
合田正人／平井靖史訳

強度が孕む〈質的差異〉、自我の内なる〈多様性〉からこそ、自由な行為は発露する。後に『時間と自由』の名で知られるベルクソンの第一主著。新訳。

物質と記憶
アンリ・ベルクソン
合田正人／松本力訳

観念論と実在論の狭間でイマージュへと焦点があてられる。心脳問題への関心の中で、今日さらに重要性が高まる、フランス現象学の先駆的著書。

ちくま学芸文庫

物語《ものがたり》としての歴史《れきし》　歴史《れきし》の分析哲学《ぶんせきてつがく》

二〇二四年十月十日　第一刷発行
二〇二四年十一月十五日　第二刷発行

著　者　アーサー・C・ダント
訳　者　河本英夫（かわもと・ひでお）

発行者　増田健史
発行所　株式会社　筑摩書房
東京都台東区蔵前二―五―三　〒一一一―八七五五
電話番号　〇三―五六八七―二六〇一（代表）
装幀者　安野光雅
印刷所　株式会社精興社
製本所　株式会社積信堂

乱丁・落丁本の場合は、送料小社負担でお取り替えいたします。
本書をコピー、スキャニング等の方法により無許諾で複製することは、法令に規定された場合を除いて禁止されています。請負業者等の第三者によるデジタル化は一切認められていませんので、ご注意ください。
© Hideo KAWAMOTO 2024　Printed in Japan
ISBN978-4-480-51260-4 C0110